调研理论与操作实务

基础理论与调研现场

刘宝珊 著

中国出版集团
中国民主法制出版社
全国百佳图书出版单位

图书在版编目（CIP）数据

调研理论与操作实务. 基础理论与调研现场 / 刘宝珊著. —北京：中国民主法制出版社，2021.7

ISBN 978-7-5162-2633-9

Ⅰ. ①调… Ⅱ. ①刘… Ⅲ. ①调查报告—写作 Ⅳ. ① H152.3

中国版本图书馆 CIP 数据核字（2021）第 119905号

图书出品人：刘海涛
出 版 统 筹：石　松
责 任 编 辑：张佳彬　刘险涛

书　　名 / 调研理论与操作实务. 基础理论与调研现场
作　　者 / 刘宝珊　著

出版·发行 / 中国民主法制出版社
地址 / 北京市丰台区右安门外玉林里 7 号（100069）
电话 / （010）63055259（总编室）　63058068　63057714（营销中心）
传真 / （010）63055259
http: //www.npcpub.com
E-mail: mzfz@npcpub.com
经销 / 新华书店
开本 / 16 开　　710 毫米 ×1000 毫米
印张 / 29　　　**字数** / 465千字
版本 / 2021 年 9 月第 1 版　　2021 年 9 月第 1 次印刷
印刷 / 北京天宇万达印刷有限公司

书号 / ISBN 978-7-5162-2633-9
定价 / 198.00 元（全三册）

习近平论调查研究重要讲话（摘录）

一、关于调研的重要性，他说：

1. 调查研究是谋事之基，成事之道；

2. 调查研究是做好领导工作的一项基本功，调查研究能力是领导干部整体素质和能力的一个组成部分；

3. 调查研究过程，是领导干部提高认识能力、判断能力和工作能力的过程；

4. 调查研究这本身就是领导干部分析和解决问题本领的重要反映，也是领导干部思想政治水平和工作水平的重要反映。领导干部不论阅历多么丰富、不论从事哪一方面的工作，都应始终坚持和不断加强调查研究；

5. 调查研究不仅是一种工作方法，而且是关系党和人民事业得失成败的大问题；

6. 调查研究过程就是科学决策的过程，千万省略不得、马虎不得。

二、关于调研方法，他要求：

1. 通过深入实际调查研究，把大量和零碎的材料经过去粗取精、去伪存真、由此及彼、由表及里的思考、分析、综合，加以系统化、条理化，透过纷繁复杂的现象抓住事物的本质、找出它的内在规律，由感性认识上升为理性认识，在此基础上作出正确的决策；

2.……大兴调查研究之风，各级领导干部在调研工作中，一定要保持求真务实的作风，努力在求深、求实、求细、求准、求效上下功夫；

3.调查研究……充分运用现代化的信息手段，多层次、多方位、多渠道地了解情况，做到点面结合、上下结合、内外结合，使决策建立在充足的事实依据之上；

4.调查研究要从客观实际出发，不能带着事先定的调子下去，而且坚持结论产生在调查研究之后，建立在科学论证的基础上；

5.我们党有着丰富的调查研究经验，在长期的实践中形成了许多行之有效的调查研究方法，如召开调查会、研讨会、走访调查、蹲点调查、典型调查、实地考察等，我们要在新时期加以继承和完善；

6.经常走出领导机关，深入实际、深入基层、深入群众，进行各种形式和类型的调查研究，非常有益于促进领导干部正确认识客观世界、改造主观世界、转变工作作风，增近同人民群众的感情，有益于深入了解群众的要求、愿望和创造精神、实践经验；

7.调查研究要紧扣人民群众生产生活、紧扣经济社会发展实际、紧扣全面从严治党面临的现实问题、紧扣贯彻落实党的十九大精神需要解决的问题；

8.在新时代的征程上，各级领导干部一定要适应新时期发展的新要求；深入开展调查研究，努力回答和解决好对我国发展带有全面性、战略性的重大问题，推进新时代中国特色社会主义事业的健康发展。

此书献给
从事各种社会调查研究的朋友们

任何一份调研报告，都是为了真实地反映社会的某种客观实践，扬弃那些推动事物发展的积极因素，抛弃旧事物中的消极因素，以达到不断推动事物发展的目的。

——张　堤

賀寶珊調研出版

調研探索功夫深
論理求實有經綸
三卷文章字珠璣
裨益當代啟後昆

歲在丁酉題於沈陽周丞

声　明

本卷文集内涉及的所有人物，与各自的政治立场、社会地位和道德品行无关，只在于借用他们的言论和方法说明一种事物，由此传授给读者的是专一的调研方法和如何写好调研报告或论文，这是唯一的目的。

前　言

本书不是通过调研成果来说明社会某一地区、某一阶层、某一现象的状态，而是阐述调研理论的内涵，为避免在内容上与其他著作的重复以致浪费读者的宝贵时间，凡学术界泛泛论述过的或已有的正确观点，则少说或不说；凡学术界论述不多或尚未涉及的内容则加重了笔墨。本卷书内容共分为四大部分，它们是：调研活动的历史演变过程；调研成果的历史作用；调研理论的形成和发展过程；调研活动的操作方法。

一、调研活动的历史演变过程

从远古社会说起一直介绍到今天，呈现出每个历史时期不同的调研形态，可以使读者清晰地看到调研活动发展的轨迹，认识到调研活动的必然性，为理解调研理论作了一个必要的铺垫。

二、调研成果的历史作用

在“调研成果的历史作用”这一部分中，又分为东西方的传统调研成果和辩证唯物论指导下的调研成果。前者的正面调研活动，介绍了欧洲、美国和中国20世纪之前的成果。这些成果所起的历史作用还只是反映社会的客观情况，揭露社会的不公，为建立民主、自由和公平的社会而呐喊，但仍然停留在口头上；后者的调研活动不仅是反映社会的客观情况，揭示社会的矛盾，其目的还在于改造社会，并付诸行动。书中列举了马克思、恩格斯、列宁和中国共产党人大量的调研成果。特别是中国共产党人无论是在武装斗争最残酷的年代，还是取得政权后的经济建设时期，都以调研成果引导航程取得了一个又一个的巨大胜利。我力图使读者深刻地体会到调研活动的历史意义和现实意义，以及深远的战略意义。

三、调研理论的形成和发展过程

在“调研理论的形成和发展过程”这一部分中，我把调研活动涉及的所有要素进行了归纳和分类，使之系统化，便形成了“三三要素”构建的理论体系。以调研的主体、客体和主体认识客体的手段三大要件为基本要素深入地分析下去，从三大要素之间的相互依存关系和相互制约关系中形成的调研规律，抽象出固有理论、认识理论和操作理论。固有理论是调研活动自身所固有的，它包括承担者与承载者、主体与客体、形态与手段、课题与内容，这些要素在文字尚未出现时就存在着，所以它是固有的。不过，伴随着文字的出现和科学技术的发展，调研活动也在发展着，这时认识客观事物的方式方法就逐渐被理性化和科学化，为适应调研活动三大要素的需要，才形成了认识理论和操作理论。认识理论包括认识立场、认识路线和认识方法，它的“始祖性”的本源理论是哲学或其他相关的学科理论；操作理论包括调研的工艺手段、工具手段和检验手段。工艺手段包括访谈法、随机抽样法、问卷法、文献法、观察法和实验法等；工具手段包括统计分析、量表、概念的处理、指标、变量和其他符号的运用；检验手段包括相关系数、一致性系数、回归系数、标准差、总变差以及其他可以检验数量标准的计算公式，它的“始祖性”的本源理论是数学、统计学、哲学或其他的相关学科理论。

四、调研活动的操作方法

这一部分介绍了调研活动运用的工艺手段、工具手段和检验手段：

一是在介绍调研工艺手段时，以中国式访谈为主兼顾问卷法、抽样法、观察法、文献法等。中国式的访谈法重点介绍了怎样组织座谈会，怎样避免或处理座谈会的“冷场”或“局面失控”的发生，介绍了座谈会上的“十四问”技巧、记录技巧和“四边”活动技巧等。

二是在介绍调研工具手段时，介绍了如何管理调研机构，如何选题，如何进行概念的分解、界定和引申，如何运用社会测量的平面量表和结构量表，如何运用统计手段的公式、指标和图表等。

三是在介绍检验手段时，说明了统计的各种方法和各种公式，都有相互制约的作用，通过这种制约作用就可以相互检验。介绍了离散趋势与集中趋势的关系，其中标准差与平均数、异众比率与众数、四分位差与中位数和总变差与剩余变差以及回归变差之间的相互检验关系。

我发现，调研活动的总体不论涉及多少概念，它们之间的关系有多么复杂，也只有两种外在特征，即“形态”和“手段”。“形态”是主体认识客体的特征，“手段”是主体认识客体的方式方法。本书对调研活动的分析就是围绕“形态”和“手段”之间的关系展开论述的。

“统计分析”是操作理论的一个重要组成部分，文中的统计公式虽然有大量的数学符号，看似眼花缭乱，其实并非如此。只要剥掉这些符号的外衣就只剩下赤裸裸的加减乘除了，只有极少部分运用了开方运算。开方运算在计算器上按几个开方键就会立即得出计算结果，读者只要有中学数学知识就完全可以掌握。

阅读任何一种带有理论色彩的书籍，都不能像浏览小说那么轻松，都需要耐心地阅读、认真地思考、反复地对照。在理论上学到一点知识就会在实践中增强十倍的工作能力！

本书的写作初衷，就是力求它的应用性和操作性。所以，虽然书中涉及了一些理论问题或者在理论上又提出了一些新的观点，但还不能说是一部纯粹的理论著作。它仍然是一本通俗的小册子，适用于涉足调研领域不深的调研工作者、大专院校文科的在校生，或许对大专院校文科的教授们、社会科学研究院所的学者们也有一定的参考价值！

结构量表，是对国际惯用的平面量表的一种深化和升华。量表的专一功能是测量人们的观念和态度，即人们的社会意识。测量的对象是一个一个的人，众多的个人意识便构成了社会意识。离开了个人意识也就没有了社会意识。个人意识不管具有怎样的独立性，归根结底还是社会意识。社会测量就是通过个人意识来反映社会意识。

因为世界上没有完全相同的个人意识，不同的人对同一事物必然存在着不同的态度，所以社会意识是由不同的人具有不同的态度构成的，个人意识是从不同的层次、不同的角度和不同的方面反映社会的存在，因而就构成了社会意识的层次性和结构性。如果社会意识不进行结构性测量，还固守着平面量表，就难以了解社会主流意识背后的潜在趋势，难以捕捉客观的意识流，难以辨别社会意识暗流中的积极因素和消极因素。所以，社会意识的结构性测量就成为社会测量的客观需求。

在此，愿把“‘三三要素’构建的调研理论体系”和“结构量表”献给社会学领域的专家学者和广大的调研工作者，以接受检验！

刘宝姗

2010年2月6日

再版前言

《调研理论与操作实务》这部文集，自初版发行以来不到两年的时间即被售罄，书中阐述的“三三要素”构建的“调研理论体系”和社会测量的“结构量表”以及其他方面的理论论述，说明正在接受社会学术界和广大读者的检验，如有针砭时弊的意见，不论是褒是贬，我都将洗耳恭听，并以诚恳的心情由衷地表示感谢！

任何理论都是在实践中抽象出来的结果，并且还要必须接受实践的检验，更何况是刚刚面世的“创新”理论？因为实践才是检验一切的标准。

这次再版发行，我力求站在客观的立场上，从排除政治偏见、净化非学术因素的意愿出发，对初版文集作了一些必要的调整，修正了几处还不够理想的地方，增加了一些新的内容，又充实了局部阐述的观点，其目的在于，使之成为一部纯粹的学术性专著。

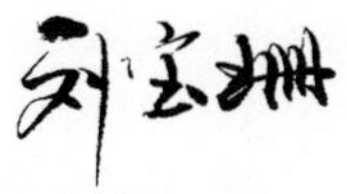

20019 年 11 月 8 日

总　序

我怀着极其喜悦的心情完成了《调研理论与操作实务》这套书的写作。这套书包括上、中、下三卷,即上卷《基础理论与调研现场》、中卷《如何撰写调研报告》和下卷《"调研报告类型"案例分析》。这套书在理论上力求靠近社会学的"中国化",亦即"本土化",构建了"调研理论体系",设计出了社会测量的"结构量表",拟将接受专家、学者、教授和广大读者的检验。这是难能可贵的。

一些年来,学术界有识之士针对我国学者在学术研究中照搬西方理论的窘状,一再呼吁要建立中国自己的社会学理论。已故老一辈社会学家吴文藻在70多年前就主张社会学中国化。李景汉临终前还期盼着我国社会学能"执世界社会学之牛耳"。费孝通也曾希望"能够陆续出版一批我们自己撰写的、更加结合中国国情的优秀教材"。当代著名社会学家郑杭生教授也一再呼吁社会学要"本土化"。但据了解,目前我国大专院校的社会学教材,还是完全照搬国外的,甚至有些学者把精力用在了如何引进优秀教材的研究上,却很少关注我们自己的创新。这是很遗憾的。社会学如何创新?这是摆在社会学理论工作者面前的一个回避不了的现实问题。

执笔成篇之前,我曾经考虑过,社会学"本土化"的内涵是什么?包含着哪些范畴?建立中国自己的社会学理论要从哪里入手?当前社会学理论在中国是个什么状态?经过认真思考后,我认为,必须突破某些西方理论的桎梏。重要的是,应明确什么是继承和发展?什么是照搬和抄袭？继承和发展与照搬和抄袭有本质上的区别。继承是吸收和消化古今中外一切合理的成分，发展是创新出别人没有的东西。列宁说："判断历史的功绩，不是根据历史活动家没有提供现代所要求的东西，而是根据他们比他们的前辈提供了新的东西。"（《列宁选集》第2卷，第150页）照搬和抄袭有两种情况：一种是把别人的东西未经咀嚼吞到肚子里又未经发酵再囫囵个地吐出来，带着一股胃酸味去反刍给学生或读者；另一种是新瓶装陈液，换汤不换药，把别人的观点改头换面变为自己的东西，读后犹如喝了一口洗脚水，令人懊悔！

社会学是研究认识社会的科学，是现代思想文化领域的核心。那么，它的核心是什么？就是"调研理论"。社会学如果抽掉了"调研理论"就成为没有任何实质内容的空壳。所以，必须紧紧地抓住"调研理论"进行创新。有鉴于此，我们是跟在别人的后头亦步亦趋地效仿？还是站在社会学的最前沿有所发现、有所创新？费孝通说："改革开放20多年，中国的社会、经济、文化和人们的思想观念都发生了巨大的变化，有12亿人参与的伟大社会变革是社会学生长、发展的最肥沃的土壤，也应当结出社会学的灿烂丰硕的果实。"中国共产党人在几十年来的武装斗争和经济建设中，就是靠调查研究导航从无到有、从小到大发展起来的，积累了极其丰富的调研经验，蕴含着深厚的调研理论元素，为我们提供了广阔的研究空间，完全可以从中抽象出我们本土化理论的成果。正因如此，本书作者冒昧地涉入其中并试图寻求一个创新的足迹，踏出一条正规的路径，继而再引起更多人的关注。所以，本书着力社会学的理论内核，立足于本土，构建了"三三要素"调研理论体系，设计出了社会测量的"结构量表"，以此填补社会学在这方面的理论空白，作为原创性理论献给社会学领域！抛砖引玉，略尽绵薄之力，就是期望在社会学领域里能出现奇葩竞放、异彩缤纷的局面。

社会学实践的唯一行动方式就是调研，静态的理论必然导致动态的行为，这是社会学的本质特征。

调研理论体系，是从动态和静态两个方面，对涉及所有的调研要素进行全面的、系统的归纳，阐明它们各自的性质、功能、作用和特点，以及它们之间的依存关系和制约关系。这样就可以对调研活动以至撰写调研报告进行具体的理论指导，使调研主体能够定向思维，在认知上有客观标准可循，从而结束了偏重于传统经验的非定向思维形式。单一的非定向思维形式带有一种盲目的随意的性质，其主要特征就是先分析、后综合。先分析肯定缺少充分的根据，找不到分析的主线，仅能从某一方面或某一点去思考调研活动，其他方面还是一种茫然，缺少一致的约束性，仍然停留在感性认识阶段，表现为一种偶然性、间断性和片面性，对调研活动的认识不可能是全面的或透彻的。虽然最终也能取得一定的调研成果，但会在误区里走不少的弯路，延宕不少的调研时间，增加不少调研成本。非定向思维在特定情况下，可以对定向思维起到补充作用。

调研的定向思维形式，是从总体上根据占有的资料先综合、后分析，最后再进行更高等级的新的综合得出结论，具有针对性、系统性和连续性。根据调研的目的和要求，可以有针对性地配套选择不同的调研方式和调研要素。选择性是科学地掌握调研活动乃至撰写调研报告极为重要的方法，因为调研活动和撰写调研报告在必然性的基础上会发生多种可能性，选择性就是适应多种可能性的需要。从此，一切调研要素都有明确的归类，一切调研活动都有明确的遵循。

刘宝珊

2009年12月18日

书　感

当接到刘宝珊同志三卷本的《调研理论与操作实务》这套书稿后，拜读一过，由衷地高兴。这套书使从事调研工作的人员多了一部可靠的参阅书，既可用作工作助手，也可作为学术研究的参考读物。

人生在世，不同岗位的人，都要自觉不自觉地进行不同性质的调研工作。无论是治国理政还是兴家理财，无论是军事斗争还是职场拼搏，都要进行科学有效的调研工作。调研做得如何，关系到人们的前途命运。高层调研仅领导亲身出马还显得不够，还需组织专属智库机构或人员，才可奏效。无数事实证明，调研做得怎样，关系到事业的兴衰乃至身家性命，正如孙子兵法所说“知彼知己，百战不殆”。不调研怎么能够“知彼知己”呢？调研了就必须展示调研的成果，所以在调研的诸环节中，撰写调研报告是不能忽视的重要环节，也是调研活动的最后归宿。写好调研报告，才会深化认识，得出结论，启人心智，办事才会有个准头。撰写调研报告，需要知识、理论和技巧，是领导者、智库、幕僚都应很好掌握的。但是，调研者常有，善于撰写调研报告者不常有。有时调研付出了千辛万苦，跨越了千山万水，费了千言万语，如果不得要领，雾里看花，岂不误事？

宝珊君的《调研理论与操作实务》系列书籍，为忙于调研的人们提供了帮助。作者是调研的长者，年逾古稀，大半生以省市党政综合调研机构以及大型国企调研为业，是名副其实的“调研通”。这套书是作者累积经验的总结，是其长期思考体会的结晶，也是根据新形势需要的探索与创新，不仅值得专业调研工作者阅读，也值得方方面面的智者特别是理论工作者一阅。

这套调研专著，很具特色。它既有综合，又成系列，就调研理论与实务，层层递进，逐步深入。从调研工作的地位作用到机构的设置，从调研报告的撰写技巧到类型结构，从理论叙述到案例辟析，急调研工作之所急，供调研工作之所需，不浮华、不空洞、不清谈、不忽悠，展卷有收获，细读有所得，书内字里行间有诸多的新观点、新提法，看后久久不忘，打开了调研理论的天窗，看到了调研理论的真谛，真是难能可贵。这与今天有些空泛虚幻的出版读物漫天飞舞的风气，形成了鲜明的对照。所以，本书的求实和实用的效果令人瞩目，值得称道。

书的另一个特点就是文字严谨流畅，通达明快。作者是个儒者，中青年时痴于读书，沉浸于爬格子，搞文字，笔头很硬。他看了大量的调研报告，写了大量的调研报告，发表了大量的调研报告，审读了大量的调研报告，是从调研前线走出来又从调研报告堆里爬出来的饱学之士，深谙撰写调研报告的奥妙。这部书的每个章节都力求认真布局，缜密构思，顺畅通达。一般说来，看调研一类的文字，人们都会觉得枯燥乏味，但此书读来却令人有所兴趣，因为书中知识点很多，兴味盎然。作者在青少年时期还写过一些文学作品和音乐作品，在社会上曾产生过一定的影响。《调研理论与操作实务》这部专著的文学色彩，也体现出作者的文笔历练和学养，精彩之处，似有乐感。

我对本书确有体会，对作者也有真切的了解，是因为我对宝珊先生很熟悉，对他不断推出著述由衷钦佩。宝珊少年坎坷，青年奋进，此后不断进取，由孤苦少年学到满腹经纶。我和宝珊曾在中共辽宁省委政策研究室共事多年，那时他正值盛年，搞工业经济调研，主办《探索与决策》月刊，办得有声有色，显示出才干和勤奋。他不甘平淡和寂寞，在工作中不断寻求新点子，接触新事物，力求开拓新领域。在海南建省求选人才之际，被遴选入海南省工业厅，作出了新贡献。进入退休年龄后，他激情不泯，开始对调研工作进行了系统性的研究。年届古稀时，又燃起写作烈火，窗前灯下，码字爬格，一路艰辛，完成了三大卷专著，令人感悟之至。出版社慧眼识珠，精心编辑出版，使人们案头又多了一部很有意义的好书。言及此，使我想起曹孟德“老骥伏枥，志在千里”的诗句。曹孟德的老骥伏枥奠定了曹魏江山，而宝珊的老骥伏枥，在枥头牵出一匹适用的“新骥”——关于调研工作的系统性的专著，令我们这些辽宁老友为之鼓掌相贺。新时代的调研工作面临一些新情况，信息时代的网络互联互通，云信息、大数据，昔日的人工手工调研遇到了挑战，但调研工作的原理和规律是相通的。正如我们现在和唐朝的调研虽然有重大的区别，但调研工作的重要性是一样的，写好奏议折子和写好呈送高层的调研报告的要义是一样的。因此，我感到这套书的出版发行为新时代的调研工作注入了活力，值得各方面朋友研读。在祝贺宝珊新作出版的同时，也期待着各方面的读者，从阅读这本新书中有所收获！

中共辽宁省委副秘书长 周 玉

目　录

第一章　调查研究的内涵

调查研究行为，自人类诞生那一刻起就存在着。它不仅是人类生存的一种必然形式，也是推动社会进步的前提条件。所以，它是人类生存的需要、社会管理的需要和社会发展的需要。没有调查研究就不会有人类的今天。我们现在研究它，就是要通过对它的了解使其更好地为我们认识社会和改造社会服务。

从广义上理解，调查研究就是人们在社会实践中，对客观存在的了解和分析研究。具体地说，“调查”就是了解情况、收集资料；“研究”就是把调查了解到的情况和收集到的资料进行对比、分析、判断和推理，从而得出结论的过程。任何一个在实践基础上能够反映客观情况的正确认识，实际上都是一个调查研究的过程，只是在各个不同的实践领域有着不同的表现而已。人们在社会实践中，为特定的目的和需要去认识社会的某一相关事物时，就必须调查研究。

从狭义上理解，调查研究就是人们在认识社会某一具体事物的活动中，与客观事实在调研现场上打“肉搏战”。调查研究呈现着各种不同的具体特征，分为各种不同的类型。对调查研究总的认识，本章将其归纳为 5 个部分，即：调查研究的起源和发生过程；调查研究的类型；调查研究的真谛；如何给调查研究下一个恰当的定义；调查研究的社会意义、原则和特点。

第一节　调查研究的起源和发生过程

自从生命产生以后，随着生物的进化逐渐发展成为动物，由动物的心里过渡到人的意识。这一过程从刺激感应—感觉—感知—意识，即经历了自在的、自为的到自觉的漫长过程。恩格斯说:“我们的意识和思维，不论它看起来是多么超感觉的，总是物质的、肉体的器官，即人脑的产物。”（《马克思恩格斯选集》第 4 卷 223 页）这说明“意识”是物质的，具有思维的功能。马克思说：“‘意识’一开始就是社会的产物，而且只要人们还存在着，它就仍然是这种产物。”（《马克思恩格斯选集》第 1 卷 35 页）他把“意识”作为“社会的产物”，从而揭示了意识的社会性和能动的实践性。马克思又说：“观念的东西不外是移入人的头脑并在人的头脑中改造过的物质的东西而已。”（《马克思恩格斯选集》第 2 卷 217 页）什么是观念呢？列宁说：“人对自然界的认识（= 观念）。”（《列宁全集》第 38 卷 212 页）我们理解，客观外界的事物反映在人的头脑后，经过分析、对比和研究后的“改造”变成了观念。这个观念就不是简单的头脑反映,已经有了映象和“研究”的成分了。这说明“意识”不是空洞的、孤立的，它是紧紧与社会联系在一起的东西，是人脑的最高的物质产物。人对外界的认识进入“意识”时代，这是人类认识史上的一次“质”的飞跃。人们在认识客观外界的过程中，都是认识的一方对被认识的一方。在这种关系的过程中调查研究的形态已经产生了雏形。

调查研究活动，是人类的本能行为与自觉行为的统一，是经验行为与理论行为的统一。只有这种统一才能使调查研究活动成为可能并得以发展。为什么这么说呢？因为本能行为是由动物的本性决定的，自觉行为是由人的理性决定的，经验行为是由人的实践决定的，理论行为是由人的智慧决定的。婴儿从呱呱坠地那一刻起，就本能地具备了哭、笑和吸吮乳汁的能力，已经有了感觉。人的自然能力就是感觉。他看到的、听到的、嗅到的、尝到的或接触到的都是感觉。“感觉”就是调查。不过，作为无公益性的个体行为，这种感觉则是一种茫然的、浅显的、粗俗的、简单的调查。“感觉”到的东西反复了多次成为习惯，就出现了条件反射的作用。这种“条件反射”就是自在的“调查结果”。比如，婴儿长到一定阶段后能在人群中“辨认”自己的爸爸、妈妈时，他已经具备了认识上的“比较”能力。这种“辨认”和“比较”是最原始的、最初级的形态。随着年龄的增长，逐渐变成了理性的行为，再遇事时就有了思考。这时他会有目的、有计划地采取适当的方式方法加以对待。人类的整个社会进化也是这么演变过来的。由此可以认定，最初的调查研究活动是自然形成的，这是由人的自身功能和需求决定的。每一个人每一天的活动，都会时时刻刻碰到一些外部事物，它是什么状态的、什么颜色的、什么声音的、什么气味的、什么滋味的、什么感觉的，自觉不自觉地就在调查着。这是由人的眼、耳、鼻、口和皮肤的功能决定的。远古人出于生存的需要，打猎时要寻找猎物，采集果实时要寻找生长果实的山坡，都有前期的分析研究；现代人出门问路、购物寻价、驻足观察、随意打听都是一种调查行为。如果寻得的路有两条、寻得的价格有两种，若从中选定一个时还要进行“比较”。这“寻”就是调查，“比较”就是研究。这就是调查研究的起源和发生发展的过程。

第二节　调查研究的类型

社会是一个丰富多彩的庞大的复杂系统，它包含着子系统和诸多的子子系统。这些系统在科学的发展中各自都建立了自己的学科理论，派生到调查研究范畴便成为调查研究理论。人们根据自己不同的目的和需要，对社会某一系统进行调查研究时，又形成了具有不同特征的调查研究类型。比如，在总的知识结构大系统中，只有两个子系统：一个是社会形态；一个是自然形态。在这两个子系统中各自又包含着诸多的子子系统。在社会形态范畴内，建立的学科理论有哲学、政治学、经济学、社会学、人类学、历史学、考古学、法学乃至军事学等；在自然形态范畴内，建立的学科理论有数学、物理学、化学、生物学、天文学、医学等。本书论述的核心内容是前者。

由于调查研究对象所处的领域不同，调研主体的目的和需要不同，在选用上述理论时则各有侧重，这就出现了不同的调查研究类型。出于学术研究的需要，调查研究往往侧重于实验法，以求达到准确地解释理论所阐述的公式或定律为目的；出于历史研究的需要，调查研究往往侧重于文献法，以求达到真实地描述历史事件为目的；出于司法案件的需要，调查研究往往侧重于取证和案情的侦破，以求达到获取证据为目的；出于新闻传播的需要，调查研究往往侧重于现场调查的方式，以求达到获取事实真相披露消息为目的；出于行政决策和咨询的需要，调查研究往往侧重于访谈法、抽样法或问卷法等，以求达到为决策提供依据和制定整改方案为目的。所以，就其社会行业的调研而言，可以分为理论研究型、历史考察型、法律案件型、新闻媒体型、行政决策型等。就其调研的功能而言，可以分为描述性的透视型、操作性的建议型和经验型、借鉴型、探索型，以及理论性的预测型、述评型、引导型，等等，这些功能都与决策和咨询有直接的关联。什么是决策呢？就是人们在社会实践中，主观选定的目标并为实现这一目标制订的行动方案。本书的重点内容，就是论述调查研究如何适应决策和咨询的需要。在这里，一定要划清两个界限：一是划清社会形态与自然形态调查研究的界限；二是划清决策和咨询型调查研究与其他类型调查研究的界限。

社会形态调查研究与自然形态调查研究的界限在于：社会形态调查研究所采用的方法，主要是以哲学、数理学或其他相关的科学理论为手段，其目的是了解社会的内在矛盾、特点和发展规律，进而作出科学的理论概括或制订出改造人类社会的措施方案；而自然形态调查研究所采用的方法，主要是以物理学、化学或其他相关的科学技术为手段，其目的是了解物质的内在结构、特性和变化规律，进而作出科学的理论概述或设计出改造物质世界的技术方案。

决策与咨询虽然两者有一定的区别，但总体上是一致的，因为咨询的目的最终还是决策。所以，在没有特指的情况下，现将两者合称为决策咨询型调查研究。决策咨询型调查研究与其他类型调查研究的界限就在于：前者的目的是制定或修正某项规定、某项政策，将调研的认识成果转化为另一种形态的成果，使之成为调整社会或改造人类社会的行动方案，而不是作以理论上或观点上的结论。对于调研活动，李瑞环说："不是为了求证现有的某个观点、某项政策如何正确，而是为了把客观情况、实际问题搞清楚，进而有针对性地提出思路和建议，供中央决策时参考。"（《学哲学，用哲学》上册 44 页）所以，不论任何单位或任何人，凡为决策提供依据的调查研究均属于决策咨询型。就政府或企事业单位而言，需要决策的内容非常广泛，它包括人们的社会生产、社会生活和人际关系的所有方面。其目的不仅要了解社会矛盾是什么、为什么、怎么样，还要提出解决矛盾的方案或措施，适用的范围非常宽泛，运用的机会也是最多的；而其他类型调查研究的功能适用范围都比较单一狭窄，其目的只要了解了调研客体是什么、怎么样或者内在本质就够了。所以说，决策咨询型调查研究是社会调查的普遍现象，它不仅包含了其他类型调查研究的功能，还具有其他类型调查研究不具备的功能和特点。它是最权威、最完整、最彻底的调查研究方式。

如果不划清社会形态与自然形态调查研究的界限、不划清决策咨询型与其他类型调查研究的界限，决策咨询型调查研究活动在选择调研的操作方式方法时，就可能出现偏差，或失去调查研究的重心和明确的目标。

第三节　调查研究的真谛

揭示调查研究的真谛，来源于对调查研究的正确理解。目前，学术界对此还有不同的认识。其差异主要集中在“社会调查研究”与“调查研究”和“调查”与“研究”之间有无区别的问题上。有的学者将这些表述割裂开来，认为“社会调查研究”必须走向社会，而“调查研究”不必走向社会，只要通过文献、影视或会议的形式，坐在屋子里、办公桌旁或仪器旁，就可以解决调查研究要解决的问题了；又认为“调查”与“研究”是有区别的，“调查”是对事物的了解过程和收集信息材料的过程，而“研究”是对了解到的情况和收集到的信息材料进行分析、判断和推理的过程，两者处于前后不同的时段和具有不同的活动形态。对上述的观点，有的学者则有不同的认识。他们认为“社会调查研究”与“调查研究”和“调查”与“研究”之间没有任何区别，其概念的内涵是相同的，只是在表述概念时使用的词语不同而已，犹如“中国首都”“中国政治中心”的表述都是北京一样。

本书作者认可后一种观点。理由是，没有脱离社会的调查研究，也没有不调查的研究，更没有不研究的调查。这是由人的社会属性决定的。如果调查研究不承认“收集资料就是为了研究资料”“认识社会就必须从事社会实践”的事实，就是不承认调查研究的能动性、社会性和实践性，就必然要滑到庸俗的形而上学的泥坑里，调查研究则会变成毫无意义的游戏。决策咨询型调查研究，从“调查”一开始就扎根于社会，无论是调查研究的主体还是调查研究的客体，都是社会的一部分。否则，调查研究就成了海市蜃楼式的空中楼阁。虽然通过文献、影视或会议形式的调查研究也是一种了解社会的实践活动，可是文献、影视或与会人员提供的信息从何而来呢？也是从社会中获取的。所以，“社会调查研究”与“调查研究”是表达同一个概念的内涵。至于“调查”与“研究”这两个概念之间有无区别的问题，从表达的内容来看也是一致的。因为从“调查”一开始就渗透着“研究”的成分，否则课题从何而来？是闭着眼睛、拍着脑袋凭空想象出来的吗？显然不是。课题是从前期的经验积累并通过“研究”和“假设”而确定的。在进入实地调查过程中，每个阶段、每个环节也都需要分析研究、作出小结，继而确定下一个阶段、下一个环节的“调查”。这都是在“研究”中完成的。实际的情况是,“调查”中有“研究”,“研究”中有“调查”,即“调查”是“研究”的基础，而“研究”又是“调查”的阶段性总结或总过程的归宿。“调查”与“研究”的活动是在一个整体过程中互相渗透的两种形态，水乳交融是割裂不开的。我们在理解一个事物的概念时，不应单纯而孤立地看其词语的表面字义，应从词语表达概念的内在联系去认定。否则，就容易陷入文字游戏和形而上学的误区。

原始的“调查”形态是，生理行为的刺激是本能的感应、自在行为的需求是茫然的感觉、自为行为的反应是朦胧的感知、自觉行为的探索才是理性的意识。这种理性的意识，已在反应中渗透了一定的原始思维成分。不过，这些行为仅是调查的基本元素或基本单元，但还不是真正意义上的调查研究活动。调查研究活动必须是有计划、有组织和有目的的活动。原始人出于群猎的需要，虽然也有简单的计划、粗略的分工和明确的目的，已经渗透出了一定的思维成分，但还不会用抽象的方法作具体的分析，也是一种缺少理论指导的茫然行为。原始形态的“调查”，只是感应、感觉、感知和简单的意识，还没有明显的系统的“研究”成分，只是接受一些客观外界的映象 。只有进入文明社会以后，真正意义的调查研究活动才开始形成，从这一天起，“调查”与“研究”就融为不可割裂的一体，成为同一个概念的内涵。

在现代，如果上街问路、购物寻价、驻足观察、随意打听或出于休闲、娱乐的需要，看看电影、听听广播、看看书报等活动，是不是认识事物的实践活动呢？答案是肯定的，这种方式的认识活动，是不是正规的调研活动呢？答案是否定的，因为这些行为不是有计划、有组织、有目的地进行的。那么，有计划、有组织、有目的的非公益性的认识活动，是不是正规的调查研究活动呢？答案是肯定的，这种方式的调查研究，是不是决策咨询型调查研究活动呢？那就要看它的目的和动机，因为只有出于决策的需要而引发的调查研究活动，才属于决策咨询型。

另外，是不是正规的调查研究活动，都能获得正确的认识呢？不是的。只有站在正确的立场上，调查研究才能获得正确的认识。什么是正确的立场呢？它包含着两个方面：一个是利益立场（或集团立场），一个是认识立场（或认识方法）。利益立场又包含着政治立场和道德立场，是站在个人或小集团的立场上、站在偏执的或非正义的立场上？还是站在大多数人或社会进步的立场上、站在公正的或正义的立场上？认识立场，是指站在精神决定物质、还是物质决定精神的立场上？这两种不同的立场，就决定了调查研究会有两种不同的认识结果：前一个立场是错误的，不会获得全面的根本性的正确认识，只有后一个立场是正确的，才能获得正确的认识。因为前者是自私狭隘的利益立场，只为了个人或小集团的利益而可以不顾客观事实；认识立场先入为主，是唯心论的先验论，全凭主观认识事物，抛开了客观事实，是形而上学的认识方法，永远也不能获得全面的根本性的正确认识。后者的利益立场大公无私，抛开自我追求客观，认识立场是主观反映客观获得的，是辩证唯物论的认识论和方法论，必然能获得正确的认识。为什么自私狭隘的调查研究不能获得正确的认识呢？因为它的基点是自私，当然不能客观地实事求是地看问题；为什么唯心论的先验论也得不到正确的认识呢？因为它先入为主，脱离了客观实际，凭想象认定事物。站在错误的立场上虽然有时也能够获得局部的暂时的客观情况，但永远也不会从根本上获得客观认识。

由于立场不同，看问题的角度和认定的结果也不会相同。比如，朝鲜称呼韩国为南朝鲜，而韩国称呼朝鲜为北韩。这里有个谁要统一谁的问题。再比如，东欧社会主义阵营解体时，我们称之为“东欧剧变”，而西方国家则称之为“民主改革”。在这里,我们看到了由于立场的不同，对同一事物的看法显然也是不同的。调查研究时，我们一定要坚持站在大公无私、利国利民和社会进步的立场上，站在辩证唯物论的认识论立场上，做一个有益于人民、有益于祖国的调研人员。这是决定调研成败的根本因素。

第四节　如何给调查研究下一个恰当的定义

要想清晰地认识一个概念，就应该给它下一个恰当的定义。定义是人们对客观外界认识成果的总结，通过定义把认识的成果固定下来，这样才能更好地把握它。恰当的定义，首先必须能够准确地揭示出概念的内涵和外延，即概念所反映的是客观事物的本质，外延反映具体事物的种类；其次把被定义的概念放在它的属概念中；再次找出被定义的概念与属概念下的其他并列种概念在内涵上的差别，即“种差”。任何定义，都是由两部分组成的：一部分是明确的概念；另一部分是揭示概念的概念。比如，“人”这个概念就是明确的，他是有血、有肉、有思想、有语言，会制造工具、会使用工具的智能动物。而“男人”“女人”“老人”“孩子”“胖人”“瘦人”“工人”“农民”“白人”“黑人”“好人”或“坏人”等，就是揭示“人”这个概念的概念。作为定义的要求，不仅要把“某一概念包含在它的属概念之中”，还要“揭示它与同一个属概念下的其他种概念之间的差别，即‘种差’”。(《辞海》1011 页）列宁说:“下‘定义’是什么意思呢？这首先就是把某一个概念放在另一个更广泛的概念里。”(《列宁选集》第 2 卷 146 页）我们理解，就是通过概念分解后的移动找出“种差”。这时，属概念再加上“种差”就是被定义概念的定义了,被称为“属加种差”定义。按上述的说法,即把“男人”这个“种概念”放到“人”这个属概念中，将两者结合起来就是“男人”的定义了。在“人”这个属概念下,“男人”与“女人”是生理上的“种差”,“老人”与“孩子”是年龄上的“种差”,“胖人”与“瘦人”是躯体上的“种差”,“白人”与“黑人”是种族上的“种差”,“好人”与“坏人”是品行上的“种差”,等等。“种差”的界定范围很广泛,究竟是哪一种类型的调查研究?它的内容是什么?它具有什么样的本质特征?必须明确地指出来。否则,定义的概念就是含混不清的。

给决策咨询型调查研究概念下定义,先找出这个概念的属概念是“调查研究”,然后确定“决策咨询型调查研究”与属概念“调查研究”之下的其他并列种概念在内涵上的差别,即“种差”。这个被定义概念“决策咨询型调查研究”的定义就完成了。比如,政府行为的“决策咨询型调查研究”其目的和显著功能是,为政府行政管理的需要制定政策、修正政策或完善政策提供决策依据,明显区别于并列种概念中的新闻调查、立案调查等其他种概念。再比如,描述性的调查研究的目的和显著功能,是通过复制某一事物来展示或反映客观情况;解释性的调查研究的目的和显著功能是,说明某一未知事物的真相;结论性调查研究的目的和显著功能是,对某一事物的真与假、是与非加以肯定或否定。各有各的目的、各有各的功能、各有各的特征。它们之间的“种差”则是明显的。

我们已经知道,属概念“调查研究”的内涵是人们在社会实践中,对客观存在的了解和分析研究;种概念“决策咨询型调查研究”的内涵是为改变某个事物的需要提供决策的依据。现在,我们把这个“种概念”放在它的“属概念”里,将两者的内涵结合起来或加起来,就构成了“决策咨询型调查研究”概念的完整定义了。决策咨询型调查研究的定义是,根据政府行政管理的需要,对相关的社会问题进行调查研究,为制定政策、修正政策和完善政策体系提供决策依据,或者说,根据企事业单位自身的需要,调查研究为制订扩大市场方案提供依据。

第五节　调查研究的意义、原则和特点

什么是意义、原则和特点呢？意义，就是社会作用及其作用所产生的影响力；原则，是对言论或行为的理性规定；而特点，是决定这一事物之所以成为该事物及其区别于它事物所具有的独特的个性。因为决策咨询型调查研究的目的，既是制定政策的起点也是修正政策和完善政策的归宿，认清它的意义、原则和特点是必要的，如果我们不了解这些，就很难掌握这一重要的社会实践工具。因为调查研究的目的，既是调查研究的起点也是调查研究的归宿。

对调查研究的意义、原则和特点，魏礼群作出了概括。他说“意义”有五个方面：是正确认识社会的重要方法，是科学制定政策和执行政策的重要基础，是密切联系群众的重要管道，是发现问题和解决问题的重要条件，是加快培养优秀人才的重要途径；“原则”有六个方面：客观性、全面性、系统性、群众性、科学性和理论与实践相结合的原则；“特点”也有六个方面：政策性、针对性、应用性、前瞻性、操作性和时效性。（摘自《政策研究与决策咨询——国务院研究室调研成果选》2005 年版“代前言”）现在，我们对其逐条地加以分析。

一、意义

调查研究有以下五个方面的意义：

（一）是正确认识社会的重要方法

人类认识史一再证明，所有的正确认识只能来源于社会实践，而调查研究过程就是一个社会实践的过程。毛泽东说：“正确的策略只能从实践经验中产生，只能来源于调查研究。”（《毛泽东文集》第 8 卷 262 页）这是他为什么一再强调“没有调查就没有发言权”的原因，因为没有调查就不可能获得正确的认识。所以，调查研究是正确认识社会的唯一途

径和重要方法。

（二）是科学制定政策和执行政策的重要基础

科学的决策必须依赖于对社会的正确认识，而要获得对社会的正确认识也只能依赖于调查研究，没有任何其他的管道。正确认识的是社会的客观事实，科学地制定政策和执行政策、因地制宜地修正政策或完善政策的依据，不但要依赖于社会的客观事实，还要依赖于客观事实的不同特征，所以就又要求我们不但要了解事物的真实性，还要了解真实事物的内在本质特征，没有调查研究就无从获得社会的真实情况，科学地制定政策、修正政策或完善政策就会失去可靠的依据和基础。此外，执行政策也需要调查研究。因为在政策执行过程中，还会出现这样或那样的新情况、新问题，也需要通过调查研究了解这些新情况和新问题的来龙去脉，以便为修正政策、完善政策提供决策依据。这种“不断地积累前期的实践经验、不断地制定新的政策、不断地出现新的问题、不断地修正已有的政策、又不断地根据变化了的社会情况去完善政策体系”的循环，总是不断地循环着。每循环一次都会向更高的政策境界提高一步，以此不断地推动社会向前发展。调查研究的这种规律和对客观事物的认识规律，自然就成为科学制定政策和执行政策的重要基础。

（三）是密切联系群众的重要渠道

人是历史活动的主体，是自然界的改造者和社会的创造者，既然如此，群众就是社会活动的当事人。我们所要调研的一切内容就潜藏于他们之中。所以，群众是调研课题指向内容的载体，是课题内容的承载者，处在被认识的客体位置上，而调研机构或调研员则是完成课题调研任务的承担者，处在认识活动的主体位置上。主体之所以成为主体是由于客体的存在。主体与客体的关系，是对立统一的依存关系，缺一不可。调研活动的性质和规律决定，主体必须深入客体中去，即深入社会、深入群众，从群众中来到群众中去。而调研活动的出发点和归宿又是为了制定扶民政策、利民政策、脱贫政策和富民政策，所以，调研活动自然就成为联系群众的重要渠道。

（四）是发现问题和解决问题的重要手段

只有发现问题才能提出问题，只有提出问题才能有解决问题的明确目标。整个过程是，发现问题、找出原因、作出判断、得出结论、拿出办法。在这里，“发现问题”是起点，靠前期调研积累的成果；“解决问题”是终点，靠当期调研成果为决策提供的依据。为什么这样说呢？因为不“调查”就不清楚出现了什么情况，当然也就发现不了什么“问题”；不“研究”就说不清事物的本质所在，怎么拍板决策？试想，一个干部特别是领导干部，成天坐在办公室里发号施令，虽然也看看书报、听听汇报或上上网络，但这毕竟是二手的信息资料。通过这种方式获得的信息，它的真实性、针对性、系统性和全面性如何不清楚，恐怕难以树立起决策的信心。假如以这种“调研方式”的结果作为决策依据的话，就未免显得过于唐突了。所以，毛泽东曾要求干部深入基层、深入群众，走出去调研，但还不能走马看花式的或驻马看花式的那种老爷式地调研，他要求“下马看花”。毛泽东说：“凡是忧愁没有办法的时候，就去调查研究，一经调查研究，办法就出来了，问题就解决了。”（《毛泽东文集》第 8 卷 261 页）他又说：“要有正确的措施，就要做调查研究工作。”（同上书，257 页）由此可知，发现问题和解决问题的重要条件就是调查研究。

（五）是加快培养优秀人才的重要途径

调研机构成为加快培养优秀人才的摇篮，有四个方面的因素：

1. 工作性质和工作任务的要求。决策咨询型调研机构的工作特点是，任务重、难度大、责任大、要求高、遇事急，对人才的要求相对要高一些、严一些。调研人员应具备的条件是：有较宽的知识面、较深的理论功底、较丰富的实践经验、较强的综合分析能力和写作能力。可是，这种工作性质对涉足不深的调研员来说是难以适应的，工作的客观性就要求对他们进行培养。

2. 调研员对接受培养的需求。专职调研员均来自非调研工作岗位，他们原来都从事与调研无关的专业活动。多数人调来后一时难以适应新的工作，需要有一个适应的过程、培训的过程。就是已经适应了调研工作的成熟调研员，也有个与时俱进而继续提高的问题。

3. 社会没有为调研机构培养所需专业人才的学校。这样，这个“历史使命”自然就落到了行政系统的调研机构。

4. 调研机构具备了加快培养优秀人才的条件。行政系统调研机构已有六七十年的历史。虽然“文革”期间被撤销了，但是自“文革”后恢复这个机构以来也有三十几年的时间。多年的积累具备了对人才培养的客观条件和丰富经验，在人才的培养上已经取得了丰硕的成果，这些人才已经对我国的建设事业起到了重要的历史作用。概括起来讲，调研机构对人才的培养已经具备了五个方面的条件：一是提供了调研员之间互相学习的条件。调研机构集中了大量的高素质专业人才，他们日常可以相互学习、相互切磋，或以己之短取他人之长，或以己之长授他人之短，各自受益，共同提高。二是提供了与主要领导接触的条件，在面对面汇报或听取指示过程中又有了学习的机会，因为是与主要领导的零距离接触较多，就有条件多观察、多聆听、多受启发、多有学习。对此，就会有所提高。三是提供了向社会学习、向群众学习的条件。调研工作性质决定调研员必须深入基层、深入群众。深入基层就是深入各行各业，深入群众中去。在与各行各业群众的零距离接触过程中，有机会向社会学习、向群众学习。四是行政系统调研机构保持了加快培养优秀人才的优良传统。据了解，行政系统调研机构从未停止过有组织地培养人才的活动。调研人员在客观的工作形势压力下，又不得不积极地总结经验教训，刻苦地学习。这种主观能动性与客观条件相结合的过程中，就是加快培养优秀人才的重要途径之一。五是提供了学习文件、研究政策的条件。行政系统调研机构接触的文件多、文件涉及的行业多。同时，调研员的职能就是通过调查研究为制定政策提供依据。所以，还必须了解执行中的政策或修正已有的政策。这个过程又是提高综合分析能力和政策水平的途径之一。

对人才培养的这种途径，由于是在实践中的培养，又在培养中得以实践，就可以满足快出人才、出好人才的要求。

综上所述，调研机构和调研活动不仅担负着为行政决策提供依据的重要任务，也担负着为自身需求培养优秀人才的重要任务，自然就成为培养调研优秀人才的摇篮，具有积极的社会意义。

二、原则

调查研究有以下六个方面的原则：

（一）客观性原则

客观性就是真实性，真实的存在。这是调查研究的立命之本。什么是真实的存在呢？就是人的认识达到了与客观事实相一致的效果。怎样坚持客观性的原则呢？应做到以下 3 点：1. 遇事不主观臆想，不拍脑袋空想，不道听途说。一切认识必须从实践中来。2. 没有看到的不要写，看到了不了解时也不要写。3. “不唯上，不唯书，只唯实。”（陈云语）要排除思想上的、行政上的或情感上的干扰。

（二）全面性原则

全面性就是事物的全部和全过程。什么是事物的全部和全过程呢？就是事物的内容要完整、情节要连贯、结构要健全。任何事物或任何一个社会问题，都是由相互依存、相互制约的不同要素或不同单元构成的，牵扯到方方面面的因素，这就要求我们必须遵循魏礼群所说的“局部和整体相结合、现实和历史相结合、动态和静态相结合、正面和反面相结合”的原则，再从不同的角度去观察、去分析，才能认清事物的全部和全过程，其目的就是要认识事物的内在本质和存在形态。否则，就容易犯主观主义片面性的错误。片面性是主观性的表现，是形而上学的认识方法。

（三）系统性原则

系统性就是要看事物内部各要素或各单元之间相互依存、相互制约的关系，是否协调一致？任何一个事物或任何一个社会问题，都是由若干个不同要素或不同单元构成的，这就要求我们必须遵循从事物内部诸要素之间的关系，去观察、去分析相互依存、相互制约的特点和发展变化的趋势，在深入分析每一部分时，从局部去揭示它的内在本质属性，从整体上认识它的发展轨迹，其目的就是要认识事物变化的发展规律，只有这样才能体现出系统性的全过程和各要素的协调一致性。否则，也就可能又犯了主观主义的片面性的错误。

（四）群众性原则

任何社会问题或社会现象，都是群众的问题、群众的现象，群众是社会实践的主体和推动历史发展的主力军，群众当然就是人类历史舞台唯一的表演者，是社会活动的当事人。所以，调查研究活动所依赖的唯一对象就是群众，中国共产党人之所以取得了一个又一个的巨大胜利，就是因为一直坚持了群众路线。群众性原则的具体表现是，调查研究活动要深入社会、深入基层、深入群众，从群众中来到群众中去，与群众打成一片，虚心向群众学习，甘心做群众的小学生。否则，就必然会脱离社会、脱离实际，束之高阁，一事无成。

（五）科学性原则

什么是科学性呢？我认为，就是在认识了事物的内在本质和发展变化规律的前提下，用于改变事物的有效手段的理论就是科学。调查研究的科学性,就应该建立在主观与客观相一致的方法上,具体地说就是“哲学科学方法”。这个方法要求世界观与方法论的统一，要求人们在社会实践中，一切从实际出发，严格遵循能动的反映论，把矛盾当作最重要的认识方法，具体问题做具体分析，坚持辩证唯物论的认识论和方法论指导下的调查研究，才是科学的和唯一正确的原则。

（六）理论与实践相结合的原则

因为理论是从实践中抽象出来的，它来源于实践又反过来指导实践活动。调查研究理论是在哲学理论和其他相关理论与调查研究实践的结合过程中形成的，而实践在为理论提供依据的同时又成为检验理论的唯一标准。所以,理论与实践是不可分开的共同体。两者相结合的意义是，一方面可以避免调查研究活动偏离正确的方向，保证调查研究活动的认识效果；另一方面又可以不断地丰富和发展调查研究理论，所以两者的结合就是必然的了。

三、特点

调查研究有六个方面的特点：

（一）政策性

调查研究特别是决策咨询型调查研究的目的，就是为社会管理或社会改造提供制定某项政策的参考意见或决策的依据，以此制定政策、修正政策或完善政策。所以，调查研究活动其实就是政策性的活动，这是决策咨询型调查研究区别于其他调查研究类型最鲜明的特点之一。

（二）针对性

任何调查研究的目的都有明确的目标，这个目标就是它的针对性。辩证唯物主义认为，目的是实践的第一要素，自觉的目的性是人类实践活动的一个内在的规定性，凡是社会实践都有具体所指，作为决策咨询型调查研究的社会实践，它必须紧紧地围绕认识社会、管理社会和改造社会的需要，有的放矢地选择目标，这个目标也肯定是明确的，这就是它的针对性，否则调查研究就成为一种毫无意义的盲目活动了。

（三）应用性

调查研究特别是决策咨询型调查研究不是单纯的理论探讨，不是无聊的游戏，而是出于社会管理和社会改造的需要，必须拿出具有价值的可供参考的社会情况或制定政策的依据，这不仅是自身的特点，也以此体现出了政策性和针对性的特点。所以，它的应用性特点也是很明显的。

（四）前瞻性

社会的发展趋势，往往都潜藏着尚未显现出来的新因素，这些新因素的形成、发生、发展以至成熟再到暴露要有一个过程。这个过程可能就是新事物否定旧事物的过程，也可能是偶然的消极因素形成的过程。为使潜在的积极因素发挥更大的功效、产生更大的社会效果，为使消极因素根除在萌芽阶段以至转化为积极因素，就需要超前调研。社会发展的客观规律，就要求调研选题应具有前瞻性。所以，调研员应有长远的战略意识，站在全局性的主流位置上从微观的角度思考宏观问题。前瞻性还必须与现实性结合起来，因为脱离了现实的前瞻必将成为一种空想。如果没有前瞻性或错失了现实的调研就成了决策的“近视眼”或社会发展的“尾巴”，一旦遇到新情况或新问题就可能惊慌失措，无所作为。只有准确地预测未来，才能做到未雨绸缪，更好地处理现实问题。

（五）操作性

操作性是政策性、针对性和应用性的客观要求，调研成果如果失去了操作性，那么它的政策性、针对性和应用性也就不复存在了。操作性应具备以下条件：1. 符合调研的目的；2. 操作指向的内容与客观实际相一致；3. 操作的方式方法是具体的方案和措施。为决策提供的建议、措施或方案，能否具有可行性、能否转化为决策的具体行为，这是检验操作性的标准。

（六）时效性

时效性要与前瞻性结合起来分析才能明确。社会现象瞬息万变，会产生各种各样的问题，比如难点问题、热点问题、焦点问题、疑点问题和重点问题等，就要根据切时、切弊、切需、切用或切望的轻重缓急的需要，择机挑选调研课题。如果安排晚了则“时过境迁”，安排早了则“生不逢时”，只有安排在现实的超前才能体现出它的社会价值，这就是它的时效性。社会情况将随着时间的推移不断地发生变化，俗话说“此一时彼一时”就是这个道理。决策咨询型调查研究的选题被两种因素所决定：一种因素是，社会是动态的、变化的、永远不会静止下来的；另一种因素是，政策或某些行政规定，是相对静止的、相对凝固的，但也不会长时期地适应变化了的社会情况。任何一项政策只适应于某一历史时期，都有它的时效性。如果过时的或超前的对策建议、措施和方案，尽管再科学、再完善也属于生不逢时，很难产生预期的效果。如何保持政策的时效性呢？就需要根据变化了的社会情况随时调整政策。否则，具有积极因素的政策、促进社会进步的政策，也会转化为消极因素或成为社会进步的障碍。要想保持政策的时效性，就必须不断地调查研究、不断地发现新问题、不断地调整正在执行中的政策、不断地制定新的政策，才能使政策始终保持与社会现实的要求相一致。

调查研究的意义、原则和特点，三者的内涵是相互兼容和相互渗透的。这里论述的意义、原则和特点，仅是调查研究的社会意义以及符合社会需要的原则和特点，而不是决定调研活动操作模式的意义、原则和特点，至此容后加以论述。

第二章　调研活动的历史作用和发展状况

调查研究活动，是人类社会实践的一个重要组成部分，是一切改造社会的前提条件。无论是浩瀚硕大的工程，还是卑微细小的劳动产品；无论是翻天覆地的革命斗争，还是平平常常的出行购物，都离不开调查研究。人类历史上每一项伟大的工程、每一次改朝换代的伟大运动，都是以调查研究为前提并在其指导下而实现的。我们今天了解一下调查研究活动的历史作用，有助于加深调查研究活动对我们今天各项工作重要性的认识。

第一节　调研活动是推动历史发展的前提条件

自远古以来，人们在改造自然、改造社会过程中，无一不是以调查研究为前提进行的。在改造自然方面，诸如修路、开山、治水、建筑等活动，都要对地形地貌进行勘探和测绘，这才有了中国的大禹治水工程、都江堰工程、大运河工程、万里长城工程和大批的宫殿群工程；才有了古埃及的金字塔工程、治理尼罗河工程、苏伊士大运河工程；才有了古巴比伦的城堡工程、斗兽场工程；等等。近现代建成的英吉利海峡海底隧道、葛洲坝、青藏铁路和数以万计的城市群等，都必须以调查研究为前提，这是所有改造大自然不可缺少的环节，从而将荒漠凄凉的大自然改造成今日欣欣向荣的秀美山川，使人类从刀耕火种时代逐步过渡到瓷器时代、铜器时代、铁器时代、电气时代、原子时代，直至今日的计算机时代和太空时代。在改造社会方面，诸如调整生产关系、构建市场机制、实施社会管理、搜缴苛捐杂税、颁布行政条例、开展政治斗争、军事斗争等，也都以调查研究为前提。人类社会就是以这种方式在改造社会和管理社会的过程推动下，不断地向更高一级的社会形态演变。特别是近现代以来，随着社会科学和自然科学的发展，专业的调查研究成果不断涌现，调查研究的专业组织和机构也开始兴起。

调查研究起源于中国，却发展于欧美各国。至今，还未发现世界其他国家或地区，曾系统地论述“社会调查”和“社会研究”的理论，也未发现形成一定环境的调查研究活动的记载。所以，在介绍调查研究的发展过程和历史作用方面，只限于欧美相关各国和中国的情况。

第二节　欧美传统的调研成果

18 世纪至 20 世纪，是人类知识积累的一次历史性展示时期。在文化科技领域里，理论的兴起、文艺的复兴、科学的发展、科技的革命；在经济社会领域里，原始资本的积累、工业经济的腾飞等，造成了社会结构的变化，继而出现了周期性的经济危机，各种社会矛盾也随之而来。统治阶级为了巩固自身的利益，有良知的社会学家为了公正和人道，都在寻找解决这些问题的途径和方法，随即兴起了调查研究活动，也取得了丰硕的成果。有良知的社会学家和各界人士的调查研究成果，对当时的社会产生了很大的影响，多数已转化为政府的决策，从不同角度促进了社会的进步。

一、英国

英国改良学家约翰·霍华德（1726—1790 年）于 1774 年调查了欧洲的监狱，分别于 1777 年和 1789 年公布了他的调查报告《英伦和威尔士的监狱情况及外国监狱的初步观察报告》《关于欧洲主要监狱医院的报告》。这两篇调查报告促使英国下院通过了《监狱改革法案》。英国统计学家查尔士·布思（Charles Booth，1840—1916 年）用 18 年时间调查了伦敦各阶级状况，于 1904 年撰写出 17 卷大型调查报告《伦敦人民的生活和劳动》。在这篇调查报告中涉及贫困、工业和宗教影响 3 个问题，把城市内的家庭分成 8 类，把伦敦市分为 50 个区，阐述了社会各阶级两极分化的生活条件。在分析贫困原因时，列举的 4076 个例子中有62%是收入低或收入不固定造成的，23%是家庭人口多或疾病造成的，15%是浪费、酗酒或拒绝工作造成的。他最后指出了贫困、堕落、固定收入和勤俭持家之间的关系。这篇调查报告也促使英国政府于1908年颁布了《老年抚恤金条例》《失业保险》，还规定了重体力劳动者的最低工资标准。

此外，英国社会学家凯·夏特沃斯于1832年撰写的调查报告《曼彻斯特纺织工人生活的精神条件和物质条件》，促使英国政府制定了《济贫法》。约翰·辛克列尔用了3年时间调查了苏格兰881个教区，填写了43份调查表，对家庭预算、人口、出生、死亡、性别、年龄、职业、失业、宗教信仰、自杀、他杀等116项内容作了分析，撰写出21卷本的调查报告《苏格兰统计报告》，在欧洲各国产生了很大影响。伊顿在经济危机时调查贫民的处境，于1796年撰写了3卷本的调查报告《贫民的状况》，对改善资本对劳工的剥削起到了一定的作用。

二、法国

舍尔歇（1804—1893年）是报界人士，他主张在帝国内废除奴隶制。他于1829年赴美国调查时，对其所见所闻的弊端深感震惊。他在从事新闻工作以后，更加频繁地深入社会调查，为消除殖民主义的弊病而全力工作，曾起草废除殖民地奴隶制的著名法令。拿破仑三世发动政变时，他于1851年被流放卜居英格兰，1870年回国后担任终身参议员，仍不间断地进行社会调查，致力于社会改革，写过多篇调查报告和社会改革的论文，对当时殖民主义者构成了一定的冲击。社会学家费雷德里·勒·普累（Frederic Le Play，1806—1882年）从1835年起用20年时间，对欧洲多数国家的工人家庭进行了实地调查。他选择不同阶层的300个家庭，分析了每个阶层的家庭的平均收入、人均收入，再分析平均消费结构，不仅对维持生命需要的物质消费进行了分析，对精神生活的消费需要也进行了分析。他撰写出6卷本的调查报告《欧洲劳工》，从家庭调查研究入手再推论到社会中去，进而揭示出社会深层次的矛盾，了解到最基本群众的状态和情绪，预测到社会改革的方向。索列尔（1847—1922年）

离开民政职务后，专心从事社会调查研究活动。通过社会调查，他得出结论，暴力是对现存社会秩序的革命否定，而国家的武力是强制的力量，要想实现理想的社会秩序就必须通过革命行动才能产生。他以论文形式撰写的调查报告《暴力论》被翻译成多种文字。他的政治主张，对工人运动起到了一定的推动作用。法国社会学家杜尔克姆（Durkheim Emile，1858—1917 年），认为集体表象和个人意识不同，具有外在性和强制力量，个人之外有独立的存在。集体表象就是客观存在的实体，是社会学研究的对象。通过社会调查，他用统计学手段对各种自杀现象作了不同个体的心理分析，撰写了《自杀论》。这本书在社会学领域对后人的影响是深远的。另外，他对澳大利亚、新几内亚以及因纽特人部落的调查后，又提出了“神圣”和“图腾”等概念，其重要意义在社会学方面类似于马克思提出的“阶级”“剩余价值”等概念。

另外，社会学家帕兰·杜卡特列（Parent Duchatelet）通过对巴黎的社会调查，发现了妓女阶层已成为巴黎的一个主要特点之一，便于1834 年撰写了调查报告《巴黎城里的卖淫现象》。他分析了妓女产生的社会背景，指出这是社会性腐败和社会分配不公的结果，在欧洲引起了轰动。维莱梅对纺织工人的调查引起了法国政府的注意，促使政府制定了《童工管理法》。

三、德国

近现代历史时期的德国，在法西斯制度的统治下，正处于军事上积极备战、政治上高度集中的社会环境中，社会调查受到了一定的影响，较之其他发达国家就显得冷清一些，调查研究成果也显得少了一些。

人种学家巴斯蒂安（1826—1905 年）曾多次出海在南美洲、西印度群岛、澳大利亚、中国和非洲等地进行了社会调查。他撰写了调查报告《历史上的人类》和《东亚民族》等。他分析了人种的繁衍和分类以及东亚各民族的分布情况，为国际交流、世界贸易和完善“人类学”提供了依据。恩格尔（C.L.Engle，1821—1896 年）的“家计调查”，由于受到了费雷德里·勒·普累的启发，提出了“恩格尔法则”或称之为“恩格尔系数”。其中的内容是，工资收入越低用于维持生命的伙食开支比例就越高，用于精神领域消费的开支比例就越低。相反，用于维持生命的伙食开支比例越低，用于精神领域消费的开支比例就越高。社会学家韦伯（Weber Max，1864—1920年）当过兵，攻读过法律、经济史，当过教授等，曾用多年时间调查德国东部的土地问题。之后，又调查了易北河以东德国的土地情况。他将两次调查的成果，以论文形式撰写了调查报告，变成了对统治阶级容克贵族的尖锐指控，讽刺他们已成为历史的渣滓。他提出了“开明帝国主义”概念，在舆论上冲击了资本对劳工的剥削制度和殖民者对殖民地占有的野蛮现实。他的著作对社会的影响多达半个世纪之久。社会学家盖格尔（1891—1952年）主要研究社会分层和社会地位流动。他在服兵役期间、大学就读期间、担任记者期间、从师任教期间和做政府统计员期间，从德国的慕尼黑、柏林到丹麦的哥本哈根、斯德哥尔摩，从卜论瑞克理工学院到奥胡斯大学，从历史和经济研究所到斯堪的纳维亚的社会学研究所，从第一次世界大战到第二次世界大战结束，他调查了形形色色的社会现象，分析了各种各样的社会问题，撰写了诸多的调查报告和专著，如《群众社会中的同情心与合理性》《社会学》和《一个丹麦中等城市的社会变革》等，在欧洲也产生了巨大影响。

四、美国

自19世纪以后，美国调查研究活动较之欧洲各国格外普及，其成果也是其他各国不可比拟的。

伦理运动发起人阿德勒（Adler Felix，1851—1933年）通过社会调查，分别于1871年和1892年撰写了调查报告《信条与事业》《儿童的道德教育》等，提倡建立模范公寓住宅。由此，美国政府废除了童工制。女人道主义者巴顿（Barton Clara，1821—1912年）在美国南北战争和欧洲普法战争时期，在为伤兵筹募资金和筹备物品的环境中深切地感受到，需要有一个中立组织能够在战争中对死伤人员和战俘实行人道主义救援工作，便于1881年在美国创立了“全国红十字会”。战后，又于 1882 年深入各灾区调查，遂又提出修正“国际红十字会”章程。她的修正案内容包括不仅在战争环境中，就是在发生饥馑、水灾、地震、风灾和瘟疫等其他自然灾害时，也应由“红十字会”沟通、协调、分发救济物资，等等。所以，她被公认为“战场天使”和“红十字会”创始人之一。比尔德（1874—1948 年）在芝加哥调查，第一次体会到美国工业化情况和工人阶级的贫困状况。之后，于 1899 年在牛津大学任教时创办了一所工人学校，撰写了《工业革命》一书，随之又撰写了《可恶的战争》等一系列著作。在工人学校中不仅提高了工人的知识水平，也增强了工人群众为维护自身的权益与资本家做斗争的信心。刑罚学家奥斯本（1859—1926 年），在奥本监狱中待了十几天进行实地调查，随后创立了“奥本监狱犯人‘互助福利协会’”。在西方监狱中产生了影响，不少监狱也效仿成立了“互助福利协会”。人类学家本尼迪克特（1887—1948 年）对北美印第安文化，特别是对美国西南部加利福尼亚州塞拉诺部落和加拿大黑脚部落撰写的调查报告《祖尼印第安人的神话》《文化模式》《种族：科学与政治》等，被译成 14 种文字，对争取人类平等的斗争作出了贡献。杰出的黑人代言人怀特（White Walter ‘Francis’，1893—1955 年）为了废除盛行于美国南部的私刑，通过社会调查揭露了社会的残忍，产生了强烈的社会舆论。他还促使美国政府成立了“公正就业实施委员会”，禁止在政府和军工部门中实行种族歧视。此后，私刑随之极少发生，种族歧视也有所改善。他的调查报告有《风乍起》《绳索与柴捆：一个私刑法官的传记》等。“林德夫妇”，即丈夫罗伯特（1892—1970 年）、妻子海伦（1894—?），是最早应用文化人类学的方法，研究现代西方城市的学者。罗伯特和海伦于 1921 年结婚，被称为“林德夫妇”。他们根据社会调查的情况，于 1929 年合写了调查报告《中镇》《米德尔敦——现代美国文化研究》以及 1937 年写的《米德尔敦在过程中——对文化冲突的研究》等，已渗透出辩证唯物论的成分，产生了巨大的社会影响。女社会活动家、人类学家帕森斯（Parsons Elsie ‘Worthingtom’ Clews，1875—1941 年），对美国西南部的普埃布洛和其他的印第安人进行了调查，又在南北美洲的墨西哥、秘鲁、厄瓜多尔、加勒比海地区，前后坚持了 25 年的时间进行社会调查，于 1913 年、1936 年、1939 年分别撰写了调查报告《旧式妇女》《米勒塔：精灵之城》和《普埃布洛印第安人的宗教》。对维多利亚时代的后期社会和两性关系进行了分析，提出了她的看法，主张维护女权。她是美国人类学协会第一位女主席，对于提高妇女社会地位起到了一定的作用。社会学家托马斯（W.I.Thomas, 1863—1947 年）与兹纳涅茨基（Floriam Inaniecki, 1882—1958 年）两人于 1918 年对移居美国的波兰农民进行了生活对比调查，于 1920 年出版了调查报告《在欧洲和美国的波兰农民》一书，引起了波兰人的关注。

此外，施特文斯于 1904 年对美国七大城市公务员腐败情况进行了社会调查，撰写了调查报告《城市的耻辱》一书，引起了社会各界的广泛重视。保尔·凯洛格于 1909 年至 1914 年主持的“匹茨堡调查”，哈里逊于 1914 年主持的“春田调查”撰写了调查报告《美国城市社会现状》、芮斯的调查报告《其他一半如何生活》和《向贫民窟开战》以及利博（EIliot Liebow）的调查报告《塔利的角落》等，在当时均产生过很大的社会反响，并为以后的调查研究活动提供了很多宝贵的可资借鉴的经验。

上文所说的调研结晶，不代表任何一家政府，虽然不是系统地在科学理论指导下完成的，但已从不同方面反映了那个历史时期的社会状态。其历史意义是，使调查研究的社会实践得以发展，为调查研究提供了可贵的理论借鉴，揭露了当时反动势力和统治阶级的虚伪、自私和残暴，为社会的不公鸣不平，为社会的弱势阶层伸张了正义。虽然在他们的调研活动中未听到改革或革命的脚步声，但听到了进步的呐喊声。

第三节 中国传统的调研成果

中国近现代专业调查研究活动，始于19世纪末20世纪初。由于中国历史悠久，中华文化源远流长，调查研究曾一度处于世界的领先地位。不过，由于近现代西方国家资本主义的发展，也促进了调查研究的发展，对比之下中国却落后了。20世纪初的中国，自觉地从事调查研究活动的中坚分子，主要有陶孟和、李景汉、陈达、白克令、李景阳、严景耀、相开道、许仕廉、陈翰笙、王寅生、费孝通、王同惠、张子毅、史国衡、吴文藻、吴泽霜以及薛暮桥等人，还有外国在中国任教的教授、传教士等人。

陈达于1923年带领清华大学学生对北京成府村91个家庭和安徽省休宁县湖边村56个家庭进行了调查，撰写了调查报告《社会调查的尝试》。此外，陈达又通过实地调查撰写了调查报告《上海工人》和《南洋华侨与闽粤社会》。白克令教授于1923年主持了上海近郊的沈家行地区的调查。他在指导上海沪江大学学生调查上海郊区沈家行农村时，列出的调查内容包括家庭、婚姻、宗教、教育、健康、卫生、住房、农工商、法制、娱乐等，撰写了调查报告《沈家行实况》。李景阳于1924至1925年期间，在北京调查了1000多名人力车夫和100多个人力车夫的家庭，还调查了200多个出赁厂，撰写了调查报告《北京无产阶级的生活》。陶孟和于1926至1927年期间，对北京地区的48户手工业者家庭和12户小学教员的家庭进行了调查，分析了他们在生活消费上的收支情况，继而于1930年又对北京居民的生活状况进行了实地调查，撰写了调查报告《北京生活费用之分析》。严景耀于1927至1930年期间深入监狱调查，撰写了调查报告《中国的犯罪问题与社会变迁的关系》。李景汉于1929年对北京郊区挂甲屯100户家庭以及黑山扈村21户、马连洼村31户和东村15户家庭进行了调查，撰写了调查报告《北京郊外乡村家庭》。另外，他又于1933年以县为单位进行了全口径调查，以河北省定县为样本对其人口、土地、家庭、婚姻、职业、教育、族群、社团、宗教、历史、风俗等进行了调查和统计分析，设计了几百种表格，对定县进行“全身透视”，撰写了调查报告《定县社会概况调查》。燕京大学的相开道、许仕廉于1930年在北京清河镇建立了实验区，组织学生进行全口径跟踪观察，将观察的结果经过分析后撰写了调查报告《清河镇社会调查》。陈翰笙、王寅生两人于1929至1930年期间，对无锡、广东、保定进行多次调查，先后出版了调查报告《中国的地主和农民》《工业资本和中国农民》和《封建社会农村生产关系》等。费孝通、王同惠于1934年撰写的调查报告《花蓝瑶社会组织的调查》在我国民族研究历史上留下了不可磨灭的一页。费孝通又于1939年出版了调查报告《江村经济》，这篇调查报告被当时许多大学人类学课程列为必读参考书，被确定为人类学调查方法和理论工作发展的里程碑。费孝通、张子毅于1946年又出版了调查报告《乡土中国》；张子毅教授在易村和玉村调查，撰写了调查报告《易村手工业》和《玉村的农业和商业》；史国衡于1943年出版了调查报告《昆厂劳工》；还有吴文藻于1936年撰写的调查报告《中国社区研究计划的商榷》、吴泽霖撰写的调查报告《铲山黑苗生活调查》、徐益裳的调查报告《雷波小凉山之罗民》、林耀华的调查报告《凉山夷族》、李安宅的调查报告《藏族宗教史实研究》等。此外，薛暮桥等人也在河南等省从事调查研究活动，其中部分调查研究成果已显现出辩证唯物论与历史唯物论的成分。

这个时期调查研究的理论专著也陆续面世。如，蔡敏聪的《社会调查之原理及方法》、李景汉的《实地社会调查方法》、樊弘的《社会调查方法》等。

外国人在中国的调查研究活动先于中国人。他们绝大多数是在中国大学任职的教授和教堂的传教士。美国传教士史密斯于1878年对山东农村进行调查研究，撰写了调查报告《中国农村生活》。美国传教士伯吉斯于1914至1915年期间带领“北京社会促进会”一伙人，对302名黄包车夫的生活状况进行了调查，撰写了英文版的调查报告在美国出版。清华大学美籍教授狄德莫带领学生于1917年对北京西郊村落的195户居民的生活状况进行了调查。燕京大学美籍教授伯吉斯（J.B.Burgess）与美籍传教士甘博一起，于1918至1919年期间对北京地区的社会状况进行了调查，于1921年撰写了调查报告《北京——一个社会调查》，揭示了北京地区的历史、地理、政府、经济、医疗、人口、救济、宗教、娱乐、娼妓、风俗、地方势力等现状的内幕情况。上海沪江大学美籍教授库珀带领学生在广州潮州凤凰村调查了650人，撰写了调查报告《华南农村生活》，于1925年在美国出版。

外国教授和传教士在中国的调查研究活动，均出于不同的目的。有的出于教学的需要，有的出于研究的需要，有的出于猎奇的需要，还有的出于窃取情报的需要。他们中多数人不大可能漂洋过海抱着同情中国人民的苦难而来。

第四节 辩证唯物论指导下的调研成果

辩证唯物论指导下的调查研究，始于马克思主义诞生前后。如果说，近现代的欧美各国和中国传统意义上的调查研究，是出于了解社会和认识社会的目的，甚至为社会的弊端而鸣不平、为社会的不公而呐喊的话，那么辩证唯物论指导下的调查研究活动，就不仅仅是了解社会和认识社会，它是为了改造社会而展开的，这是它唯一的最终的目的，也只有这个目的才是辩证唯物论指导下的调查研究的宗旨。

一、辩证唯物论指导下的调研活动与传统的调研活动有本质的区别

认识社会的过程是一种社会实践的过程，而改造社会的过程更是一种社会实践的过程。马克思主义者在掌握了辩证唯物论以后不停留在口头上，又把对社会的认识变为改造社会的实践活动。不过，这种“认识”和“改造”不是简单的、茫然的、消极的和被动的，而是科学的、明确

的、积极的和能动的，从而体现了它的革命意义。这种具有革命意义的认识实践和改造实践的特点就在于，以辩证唯物论与历史唯物论相结合的观点去认识社会和改造社会。

所以，辩证唯物论指导下的调查研究活动，是一种境界最高的社会实践活动，它反映了调查研究活动的本质特征。因为辩证唯物论与历史唯物论是马克思主义理论的重要组成部分，是建立在完整的、严密的、科学的理论体系之上的。

二、马克思、恩格斯的调研活动及成果

辩证唯物论的创始人马克思和恩格斯，在青年时代就非常关注调查研究。马克思于1842—1843年任《莱茵报》主编时，曾因林木盗窃案和摩塞尔农民状况，与官方进行了斗争。他通过调查研究撰写了《关于林木盗窃法的辩论》和《摩塞尔记者的辩论》等文章，有力地抨击了普鲁士政府。1843—1845年初在巴黎考察时，常到咖啡馆或工人集中的场所了解情况；1845年中期在恩格斯陪同下，去英国的伦敦和曼彻斯特考察了社会的经济、政治和工人情况，特别考察了工人的生活和情绪。考察后他在《资本论》中引用了《公共卫生》报告中关于伦敦贫民区惨象的一段描述："有两点是肯定无疑的：第一，在伦敦，大约有20个大的贫民区，每个区住一万人左右，这些人的悲惨处境超过了在英国其他任何地方所能见到的一切惨象，而这种处境几乎完全是住宅设备恶劣造成的；第二，在这些贫民区里，住房过于拥挤和破烂的情形，比20年前糟糕得多。"他又说："即使把伦敦和新堡的许多地区的生活说成是地狱生活，也不算是过分。"（《马克思恩格斯全集》第23卷723页）1849年8月在伦敦定居后，马克思进行了几十年的文献调查。为了完成《资本论》的写作，他在大英图书馆里查阅了浩瀚的资料，把图书馆收藏的甚至被当成废纸扔掉的载有英国和苏格兰调查委员会以及工厂视察员报告的蓝皮书都作了研究，摘录的书报就有1500多种。马克思提倡调查研究，于1866年为了调查工人阶级状况拟定了《普遍的劳动统计大纲》，大约有十几项调查内容；1872年在草拟《国际工人协会共同章程和组

织条例草案》时又建议每个地方支部都要设立统计委员会，并要求对统计委员会书记员支付工资，还要求按“统计大纲”内容进行社会调查；之后，又于1880年4月，为法国社会主义者组织亲自编写了《工人调查表》，全表分为四个部分共有100多个问题，表的内容能反映工人阶级现状，为引导工人阶级向资产阶级斗争提供了依据。这是马克思拟定的最有代表性的一份调查表。

恩格斯在认识马克思之前，于1839年通过社会调查发表了第一篇调研报告《乌培河谷的来信》，愤怒地谴责了虔诚主义的反理性和有产阶级的残酷性。之后，他又于1844年至1845年期间在曼彻斯特纺织工业区，深入工厂与工人及其家庭打成一片，访贫问苦，撰写了22万多字的调查报告《英国工人阶级状况》。书中揭示了资本主义制度的内在矛盾，以及经济危机与工人阶级的关系，指出了资本主义社会相对人口过剩的原理。列宁在评论该书时说：“恩格斯第一个说明了无产阶级不只是一个受苦的阶级；说明了正是它所处的那种低贱的经济地位，无可遏止地推动它前进，使它去争取本身的最终解放。”（《列宁选集》第1卷89页）恩格斯又于1848年下半年被迫流亡国外，先后走访了几个欧洲国家，每到一处都进行社会调查，撰写了《从巴黎到伯尔尼》调查报告，对工人阶级状态和政治趋势进行了分析。

马克思和恩格斯直到晚年仍不忘接触工人群众，经常接待各国来访者，始终关注着基本群众特别是工人阶级的动向，以此指导革命活动。

三、列宁的调研活动及成果

列宁在青少年时期就注重社会调查。1887年底因参加学生运动被流放到喀山的柯库什基诺村，他就开始留心外界的事情，仔细地观察和分析农民。移居萨马拉以后，他就直接深入农民群众中进行社会调查，对伏尔加河流域20个村庄的耕地面积进行分类，通过“调查表”了解人口、户数、牲畜、农具等，于1893年撰写了第一篇调查报告《农民生活中新的经济变动》。同年在彼得堡马克思主义小组时，他发现部分人机械地、僵化地理解马克思理论，错误地估计俄国农村的经济形势，这种情况会直接影响今后的斗争策略。这时，他根据在柯库什基诺村和伏尔加河流域农村的调查积累，用马克思的经济理论特别是《资本论》作指导，撰写了《论所谓的市场问题》。在这本小册子里他科学地阐明了俄国资本主义的发生和发展动因，指出了今后的发展趋势。因为当时市场动态是俄国社会的热点问题，所以容易引起大家的关注，调查报告《论所谓的市场问题》尚未发表时其手抄本就很快在社会上流传了。1894 年春季列宁公布了又一个调查报告《人民之友》。他在这篇调查报告中，选择了沃龙涅什省奥斯特罗果日斯克县的 24 个农民家庭典型户和下城省刀具制造业主 338 个手工业户作样本进行调查，又选择了莫斯科地方自治局的波果罗茨克县 3 个乡镇的 233 个砖窑企业进行解剖分析。他把奥斯特罗果日斯克县的 24 户农民家庭分为四类，即富裕户、中等户、贫苦户和雇农户，对其人口、性别、劳力、土地面积、租用状况、耕地总面积、农具、牲畜、建筑物、家具、服装、粮食、工业作坊、交租、纳税、杂费等 44 项内容逐一进行分析，还把 338 个手工业户分为三类，即“不会资本化的、已经资本化的和与大工业争生存的”。他调查下城省刀具制造手工业者后，得出的数据是：专为市场生产的占 16%、专替资本家生产的占 69%、雇佣关系的占 15%。显而易见，只有 1/6 的手工业者不直接受资本家的奴役。

《人民之友》一文，用雄辩的事实有力地批判了自由主义民粹派的错误理论和政治主张，对政治斗争应走的道路具有重大的意义。正因为如此，使对立方惊慌失措。他们说，这还了得，又是科学，又是只值几文钱的小得可以放在口袋里的社会民主主义的小册子！由此可见，《人民之友》这个被俄国群众称为“黄笔记本”的社会作用。

之后，列宁为了实现撰写《俄国资本主义的发展》，继而撰写《帝国主义是资本主义的最高阶段》的计划，又作了大量的实地调查和文献调查。可以说，列宁主义的形成除了马克思主义的影响之外，就是在调查研究过程中逐渐完善的。

此外，列宁关于对帝国主义是资本主义的最高阶段、是腐朽的没落的资本主义并正在走向消亡的论断，自苏联解体以后的 20 多年来，在我国知识界的部分人群中产生了疑惑。有人认为，资本主义不但没有消亡，反而发展得很好，就此说列宁的这个论断已经过时了。还听说有的学校在政治经济学课堂上当学生提出这个问题时，老师却无言以对。本书作者认为，列宁的这个论断不但没有过时，而且越来越显示出了它的正确性。我们应该看到，近一百年以来帝国主义正由公开的野蛮占有和掠夺，逐渐演变为“文明”的侵略和剥削，由杀戮演变成今日的霸权。所以，老牌的资本主义国家已逐渐丧失了帝国主义的本质特征，帝国主义确实正在消亡过程中。从大量的事实可以看出，发达的资本主义国家，他们的社会形态已经越来越多地蕴藏着社会主义的成分。比如，欧共体的统一货币、统一市场、国民自由过境等，甚至有些老牌的帝国主义国家，今天已经迈入了福利社会，其经济性质绝大多数已是公有制，单一的绝对的私有经济比重已经微乎其微。衡量社会演变的历史发展阶段，不是看一个政权推翻另一个政权、一个政党推翻另一个政党，要看一个国家对内对外政策的演变，这种演变距离帝国主义的本质特征是近了还是远了？距离社会主义的本质特征是远了还是近了？马克思主义的历史唯物主义认为，社会发展规律是不以人的意志为转移的，它总是客观地按着自己的固有规律演变着、发展着，人的主观因素乃至翻天覆地的政治运动，也只能对它产生局部的或暂时的影响，而不能从根本上改变或消除它的规律。真正的马克思列宁主义执政党，是明确地有计划地进行社会主义建设，其实行的政策和制定的各项措施，首要的任务就是提高社会生产力，这是社会主义走向成熟的有力保证。马克思主义的历史唯物主义，不是哪个政党的专利，而是揭示了社会发展的客观规律。现有的资本主义国家的政客们、财团寡头们，不论他们愿不愿意看到、愿不愿意承认，社会主义必将在他们的国家演变成现实，这是谁也阻挡不了的历史规律！

四、中国共产党人的调研活动及成果

中国以毛泽东为代表的共产党人，把调查研究作为取得胜利的一种手段，在政治斗争和军事斗争实践中，第一次明确地提出了“调查研究”

的概念,第一次把“实事求是”作为一切工作的原则,第一次强调要“相信群众,深入群众,从群众中来到群众中去”的思想路线和工作路线。以毛泽东为首的中国共产党人在跌宕起伏、血雨腥风的恶劣环境中,几十年来从无到有、从弱到强、从小到大取得了一个又一个的巨大胜利,靠的就是这三件法宝。中国共产党人的调查研究,较之马、恩、列来说更为集中、更为突出、更为鲜明,并赋予了它新的内涵。如果说马、恩、列的调查研究活动是出于工作的需要而自然发生的话,那么中国共产党人则明确地提出了调查研究这一新的概念,并为其规定了操作的原则;如果说马、恩、列的文献调查多一些,则中国共产党人的实地调查要多一些;如果说马、恩、列的调查研究限于个人活动多一些,则中国共产党人是全党的行为。中国共产党人无论在实践上还是理论上,都把调查研究推到了一个崭新的历史阶段。

(一)“土地革命战争”时期的调研活动及成果

中国共产党人的调查研究活动,从开始便成为毛泽东政治斗争和武装斗争不可分离的重要组成部分。毛泽东在学生时代,就利用节假日经常深入到农村调查。1917 年以后,他多次到长沙郊区农村和洞庭湖周边的农村进行调查。1921 年建立中国共产党后,社会调查就变成了他有针对性的、有计划的活动,并将其纳入一切工作的重要组成部分。他于 1926 年、1927 年撰写了调查报告《中国社会各阶级的分析》和《湖南农民运动考察报告》。这两篇调查报告是他经过几年社会调查的积累和历经 30 多天、实地考察 5 个县、召开多次座谈会之后以大量的社会事实为根据而完成的。当时,中国共产党不仅处于孤立无援的状态,还面对以陈独秀为代表的右倾机会主义和以张国焘为代表的“左”倾机会主义的干扰,这些干扰如果得不到及时纠正,势必会造成不可挽回的损失。他在这两篇调查报告中,分析了各阶级的现状后指出,农民运动的潜力是巨大的,成就了多年来未曾成就的事业,做了国民革命的重要工作。他认定农民已经成为中共武装斗争最基本的坚实力量。最后,他明确地告诉全党同志在武装斗争中要打击谁、反对谁、孤立谁、依靠谁、团结谁、争取谁,为政治斗争和军事斗争指出了正确的方向。第一、二次国内战争时期，他在井冈山地区先后对永新、宁冈等县作了调查，进一步了解了当时中国农民的愿望和实行土地改革的可能性，从而得出了《中国的红色政权为什么能够存在？》和《星星之火，可以燎原》的结论。之后，他又调查了寻乌、兴国、东塘、木口村、才溪、长冈乡等地，撰写了调查报告《寻乌调查》《兴国调查》《才溪乡调查》《长冈乡调查》等。在这些调查报告中他分析了村情、乡情、县情进而分析了国情。他更深刻地认识到土地改革的必要性以及如何巩固根据地的策略等问题。初期，在政治斗争和军事斗争中面临很多实际问题，都需要加以解决，如何巩固根据地是涉及中国共产党生死存亡的关键问题。所以，毛泽东又有针对性地撰写了《关于纠正党内的错误思想》《必须注意经济工作》《怎样分析农村阶级》《我们的经济政策》等，其实这些文章都是他调查研究积累的成果。这些成果虽然受到了"左"、右倾路线的干扰，但毕竟融入了根据地的政治生活中，成为反"围剿"胜利的重要因素之一。

毛泽东为了使全党同志重视调查研究，于1930年5月又撰写了《调查工作》，即后来的《反对本本主义》一文。他论述了调查研究与一切工作的关系、调查研究的目的和重要性，以及调查研究应遵循的规律，等等。这是我国第一篇出自共产党人手中、以马克思主义为理论指导的辩证唯物主义的调查研究专著，也是第一篇系统地论述调查研究方法的著述。

（二）抗日战争时期的调研活动及成果

这个时期毛泽东一方面做"社会性"的调查研究，另一方面做"自己队伍内部"的调查研究，能够知己知彼。七七事变仅两个月，他针对自己队伍内部存在的问题，撰写了《反对自由主义》《抗日游击战争的战略问题》《论持久战》《中国共产党在民族战争中的地位》《统一战线中的独立自主问题》《战争和战略问题》《目前形势和党的任务》等一系列指导抗日战争的具有纲领性的调研文献。

大敌当前、困难当头，毛泽东出于增强自己队伍的团结、振奋斗志、消除内部某些组织或某些个人松懈涣散的消极行为，他撰写了《反对自由主义》一文，在文中他列举了11种自由主义表现。他指出自由主义在"客观上起着援助敌人的作用"。他号召全体同志和抗日阵营的勇士们要克服这些消极的自由主义表现，以抗日利益为第一生命。关于《抗日游击战争的战略问题》《论持久战》等文章，是毛泽东针对党内外许多人轻视游击战争和“抗战必亡”的悲观论调而撰写的，指出了这场战争的性质、游击战争的重要性以及发展游击战争的正确道路，具体列出了六个战略问题。在《论持久战》中，他说明了为什么是持久战，为什么最后的胜利是中国而不是日本，对当时的政治、军事形势作了有理有据的分析。其他的文章也分析了当时的国内形势，指出中国共产党在这场民族战争中的地位和任务时，说明了为什么在统一战线中要坚持独立自主，等等。他的思想、他的政治主张、他的策略逐渐渗透到全党和全国各条战线，最后变成了全党的行动纲领，经过 14 年抗战的实践检验，证明了是完全正确的。他的思想、他的政治主张、他的策略是从哪里来的呢？是从天上掉下来的吗？显然不是，是从他长期的社会调查中来的。

调查研究作为指令性的全党行为，还是始于抗日战争时期。1941 年 8 月 1 日中共中央作出了《关于调查研究的决定》，正式提出要建立从中央到地方各级政府的调查研究机构。随后抗日根据地的广大干部陆续深入到基层，深入到农村或城镇广泛地作了调查研究。以张闻天为首的延安工作团，深入到陕北地区进行了大规模的实地调查。通过对米脂县杨家沟的典型调查，认清了地主阶级的本质和政治立场，遂撰写了调查报告《米脂县杨家沟调查》《临固调查》《保德调查》等，为制定抗日战争时期的政策提供了依据。针对政治、经济特别是土地问题，在绥德、米脂进行了两个多月的调查活动，最后由柴树藩等人执笔撰写了调查报告《绥德、米脂土地问题初步分析》，对农村政策提出了具体建议，制定的政策实施后对巩固抗日根据地、支援抗日战争起到了历史性的重要作用。

（三）国共战争时期的调研活动及成果

这个时期调查研究活动已不限于领袖们少数人的范围，它已变为武装队伍中非战斗人员自觉的行为。抗日战争结束后，为了总结抗日根据地建设的经验，向占领区推广和实施，又进行了普遍的调查研究。毛泽东根据各地调查汇总上来的情况，撰写了一系列指示性文章。如 1945

年 8 月 13 日的《抗日战争胜利后的时局和我们的方针》，1945 年 11 月 7 日的《减租和生产是保卫解放区的两件大事》，1945 年 12 月 15 日的《一九四六年解放区工作的方针》等。这三篇文章的核心内容是：总结经验、减租减息、发展生产、保证供给、调整财政、实行救济、分散经营、军民兼备、公私兼备等，其目的就是发动群众、团结群众、克服困难、支援战争，以此巩固和扩大占领区。通过总结河北省西部的平山县在土改运动中的经验和整顿党在基层组织的经验，中共中央于 1946 年 5 月 4 日作出了《关于土地问题的指示》，在调整土地改革政策中制定了“改减租减息为没收地主土地分配给农民”的政策，这就是国内战争时期著名的《五四指示》。毛泽东除听取调查结果的汇报，在激烈的战争空隙中也不失时机地调查研究。他于 1947 年在转战陕北途中，还调查了靖边县的王家湾，横山县的青阳岔，佳县的谭家坪、朱官寨、神泉堡等地；于 1948 年又调查了山西省的蔡家崖等地。随着战争的节节胜利，除陆续攻克了大片农村，同时也攻克了一批又一批的大中城市，如何管理城市、掌握城市的工业、商业和金融等又面临了一系列的新问题。毛泽东于 1947 年 12 月 25 日至 1948 年 5 月 25 日期间，除了主持军事工作以外，在关注政权建设的同时又撰写了以下文章：《目前形势和我们的任务》《关于目前党的政策中的几个重要问题》《在不同地区实施土地法的不同策略》《新解放区土地改革要点》《关于工商业政策》《关于民族资产阶级和开明绅士问题》《新解放区农村工作的策略问题》和《一九四八年土地改革工作和整党工作》等。这些指示性文章均以党内文件形式下发给各地区和各部门，作为占领区政权建设的政策加以执行，一直过渡到 1949 年建立中华人民共和国。

毛泽东的一生是战斗的一生，也是调查研究的一生。他走到哪里就调查到哪里。邓小平说：“毛泽东同志从参加共产主义运动、缔造我们党的最初年代开始，就一直提倡和实行对于社会客观情况的调查研究……”（《邓小平文选》第 2 卷 114 页）

（四）中华人民共和国诞生后的调研活动及成果

新中国建立初期，农民分得了土地，被称为“工人当了家作了主”，极大地振奋了全国人民的斗志，仅用3年的时间就恢复了遭到多年战争严重破坏的国民经济。这个时期国民遵纪守法、社会安宁和谐，真是形势一片大好。

至1955年底，刘少奇为迎接中国共产党第八次全国代表大会的召开，先行做了些调查研究工作。于是，他召集党政军各部门负责人来京参加他主持的座谈会，又约请了中央37个部门负责人座谈。随后，毛泽东也于1956年初召集了34个经济部门座谈，前后用了一个半月的时间。这次座谈会的召开吸引了中央常委的兴趣，座谈会期间中央领导周恩来、陈云、邓小平等也前来积极参加。另外，中央还向各省、市、自治区政府发出通知，要求按中央拟定的11个方面的内容向中央汇报。同时，陈云先后在北京、江苏、浙江、福建、湖南、湖北、广东、广西、上海等地深入调查；朱德也离京深入山西、辽宁调查。通过调查发现，1955年确定的十二年规划《全国农业发展纲要》即“农业四十条”的指标过高、执行期过短、基本建设规模过大，不切实际。中央领导人开始认识到，这是头脑发热、急躁冒进的“左”的倾向。随后在编制1956年国家预算时克服了“左”倾冒进的思想干扰，形成了毛泽东的《论十大关系》。这样，在八大会议上周恩来作的《第二个五年计划的建议报告》、陈云作的《社会主义改造基本完成以后的新问题》的报告，以及八大提出的其他方针政策都是正确的。可惜，由于政治运动的冲击和极“左”势力的干扰，都未能得以很好地贯彻执行，造成了三年困难时期。

中共中央面对这种严峻的形势，感到问题的严重性和紧迫性，决定再次调查研究、搞清情况、调整经济。中央一方面下达通知，另一方面组织人力下去调查研究。

毛泽东于1960年11月15日为中共中央起草了《彻底纠正“五风”》的通知，即“共产风、浮夸风、命令风、干部特殊风和生产瞎指挥风”，继而召开中央工作会议；1961年3月23日毛泽东又执笔起草了《中共中央关于认真进行调查工作问题给各中央局，各省、市、区党委的一封信》，要求一切从实际出发，不调查就没有发言权，必须将毛泽东撰写的《调查工作》一文的内容，作为共产党全党干部的思想和行动的首要准则。之后，朱德于1960年2—3月期间先后深入广东、陕西、贵州、四川、河南等地调查研究，又于1961年3月26日至5月5日深入河南、四川、陕西、河北等省调查研究。刘少奇也于1960年3月下旬深入天津、郑州、洛阳、三门峡、西安、宝鸡、成都、自贡、重庆、武汉、杭州、上海等地调查研究，又于1961年4月1日至5月15日深入湖南长沙、宁乡调查研究。陈云于1960年9月中旬至12月上旬深入河北、山东、河南、安徽、江苏、上海、浙江等地调查研究，又于1961年6月下旬至7月上旬深入上海、浙江、江苏等地调查研究。毛泽东于1961年1月下旬组织三个调查小组，分赴浙江、湖南、广东农村调查研究，他本人离京去杭州坐镇指挥。邓小平、彭真带5个调查组在北京郊区调查。刘少奇在湖南农村调查时，就住在老乡家、睡在门板上、铺着禾草堆。他对宁乡县花明楼公社炭子冲进行了6天的调查，走家串户，访贫问苦，在长沙县广福公社天华大队调查时，住在王家塘生产队的简陋办公室里，前后二十来天。此外，彭德怀、薄一波等人也在不同时间深入基层调查研究。这是人类历史上作为执政党最大规模的社会调查研究活动。

通过这几年大规模的调查研究活动，于1961年先后制定了《农业六十条》《商业四十条》《手工业三十五条》《工业七十条》《科研十四条》和《高教六十条》等一系列政策性条例。这些政策性条例的出台，使全国相关行业的工作有了遵循，不同程度地调动了全党干部和群众的积极性，国民经济有了明显的改善。但是，由于当时“左”的指导思想仍然在起主导作用，这些政策性条例不可避免地还有很大的历史局限性。

一个政党、哪怕是一个伟大的政党也如同一个人、一个伟大的人物一样，都会存在着这样那样的缺点或不足，甚至是错误，这是难免的。回顾中国共产党的历史，在国内战争时期曾犯过“左”、右倾机会主义的错误，那时面对的是武装斗争的敌人，付出了生命的沉重代价；中华人民共和国成立后，截至1978年中共十一届三中全会之前的近30年时间里，经济建设受“左”的指导思想的干扰就达20多年，那时面对的是人们对物质生活的需求，国民也付出了沉重的代价。自1957年以后，政治运动一个接一个，方针政策一个比一个“左”，比如反“右”斗争扩大化，把一大批敢于说话、敢于说真话的优秀知识分子打成“右”派；1958年的“大跃进”又盲目地追求高指标，提出“超英赶美”的口号，刮起了一大二公、一平二调的共产风、浮夸风、特殊风及瞎指挥风；1959年把纠“左”的庐山会议又变成反“右”斗争会议。同年，在反击“右”倾斗争中，使原来就极“左”的政治环境变为更“左”，人们在日常工作中习惯于宁“左”不“右”；1964年的“四清运动”时又打击了一大批干部，造成人人自危，谁也不敢说真话、说实话，直到1966年“文化大革命”，又造成了全国性的大灾难。

极“左”的政治路线必然导致制度性的虚伪，制度性的虚伪在阶级斗争的驱使下必然把社会管理、人际关系和行为规范引向相互猜疑、相互戒备的恍惚的环境中，也必然在政治生活、文化生活和物质生活领域，从内部腐蚀着人们的心灵，扭曲着社会意识，败坏着社会风气，阻碍着科学进步和经济发展。任何一个国家的国民，若失去了对社会的信任，这是一种无形的悲哀、无形的破坏，其后遗症必将影响一个历史时代!

“文化大革命”的十年，国家机器被砸乱，停止了正常的运转。在“踢开党委闹革命”的口号下，国家的命运只掌握在几个人的手里，造成的社会灾难在社会层面上的表现是，抄家、武斗、游街成风，在经济领域停产闹“革命”，在教育领域停课闹“革命”，在精神领域优良的传统道德被践踏，一大批老干部被开除党籍，被揪、被游、被批、被斗、被打、被关。这个时期中共党政机关的一切调查研究活动都停止了，随之而来的是“整人”“治人”性质的案件调查，当时主持调查工作的部门被称为“专案组”。这种性质的调查是错误的，甚至是反动的。意识形态领域里的“文化革命”，竟被演变成一场群魔乱舞的社会动乱，使社会倒退到中世纪那种毫无人性的野蛮状态。这个时期的社会意识被扭曲了，人性也被扭曲了，客观真理被掩盖了，是非标准被颠倒了，使国民经济遭到了严重破坏。

本书作者认为，“文化大革命”是多年来极“左”路线发展到一定程度的产物。在任何一个历史时期内，谁偏离了辩证唯物论的认识论和方法论，谁就不可能获得社会的客观情况，就制定不出符合社会实际的政策；就是制定出了尽如人意的政策，但在极“左”的路线干扰下也不能很好地执行，等于纸上谈兵。这样，暴露出来的社会矛盾就会越来越多、越来越突出、越来越难以解决，就要受到历史的惩罚。从量变到质变的过程完成了，所有的社会矛盾又被转移到另一个方面，以另一种形式出现了，即“文化大革命”。

1978年中国共产党十一届三中全会召开以后，以邓小平同志为核心的中国共产党第二代中央领导集体，认真总结历史教训，提出了拨乱反正、正本清源的政治措施，明确地反对“两个凡是”，果断地结束了“文化大革命”。邓小平说：“一个党、一个国家、一个民族，如果一切从本本出发，思想僵化，迷信盛行，那它就不能前进，它的生机就停止了，就要亡党亡国。”（《邓小平文选》第2卷143页）他在意识形态领域开展“实践是检验真理的唯一标准”的大讨论，首先解除人们思想上的桎梏，解放思想；胡耀邦主政时期又为大批冤假错案公开平反，解除政治上的枷锁，全面地大规模地清除“文化大革命”的遗毒，抛弃以“阶级斗争为纲”的指导思想，扫除了一切干扰经济建设的障碍，采取了一切措施，尽快把工作重心转移到经济建设上来。邓小平提出了“发展才是硬道理”“科学技术是第一生产力”的这些著名论断以后，致力于把已瘫痪的经济再恢复过来。他说，生产力不发展，经济搞不上去，群众继续过穷日子，就体现不出社会主义的优越性，老百姓就会丧失对社会主义的期望，就要亡党亡国。他还明确地指出了“致富无罪”的道理。随之，他又提出“改革开放”、恢复高考、选派留学生等一系列改革主张。他为了鼓励人们大胆地改革，用非常形象的语言鼓励人们，在改革的道路上可以“摸着石头过河”，允许改革失误，但不允许不改革。他说：“革命是解放生产力，改革也是解放生产力，社会主义的根本任务就是解放生产力。”（《邓小平文选》第3卷370页）他一针见血地点透了社会的本质是解放生产力，从而把人们的工作重心引到解放生产力上，落实到“四个现代化”建设上来。他把生产力不仅作为是衡量经济体制改革的标准，也作为衡量政治体制改革的标准。他说：“我们评价一个国家的政治体制、政治结构和政策是否正确，关键看三条：第一是看国家的政局是否稳定；第二是看能否增进人民的团结和改善人民的生活；第三是看生产力能否得到持续发展。”（《邓小平文选》第 3 卷 213 页）他强调：“我们要不断总结历史经验、深入调查研究，集中正确意见，从中央到地方，积极地、有步骤地继续进行改革。”（《邓小平文选》第 2 卷 322 页）

至 20 世纪 80 年代以后，各级政府的调查研究机构得以恢复，中共中央、国务院和中央各部、委、办、局都相继成立了调查研究机构。为适应改革的需要，随后各省、市、县也组建了相应的调研机构。同时，中央附属部门的一些事业单位也纷纷成立了社科院所，在中国大地上形成了一个庞大的调查研究网络。这些部门的调查研究活动为我国的中长期发展规划、现实政策以及动态中的宏观调控政策提供着即时可行的方案和措施，使我国经济在世界金融风暴危机中安然屹立，保障了 30 多年平衡飞快的发展势头。在改革开放初期，邓小平、陈云等虽然年事已高，仍不辞劳苦地深入各地调查研究，中央其他领导人也纷纷深入基层调查研究。1982 年至 1986 年期间，中央连续下发了 5 个指导农村改革的 1 号文件，在农村实行联产承包制，恢复了自留地、家庭副业和集贸市场，实行包产到户、包干到底的政策；在城市给工业企业制定了 14 条改革措施，于 1982 年开始在大部分工业企业中实行了经济责任制。沈阳市作为全国综合经济体制改革试点城市期间，中央各部门几乎接连不断地派人下来蹲点调查研究。中共沈阳市委、市政府以李长春、刘尊田、张堤为首的领导班子，在中共中央、国务院和辽宁省委、省政府以及中央有关部门的指导下，积极调研、大胆探索、制订方案、落实措施，很快地进入了实质性的改革阶段。他们于 1983 年开始在全国首先试行了租赁制、股份制、破产制、划小核算单位等改革措施，沈阳在全国第一个建立了“九路自由贸易市场”，第一个组建了“股份制合作社”和“信托投资公司”，第一个建立了“人才市场”和“科技市场”，均获得了成功。随之国务院将其改革模式推向全国。

截至 2017 年，各级党政机关和社会各行各业的调研活动，以“文化大革命”为界限分为前后两个历史阶段：前一个历史阶段的调研活动出于三种目的，即出于以巩固政权为目的、出于以恢复被多年战争破坏的国民经济为目的、出于以内部的政治斗争为目的；后一个历史阶段的调研活动也出于三种目的，即出于以纠正极“左”的路线为目的；出于以改革开放、加速实现四个现代化为目的；出于经济体制改革为目的。据统计，截至2017年全国在10个领域共开展了调查研究活动达29次之多。其中，人口普查5次、经济普查2次、工业普查3次、农业普查2次、三产普查1次、森林资源普查7次、土地普查2次、基本单位普查2次、残疾人群体普查2次、文物普查3次。在29次普查活动中，前一个历史阶段仅普查了6次，其中人口普查2次、工业普查1次、森林资源普查2次、文物普查1次，其余23次普查均发生在后一个历史阶段。

同时，还颁布了若干部统计法规。规定统计调查应当以周期性的普查为基础，以经常性的抽样调查为主体。国务院原则同意每10年进行1次全国性的人口普查，两次普查的间隔期间进行1次1%的抽样调查。在《统计法》实施细则中又规定，一般情况下，每10年进行1次国情国力调查，其中包括人口、工业、农业、建筑业、服务业等。同时，中央政府或中央政府各部门，根据需要还经常性地临时安排一些较大规模的调查研究活动。比如，中国社会科学院社会科学研究所，于1982年对北京等5座城市的家庭、婚姻、生育状况进行了抽样调查，还开展了中国百县市经济社会调查的一些其他活动等。1998年，国家民委又组织6个调研队伍，分赴全国13个省、自治区等地区，进行了第二次全国性的民族工作大规模调查，之后有针对性地提出了促进少数民族地区经济发展、提高少数民族群众生活水平、增强民族团结的政策建议和措施。2005年，温家宝总理责成国务院研究室牵头，开展了农民工问题的调查研究活动，基本掌握了农民工的现状和发展趋势，提出了解决农民工问题的原则思路和政策建议。

当代的社会调查研究活动，其机构之多、参与人员之多、调查研究成果之多、提供决策的效果之佳，对经济发展的裨益之大是前所未有的。

第五节　专业调研机构的兴起

追溯调查研究活动的历史，是从零散的孤立的状态过渡到集中的有组织的活动，或者从随意的游动的状态过渡到有计划的固定的活动形态，经历了从经验的摸索到理论的指导，再到兼用科技硬件的过程，这是一个递进发展的过程。19 世纪中叶以后，专业性的调查研究组织和机构开始萌芽，进入 20 世纪初期专业的调查研究组织和机构在世界各地开始兴起。

1853 年第一次国际统计会议召开，英、法等国家相继成立了“统计局”或“统计学会”。1912 年美国塞基财团出于商业的需要，成立了以哈里逊为主任的调查研究专门机构；1935 年盖洛普在美国创办了“民意测验所”之后，兰德咨询公司、哈佛大学商学院调查研究机构、西北大学商学院调查研究机构等相继成立。其中盖洛普的“美国民意测验所”在 1936 年至 1976 年间的美国十一届总统选举前的民意测验时，准确地预测到了九次，准确率达到 81.82%；美国柯底斯出版公司于 20 世纪初曾组织队伍调查了 100 多座大中城市的商店，参与者还有兰德咨询公司、斯坦福大学、哈里逊、赛林格等全国性大型调查研究机构以及政府的商贸部门。20 世纪上半叶，在中国的北京成立了“中华教育文化基金董事会社会调查部”（后改为“社会调查所”），由陶孟和、李景汉负责；北京成立了“清华大学国情普查研究所”，由陈达负责；南京成立了“国立中央研究院社会科学研究所社会学组”，由陈翰笙负责。这些专门的调查研究机构在社会调查领域里，曾团结了一批人、影响了一批人、培养了一批人，其调查研究成果在揭露清末民初反动政府搜刮民脂民膏、腐败无能和反映广大国民贫穷痛苦的生活方面起到了一定的舆论作用。

随着科学技术的发展，促使调查研究在发展中改变了某些活动的形态。当代调查研究活动中兼用了计算机、电传、电话、遥感、摄像、录像、录音、影视等手段。20 世纪上半叶，美国拉查斯菲尔德提出的将数理统计与计算机结合应用以后，又将其引入调查研究活动中，已逐渐被世界各国所采用。1966 年美国斯坦福大学成功开发了(CPSS)软件包，现已得到普及。时至今日，调查研究网络已覆盖了全世界近 60% 的人和 80% 的经济活动。由于调查研究的重要性越来越被人们所认识，世界各国政府、军队、经济部门、教育部门、大专院校、科研部门甚至民间，几乎都组建了自己的专业调查研究机构，或类似于调查研究机构的咨询公司、咨询协会、信息中心、研究中心、情报中心等，也纷纷兴起。据有关部门的统计结果表明，全球这类机构大约要在 1.5 万家以上，仅我国教育系统的专业调查研究机构和部门大约就有近 3000 个。调查研究的社会功能已经触及各行各业,越来越被人们所重视。除政府系统以外，大约还有以下几种类型的研究机构：如理论研究型、市场预测型、民意测验型、民俗调查型、私人侦探型、社会公益型等。这些类型的调查研究机构，他们各有所需、各有所为，有的为了验证自己的理论，有的为了撰写著作，有的为了转让自己的研究成果，有的为了私人取证，有的为了社会公益事业，等等。一些发达国家的调查研究机构为了政府、财团、杂志、出版商等的需要，受委托有偿进行专题调查；有些调查研究机构在世界各地还设有分部,已形成了产业化。预计我国在不久的将来，调查研究的产业化也会有所发展。

第三章　调研理论的形成和发展

调查研究活动，从自觉的茫然行为到自觉的理性行为，经历了几千年的历史。人类进入文明社会以后，创立了文字，诞生了哲学、数学等一系列学科理论，这时才形成了调查研究理论。可以说，调查研究理论是伴随着其他学科理论的发展而形成和发展的。调查研究理论在发展过程中，由于哲学观点的不同，导致了调查研究理论的争论。这种争论从来就没有停止过。自从辩证唯物论的认识论和方法论诞生以后，调查研究才寻觅到了科学的理论源泉，最后确立了正确的认识立场和科学的认识方法。

我们在了解调查研究理论形成之前，首先应简要地了解一点哲学斗争史，因为哲学理论是形成调查研究认识理论的基础，是回避不了的。只有温故知新，才能彰明较著，也才能深刻地理解调查研究理论的含义和对于指导调查研究活动的重要意义。本章分为五个部分加以论述，即：调研理论的形成、调研理论的发展、调研理论的争论、调研的本源理论、不断完善调研理论。

第一节 调研理论的形成

人开始有了认识能力的时候，只能对自然界的表面现象，从自在的零星感觉到自为的知觉，又到自觉的认知，进而发展到可以系统地理性地认识一些较为深刻的事物，最后才初步地认识了人和社会。有了文字以后，随着社会学说的诞生，调查研究的理论形态才开始显现出来。理论形态是意识形态的一种，一定的社会意识形态是一定的社会存在的反映。在这里，一定的调查研究理论形态则是一定的调查研究活动的反映。

一、文字出现前后的调研活动

自觉的调查研究活动，始于原始部落社会。人们出于集体打猎的需要，要了解动物的活动规律，就必须实地考察。进入奴隶社会以后，有了政府，诞生了国家。社会生产力有了一定的发展，建筑业和水利工程开始形成，又有了剩余产品，有了市场交换，有了赋税，有了战争。这时有目的的社会调查就成为必然。古埃及、古印度、古罗马、古巴比伦等国家的政府，对于行政管辖内的人口、土地、牲畜、农具和奴隶等的社会调查，都有明确的规定。中国在大禹治水时期社会调查已有相当的规模。中国古代军事家孙武在《孙子兵法》中说的“知彼知己，百战不殆”，就是告诉我们“知彼”需要调查，“知己”也需要调查，不调查怎么能“知彼知己”呢！

中国的史书上曾记载着当文字还未出现的时候，人们是以“结绳”“刻木”“记石”等方式作为社会调查情况的符号标记，简单地表示社会调查的结果，有了文字以后才以“书契”记录社会调查的情况。尽管有了文字的“书契”记录，甚至以后文人在不同的著作里或言论中，提到了有关社会认识的内容，但还没有明确的理论论述。不过，已为哲学的诞生作了充分的理论准备。同时，也是调查研究理论产生的前提。

二、形成早期调研理论的几种哲学观点

公元前六五世纪的原始社会后期，由于人们对大自然的奥秘产生了恐惧，自然力便以人格化的映象，虚幻地反映到人们的头脑里，观念中“神”的概念形成了，从而决定了那个历史时代大多数人认识客观事物的立场。孔子学派相信“天命”，他们认为“神”是超自然的造物主，是人的天命，可以决定人的命运。“神”的决定是人无可奈何的必然结果，以至后来人们常说的“生死有命，富贵在天”就是这个意识。这种世界观必然要渗透到哲学的认识论中。在春秋时代，已有人对“神”的存在产生了怀疑，朴素的唯物观“金、木、水、火、土”的五行说形成了。老子说：“人法地，地法天，天法道，道法自然。”荀子说：“人之道，天之道也；天之道，人不可以之为道者也。”意思是说自然界是不以人们意志为转移而客观存在的。人不能改变自然规律，只能了解自然、认识自然、适应自然和利用自然规律。

哲学诞生以后，有神论与无神论之间的斗争、物质与精神谁决定谁的斗争一直持续到近现代。在中国原始公社制度崩溃的时候，形成的哲学观点一开始就存在着有神论与无神论之争。其内容的焦点是，有无天“道”？“天道与人道”“自然与人为”有什么关系？天人有什么关系？等。春秋战国时期有人提出“天命相与”，坚持“天命决定论”的观点。而老子认为，自然界和人类生活都在遵循着一定的规律即“道”在演进，不受任何超自然力量的干预。他还认为，在无限的变化过程中，新生的

东西从来都战胜旧的东西，人不应干预事物发展的自然过程。他所说的“道”或“自然过程”，指的就是客观规律。墨子及其弟子们提出了“非命的主张”。在批判“天命”时指出，天定的命运是不存在的。人的命运只能由自己来决定。他还反对孔子以“名”规定“实”的“正名”说，提倡“取实予名”，即主观不应规定客观，相反客观应该规定主观。唯名论与唯实论的斗争，在欧洲中世纪也以另一种方式出现过，表现为科学与反科学的斗争。孟子、庄子、惠施和公孙龙等人，一方面坚持唯心主义，另一方面对老子“道”的学说进行了曲解，并将其神秘化。荀子又针锋相对地进行了批判。他反对天命和鬼神之说，肯定“天行有常，不为尧存，不为桀亡”。他说：“明于天人之分，则可谓至人矣。”（《荀子·天论》）他认为自然法则有自己的运行规律，不可能主宰人的命运，又提出“制天命而用之”的人定胜天的思想。他承认人能通过感官作用认识客观世界。荀子的门徒韩非子否定天命鬼神，说“事鬼神，信卜筮”是亡国的征兆，强调“力得富”“治强者王”。他认为“道”是万物运动的普遍规律，而“理”则是具体的万物运动的特殊规律。他说：“道者，万物之所以然也。……故曰：道，理之者也。”他主张用“参验”的方法来验证人的认识。汉代董仲舒提倡的“天人感应”和“天不变，道亦不变”的天命观念等神学体系，在当时也很有影响，促使宗教得到了发展。

宗教是哲学的催生剂，但它不是哲学的母体，而哲学的辩证唯物主义又成为宗教的“催命者”，因为在人的精神领域里，辩证唯物主义不掺杂迷信色彩，比宗教能够达到更高的纯净的境界。从人类认识史上来讲，只有唯心主义成为宗教的伴路者。

在宗教占统治地位或政教合一的历史背景下，王充说“以天无口目也”和“今无口目之欲，于物无所求索”。（《论衡·自然》）他认为天既然没有口和眼，也不会有意识和欲望，不会有什么要求。他还认为宇宙是由永恒存在的物质实体构成的，人是自然界的生物，没有脱离形体而独立存在的灵魂。他揭露了“灵魂不死”“生而知之”和圣人“前知千岁后知万世”的谎言。王充揭露“天人相与”的神学观点，给予了南北朝时期的玄学以致命的打击。郭象针对何晏、王弼的“天地万物皆以‘无为’为本”的错误观点说：“无既无矣，则不能生有。”范缜针对“灵魂不死”批判说：“树必先荣而后枯，人必先生而后死。枯不能复苏，死不能复生。”唐朝中期，柳宗元、韩愈、刘禹锡对“天神人相与”进行了激烈的批判，提出“天‘自然’人相分”，断言“天之能”人未必能，“人之能”天亦有所不能。

宋、明时期以后，以程颢、朱熹等人为代表的所谓官方“正统派”提出“理得于天而具于心”，认为人的知识是从天上掉下来的；而以陆九渊、王守仁为代表的“唯心派”认为“心即理”说，认为智识是人头脑里所固有的。程颢、朱熹还把世界分为两个本原，一个是物质的气（物质），一个是非物质的理（精神），而物质的气要服从于非物质的理支配，即“理”决定“气”。这就把唯心主义推到了顶峰。这时却遭到了以陈亮和叶适为代表的一派从左翼对程朱的“先天论”进行了批判。同时，又遭到了以王阳明为代表的一派从右翼进行了批判。李贽等人也对儒家的“天命论”进行了批判。至17世纪黄宗羲、王船山等人对其“天命论”继续进行了批判。他们认为世界上发生的无穷尽的变化中，只有物质实体（气）是存在的，承认物质的永恒性、客观的规律性，以及物质与运动的统一性。至18世纪以戴震为代表的学派对所谓“正统派”继续进行了批判。他们认为物质世界始终处于“生生不息”的变化之中，这一过程就是现实本身所具有的客观规律，即“道”。

我们今天在这里介绍的哲学斗争史仅限于认识论范畴内，不涉及与调查研究无关的社会变革、伦理等方面的其他哲学内容。

20世纪的中国，与玄学的思想斗争也很激烈。以张君劢为代表的“玄学派”认为，人生观的特点是“主观的”“直觉的”“自由意志的”“出于良心之自动”或“漫天是非真伪之标准的”。所以，解决人生观问题依靠科学理论是无济于事的，只能依赖于每个人自身的动因。梁启超认为，情感是生活的原动力，是绝对超科学的，没有什么因果关系。以于汝江为代表的“科学派”认为，凡是心理的内容，“真的概念推论”无一不是科学的材料。可是他同时又否认科学的规律性。胡适也以自然的人生观作为科学的人生观。以陈独秀、瞿秋白为代表的“唯物派”认为，

“玄学派”和“科学派”并无本质区别，都是唯心主义，因为他们都不肯用唯物史观解释社会。陈独秀说：“只有客观的物质原因可以变动社会、可以解释社会、可以支配人生观。”瞿秋白指出，是否有“意志自由”，这是“自由”与“必然”的问题。他说自然界与人类社会虽有不同，但都具有客观规律性。他说：“社会现象确有因果律可寻，唯知此因果律之‘必然’，方能得应用此因果律之‘自由’。”就是说人的一切动机（意志）都不是自由的，都受因果律支配。他认为，科学的因果律不但可以解释人生观，而且可以变更人生观。

欧洲的哲学思想产生于古希腊和古罗马，其年代和演变形态与中国具有非常明显的相似性。以苏格拉底、柏拉图和亚里士多德为一系的唯心主义者认为，世界的万物都是神有目的安排的，世界的本原是超自然的观念，所以人的灵魂是不死的，甚至还可以转世。而以泰勒斯、阿那克西曼德和德谟克利特为一系的唯物主义者认为，世界的本原是物质，不是精神，更不是神创造的，因为世上本没有神。他们认为存在是客观的，原子和虚空就是存在。虚空也是一种存在形式。古代的中国学者和欧洲学者的思想，后来就各自发展成为不同学派的哲学理论。之后，人们为了实践的需要，试探着如何将哲学理论应用到社会调查研究活动中，这便是哲学理论派生到社会调查领域的动因。调查研究理论从萌芽到发展，大约经历了自16世纪至18世纪的200年时间。

第二节　调研理论的发展

人类进入文明社会以后，自然科学和社会科学陆续地诞生了。这时便孕育了调研的理论成分。哲学（心理学）、人类学、数学等相继被派生到社会学中来，形成了调查研究的一门真正独立的理论学科。这标志着不论这些观点和理论有无学派之争或正确与否，都进入了理性认识的范畴。调研理论是社会学的核心理论，从两个方面演变着和发展着，即认识理论和操作理论。哲学认识论等相关理论被移植或派生到社会调查研究范畴，均属于认识立场、认识路线和认识方法的理论。哲学方法论和数学等相关理论，被移植或派生到社会调查研究范畴均属于操作理论。

一、实证、证伪和范式的认识形式

（一）实证

哲学等相关理论被移植或派生到社会调查研究范畴，最早发生在16世纪的欧洲。英国哲学家培根承认自然界的客观存在。他认为物质是人类研究的对象，人只有遵循自然规律才能认识自然。他一方面承认物质的永恒性，同时又承认神的存在。他说“人有不死的理性灵魂”的存在。他认为一切知识来源于感觉，感觉是可靠的。他认识事物的方式、方法是，在搜集和整理感性材料时要进行分析、比较、观察和实验，用明确的“实证”方法理性地加以表述。英国哲学家霍布斯、洛克克服了培根的有神论偏见，继承了他的唯物主义成分，并将“实证”系统化。法国空想社会主义者圣西门于1813年在《人类科学概论》一书中阐述的观点认为，历史是一个统一的、进步的、有规律的发展过程。他主张要像物理学那样观察和研究社会，要赋予关于人的科学以实证的性质。他还把人类历史的发展分为三个阶段，即“神学阶段、形而上学阶段和实证阶段”。他认为以科学为基础的未来的社会制度将得以实现。圣西门的学生、法国社会学家孔德对圣西门的理论进行了归纳，又把人认识客观世界的过程归纳为新的3个阶段，即“观察、实验、比较”，把不同文化背景、不同历史阶段进行比较，把人类社会与动物社会进行比较，从而把自然科学法则引入到社会研究中去了。他认为社会是整体的、不动的、静止的，靠外力的机械推动力才能有所变化。他还认为科学的任务是描写人的主观感觉，知识起源于观察和归纳。所以“观察优于想象”。他否认客观世界和客观规律的可知性。1839年他首次提出了“社会学”一词。他的主要著作有《实证哲学教程》《实证政治体系》等。

（二）证伪

英籍澳大利亚哲学家卡尔·波普尔以他的“证伪”方法论即“假设检验法”或称“试错法”试图替代传统的实证方法论。他认为假设不能最终证实，只能证伪，科学只能通过提出问题、经过试验、排除错误而得到发展。他还认为社会没有发展规律，社会只能改进。他断言知识的起源不是观察和归纳的，检验科学理论的标准也不是经验观察的，而是人们在社会活动时从碰到的各种实际问题开始的。碰到的实际问题引起了人们的思索和研究，促使人们作出各种假设，再通过事实“证伪”即不断地提出试探性的猜测，又不断地消除猜测中的错误，最后才形成理论。他强调“自由想象”的重要性，主张“想象优于观察”，否定了孔德主张的“观察优于想象”的认识方法。他认为“实证”只注意肯定的例证，轻视了否定的例证。他的主要著作有《历史决定论的贫困》《猜想与反驳》《客观知识》等。卡尔·波普尔修正和改造了孔德的实证方法，同时也修正和充实了美国哲学家约翰·杜威等人的实证主义学派的假设演绎法。杜威否定客观存在，否定因果关系和事物的规律性。他把客观世界归结为经验的产物。他认为一切科学理论只是人们整理经验、适应环境的手段和工具。他的主要著作有《经验与自然》《哲学的改造》等。

（三）范式

美国哲学家库恩继波普尔之后，以“范式”要领和“科学发展阶段论”阐述了自己的理论观点。他认为科学是一定的“科学共同体”按着一套共有的“范式”所进行的专业活动。他提出常规科学和非常规科学的概念。他对假设检验法进行考察时发现，因人的价值观的不同、知识结构的不同、社会背景的不同，会有不同的想象和假设。所以他注重在了解客观对象时的立场、角度、环境和参照框架。他提出的“科学发展四种形态”是个动态模式，每个发展阶段都有每个阶段的特点和形态。这一过程经历了从幼稚到成熟、从零散到统一、从一般到创新、再到科学的革命阶段。他重视模式、模型和范例，认为世界是统一的，是按严整的因果规律在运行。所以，科学研究的方法与规划也应是统一的。这种统一是在从理论的形成到相互对立、相互批判中完成的。由此，库恩完善了波普尔的认识理论。不过，至今“范式”理论还有很多弱点，还不被多数人所接受。因为它不仅带有唯心主义成分，也缺少严谨的辨证逻辑关系。所以，它的概念的内涵还不够清晰，其结构性和系统性也不够严谨，适应范围有一定的局限性。

二、统计手段的出现

（一）统计学的诞生

数学等相关理论被移植或派生到调查研究范畴均属于操作理论。英国社会学家威廉·配第在调查英国经济状况时撰写的《政治算术》一书中，运用了大量的统计手段。他用绝对数、相对数、平均数等数量概念表示有关的调查结果，创立了“统计学”，被马克思称之为“政治经济学之父”。法国数学家贝努里·拉普拉斯于 1795 年用概率论研究人口问题,出版了《概率论的解析理论》一书,为人口统计打下了理论基础。法籍比利时人阿道夫·凯特勒于 19 世纪 20 年代在社会调查中又将概率论引入统计学，应用这一理论对法国不同年龄层次犯罪现象调查时获得了成功。他提出了社会大群体的人各种不同特性的分布，应遵从正态分布律的“平均人”概念。这是统计学历史上发生的一次质的飞跃。本书作者理解，在“平均人”里物化了各种各样人的不同特性。由此，阿道夫·凯特勒成为“数理统计学”的奠基人。

（二）出现了不同的统计工具

英国人高尔顿于 1877 年发明了统计相关法，同时，提出了“相关指数”概念；爱奇渥斯于 1892 年将其定名为相关系数（r）；英国人皮尔逊于 1900 年又提出卡方检验、复相关计算；英国人戈塞特和德国人费舍尔于 1928 年先后论证了“t”分布和“f”分布等，并为抽样理论的社会研究提供了代表性和科学性的数理依据。美国社会学家斯托福于 1948 年出版的《美国士兵》一书中，创立了统计调查模式。拉扎斯菲尔德在《美国士兵》的基础上，创立了统计分析的“详析模型”，使调查研究的多变量分析方法得以成熟。

这期间，在调查研究范畴内又引入了一些新的操作方法，形成了一些新的概念和术语，比如“均值”“方差”“方差分析”“统计”“样本”等。

第三节　调研理论的争论

任何事物都有自身的起源，在动态过程中同一起源的事物涵盖的个体间的差异是正常的。当然，调查研究理论也不例外。自人类在认识范畴形成哲学理论以来的2500多年中，源于不同的世界观形成不同的哲学观点或代表不同社会集团的学派之间，曾进行过激烈的斗争。当然，斗争的过程也是发展的过程。今天，我们对哲学斗争史有一个粗略的了解，能够帮助我们分清什么是唯物论的反映论，什么是唯心论的先验论，什么是辩证法，什么是形而上学。只有正确的世界观才能确立正确的认识立场和认识路线，只有运用辩证法才能选择正确的认识方法、才能获得正确的认识。人们对客观世界的认识，不是站在正确的立场就是站在错误的立场上，不是选择正确的认识路线就是选择错误的认识路线。没有第三种立场或第三条认识路线，也没有折中或调和的余地。毛泽东说：“真理只有一个，而究竟谁发现了真理，不依靠主观的夸张，而依靠客观的实践。”（《毛泽东选集》第2卷623页）认识立场与认识路线，虽然都在一条认识链上，但两者是不同的。前者是个开端，后者是个过程，两者不可偏废。因为站在错误的认识立场上其认识路线肯定是错误的，站在正确的认识立场上其认识路线也不一定是正确的。旧唯物主义者都有一个正确的认识立场，有个良好的开端。可是，在认识过程中无法找到正确的认识路线，最后都陷入了形而上学的泥坑里。

形形色色的唯心论者，无非就是主观唯心论者、客观唯心论者和不可知论者。主观唯心论者认为感觉和经验是人们主观形成的，否认意识对客观世界的反映；客观唯心论者认为，客观世界不过是主观感觉或自身精神的产物，是从意识到存在、从精神到物质的认识过程；不可知论者认为，人没有认识世界的能力，否认世界是可知的。主观唯心论即一元唯心论，客观唯心论即二元唯心论和多元唯心论。一元唯心论者认为，精神是世界的本原，而且是唯一的本原。自然是绝对观念的外化，社会是绝对精神的体现。否认物质世界的客观存在，崇尚精神决定一切。二元唯心论者认为，存在的本原不是一个，而是两个互不依赖的实体，即物质实体和精神实体。否认精神从属于物质，否认离开物质的观念是不存在的。多元唯心论者认为，事物的产生和发展变化，是由多种孤立的互不依赖的本原构成并决定的。主张真理也是多元的，否定客观真理。不可知论者认为，人的理性是有限度的，世界是不可知的。因为感觉以外什么也不可能知道，把人的感觉看成是主体与客体的屏障，不懂得认识过程的本质与现象、有限与无限的关系。旧唯物论者由于不懂得实践的重要性，不懂得认识过程的辩证关系，它只知道如何去认识世界，而不了解认识世界的目的在于改造世界。

中国的儒家、道家、法家、墨家等三教九流的哲学观点，在上千年的争论过程中，仍局限于零碎的认识范畴内。只有辩证唯物论告诉了我们什么是正确的认识立场和认识路线，以及确立正确的认识立场和选择科学的认识路线对调查研究活动的重要意义。近现代欧美国家把哲学的理论引入调查研究范畴，不论他们的争论言出多少家或正确与否，归纳起来形成的调查研究理论有 3 个主要派别。

一、三种不同学派的理论内容

（一）实证主义

实证主义派别强调的是社会的整体特征。认为社会现象是所有社会成员的行为造成的，而不是个人或个体的孤立行为。社会调查的方法应该遵循自然法则，社会的规律性只能通过统计分析才能显现出来，并以此获得社会现象的客观事实和理论的验证。由此不难看出，它强调的核心内容是宏观的领域、静态的范畴和数量分析的方法。

（二）人文主义

人文主义派别强调的是社会具体的个别的特征。认为社会现象是由个人造成的，任何社会现象都可以还原为个人的活动，不了解个人的行为，就无法认识社会，可是个人的自由意志又无规律可循，也没有客观标准，只能靠主观判断。在认识社会过程中，抛开个人价值观或个人主观意识是不现实的。所以，不同的人调查同一事物可能会得出不同的结果。人文主义强调的核心内容是微观的领域、动态的范畴和定性分析的方法，与实证主义正好相反。

（三）折中主义

折中主义派别认为自然现象和社会现象各有自己的规律，两者在本质上的区别是明显的。认为社会现象最终是可以被理解的。还认为，人的意志是理智的、人的行为是有目的的，所以具有一定的规律性。对于规律的了解，可以采取自然科学的方法，通过理解人的动机达到目的。

二、三种不同学派的争论焦点

（一）人文主义

以德国社会学家狄尔泰为代表的一派，抓住实证主义而严重忽略社会特殊性这一弱点进行了批判。他认为，人具有的意志自由，在受主观能动支配时，常常无规律可言，因而无法预测人的社会行为。他还认为，社会现象与自然现象不同、人与物不同，不仅人与其他动物之间有本质区别，人与人之间也有差异。社会现象不像自然现象那样有自己的规律，不能用自然法则去研究人类社会。人类社会总是处于一种不规则的动态之中，而自然现象的季节变化周而复始，年年如此。作为个体的人每日每时也都处在动态中，社会是由许多个人构成的，受每个人的主观意志和动机支配，随意性很强，无法预测。只能以主观方法对具体的个人或事件去解释和认识，不存在社会的规律性。而物则是无知觉的、相对静止的，自然现象和物总是按其自身固有的属性作有规律的运动，它是可感知的。所以，社会现象只能采用主观的方式进行分析和判断。

（二）实证主义

以法国社会学家杜尔克姆为代表的一派，受孔德影响只承认经验事实。面对人文主义的批判，他反驳说，社会科学与自然科学、“实证”

的社会现象与自然现象一样都是社会事实，个人对社会事实的反映如同物质对外界刺激的反映。社会科学针对的不是个别的人或个别的事件，而是普遍的社会现象，是多数社会成员共同活动的结果，受社会规律所支配。但这种规律只能通过统计分析来认识。他以《自杀论》一书为例子来说明这个问题。

（三）折中主义

以德国社会学家韦伯为代表的一派，既批判了实证主义的极端教条主义，也批判了人文主义的极端主观主义。认为社会现象与人的行为有关，与自然现象不同。人的行为受人的理性和目的性支配，因而具有一定的规律性。对社会现象的研究，不能单单观察外部形态，还应了解人的动机和意识，因为人的主观意识之外的社会规律是不存在的。还认为社会事实最终是可以理解的。他既反对实证主义的极端观点，也反对人文主义的极端观点。继韦伯之后，美国社会学家米尔斯对实证主义忽视历史联系和动态过程也进行了批判。针对唯心主义者之间的斗争，列宁曾说："当一个唯心主义者批判另一个唯心主义基础时，常常是有利于唯物主义的。"（《列宁哲学笔记》313 页）

哲学的争论对调查研究理论具有重要的历史意义：一是为辩证唯物主义、历史唯物主义的诞生作了理论准备；二是催生了调查研究理论的形成；三是辨明了调查研究操作理论的正确方向；四是调查研究理论伴随着哲学理论的发展而得到了发展。

第四节 调研的本源理论

调研认识理论的本源理论是哲学，我们在这里介绍的本源理论是应用于调研活动的辩证唯物论。

一、辩证唯物论的认识理论

调研要以认识理论作指导。什么是“认识理论”？就是在运用哲学与实践的基础上，人脑对客观事物能动反映的理论。认识什么？认识事物的内在本质和发展规律。

调查研究的认识理论只有来源于辩证唯物论才是正确的，它包括认识立场、认识路线和认识方法三个部分。

（一）哲学的认识立场

哲学的认识立场就是人们在认识客观世界和改造客观世界时的立场。它的基本点是，意识和存在、精神和物质谁决定谁的问题。唯物论者认为，存在决定意识、物质决定精神。恩格斯说：“全部哲学，特别是近代哲学的重大基本问题，是思维和存在的问题。”（《马克思恩格斯选集》第4卷219页）马克思说“并不是人们的意识决定人们的存在，恰恰相反，正是人们的存在决定人们的意识”（《政治经济学批判》序言Ⅱ页）。列宁说:“意识总是反映存在的,这是整个唯物主义的一般原理。”又说：“没有被反映者，就不能有反映，被反映者是不依赖于反映者而存在的。”（《列宁全集》第14卷341、61页）承认不承认物质决定精神、存在决定意识？承认不承认正确的认识来源于实践？承认不承认客观世界是充满着矛盾的、运动着的、变化着的或按一定规律发展着的统一体？承认不承认世界是可知的？这是检验每一个人认识立场的标准，这个基本立场贯穿于哲学的整个过程,也贯穿于调查研究认识立场的整个过程。

这种认识立场是由世界观决定的。世界观是人们对客观世界和对其自身的总的根本看法。由于意识反映存在，所以世界观当然就是社会存在的反映。那么，世界观通过什么形式反映社会存在呢？只能通过社会实践。马克思主义第一次把科学的实践引入到认识论。指出，社会生活在本质上是实践的。实践是认识的基础，而实践的目的在于改造人们的生存环境。马克思说：“从来的哲学家只是各式各样的解释世界，但是重要的乃在于改造世界。”（恩格斯《费尔巴哈与德国古典哲学的终结》一书的附录：马克思作《费尔巴哈论纲》第11条）列宁继承和发展了这些思想，指出："人的意识不仅反映客观世界，并且创造客观世界。"(《列宁全集》第38卷229页)原来世界没有的，通过实践可以创造出来。毛泽东说："辩证唯物论的认识论把实践提到第一的地位，认为人的认识一点也不能离开实践，排斥一切否认实践的错误理论。"(《毛泽东选集》第1卷261页)接着他更进一步指出，变革客观世界的实践是"革命的实践"和"能动的飞跃"。(《毛泽东选集》第1卷267页)他将实践作为首要的和基本的观点。辩证唯物论还认为，自然界无时无刻不在进化，人类社会也无时无刻不在发展，静止的或一成不变的事物是不存在的。

(二)哲学的认识路线

哲学的认识路线就是在认识立场的基础上，所遵循的认识方向、认识管道和认识过程。认识的方向就是实践，认识的管道和认识的过程就是毛泽东所说的"实践、认识，再实践、再认识，这种形式，循环往复以至无穷，而实践和认识之每一循环的内容，都比较地进到了高一级的程度"。(《毛泽东选集》第1卷273页)

实践为什么这么重要？因为既然世界观是社会存在的反映，而实践的土壤又是社会存在，那么实践就是一切认识的源泉。这样，认识的来源、认识的能力、认识的形式、认识的过程、认识的发展规律以及认识的客观标准，都将通过社会实践表现出来。毛泽东说："只有人们的社会实践，才是人们对于外界认识的真理性标准。"(《毛泽东选集》第1卷261页)人们为了改善自己的生存环境和满足自身日益增长的物质需求，就要对其不断地加以改造，这是实践具有的能动的革命性的根本原因。人们通过实践能够认识一个又一个新事物、改造一个又一个旧事物、创造出一个又一个新的天地来。实践证明，认识的源泉是社会存在；认识的能力是无限的，没有不被认识的奥秘，只有尚未认识的事物，世界是可知的。关于认识形式，列宁说："在人类实践中表现出来的对自然界的统治，是自然现象和自然过程在人脑中客观正确地反映的结果。"(《列宁全集》第38卷195页)他又说："每个人都千万次地看到过'自在之物'向现象、'唯我之物'的简单明白的转化。这种转化也就是认识。"

(《列宁选集》第 2 卷 114 页）认识的过程，是人们通过实践不断深化的过程。

制定政策需要调查研究，执行政策也需要调查研究。因为在政策执行过程中对出现的新情况、新问题的解决，也需要通过调查研究了解它的症结才能修正现有的政策，为不断完善政策提供决策依据。调查研究的规律是，依据前期积累的实践经验提出问题，通过调查研究制定政策，再依据政策在执行过程中出现的新问题，通过调查研究加以修正，进而完善政策体系。这种“不断地积累前期的实践经验、不断地制定新的政策、不断地出现新的问题、不断地修正已有的政策，又不断地根据变化了的社会情况去完善政策体系”的循环，总是不断地循环着。每循环一次都会向更高的政策境界提升一步，以此不断地推动社会向前发展着。这个认识过程是从物质到精神、从感性到理性、从知之不多到知之较多的过程。这就是人类的认识本质和认识规律，即正确的认识路线。

（三）哲学的认识方法

就是人们认识世界和改造世界时所采取的方式方法，或者说运用辩证唯物论在认识调研客体过程中的方法。正确的认识方法的前提是，站在唯物的立场上，把认识路线与辩证法结合起来，用辨认法的基本规律即对立统一规律、质量互变规律和否定之否定规律去解释调研客体、解释客观世界。人们的认识要想正确地反映客观事物，就必须遵循这些规律。科学的认识方式，是建立在正确的世界观基础之上的，有什么样的世界观就有什么样的方法论，两者是统一的。如果说，科学方法论的认识基础是正确的世界观，那么它的理论基础就是辩证法。如何运用辩证法的基本规律去认识社会呢？列宁说：“逻辑学和认识论应当从全部自然生活和精神生活的发展中引申出来。”(《列宁全集》第 38 卷 84 页）这就是说，用全部自然生活和精神生活中抽象出来的理论，紧紧围绕物质决定精神、存在决定意识这个根本问题，抓住主体与客体、认识与实践的相互关系，去说明运动和发展着的客观世界，这是一切形式的认识基础。只有用人类积累的认识成果与当代科学认识的新成果结合起来才更具有透彻力。

人类社会的发展有无规律可循呢？答案是肯定的。辩证唯物主义与历史唯物主义认为，生产力与生产关系、经济基础与上层建筑的关系，是决定人类社会发展的动因。生产力与生产关系之间从适应到不适应再到适应的循环往复的过程中就不间断地推动着社会的发展，从而揭示出人类社会的发展规律。

二、中国共产党人的调研理论

“调查研究”概念是从“实践”概念中分解和界定出来的。以毛泽东为代表的中国共产党人，自第一次明确地提出“调查研究”概念以来，又将其作为一切工作的首要手段。在调研实践中积累了丰富的经验，形成了必须遵循的原则和方式方法。

（一）坚持实事求是的原则

毛泽东一再强调要坚持“实事求是”的思想路线，这是力争把马克思主义的普遍真理与中国革命实践相结合的典范。列宁说：“如果从事实的全部总和、从事实的联系去掌握事实，那么，事实不仅是胜于雄辩的东西，而且是证据确凿的东西。”（《列宁全集》第22卷279页）“实事”是指客观存在的真实事物；“求”就是分析研究；“是”是指事物的本质、事物的内部联系，即事物的发展规律。这恰恰是辩证唯物主义与历史唯物主义的精髓。

怎样才能做到“实事求是”呢？毛泽东要求各级领导干部要面向基层、面向社会、深入群众，大兴调查研究之风。他的格言是“没有调查就没有发言权”“结论产生于调查研究之后”。他为了防止从事调查研究的干部“走马观花”造成的“空疏”或“肤浅”，要求调查研究人员要“钻进去调查研究，发现问题，揭露问题，解决问题”。他要求领导干部“做系统的亲自出马的调查，而不是老爷式的调查”。他说：“十样事物，我调查了九样，只有一样没有调查，有没有发言权？”他补充说：“如果你调查的九样都是一些次要的东西，把主要的东西都丢掉了，那么，仍旧是没有发言权。”（《毛泽东选集》第2卷382页）邓小平对事物的认识坚持生产力标准。他说“黑猫白猫抓住耗子就是好猫”，生动形象地阐述了实事求是的原则。陈云对调查研究的原则，精辟地概括出了“十五字令”，即：“不唯上、不唯书、只唯实，交换、比较、反复”。（《陈云文选》第3卷372—373页）他在1957年1月曾说：“应该用百分之九十以上的时间去弄清情况，用不到百分之十的时间来决定政策。”

（二）坚持密切联系群众的原则

深入基层、深入群众，甘当群众的小学生，这是中国共产党人的一贯作风。李瑞环说：“领导之所以为领导，就在于能够发动群众和领导群众，能够组织广大理论工作者和实际工作者与群众相结合，到丰富的社会实践中去调查和研究新的问题，去归纳和概括新的理论。”（《学哲学，用哲学》上册44页）运用辩证唯物主义与历史唯物主义的理论武器搞好调查研究，已成为中国共产党人集体的自觉行为。中国共产党人在过去几十年的斗争实践中，就是运用“调查研究、联系群众、实事求是”这三大法宝，以小博大、以弱胜强，最后取得胜利的。

（三）坚持以“调查会”为主的原则

调查会即座谈会。毛泽东说：“开调查会，是最简单易行又最忠实可靠的方法。”（《毛泽东选集》第2版第3卷790页）他提出7个方面的问题：“（1）要开调查会做讨论式的调查。……提出中心问题在会议席上经过辩论的方法……（2）调查会到些什么人？……以年龄说，老年人最好，因为他们有丰富的经验……青年人也要，因为他们有进步的思想，有锐利的观察。以职业说，工人也要，农民也要、商人也要、知识分子也要、有时兵士也要，流氓也要。……（3）开调查会人多好还是少好？……可以多到十几个人或二十几个人。……（4）要定调查纲目。……要有大纲，还要有细目，如‘商业’是个大纲，‘布匹’‘粮食’‘杂货’‘药材’都是细目。（5）要亲自出马。凡担负指导工作的人……都要亲身从事社会经济的实际调查，不能单靠书面报告……（6）要深入。……要作一两回深入的调查工作……就是要了解一个地方（……），或一个问题（……）的底里。……往后调查别处地方、别个问题，便容易找到门路了。（7）自己做记录。不能假手于人。”毛泽东强调：“要拼着精力把一个地方研究透彻，然后再研究另个地方。”（《毛泽东选

集》第 1 卷 116—118 页）

（四）坚持抓“典型”的原则

抓典型就是我们常说的抽样。毛泽东说：“找出几个令人满意的和令人不满意的典型例子，经过深入研究，总结经验，得出具体结论，以求得必要的工作改进。”抓典型就要解剖麻雀。他又说：“麻雀虽然很多，不需要分析每个麻雀，解剖一两个就够了。”（《毛泽东文集》第 1 卷 139、133—134 页）他把典型分为三种：一种是先进的，一种是中间的，一种是落后的。分类以后，每类调查三个典型，即可知一般的情况了。

（五）坚持信息“交换、比较、反复”的原则

陈云说：“为了弄清‘实事’，我把它概括为六个字，就是：交换、比较、反复。”他又说：“所谓交换，就是通过交换意见，使认识比较全面。交换意见，不仅要听正面意见，更要听反面意见。所谓比较，一是左右的比较，二是前后的比较。所谓反复，就是事情初步定了以后还要摆一摆、想一想、听一听不同意见，反复研究。”（《陈云文选》第 3 卷 235 页）他又强调反面意见的重要性。他说：“多注意听反面的意见，这是调查研究的一种重要方法。凡是提出一种意见的人，他总是看到了一点东西。即使是错误的意见也不要怕，有错误的意见，可能使正确的意见更加正确。”（《陈云文选》第 3 卷 328 页）在要求领导干部时，陈云还提出两种调查研究方法：一种是亲自率工作组或派工作组下乡、下厂；另一种是每个高中级领导干部都要有敢讲真话的知心朋友，还要多听听身边工作人员的意见，通过他们可以经常听到基层干部、群众的呼声。他说后一种调查研究有“真、快、广”的特点（《陈云文选》第 3 卷 372—373 页）。

（六）坚持材料的处理要“去粗取精、去伪存真、由此及彼、由表及里”的原则

毛泽东说：“详细地占有材料，抓住要点。材料是要搜集得愈多愈好，但一定要抓住要点或特点（矛盾的主要方面）。”在材料的处理上他又说：“但并不是全部采取，而只是采取最能表现特点的一部分。”（《毛泽东文集》第 2 卷 382—383 页）关于材料的处理过程，他说：“将丰富的感性

材料加以去粗取精、去伪存真、由此及彼、由表及里的改造制作功夫……”（《毛泽东选集》第 1 卷 268 页）这是他在《实践论》中的著名论述。

（七）坚持理论与实际相结合的原则

凡理论都是行动的指南，不能教条地运用，要把理论与被认识的客体的具体情况结合起来，才能体现认识与实践的统一，才能体现矛盾的普遍性与矛盾的特殊性的辩证关系，这恰恰是辩证唯物主义世界观的具体表现。在 20 世纪上半叶的中国，理论与实际的这种结合便产生了“毛泽东思想”。毛泽东主张“主观和客观，理论和实践，知和行的具体的，历史的统一……”（《毛泽东选集》第 1 卷 296 页）邓小平指出：“把马克思主义的普遍真理同我国的具体实际结合起来，走自己的道路，建设有中国特色的社会主义，这就是我们总结长期历史经验得出的基本经验。”（《邓小平文选》第 3 卷 372 页）他提出的“社会主义初级阶段”“建设有中国特色的社会主义”和“一国两制”等著名论断，就是力求理论联系实际，由此产生了“邓小平理论”。

（八）坚持调研过程的“四四”原则

对调查研究的程序，毛泽东将其分为 4 个阶段和 4 个步骤。4 个阶段是：观察阶段、提出问题阶段、分析问题阶段、解决问题阶段；4 个步骤是：典型入手、概略调查、典型调查、分析研究。他还曾提出纵断法和横断法。他把纵断法当作调查的辅助手段，起到入门观察的作用；横断法解决分析问题，两者必须结合起来运用。他把调查当作十月怀胎，把解决问题比喻为一朝分娩。

三、辩证唯物论使形形色色的唯心论者遭到了致命的打击

正当各种唯心主义和教条主义理论泛滥之时，于 19 世纪中叶诞生了辩证唯物主义与历史唯物主义。它的诞生，像一颗重型炸弹震撼了世界的理论界，并吸引了全世界大批进步人士的追求。在调查研究领域纷纷拿起这一有力的理论武器，从事社会实践活动。毛泽东说：“辩证唯物论之所以为普遍真理，在于经过无论什么人的实践都不能逃出它的范围。”（《毛泽东选集》第 1 卷 269 页）

辩证唯物论的出现，把正在争论的一切不合理的理论统统都扔到了垃圾堆里去了。恩格斯说：“过去的一切只值得怜悯和鄙视。只是现在阳光才照射出来。从今以后，迷信、偏私、特权和压迫，必将为永恒的真理，为永恒的正义，为基于自然的平等和不为剥削的人权所排挤。”（《反杜林论》引论）在辩证唯物论的真理光芒照耀下，理论界的阴霾被一扫而光。各种学派的市井之徒原形毕露，如惊弓之鸟、惶恐不安，便停止了他们之间的争斗，共同痛批辩证唯物论，其中“福格特有意制造最卑鄙的谣言诬蔑马克思……”（《恩格斯论马克思》6页）。由于他们理屈词穷、害怕真理，便与反动政府联手驱逐马克思、恩格斯，禁止出版他们的著作。可是，乌云遮不住阳光，马克思主义很快传遍了全世界。恩格斯说：“马克思的世界观远在德国和欧洲境界以外，在文明世界的一切语言中都找到了代表。”（《路德维希·费尔巴哈和德国古典哲学的终结》3页）在这种情况下，那些市井之徒们便采取了从直接对抗变为间接附会或混入马克思主义阵营，打着马克思主义的旗帜继续反对马克思主义的办法。马克思说：“拉萨尔派的领袖们之所以跑来靠近我们，是因为他们为形势所迫。”（《哥达纲领批判》6页）因为拉萨尔派剽窃、冒充和歪曲马克思主义的基本原理，拼凑了一套机会主义的理论。类似于拉萨尔的小丑们打着马克思主义的旗帜到处招摇撞骗，又形成了什么“合法马克思主义”“西方‘新’马克思主义”“新康德主义”“马赫主义”“伯恩斯坦主义”“第二国际修正主义”等。他们中反对辩证唯物论越凶的人，暴露的无知和拙劣也就越充分。“燕雀安知鸿鹄之志”，平庸之辈怎能理解伟大的人物及其伟大理论的历史价值呢！

议论不等于是理论，理论不等于都是正确的。只有真理和科学形成的理论才是正确的。

拉萨尔在“哥达纲领”草案中，就提出了“劳动是一切财富的源泉”这一主观唯心论的口号。恩格斯随即进行了批判。他说：“劳动和自然界一起才是一切财富的源泉。”针对不可知论的影响，恩格斯在《自然辩证法》中说：“不可知论就是怀疑论。”列宁分析说：“不可知论者路线的本质是什么呢？就是他不超出感觉，他停留在现象的此岸，不承认在感觉的界限之外有任何确实可靠的东西。”(《列宁全集》第 1 卷 104 页)他接着批判说:“感觉的确是意识和外部世界的直接联系。”(《列宁选集》第 2 版第 2 卷 46 页)这意思是说，感觉之外的世界是客观存在的，一旦意识反映了这个客观存在，就说明了对感觉之外的事物有了一定的认识，这时认识就把感觉（主体）与感觉之外的事物（客体）直接结合起来了。关于认识的程度，列宁说：“认识是思维对客体的永远、没有止境的接近。”（同上书 208 页）所以，认识是个永远不会停止的动态过程、矛盾过程、深化过程，从必然王国不断地向自由王国迈进的过程。社会实践和科学发展一再证明不可知论的破产和毁灭。

辩证唯物论诞生前，哲学领域的争论虽然也存在着正确与错误之分，但是正确的观点是局部的、零散的、不彻底的。只有辩证唯物论才是全面地、彻底地、科学地解决了人类几千年来未能解决的正确认识的理论，标志着人类认识客观世界的理论最终得到了圆满的解决。

第五节　不断完善调研理论

调查研究活动，对于我们的一切工作虽然这么重要，但也不是所有的调查研究都能取得正确的认识。因为调查研究也有正义与非正义之分、正确与错误之分。非正义的或错误的调查研究活动永远也得不到客观真理，尽管已被认定的调查研究成果，也终将会被历史所否定。比如，为反动集团、为侵略战争、为恐怖主义、为违法作案以及出于个人私利为目的的调查研究活动等。只有怀着利国利民和社会进步的目的，站在唯物的立场上，走在“实践、认识，再实践、再认识”的路线上，用辩证的思维方式指导调研，才能将调研活动顺畅而有效地开展下去，才能获得我们所需要的认识成果，才能作为决策咨询的依据，才能成为推动社会进步的前提条件。那么，如何完善调研理论的内涵呢？有以下四个方面。

一、对已有理论的继承和发展

对已有的理论和调研方法，不要僵化地运用，不要拘泥已有的框框，因循守旧、墨守成规就违背了事物的发展规律。这就要求我们不要照搬别人的东西，不要迷信已有的理论。不迷信不等于不承认，不照搬不等于不运用，而是避免文字游戏或理论游戏。运用就是实践。在运用时应以探索的精神从细微之处去观察、去分析，或能发现问题、受到启发。这就又要求我们端正继承的态度，去追求发展，严肃认真地对待它。有的人为了应付差事而运用，有的人为了单纯地取得“成绩”而运用，不仅自身的工作做不好，更谈不上探索了。

我们在承认已有的理论时是个继承，在修正和完善已有的理论时又是个发展。理论工作者应具有开拓进取的精神，如果说政府的行政管理干部和企业家的开拓进取精神表现在社会上，那么理论工作者的开拓进取精神则表现在前人没有提出的新的理论观点上。

新的理论观点蕴含在基层的群众中，等待理论工作者去概括。如果我们不深入基层、不深入群众，整天闷在屋子里、办公桌旁或图书馆里搞理论研究，就未免有些缺欠。文献调研是二手资料，也必须与实地调研结合起来才能更有效果。马克思的《资本论》虽然大部分时间是在图书馆里完成的，但结合了长期的实地调研经验的成果积累。“探索”首先要明确两点：一是探索的目的是利国利民和社会进步；二是探索的调查方式是社会实践。

二、对已有理论在实践的检验中进行探索

事物的发展是绝对的，永无止境的，调研理论的发展也不例外。威廉·配第创立“统计学”之初，其内容还很贫乏，统计手段也比较单一。在之后的300多年的时间里，拉普拉斯、凯特勒等将“概率论”应用到“统计学”上。之后，高尔顿、爱奇渥斯和皮尔逊又将相关法、相关系数、卡方检验、复相关计算等方法运用到“统计学”；费舍尔根据统计的需要先后论证了“七”的分布和“十”的分布等，从而奠定了

抽样的理论基础。之后，均值、方差等又被充实到“统计学”中，逐渐完善着“统计学”的理论。今天，我们在继承前人的研究成果时，也应以前人为榜样积极地探索，不断地完善尚未完善的调研理论。

三、对已被实践证实为有效的调研方式进行理论抽象

被实践证实为有效的调研方式仍处于经验层次，但已蕴含了理论因素，犹如孕妇腹中的胎儿。胎儿是否成熟，如何接生则是接生大夫的事。而调研实践中蕴含的理论因素，是否具有一般的代表性，以什么形式抽象出来，则是理论工作者的事。所以，在调研实践中，一方面按课题指向的内容了解客体，完成调研任务；另一方面观察调研客体特征与调研方式的结合过程，边实践、边观察、边分析、边概括，以便从中发现规律形成新的认识。抽象出来的理论与已有的理论进行对照，再放到下一次调研实践中接受检验，反反复复地对照，反反复复地检验，到了一定程度即趋成熟。

四、选择符合调研客体特征的调研方式进行探索

我们认识任何事物时，首先就要自觉不自觉地认识它的特征，否则就不存在对事物的认识了。认识特征是认识一切事物的前提和基础。调研课题一经确定，调研的目的和调研的大致方向就已经确定了，这时，分析课题指向内容的特征和选择符合这一特征的调研方式就成为可能的了。课题指向内容的特征，从三个方面表现出来，即性质、范畴和动态。

性质，为调研客体的固有特征，以类别划分。比如，经济类、政治类、公共事业类等，它们具有的特征形态不是物质形态就是意识形态。

范畴，为调研客体的空间，它的特征是范围和界限。比如，区域性调研、行业性调研、项目调研、个案调研、典型调研、普查等。

动态，从两个方面表现出来：一是管理模式形成的运行机制；二是课题指向的内容是已经发生过的事件还是正在发生的或预计要发生的事件。它的特征就是表现形式，是由矛盾的性质和矛盾的形态决定的。矛盾的性质有对抗性的和非对抗性的两大类，其中，对抗性的矛盾是根本

性的矛盾，它涉及全局性和整体性，只有彻底地改造它并否定或摒弃矛盾的对立面才能解决。这类性质的矛盾在现实条件下是罕见的。非对抗性的矛盾是表面性的、局部的或偶然的，通过改革措施的调整加以解决。矛盾的形态多种多样，总起来说所有矛盾的特征都是社会关系的特征。比如生产关系、分配关系引发的利益关系，观念差异和认识差异引发的是非冲突等，这里有正面的经验也有负面的教训，有常规性的事件也有突发性的事件，等等。

选择符合调研客体特征的调研方式时，是选择访谈法还是问卷法或抽样法，是选择观察法还是实验法或文献法，则要根据调研客体的不同特征加以确定。既不能望风扑影，也不能缘木求鱼或随波逐流，只有做到衣随体形、足履相当或“门当户对”，才能产生相得益彰、桴鼓相应的效果。再者，调研客体是已经发生过的事件还是正在发生或预计要发生的事件，这对于认识调研客体的特征也至关重要。根据调研的目的和要求，选择哪种统计方式和计算公式，也都是关键性的问题，调研主体选择的调研方式是否合适直接关系到调研活动和探索实践的效果。

选择符合调研客体特征的调研方式进行探索，如果能够揭示出调研客体的本质特征、发展规律和预测到它的未来，就说明了选择的调研方式已被实践所证实。这样，在长期的循环往复的调研实践中，就可以从诸多的客体特征与诸多的调研方式的碰撞中，发现规律性的东西，再将其抽象出来上升到理论的高度，才算达到探索的目的。

任何理论都需要完善和发展，都有充实的空间，对已有理论的探索和检验，是一种认识上的契机和发展上的重要方法。那么，从哪里入手呢？首先，在承认已有理论的同时，还应带着疑问的心理加以审视。因为怀疑的本身就是寻求和探索，寻求它的不足和缺欠，找出它的有限性和不确定性，由此，才能确定我们的探索目标。其次，在运用已有理论的同时，还应将其放在不同的环境中接受不同实践的检验。比如，西方的调研方法可能已经适应了西方的调研需要，但它适应不适应中国的需要，适应不适应中国决策咨询型调研的需要，这才是我们探索的宗旨。

任何调研理论，如果不探索，不创新，因循守旧、人云亦云，久而久之就成了一潭毫无味道的死水。社会学乃至调研理论我们不可以完全照搬西方的东西，实践证明西方一些主要的调研方法，还不能作为我国决策咨询型调研主要的手段，就需要我们在借鉴的前提下给予改造。

辩证唯物主义认为，“怀疑”的积极意义就在于有利于防止和克服思想上的绝对化、僵化和片面性，以此启发人们独立思考和树立勇于探索的精神。这就要求我们要自觉地运用唯物辩证法，在审视中“怀疑”、在借鉴中“探索”。虽然如何调查研究活动获得的客观事实，都免不了自觉或不自觉地运用唯物的辩证方法，这在人类认识史上早已潜藏于民间，经常被无意识地运用，可是，以这种方式获得的客观事实也可能是偶然的或零碎的，仍然会缺乏整体的或系统的认识。辩证唯物论自觉地应用，是遵循严谨的理论体系，可以获得全面的、系统的客观事实，能够为探索提供可靠的理论支持。

第四章 “三三要素”构建的调研理论体系

什么是理论体系？就是对某一研究对象的概念、范畴和观点的系统化理性认识。不言而喻，调研理论体系亦是对调研活动的概念、范畴和观点的系统化理性认识。“系统”是由若干个相互联系、相互作用的要素构成的，是一个具有一定结构和功能的有机整体。“要素”是构成系统的基本单元。

“三三要素”是调研理论体系的基础，也是调研理论的内核。因为任何调研活动都由三大要件（即主体、客体和手段）构成，这是形成调研理论体系的基础，我们称之为“三大要素”。在主体通过手段去认识客体时，便发生了一些关系，出现了一些概念，形成了自身特有的规律。当揭示出规律的内在结构和相互的依存关系时，对其便有了系统的理性认识，这是形成调研理论体系的核心。通过分析和概括，我们发现调研理论形成的新概念也有三大要件，即“固有理论”“认识理论”和“操作理论”，也称其为“三大要素”。这样，我们便把调研活动的“三大要素”和调研理论的“三大要素”并称为调研理论体系的“三三要素”。

第一节　构建调研理论体系的背景

自培根提出“实证”以来的400多年间，调研理论如遍地山花显露枝芽。至今，虽然花开千朵，但仍各表一枝，处于各显其能、孤立分散的状态，没有形成一个完整的严密的系统，还不是一个具有结构性和功能性的有机整体，所以理论体系尚未建立起来。比如，调查与研究、承担者与承载者、主体与客体、手段与形态、课题与内容等各具有什么性质？属于哪一类？它们之间有哪些关系？逻辑分析时的判断和推理属于哲学理论还是调研理论？统计手段、指标、变量等概念属于数学范畴还是调研范畴？访谈法、测量法、抽样法、问卷法、观察法、文献法和实验法等属于哪一类？它们与普查、专题调查、个案调查和典型调查是否属于同一类？综上所述，说明学者们对同一概念的理解还存在某些差异，对概念之间的内在联系还没有一个清晰的认识。同时，调研活动自身的肌体是个什么形态？包含哪些部分？各部分之间的关系如何？指导调研活动的理论从何而来？它们之间又有哪些必然的联系，等等，在没有确定它们的各自性质时，就明确不了它们之间的关系。所以，这些概念所形成的理论仍然处于一种孤立的漂浮状态，它们之间的内在联系未被揭示出来，还不能系统地归类。只有归类才能使理论系统化。怎么归类？在没有建立起调研的基础理论之前“无家”可归。

调查研究理论，无论任何人、任何目的、任何提法或任何解释，它都是一门行为科学，都有它自身的规律性，都应该创立它自己的理论体系。任何理论体系都是概念的体系、范畴的体系和观点的体系。所以，确立理论体系就必须在特定的范畴内，正确地揭示出概念之间的相互联系和相互作用的关系，因为任何科学都是通过概念来揭示它所要研究的对象。而范畴既是反映现实的形式和认识的工具，又是认识的阶段和深化认识的过程。只要我们能够正确地运用概念和范畴去系统地表达一个事物的规律时，这个事物的理论体系就呈现出来了。

第二节 调研理论体系的内涵和意义

调研理论的“三要素”是在调研活动“三要素”的实践基础上产生的。调研理论包含着两个方面的内容：一是在调研活动自身的范畴内出现的概念和发生的关系；二是在派生理论的范畴内出现的概念和发生的关系。前者的概念（即主体、客体和手段）所形成的理论，因为是调研活动自身所固有的，我们称之为“固有理论”；后者的概念（即认识立场、认识路线、认识方法和操作方法）所形成的理论，因为是移植过来的，我们称之为“派生理论”。根据调研活动的实际需要，派生理论必须具备两种功能：一种是“认识方面”的理论功能；一种是“操作方面”的理论功能。这样，在固有理论、认识理论和操作理论的三要素之间，我们在调研活动过程中，对发生的各种依存关系和制约关系的系统认识，就构成了调查研究的理论体系。

为什么说调研活动的“三要素”是调研活动自身所固有的呢？因为只要调研，就要有调研的主体和客体，就要有主体认识客体的中介（即手段）。试想，在调研理论尚未形成时，远古人（主体）调查猎物（客体）的规律时，也必须有简单的方法（手段）。比如，辨认猎物的足迹、粪便或鬃发，或躲在隐蔽处观察猎物的行踪，等等。所以，固有理论是在构成调研活动“三要素”的肌体上形成的。而认识理论和操作理论，则是根据固有理论的调研需要从其他相关的学科理论中移植过来派生而形成的。

在这里，我们把固有理论称之为“母体”，把派生形成的理论称之为本原理论。任何一种理论的确立和发展，都不同程度地继承了前人的研究成果或借鉴了某些相关学科理论，即吸收和消化了这些理论，在此基础上又不断地加以补充、修正和提高。由于社会生产力和科学技术的不断发展，新兴的学科也必然随之而产生。这时，各门具体的科学理论开始从哲学派生出来。对于调研理论来说，不仅是哲学，就是从哲学派生出来的社会学、人类学、政治学、经济学、法学、教育学、心理学、史学和数理学等，也都不同程度地成为调研的本原理论。所以，调研理论是一门跨学科的边缘理论和交叉理论。

纵观科学理论发展史，诸多学科几乎都是从哲学派生出来的。因为哲学是对自然知识和社会知识的总的概括，各门具体学科从其中派生出来是必然的。恩格斯把哲学说成是“更高的、悬浮于空中的思想领域”。这说明哲学是以理论思维形式去认识世界。哲学是最高的理论学科，它抽象地、间接地指导社会实践活动。而调研理论是通俗的具有普遍意义的应用学科，并伴随着经验的方式去认识现实，它直接地、具体地指导社会的实践活动。它把哲学理论的抽象认识转化为现实的活生生的具体认识，它已经赋予了调研的实践功能，升华到社会实践的高度。这是哲学的理论功能得以实践化了的表现，也是哲学由抽象走向具体的一种途径。

一个本原理论有可能派生出若干个派生理论，一个派生理论也可能来源于几个本原理论。本原理论与派生理论的关系是：派生理论是具体化了的本原理论，具体化的程度依据派生的层次所决定。同时，派生理论在本原理论指导下又为本原理论提供必要的理论素材，不断地丰富着本原理论。

派生理论不是转化或异化的结果。“转化”是矛盾双方向自己的对立面或性质相反的方向演变；“异化”的结果将成为消极的因素，在很大程度上丧失了它的本质特征。派生理论是在本原理论基础上仍保留着本原理论的精髓而形成的。

第三节 调查研究的固有理论

顾名思义，固有理论就是调查研究自身所固有的。它是在调研主体与调研客体发生认识与被认识的关系范畴内形成的。固有理论是调查研究的基础理论，它既不能运用到其他任何领域，也不可能被其他任何理论所替代。当主体的认识活动与客体的内容发生认识与被认识的关系时，必然要形成一些概念，我们对这些概念进行系统化的理性概括，就是它的理论。这些概念是：承担者与承载者、主体与客体、手段与形态、课题与内容等。

一、承担者与承载者

承担者，就是调研活动的倡导者、发动者、组织者和实施者。它承担着调研任务、决定调研的方向和调研的方式方法，对调研活动有决定权和领导权。当然，它还要提供调研所需要的资金、物品或其他必备的条件。调研的承担者可能是一级政府、企事业单位、社会群体或某某个人，他不一定亲赴调研现场直接从事认识活动，但他是调研活动的源头和原动力，处于调研实践的主体位置。所以，他具有自觉的能动性。不过，承担者的调研活动必须是有计划、有组织、有目的、有措施的活动。

承载者，就是调研课题指向内容的当事人或知情者。他承载着承担者需要了解的情况或问题。他也可能是一级政府、企事业单位、社会群体或某些个人。因为社会现存的一切实体，他们既可能是承担者，也可能是承载者，他们的身份只是在特定的时间内或特定的条件下由所处的特定位置决定的。作为承载者，他是物质生产和精神生产的源头和原动力，处于生产实践的主体位置，在这一范畴内，他具有自觉的能动性。从这一点看，承担者与承载者都是社会的实践者。不过，两者的社会实践因实践的角度和目的不同是有差异的，前者的实践主要是认识性质的实践，是了解后者的实践，其目的就是要获得认识成果。而后者的实践主要是从事物质生产的实践或非物质生产的实践，其目的就是要获得实践的物质成果或非物质的实践成果。

承担者认识实践的成果其意义就在于，形成科学理论或寻找管理社会的方式方法，再为承载者的社会实践服务；承载者实践成果的意义在于创造出更多的物质成果或精神成果，满足于人们日益增长的物质需求或精神需求。同时，为承担者的实践提供理论营养和操作经验。

二、主体与客体

调研的承担者和承载者是构成主体与客体的前提条件。虽然都是调研母体的要素，但当承担者与承载者未发生认识与被认识的关系时，还只能是预期的而不是现实的、直接的主体与客体。在哲学范畴内，“主体是人，客体是自然”。(《马克思恩格斯选集》第2卷，第3页）但在调研领域内，特别是在行政决策领域内，主体是人，客体也是人，因为人也是自然的一部分。在调研领域里，凡被主体认识的对象都是客体。

主体，首先是有头脑、能思维的人；其次是能从事社会实践的人或群体；再次主体有多种形式，有个体主体、社团主体、行业主体和行政主体等等。

客体，首先是自然界；其次是已纳入主体实践活动范围内指向的对象；再次客体也有多种形式，有自然客体（物质形态）、社会客体（意识形态）。在人类还未出现时，自然界并无主体与客体之分。当人类出现以后，从自然状态分化出来又成为认识自然改造自然的力量时，才有了主体与客体之分。从这种意义上来讲，并不是所有的人或群体都是主体，也不是全部自然都是客体。主体与客体的关系是认识与被认识的关系、是社会实践的关系，也包含着意识与存在、主观与客观的关系。

在这里，主体是亲赴调研现场的直接实践者，他体现着承担者的调研意图，实现承担者的调研目的，完成承担者既定的调研任务。虽然调研的承担者处于调研的主体位置，是课题内容的直接索取者。但当承担者还未直接与承载者发生认识与被认识的关系时，承担者的“主体”身份还未出现，还不是现实的直接主体。犹如一个具有使用价值的劳动产品，只有把它拿到市场上交换时才可以称其为商品一样。所以，作为现实的直接的主体，必须是正在从事认识活动的具体的人、具体的单位或具体的组织。构成主体的成分和要素，都具有运用手段的功能特征，是主动的一方。主体的突出特征就是手段。虽然主体也有自己的形态，但在这里并不是它的主要特征。主体的手段就是调研活动的方式方法。所以，主体不仅是调研活动的直接的信息索取者，还是在调研活动时运用的方式方法的设计者。主体还应树立主体意识。什么是主体意识呢？主体意识就是主体的自觉性、能动性和创造性。

客体，是相对于主体而言的，是调研对象的本体。具体地说，就是调研课题指向的内容或其内容的承载者。只有进入主体认识范畴内，并与主体发生了相互作用的认识关系时，纳入主体认识对象的那一部分社会现象、社会问题或物质形态才是现实的直接的客体。这时主体与社会客体的关系，犹如市场上的买主与卖主的关系一样，一旦他们离开市场，其买主与卖主的关系就不复存在了。社会现象和社会问题，不论是否能成为现实的直接的客体，它的自然形态也不会因为主体的意志而发生变化。构成客体的成分和要素，都具有展示功能的特征。客体的突出特征就是形态的展示功能。所以，客体是被反映的一方，处于被动地位。虽然客体展示的事物即社会现象和社会问题，是在动态中形成的，但对于主体来说它又处于相对的静态中。任何一个研究对象或调研客体，都有它的范畴和概念。比如，政治经济学的范畴，是在政治和经济领域形成的概念，是资本、劳动、价值、生产、流通、积累、分配、成本、利润、销售、货币、地租、利息、竞争、垄断、失业、通货膨胀、经济危机、经济结构、生产力与生产关系、经济基础与上层建筑，等等。这些概念各自都具有一定的功能，表达一种意思，呈现出了它们的形态，这种展示为主体认识客体提供了条件。同一客体，对于不同的主体，被认识的程度可能不同，这是由不同的主体具有不同的认识能力所决定的，与客体的展示功能无关。在这里强调一下，处于调研实践活动中的主体与客体，我们称之为动态主体与动态客体；处于调研理论中的主体与客体，我们称之为概念主体与概念客体。主体与客体、主观与客观虽然与思维和存在、精神和物质的关系极为密切，但表现形式是不同的。主体与客体、主观与客观的关系，是在调研实践活动中和调研理论范畴内的认识关系，或者说就是实践的关系和应用的关系；而思维和存在、精神和物质的关系，是在哲学范畴内意识形态的理论关系，或者说是思维的关系。

三、手段与形态

手段，是连接主体与客体的中介物；形态，是事物固有的状态和内在本质的外露。主体只有运用手段才能去认识客体。所以，手段又是主体在调研过程中通向客体的通道。而主体的形态特征不能决定客体的展示功能，客体的形态特征决定主体运用手段时选择什么样的方式方法。比如，主体是自然科学家，去认识客体的生物细胞时，就必须选用显微镜和放大镜；主体是社会科学家，去验证客体的社会某一方面规律时，就必须反复观察、分析和测算；主体是政府行政决策人员，去修正、补充和完善某一项政策时，就必须采取访谈法、问卷法或随机抽样方法等，必须深入基层、深入群众进行实地调研。

手段与形态是不可分离的。手段是针对形态而说的，它是客体形态的手段，而不是针对其他性质的手段。手段不是固有的，是主体根据调研的需要和客体的形态设计的。而形态虽然是一切事物所固有的，但在这里它是纳入调研手段范畴的特定的形态，不是其他意义的形态。如果调研手段与这种意义的形态相脱离，它的特定性就不存在了，好比不可分离的情侣，维系他们之间的关系是情感。而这种情感就是维系的手段，从而决定了情侣形态的特定性。

手段，被主体用于调研时，是以客体为原材料去生产调研产品的工具。手段，就是调研“生产”过程中的“工艺”和“工具”。“手段”的功能特征只有在主体运用时才能显现出来，“形态”的功能特征只有在手段作用下才能显现出来。由此可以看出，手段在未被实施时，与形态的功能都是被动的，其被动的强度是递次性的。因为手段的功能，对于主体来说它是被动的，对于客体形态来说它又是主动的。手段的功能特征显而易见地容易理解。形态的功能特征怎么理解呢？犹如医生对人体结构的认识一样，不论人体分解成多少个部分，起了多少个名字，形成了多少个概念，而每个部分、每个要素都具有各自的功能，显现出各自的特征，认识社会形态的功能也是一样。比如，一个地区、一个单位、一个组织或一个人，各自都有自己的功能和形态特征：一个行政地区的形态，是管理制度、生产力的高低、社会治安的好坏、民风民俗的特征、对国家的贡献大小；一个单位的形态，是工作内容、工作性质、工作秩序、工作作风、规模大小、人员构成、知识结构、经济来源；一个组织的形态，是组织形式、性质、宗旨、人数、活动规律；一个自然人的形态，是性别、身高、重量、单位、职业、特长、知识、能力、性格、追求和贡献等，都可以显现出它们各自的功能和形态特征。

不过，手段针对的客体形态千姿百态，千差万别。怎样才能更好地认识它呢？因为任何一个客体都有它的范畴和概念。我们对客体的功能和形态的认识，就是通过对范畴内的概念抽象之后完成的。怎样认识行政决策型调研对象的客体功能和形态特征呢？其实，行政决策型调研对象的客体就是社会，是社会的形态和功能。什么是社会形态？就是一定发展阶段的经济基础与其相适应的上层建筑相结合所形成的社会现象和社会问题。它的功能和形态特征就体现在这里，需要我们划分和界定。由于各地的不同传统和生产力发展的不均衡，各自固有的具体形态和功能特征之间存在着差异则是普遍的。在划分和界定时，就是要紧紧抓住这些个别的独具的形态特征。一定要在涉及调研对象的限定范畴内，把概念的内涵界定清楚，再把各种具有普遍意义的同类特征抽象出来。这些具有同类形态和功能特征的社会要素，就是主体对客体认识的主要内容。任何一个调研对象的客体都有它的范畴和概念，我们就是要在这个范畴内，通过概念去寻找它们共同的功能和形态特征，抽象出来再进行划分和归类，这时，对客体才能有一个系统的明确的认识。调研时，针对调研课题指向内容的不同形态特征进行独立思考。根据调研的不同目的就可以选用适合于这种形态特征的调研手段即调研的方式方法。这样，就完成了调研前期的准备工作，进而才能从事预定的调研活动。比如，在自然界范畴内，把概念界定在物质的存在形式上。物质的存在形式就是物质的运动形态。它们有固体形态、液体形态、气体形态、等离子形态等。它们所处的环境有微观环境和宏观环境。如果调研的客体是固体形态，就要看其形状、大小、重量、颜色；如果调研的客体是液体形态，就要看其颜色、成分、比重、浓度、压力、流量；如果调研的客体属于微观领域，就要选用显微镜和放大镜观察；如果调研的客体属于宏观领域，就要选用望远镜或射电望远镜来观察。在社会范畴内，就必须把概念界定在社会的存在形式上。社会的存在形式就是社会的运动形态。比如，社会各种运动形态，有经济的、政治的、法律的、新闻的、社会秩序的、文化教育的等。它们各自都有自己特定的形态。不过，任何社会客体的形态和功能特征与自然界不同，都受到所处时代的限制，都被打上了时代的烙印，都不能超出所处时代的社会形态之外。所以，调研对象的社会客体内容都具有鲜明的时代性。现代社会调研客体的主要特定形态和功能特征，不会出现奴隶社会或封建社会的形态和功能特征。社会主义与资本主义之间，虽然在经济领域的一些方面具有某些相似性，但在政治领域或其他一些方面仍存在着明显的差异。社会形态和社会功能特征，是调研客体的母体和本原，对调研客体形态的认识，首先必须认识其母体和本原的形态特征。

四、课题与内容

课题，是连接主体与客体之间的动因和纽带，是调研活动的方向和标识，也是调研成果的符号。因为调研对象不是调研课题本身，而是调研课题指向的内容。如何获得调研课题指向的内容呢？只能从调研课题指向内容的承载者那里获得。严格地说，调研课题虽然是构成客体的要素之一，但还不是客体的本体，它只是客体的符号和标识。课题指向内容的形态是由调研的方向和目的确定的，也就是由课题指向内容的类型和性质决定的。比如，调研的方向是经济领域，其目的是要实现经济的协调、平稳和快速地发展，它的形态就是经济形态，而不是政治形态、教育形态等其他任何形态。

选择调研“课题”与确定调研报告的“标题”，虽然有一定的差异，但都隶属于课题的范畴，可以统称为“课题”。两者的差异是，前者确定的是调研的方向、调研的内容和调研的目的，它对调研有引导作用。它不仅是引发调研活动的介子，也是调研活动的指令和宣告书，它必须产生于调研活动之前；而后者是调研成果的符号和标志，它依附于调研报告之上，它必须产生于调研活动之后和撰写调研报告之前。选题的方向和选题的内容，能否实现调研的目的则是一种调研假设，而调研报告的标题所指向的内容，则是已经发生过的客观事实，是调研活动的结晶。两者处于完全不同的阶段，又都是不可缺少的阶段。选题指向的社会内容与调研报告的实际内容经常会出现偏差，甚至大相径庭。前边已经讲过，任何调研课题都是一种假设，撰写调研报告时已经完成了对假设的验证。验证的结果无非就是完全符合、大部分符合、部分符合或完全不符合。所以，调研课题的最后认定还是调研报告的标题，因为这是它的落脚点和最后的归宿。

第四节 调研的认识理论

调研的认识理论，是构成调研理论体系的“三大要素”之一，它不是自身所固有的，而是根据主体的调研任务、调研性质和调研目的，结合客体的形态和功能特征，从本原理论派生而形成的。

哲学的认识论与调研的认识论虽然同属于认识论范畴，但有层次高低之分，前者高悬于空中、是抽象的，后者紧贴于地气、是具体的；前者针对的是精神与物质、意识与存在，后者针对的是主体与客体、主观与客观；前者是行为的指南，后者是行为的步履；前者处于意识形态，后者处于实体形态，后者使哲学在人类的社会实践中得以应用，实现了哲学的最终目的。

一、调研“认识理论”的内涵和意义

调研的认识理论基于辩证唯物论的认识论，与之相对应的仍包括认识立场、认识路线和认识方法三个部分，使抽象的哲学变为具体化、可操作化。

在认识过程中，首先我们应该明确调研认识理论有无标准可循呢？答案是肯定的。那么什么是认识理论的标准呢？其标准就是主体与客体、主观与客观的一致性，或者说主观认识与客观实际的一致性。

调研的认识理论虽然来源于哲学的认识论，但两者在认识观点上基本一致的同时，也存在着明显的层次性差异。哲学的认识论揭示的是自然、社会、人类思维的内在本质和发展规律，是对自然、社会和人类自身的总的认识，强调的是精神与物质、意识与存在的关系，用思维形式去认识客观世界，能够对所有门类的科学起着世界观和方法论的指导作用，哲学一旦实践于特定的对象时，它就由最高层次的抽象理论转化为适用于这一特定对象的较低层次的具体理论。而调研的认识理论，就是将哲学理论实践于调研活动的具体化了的理论，它强调的是主体与客体、主观与客观的关系，调查研究的认识理论既然是哲学实践于调查研究活动时形成的，它的理论基础就是哲学的理论观点，它不仅是实施调研活动的前提条件，也是调查研究活动应遵循的方向和选择调查研究手段的根据。如果说，哲学理论针对的是自然界和人类社会，那么它的作用就是解释认识的来源、认识的能力、认识的形式、认识的过程、认识的标准和认识的规律等；而调研理论针对的则是具体的社会问题，它解释调研活动的认识立场、认识路线、认识方法、操作方法和应遵循的规律等。两者不在一个认识层次的范畴内。

二、调研的认识立场

物质决定精神、存在决定意识的观点，就是我们强调的认识立场。这是唯一正确的认识立场。辩证唯物论的认识论是它的本原理论。世界观决定立场，反之，立场是世界观的具体体现。所以，有什么样的世界观就有什么样的认识立场。立场，泛指观察一个事物或认识一个问题时的站位和依此所持有的态度。每一个人每一天都要遇到一些事物和问题，也都要有个“态度”，这个态度就是“立场”。也可能几个人对同一个事件有不同的看法，形成了不同的态度，也就决定了不同的立场。比如，产品质量是不是企业的生命？时间是不是金钱？可持续发展与节约能源和保护环境有无关系？科学技术是不是第一生产力？树立科学发展观有无必要？非公有制经济是不是社会主义市场经济的重要组成部分？党政机关干部是不是人民群众的公务员？等等。对于这些问题，不同的人可能有不同的看法，形成不同的态度，也就决定了不同的立场。

调研理论的认识立场与调研活动的立场，虽然都是在世界观的总的根本观点上形成的，但两者之间是有区别的。前者是站在怎样认识调研客体的立场上，处在客观的范畴内；后者是站在为谁而调研的立场上，处在主观的范畴内。认识立场的客观性，其实就是调研客体的真实性。要想获得客观真实的认识成果，就必须站在辩证唯物论的立场上。在认识社会的具体现象、具体问题和具体行为时，它强调实践第一、实事求是，并把发展的观点作为认识一切事物的重要原则。实践，就要求深入基层、深入群众，站在人民群众的立场上，倾听他们的声音；实事求是，就要求一切从实际出发，具体问题具体对待，要尊重事物的固有联系和发展规律；发展的观点，就要承认任何事物都是矛盾的统一体，都不是静止不动的，都在时时刻刻地变化着、发展着，要求调研工作者站在辩证的立场上看问题。

调研立场的主观性，其实质就是为谁而调研的问题。它涉及认识活动的性质、目的和内容。在主观对客观外界的认识活动中，因主体世界观的不同，其立场也可能具有不同的性质、怀有不同的目的或面对不同的内容。有的人站在正义的立场上，有的人站在非正义的立场上，有的人站在政治立场或经济利益立场上，有的人则站在道德立场或其他什么立场上。

客观决定主观，主观反映客观，两者是统一的，不可割裂开来。客观是不以主观的意志而独立存在着，主观在反映客观时却常常表现出不同的特征,便形成了不同的立场。不论主观反映客观时的特征有何不同,只要站在利国利民和社会进步的立场上，坚持实践的观点、实事求是的观点和发展的观点去认识客观世界、认识调研客体，其结果应该是一致的。如果存在着某些差异的话，则是主观反映能力上的差异造成的，就需要不断地改造主观世界。毛泽东说："改造客观世界，也改造自己的主观世界——改造自己的认识能力，改造主观世界同客观世界的关系。"(《毛泽东选集》第 1 卷 296 页)

狭隘的或卑微的世界观，其认识立场的性质则是颓废的，对社会实践毫无意义。正确的世界观，不是天生固有的或空中掉下来的。一个人出生以后，在形成世界观的过程中，受习俗和传统影响很大。这种自然属性的世界观必然要打上原始的烙印，因为世界观是一个充满着矛盾的变化的统一体。如果不加强辩证唯物主义的修养，不加以改造，它的惯性和随意性，可能就会向唯心主义和形而上学方面延续下去。唯心主义和形而上学的世界观在认识问题或处理问题上简单易行,是自然发生的,如果不加以限制，就犹如田间的杂草会随意而生。唯心主义和形而上学的世界观在思想上的表现是，主观臆想、先入为主，往往从狭隘的个人经验或本本出发，固执己见、盲目自大;在工作上的表现是，主观主义、官僚主义，往往从情感和意愿出发，脱离实践、脱离群众、脱离客观，教条、僵化、保守。行政管理干部，特别是领导干部，如果不加强理论修养，不加强世界观的改造，不能站在正确的立场上认识问题和处理问题，将会给工作带来严重的负面影响。不过，树立正确的世界观虽然不是轻而易举的事情，只要我们刻苦学习、认真接受和消化前人长期实践的经验，再通过自身的实践会收到较好的效果。

只有站在物质决定精神、存在决定意识的辩证唯物主义立场上，才能在调研活动中选择正确的认识路线和认识方法。

三、调研的认识路线

"实践，认识，再实践，再认识"的循环往复过程，就是我们坚持的唯一正确的认识路线。辩证唯物论是它的本原理论。如果说认识立场是个开端，那么认识路线就是个过程。如果只有正确的开端，没有正确的过程，也不能获得正确的认识。

认识路线就是认识理论的实际运用过程，或者说，就是辩证唯物论在解释认识过程中的运用。恩格斯说：“……这就是人类的认识本质和认识规律。”

调研认识路线的具体程序是：第一阶段，事物通过感觉器官反映到人的头脑中，形成感性认识；第二阶段，感性认识积累多了，通过对比、分析、判断和推理形成理性认识，揭示出事物的内在本质和发展规律；第三阶段，把对事物的理性认识再用于指导调研实践和接受实践的检验，提出新的调研课题。列宁将这一认识过程说成是“从生动的直观到抽象的思维，并从抽象的思维到实践，这就是认识真理，认识客观现实的辩证的途径”。（《哲学笔记》1963 年版 81 页）

四、调研的认识方法

认识方法亦即认识手段，是主体认识客体的中介物，也是主体用来作用于客体以获取对客体认识的工具。这种工具是适用于人的实践和认识的需要而发生的，对人类认识水平的发展起着巨大的能动作用，突破了人的自然感官的局限性，随着科学技术的发展，认识手段也会不断地得以完善和提高。

在认识客观世界的过程中，除了运用器械的辅助以外，对社会状态的认识还必须以理论为指导，即历史唯物主义和辩证唯物主义的方法。用对立统一规律、质量互变规律和否定之否定规律的理论，辩证地解释现象和本质、内容和形式、原因和结果、必然性和偶然性、可能性和现实性、个性和共性与个别和一般的关系，这是唯一正确的认识方法。辩证逻辑则是它的本原理论。

上述的六对概念，在对调研对象进行分析、判断和推理的过程中，都是回避不了的重要范畴。

（一）现象和本质

任何事物都包含着现象和本质。任何本质都是通过一定的现象表现出来，任何现象又都从一定的方面表现本质。本质决定现象，现象依赖本质，两者是对立统一的。同时，又存在着差别和矛盾。两者的差别表现在：本质是相对稳定的，现象容易发生变化；本质是内在的，现象是外露的；本质是深刻的，现象是丰富的；现象只表现本质的某一方面。本质与现象的矛盾最突出的表现就是假象，这也是现象。两者存在着矛盾则是正常的。马克思说："如果事物的表现形式和事物的本质会合而为一，一切科学就都成为多余的了。"（《马克思恩格斯全集》第 25 卷 923 页）毛泽东说："我们看事情必须看它的本质，而把它的现象只看作入门的向导，一进了门就要抓住它的实质，这才是可靠的科学的分析方法。"（《毛泽东选集》第 1 卷 96 页）其实，就是我们常说的"透过现象看本质"。比如，社保的"本质"，是由退休职工的生活需求与不能参加社会劳动之间的矛盾决定的，"现象"是领取一定数额的社保金、报销医疗费等。我们应该在现象中寻找事实，在事实中挖掘情节，在情节中认定本质。

（二）内容和形式

形式是内容的存在方式，是内容的结构和组织。没有无形式的内容，也没有无内容的形式。最终是内容决定形式，形式随内容的变化而发生变化。可是形式又影响着内容，当形式符合内容时，对内容的发展起着促进作用。反之，则起着阻碍作用。以学校为例，师生、规章制度、教材、教具是它的内容，而教学楼、操场、授课方式和师生的各种活动则是它的形式。这些活动有校内的，也可能有校外的，还可能有脱离教学环境的其他社会活动，有与教学发生直接关系或间接关系的活动，也可能有与教学不发生关系的活动。在一定的条件下，作为一定内容的形式，还可以成为另一种形式的内容。一般情况下，有什么内容就有什么样的形式。比如，大学环境的内容，其形式就具有大学的特征；小学环境的内容，其形式就具有小学的特征。大学环境内的不同专业，其形式也具有不同的特征。在形式和内容的关系上，也有与内容不相干的非本质的外在形式，如学生的社会活动等；还有与内容紧密相关的表现本质内容的形式，如教学范畴的活动等。同一内容可能还有多种形式。内容是活跃的、易变的。形式对于内容来说，则是相对稳定的。当形式不适合内容时，对内容又起着阻碍作用，成为内容的桎梏。比如，学校的授课方式，如果不符合授课内容，就会直接影响授课的效果。

（三）原因和结果

因果联系是事物发展的普遍现象。特点之一是，原因在前，结果在后。任何事物的变化或发展都是有一定原因的，无结果的原因或无原因的结果是没有的。特点之二是，同一现象在这种关系中是结果，而在另一种关系中则是原因。比如，某个地区的政策好，促进了经济快速发展。这“政策”是“原因”，而“发展”则是“结果”。同时，在经济得到发展以后，该地区的基本建设改观了，这时“发展”又变成了“原因”，而“基本建设改观”又转化为“结果”。特点之三是，同一个结果还可能产生于不同的原因，同一原因也可能产生不同的结果。比如，某地区的财政收入创历史最高水平（结果），可能得益于经济政策好（原因），也可能得益于税务干部认真负责（原因），还可能是企业积极主动纳税（原因），等等。又比如，执行同一政策（原因）的若干个单位，往往会有不同的结果，有的效果好（结果），有的效果一般（结果），还有的效果较差（结果）。

（四）必然性和偶然性

必然性是事物发展的规律，不可逆转，这是由事物内部的本质决定的；偶然性是由非本质的原因引起的，可能“出现”，也可能“不会出现”，还可能以某种方式在某时间内出现或以另一种方式在另一时间内出现。必然性在事物发展中起决定性作用，偶然性处于次要地位，对事物的发展起到促进作用或阻碍作用。两者还相互关联着、包含着、影响着。必然性通过大量的偶然性表现出来，在一定条件下，偶然性为事物的发展开辟道路。所以，偶然性是必然性的补充和表现形式，没有脱离必然性的偶然性，而偶然性自身又始终服从于内部隐藏着的必然性。两者互为联系、互为依赖、互为转化。比如，国家针对“三农”制定了一系列富民政策，使农民富裕了，这是必然性。可是，某个地区，在某时发生了自然灾害，这当然是“偶然”的。从总体上看，发生自然灾害则是必然的。党中央、国务院又针对这种偶然性的必然，组建了预防灾害的常设机构，制定了和实施了防灾抗灾的规定，这时偶然性又成为必然的了。再比如，世界金融危机对中国经济肯定会造成影响，这是必然的。但是究竟给哪些方面造成多大影响，这又是一种偶然性。所以，必须从静态和动态的变化中去分析事物发展的必然性和偶然性。

（五）可能性和现实性

现实是已经存在的客观事实。现实是现象和本质、形式和内容的统一。任何必然性都是通过可能性变为现实的过程来实现的。转变为现实的可能是由事物内部的矛盾运动决定的。所以，这对范畴是对立统一规律最全面、最深刻、最具体的反映事物在发展过程中的联系。比如，世界金融危机，这是现实性，针对这种情况，中国政府采取了一些有效措施，也肯定会抵御或减少世界金融风暴的冲击和损失，至于抵御到什么程度或能减少多少损失这又是一种可能性。任何事物的内部都存在着肯定和否定两个方面，都包含着一事物转化为它事物的根据，只要这种转化还没有完成，新事物的出现就还是一种可能。转化过程也是斗争过程，当矛盾的一方克服了另一方时，这种可能性才能转为现实。在可能性中有两种情况：一种是还不具备转化为现实的条件和可能，或者从根本上就不具备转化为现实的可能。比如，矿石还不具备直接转化为机器设备的条件，木材根本就不能转化为钢铁一样；另一种是已具备了转化为现实的条件和可能。比如，2008 年 10 月 12 日，中国共产党十七届三中全会通过的《中共中央关于推进农村改革发展若干重大问题的决定》，赋予了农民可以将分得的土地“转让、转包、互换、出租、抵押”等土地承包经营权。同时，还可以自由地与其他农民组成现代化商业性质的农业合作社等。这是农村改革的“现实性”。今后，土地有“可能”向种田能手转移，自然地就促成了土地集约化经营的方式。转让土地以后的农民，“可能”迅速地向城镇迁居，这又加速了城市化的进程。为了满足土地改革的需要，还“可能”出现土地交易、土地评估或土地金融信贷等专门服务机构。这时便具备了增加农民收入、促进农业发展、改变农村面貌的转化条件，将“可能性”转化为“现实性”，或者说“现实性”是已经实现了的“可能性”。

（六）个性和共性与个别和一般

个性是一事物区别于它事物的特殊性质，属于个别的，单个的具体事物；共性是同类的许多事物所共有的普遍性质，是一般同类事物的抽象。两者的关系是辩证统一的。共性或一般存在于个性或个别之中，个性或个别是共性或一般的基础。没有个性或个别就没有共性或一般。任何共性或一般都是个性或个别的一部分或一个方面。所以，在一定的场合下，则又成为个性或个别的事物。反之，亦然。它们在一定的条件下，可以互相转化。人们认识运动的一般秩序是，在实践的基础上，从认识具体的个性或个别事物开始，然后概括出各种事物的共同本质，再以已经取得的对共同本质的一般认识为指导，继续认识尚未认识的许多具体事物，进一步丰富了与发展了对一般的共同本质的认识，即从个性到共性、从个别到一般，再从共性到个性、从一般到个别的认识过程。共性或一般比个性或个别深刻，个性或个别比共性或一般生动丰富。个性和共性、个别和一般关系的辩证原理，是辩证法的精髓。毛泽东在认识个性和共性、个别和一般时的方法是，抓住典型，解剖麻雀，以点带面，点面结合。这是利用个性和共性、个别和一般关系的辩证原理在实际工作中的生动体现。

认识方法，只有体现了认识对象本身的发展规律时才是科学的。认识的使命，是指引思维沿着正确的途径去认识客体。

认识理论具有不同的层次。其中，哲学方法论是最高层次的认识范畴，这是抽象的科学方法论。而我们在本书论述的方法论，是最具体的最低层次的方法论。它认识的事物都是社会中的具体事物，是调研对象的每一个具体问题。

任何事物都具有两重性，都是对立统一的。其内部都有肯定和否定的方面或因素。肯定是事物保持存在的方面，否定则是促使事物发展和转化的方面，这是由事物内部的不同质的矛盾决定的。解决矛盾的过程就是事物发展的过程。毛泽东说：“不同质的矛盾，只有用不同质的方法才能解决。”（《毛泽东选集》第1卷286页）解决矛盾的结果是旧事物被新事物所否定。否定过程也是“质变”的过程。质变是渐进的，从部分质变到根本性的质变。新事物都是从旧事物内部产生的，又与旧事物存在着某种联系。旧事物被否定了，产生了新事物。新事物内部又产生了新的矛盾，变成了旧事物，再被否定。这样不断地循次发展下去，事物就会不断地得到发展。旧的不否定，新的就不会出现。否定过程是一个具有决定性的环节。同时，我们在认识肯定和否定的关系时，不能“肯定”一切，也不能“否定”一切。如果“肯定”一切，就会过分强调继承而忽视了变革；如果“否定”一切，就会过分强调变革而忽视了继承。

决策咨询型调研活动针对的客体，都是社会的具体事物或具体问题。调研的目的就是要解决政策与社会客观实际的矛盾、社会集团之间的利益矛盾或地区之间的利益矛盾。这些矛盾都是非对抗性的暂时的矛盾，是在大利益一致的前提下的矛盾。调研对象的客体不论涉及的面有多广、事物有多么复杂，都处在现象和本质、内容和形式、原因和结果、必然性和偶然性、可能性和现实性、个性和共性与个别和一般等的范畴内。这些范畴之间的关系都是互为中介、互为渗透、互为依存的关系。它们之间也存在着差别，表现为不同的方面或不同的角度，但在认识的结果上都应该是一致的。由此可见，不论在任何范畴内或任何事物的发展变化过程，也都是以对立统一规律为基础，遵循着质量互变或否定之否定规律在发展着、变化着。

第五节　调研活动的操作理论

统计范畴内的各种统计公式、计算机软件的应用、录音录像、影视制作或硬件通信等形成的理论，就是现代调研活动的操作理论。数学、哲学、政治学、经济学、社会学以及现代某些科学技术则是它的本原理论。

操作理论是适应人的调研需要而产生的，对认识的发展起着巨大的促进作用。在主体认识客体时，必须要有一定的方法和手段，而方法和手段是主体通过对调研规律的了解，并适应调研规律的需要而选择和设计的。所以，在调研过程中，还要以固有理论和认识理论为先导，才能发挥其应有的作用。操作理论是固有理论和认识理论成果的最后环节，是主体和客体发生认识与被认识的关系时，它是唯一重要的中介物，是主体作用于客体获得对客体认识的工具。主体与客体的中间环节是很复杂的，调研活动的主要内容都体现在这一环节之中。

操作理论就是调研手段的理论。如果说，本原理论具有抽象的间接的指导社会实践的意义，那么调研的操作理论则具有具体的直接的指导社会实践的功能。操作理论是调研活动的功能得以实现的保障，体现了调研理论的内涵，在调研领域里发展了本原理论，成为简单化了的本原理论和大众化了的通俗理论。派生的操作理论与派生的认识理论一样，都是在实践中对认识论和其他相关理论的具体运用，也是一定的世界观和方法论在实践中的体现。

更具体地说，在运用操作理论时，主体根据课题指向内容的形态和功能特征，只要选准操作的方式方法，并能按照操作规则去认真操作，就能够达到调研的预期效果。操作阶段的调研活动就是运用调研手段，即调研生产的工艺、工具和检验手段，是在调研现场的阵地上活动，也是生产调研产品的实践活动。要“生产”,就必须有生产的“工艺”手段、“工具”手段和“检验”手段。所以说，调研手段是调研“工艺”、调研“工具”和调研“检验”的总和。

一、工艺手段

调研理论的“三要素”，应贯穿于调研活动的始终，保持三者之间的一致性，才能使操作理论得以正确的发挥。操作理论的“三要素”即工艺、工具和检验手段亦然。具体地说，就是根据调研课题指向内容的形态和功能特征，选准操作的工艺方式，并能按照操作规则去认真操作。

（一）工艺是“生产加工”所遵循的规则和程序

工艺是主体与客体之间中介物的重要组成部分。任何类型的调研课题都具有自身的特征和一定的要求，不同调研课题的特征要求选择不同的工艺手段。但要明确工艺方式、工艺目的、工艺适应的类型、工艺适应的范围。

工艺方式包括访谈法、随机抽样法、文献法、观察法和实验法，以及表格和统计等。

工艺目的包括决策咨询、描述、解释、预测、探索和结论等。

工艺适应的类型包括透视型、建议型、经验型、借鉴型、探索型、预测型、述评型和引导型。

工艺适应的范围包括普查、综合调查、项目调查、个案调查和典型调查等。

具体做法是：应明确调研课题的要求和性质，才能明确调研的工艺目的、工艺方式、工艺类型和工艺范围。因为调研课题是决定调研工艺的前提条件，它决定了调研活动的“规范”和“程序”，而这一“规范”和“程序”是调研实践工作者和调研理论工作者根据多年的知识积累设计而成的。决策咨询型调研工艺是紧紧围绕政府或企事业单位的行政工作开展活动，是行政职能活动的一个重要组成部分，具有鲜明的行政特征。所以，决策咨询型调研工艺的目的、方式、类型和范围，是由决策咨询型的性质决定的。

（二）应明确调研手段的工艺目的是“应用”

决策咨询型调研手段的目的，无非就是制定政策、推广经验、处理事件、探索规律或预测未来等。为了“应用”就要对调研对象进行描述、解释、预测、探索或验证，以便提出对策建议，最终转化为政策。非决策咨询型调研手段的工艺目的比较简单，只要描述清楚了、解释得体了、预测准确了、探索出真相来或验证出真伪来，就可能达到目的了。调研的目的必须落实到如何“应用”上，如何变革和如何改造上。

（三）应明确调研手段的主要工艺方式是访谈法

访谈法贯穿于决策咨询型调研活动的始终，这是由决策咨询型调研的性质决定的。它不但要回答描述的是什么、还要解释为什么、预测未来怎么样，同时还应提出怎么办和如何办的对策建议，如果对调研客体没有深入的了解，尚未揭示出客体的内在本质和发展规律，就难以提出正确的对策建议。所以，承担者的主体就必须反复深入地访谈承载者的客体。也只有访谈法工艺方式，主体才能与客体面对面地广泛交流，才能深挖潜藏的问题，才能深入地分析、判断和推理，才能有针对性地提出对策建议。其他的工艺方式都做不到这一点。无论是普查法、随机抽样法、问卷法还是文献法、观察法、实验法等工艺方式，运用到决策咨询型调研时也都必须以访谈法为主。所以，访谈法不仅是其他类型调研工艺不可比拟的主要手段，更是决策咨询型调研所赖以依据的重要的工艺方式。

当然，访谈法等工艺手段，不是决策咨询型调研活动所专有，它也适用于新闻媒体调查，学术性理论调查，刑侦调查，历史考证调查等其他调研类型。

（四）应明确不同的工艺手段，适应不同调研课题的类型

作为调研工作者，必须了解什么样的工艺手段适应什么样的课题类型，只有这样才能选准适应的调研工艺。访谈法是决策咨询型调研使用的主要工艺手段之一，不论什么课题类型几乎都离不开访谈法。至于随机抽样法、问卷法、文献法、观察法、实验法或影视等工艺手段，就要根据课题类型的不同而有所选择了。一般来说，透视型、建议型与经验型课题具有某些相似性或相同的特征。这类课题从两个渠道获得：一个渠道是解剖“麻雀”，要选择访谈法；再一个渠道是分析大量的熟视无睹的社会现象，要选择随机抽样法或问卷法。采用的工艺手段也大致相同，主要是访谈法。借鉴型调研课题，通过文献法或访谈法获得。引导型和述评型调研课题具有某些相似性或相同的特征，采用的工艺手段也大致相同，都是在现实事例的基础上用政策和理论阐述观点。现实事例从何而来？从访谈中获得。政策和理论从何而来？从文献中获得。提示型调研课题，都是针对潜在的不易被人发觉的或势必影响事态发展的深层次的问题。除访谈法外，多采用随机抽样法、问卷法和文献法。探索型和预测型调研课题具有某些相似性或相同的特征，以经验为基础，以理论为指导进行探索和预测，采用的工艺手段也大致相同，离不开文献法和访谈法。

（五）应明确工艺手段的适用范围

每一种调研工艺都是根据每一种类型的调研课题设计的，都有自己的适用范围。决策咨询型调研涉及的范围大致有普查、项目调查、个案调查、典型调查等，工艺适用的范围各自有所不同，存在着一定的差异，运用时都有所区别。由于决策咨询型调研活动是在其行政隶属关系的范围内，可以选择不同地区、不同单位、不同组织、不同阶层和不同群体，还可以协商行政隶属关系以外的地区或单位进行调研，工艺适应的范围比较宽泛。不论调研课题有多少种类型，涉及的范围就是这些。

普查，是针对一个专题内容对所有地区、单位、组织、阶层或群体进行拉网式的调查。一般以表格统计法为主，有时伴有访谈法、随机抽样法或观察法，其用意是通过局部调查分析普查的可信度。

项目调查、个案调查和典型调查都限定在专题的范围内，可能是某一类社会问题或某一种社会现象，也可能涉及某一个地区或某一个单位。综合调查、项目调查、个案调查或典型调查均可以以访谈法和表格统计法为主，必要时以其他工艺方式作补充。这里要说明的问题是，项目、个案和典型调查也都必须进行综合。综合有两种情况：一是综合不同地区的信息资料；二是综合不同内容的信息资料。所以，综合的范围是不确定的，单纯以综合命名的课题是少有的，凡含有综合内容的问题，也几乎都冠以项目、个案或典型课题的名头。

在调研活动中，文献法只是查寻前期或现实的文字资料，查理论根据或调研课题的专业知识；实验法却很少在社会调研活动中运用，它是即时性或理论性调研活动主要的调研工艺。

二、工具手段

工具，是在调研加工制作过程中，作用于另一事物并能改变这一事物形态的事物。工具与工艺是一对不可分离的孪生兄弟。没有工具的工艺就成为毫无意义的纸上谈兵了，而没有工艺的工具也就无从下手去发挥作用。所以，工具是主体与客体之间中介物的重要组成部分和调研的重要操作手段。调研的工具手段分为通用工具和专用工具两大部分。其中通用工具，包括概念的分解、界定引申和处理；统计分析包括集中趋势和离散趋势分析以及相关与回归分析；逻辑分析包括纵向对比的动态分析、横向对比的静态分析和因果关系分析；技术硬件包括各种图表、通信设备、录音录像设备和计算机。专用工具包括社会意识形态测量，其中，社会测量包括社会量表和各种专用符号等。

调研课题的要求和性质决定工艺手段的选择，而工艺又决定选用什么样的工具手段。调研的通用工具可以适用到任何课题的调研活动中，因为任何一个调研课题都必须进行概念的处理、统计分析、逻辑分析、图表展示或技术硬件的辅助。所以，它们是通用的；而调研的专用工具只适合于了解人们的思想、观念、主张、倾向、意识、意见和人与人之间的关系等。所以，它们是意识形态领域里所专用的。

三、检验手段

社会测量的信度、系数标准、相关关系标准、量表测量中的分辨力系数、一致性系数、x^2检验、参数检验、非参数检验、平均数、中位数、四分位差、方差、众数等确立了调研活动的检验手段。而数学、逻辑学、心理学等则是它的本原理论。此外，指标、图表、符号等也是调研活动的工具。检验手段是保障调研产品质量的一个重要环节和措施。认识理论和操作理论赋予了主体运用调研手段的条件，固有理论包含的客体又为生产调研产品提供了原材料。能否生产出理想的调研产品，就在于主体能否选准调研手段，这是主体认识客体过程最复杂、最艰难的中间环节，调研成果的好坏就体现在中间环节上。如何保障中间环节的有效实施，保障调研生产的质量，就需要检验。虽然调研生产的产品属于非物质形态，不能用有形的量具和检验设备去测量，但其检验手段的功能与物质形态领域里的检验具有同样的作用和意义。

第五章　调研机构与内部管理

调研机构的内部管理，包括机构的部门设置、人员编制、体制、硬件配备和软件的机制模式。设置哪些部门？部门之间有哪些依存关系？编制多少人？人与人之间、领导者与被领导者之间有哪些制约关系？需要哪些硬件？设计什么样的运行模式？等等，这些都是机构内部管理的内容。中国有两句俗话，叫“看菜吃饭”“量体裁衣”。所以，在考虑这些问题时，首先要了解这个调研机构承担的任务及其任务的性质、内容、范围和可能预见的规律性等特点。

第一节　调研机构的性质、特点、任务和重要性

调研机构与调研活动，在概念的内涵上是有差异的。它们的差异性是，调研机构是调研活动的归宿和大本营，而调研活动是调研机构存在的内容和外在表现。两者的性质、特点、任务和重要意义虽然具有趋同性，属于同一个整体的两个方面，但这两个方面的形态具有明显的不同，就好像兵营和司令部与士兵和战场一样。

一、性质

调研机构特别是决策咨询型调研机构，是直接为决策班子或主要领导人服务的，是党政机关或企事业单位的一个重要组成部分，是决策的“外脑”“参谋部”“活字典”“思想库”“点子库”等。所以，它是一个单位总体工作的策划源和催生地，而调研活动正是体现上述含义的必要形式。

二、特点

调研机构的各个部门只有调查和研究社会问题的责任，而没有行政事务性的发号施令和行业性的管理系统，它是一个单位决策的前提，具有超前性，它的工作成果须由行政转化为决策后才能真正体现在社会效

果上。它的活动特点虽然也劳于筋骨，但更疲于脑力、耗于心力。

三、任务

调研机构特别是决策咨询型调研机构的任务是：调查社会现象、研究社会内容、撰写调研报告，起草重要会议材料，起草领导人的重要讲话稿，起草新闻媒体预约的重要稿件或其他重要文稿，陪同主要领导人调研、考察以及完成领导交办的其他工作任务。

四、重要性

由于调研机构担负着政府或某一单位的前期任务，成为党政机关或企事业单位总体工作的策划源和催生地，所以就显得格外重要。一个优秀的领导者，往往都特别重视调研机构。衡量一位领导者的领导艺术水平，就是要看他对调研机构的重视程度，看他会不会或善于不善于使用调研机构这种决策工具。李瑞环说："各级领导班子要把调查研究纳入决策过程，借助于智慧和知识实行科学决策。"（《学科学，用科学》上册 43 页）如果把调研机构的功能发挥出来、积极性调动起来，不仅能取得预期的工作成效，还可大大减轻领导者自身的工作压力。据跟随张闻天多年的秘书雪浪介绍，张闻天每调到一个新的单位，第一件事就是了解这个单位调研机构的情况，如果发现力量薄弱则立即考虑增加编制、选调人才。张闻天这样重视调研机构和调研工作，在中国共产党的历史上是少有的。

第二节 调研机构的内部设置

内部设置的模式是按区域划分还是按社会领域划分，有待于进一步验证和研究。按区域性划分就是按块块划分，它包含着一个完整的社会的所有方面，但缺乏专业性特点；按社会领域划分就是按条条划分，它包含的是社会某一系统内同类性质的社会内容，具有很明显的专业性特点。本书作者赞成后者。这是因为，调研结果是用于行政管理的决策活动，而不是用于地区之间的评比活动。在区域划分上甲地与乙地是两个完全相同的区域概念。比如，城市与农村虽然是两种不同性质的社会范畴，可是两者也包含着共同的社会内容。农村的城镇是农村还是城市？城市近郊的辖区是城市还是农村？其界限尚难分清，在配备专业调研人才时也会出现很多困难。如果按社会不同领域划分，各领域、各行业之间的界限就很分明，可以有针对性地配备专业调研人才，同时调研成果统计数据与国家统计系统的法定口径也是一致的。在调查研究机构的内部配置上，我认为应遵循以下四项原则：

一、设立专业部门

调查研究机构设置的司、局、处、科或股都应该是负责某一领域、某一行业的社会调研工作，这样可以体现出“专业化划分、专业化管理”模式的很多优势。只有专业化才能系统化，只有系统化才能顺畅和通达。

二、各部门负责的领域或行业应保证不重叠、不空白

职能在部门之间重叠会产生很多负面问题，不仅浪费人力资源，还需要在调研前进行部门之间的协调。否则，同一社会目标、同一调研对象可能同时面对几个调研部门，会给调研对象造成误解，也容易在内部的部门之间、个人之间产生矛盾。此外，还可能出现互相推诿的现象。所谓“空白”，就是未被划入任何调研部门负责的领域或行业。这样，“空白”的领域或行业，调研部门就谈不上跟踪观察，会造成缺乏正常性的了解和积累性的认识，一旦发生需要调研或解决问题的时候，不但会措手不及，还需要临时协调承担调研任务的部门，可能会贻误良机。

三、根据地区的不同特点设立不同的专业调研部门

每个地区有每个地区的特点。比如，内蒙古、青海等地以放牧为主，调查研究机构就应增设畜牧业方面的调研专业部门，边疆地区调查研究

机构还应增设“涉边”的调研部门，多民族混居地区的调查研究机构还需要设立“民族事务”调研部门，宗教、民俗文化突出地区或某一经济资源比重较大的地区等，都应设立相应的专业调研部门。

四、处理好整体与总体的关系

整体与总体的概念是不同的，虽然两者都表示事物存在的界限，但“整体”是空间的界限，具有结构性特征，强调的是事物的全部，其结构的特征是由各部分组成的，缺少哪一部分就会失掉不可替代的功能，都会给整体性造成明显的不协调状态，整体范畴的各部分、各单元就不能互相替代发挥作用；而“总体”是量的界限，是同类事物的集合群，缺少哪一部分、哪一个单元都不会给总体造成不协调状态，只是数量发生了一些变化。调研机构内部配置的整体性与总体性的关系，其实就是内部的各部门与调查研究机构的关系，即机构的各部门与机构的整体的关系。但作为局部的各部门，它在调查任何一个社会现象或一个社会问题时，都必须从调研对象的整体去考虑，否则就是“瞎子摸象”或“管中窥豹”；作为调研机构它也必须从整体上去协调和分配各部门的调研力量，它考虑的应是全局性的整体以及与局部的部门之间的关系。在把诸多领域和行业的调研任务分配给它的各个部门时，就要考虑它的整体性，不能把同一个领域、同一个行业的不同部分的调研任务，分配给不同的调研部门，否则就保证不了各部门的整体性。各部门承担多少个社会领域或多少个行业的调研任务，这是各部门的总体。增加或减少所承担的调研领域或行业，只是任务数量的变化，不会太影响承担的其他领域或行业的整体性调研。总起来说，调查研究机构必须考虑社会领域或社会行业的总体状况，在内部设置和职能分配上必须考虑部门的整体性。

第三节　调研机构的内部管理模式

调研的工作性质，应该有它自己独特的运行模式。它的运行模式不是人的主观意志决定的，应根据它的“工作规律”去寻求符合它的机制，只有这样才能保证调研活动顺畅而高效地运行。

一、寻求符合本机构工作规律的运行机制

怎样理解调查研究的工作规律呢？应从两个方面去理解它：一方面是广义的规律，就是调查研究的一般规律，这是任何调查研究机构都不能回避的或抛开的；再一个方面是本机构的特有规律。每一个机构都有每一个机构的习惯和特点，机构之间的习惯和特点总是有差异的，不可能完全是同一种形态、同一种规律特征。所以，就必须把本机构的习惯和特点与调查研究的一般规律结合起来，才能发现本机构的工作规律。本机构的习惯和特点，只有本机构成员熟悉，只要认真观察、认真分析就会发现它。怎样选择符合这种规律的运行机制呢？那就是在设置本机构的各部门时，一定要考虑本行政区的特点和需要。根据承担任务的性质和工作量的评估，提出对人员的需求，再确定人员的编制和专业的配比。在这个前提下设计出部门之间的依存模式、专业之间的配套模式、人与人之间的制约模式，最后形成调查研究机构的整体运行模式。对原机构不合理的部门设置和人员配比，根据现实需要重新调整。这种模式，应该使每一个成员在每一个工作环节中，都有明确的标准、明确的要求，都有跟踪考核、跟踪记录，都有分数累计、业效评定，都有提拔任用上的规定。

二、部门职能

不论哪一行政级别的政府或哪一个社会领域的单位，其调研机构都有相对应的工作范畴。现在，还不好给各种不同类型的调研机构设定它

的行业或专业配置模式。不过，任何调研机构都应该设有综合部门、信息资料部门和行政部门。这些部门是专职调研的辅助部门，把这类部门的职能弄清楚了，调研机构的内部管理模式就会呈现出来，因为所有的专职调研部门与这些辅助部门都有相关的制约性。

如何发挥综合部门、信息资料部门和行政部门的管理作用呢？就是要以这三个部门的功能制定出一套连环的运行路线图，这个运行路线图的机制就基本体现了调研机构的管理模式。比如，综合部门的职能是负责制订全机构的工作计划、课题安排、调研活动的统计、调研成果的考评、工作程序的跟踪、文稿的审订等。它是课题业务和调研活动的信息中枢，对各个部门都有一定的牵制作用；信息资料部门应向专职调研部门提供调研所需的科学理论资料、理论数据资料或其他的信息资料；行政职能部门为全机构提供车辆和其他必需的硬件服务，并负责通信、收发、采购、备品管理、后勤福利、人事工资、安全、卫生、计划生育、考勤、打字复印、制作档案、通知、接待等；专职调研部门按自己承担的调研任务，专职从事调研活动。不过，在调研机构的任务中，还有重要会议的材料、领导人的重要讲话稿和重要媒体的约稿等。针对这种情况，有的地区抽调专职调研部门的人力，甚至临时停止了调研活动，我认为这是不妥的。这部分工作应由综合部门来承担，这样就不会干扰专职调研活动，才能保证每年调研计划和任务的完成。否则，调研计划难以编排，就是编排了也会流于形式。所以，应给综合部门安排一批机动的能力较强的干部。从上述这三个部门的职能看，都直接涉及调研机构的每一个部门，而每一个部门相互之间都能起到一定的制约作用。再把这些职能转化为每个成员的行为规范，管理模式就形成了，管理效果就可能显现出来。

三、部门职能之间相互制约的关系

调研机构各个部门的职能，是由调研机构的工作性质和工作规律决定的。它的工作性质是，深入社会调研、起草调研报告、起草重要会议材料、起草领导人的重要讲稿，或者起草新闻媒体对领导人的重要约稿等等。它的工作规律是，深入社会调研就必须走出去，起草文稿就必须待在屋子里坐下来。“走出去”和“坐下来”就是它的工作规律。“走出去”是了解情况，积累认识；“坐下来”是把了解到的情况和积累的认识变成文字成果。这些活动是调研的前沿阵地，我们称之为“一线”。现在围绕“一线”的工作内容来思考它的“需要”，由于“需要”便发生了各种各样的活动，这些“活动”则是辅助部门的职能，我们称之为“二线”。把“一线”工作职能与“二线”工作职能结合起来，就发生了互动的关系、制约的关系。

现在的问题是，如何将这种互动关系和制约关系转化为具体的、可操作的制度？那就是把调研活动的每个环节、起草文稿的过程以及文字成篇后的质量评审等等，都要有记录和考核。在记录和考核的实施过程中，记录人与被记录人、考核人与被考核人都共同面对纪律的约束、承担共同的职能责任，共同被记录和被考核。比如，一些资料和物品会经常在部门之间、人与人之间传递和转移，这是屡见不鲜的现实，也经常会产生一些误会。张三说已经给李四了，而李四说没给，或者张三说某日在某个地方给的，而李四说某日我根本就没在某个地方。这不仅会影响工作、影响情绪，也会造成一种不和谐的气氛。所以，要履行一定的交接手续。请看表 5–1。

表 5–1　资料物品交接单

资料、物品名称	时间	地点	交出人签字	接收人签字	备注

此单由接收人填写，双方签字，交出人存证。

成篇的文稿要进行公开评审，是优？是劣？优在何处？劣在何处？不仅要让执笔人清楚，也要让机构内全体成员清楚，以此激励执笔人努力提高自己的写作水平。由于公开评审，机构全体成员也会受到启发、受到教育。怎么评审？可参照下列表内的内容和要求。请看表 5–2：

表 5-2　文稿评审表

评审时间：

课题名称			执笔人		部门	
内容	完整	说明理由：				
	不够完整	缺少哪部分：				
分析	透彻	说明理由：				
	不够透彻	指出缺欠：				
结论	正确	说明理由：				
	不够正确	指出不正确的地方：				
建议措施	可行	说明理由：				
	不太可行	为什么：				
结构	严谨	说明理由：				
	不够严谨	指出不严谨部分：				
文字	清晰	说明理由：				
	不够清晰	指出不清晰部分：				
数据	扣题	说明理由：				
	不太扣题	指出不扣题数据：				
总评审意见						

综合部门负责人：　　　　　　　　承办人：　　　　　　评审人：

执笔人接受的任务可能是调研报告，也可能是会议材料、领导人讲话稿，还可能是新闻媒体的约稿。在这些任务中有轻有重、有缓有急，通过权重比较界定出难易程度和重要程度的差异。如果不加以比较、不加以区分，对于完成难度大的或任务重要的成员是不公平的，长此下去会挫伤一部分人的积极性。所以，应有记录、有累计、有区分、有考核、有说法。请看表 5-3。

表 5-3　个人文稿等级明细表

综合部门：　　　　　　　　　　年度：

类别　内容　姓名	文稿使用方向	文稿等级	执笔人名字 张××	李××	王××	赵××
党中央、国务院、全国人大、全国政协	批示、转发、用于会议或内参刊登	特级				
中央各部、委、办、局、新华社	批示、转发、用于专题会议	一级				
中央新闻媒体约稿	人民日报、求是杂志、经济日报、光明日报，以及中央电视台、电台的重要约稿					
本行政区党委、政府	重要会议核心材料、重要会议讲话稿、出席中央工作会议或上一级政府会议核心材料；主要领导批示、转发并纳入政策的材料					
国家其他的一般新闻媒体、地方党报约稿	除上述新闻媒体以外的其他全国性报刊约稿；地方党报约稿或电视台、电台的重要约稿 20 分钟以上	二级				
领导人一般会议讲话稿	出席会议：实时性会议、专题会议、经验或典型推广会、庆典大会、培训班性质的会议、群众大会、商业活动、文教活动会议等					
地方其他媒体约稿	地方其他新闻媒体约稿	三级				
外地转载或使用的文稿	外地报刊、电视台、电台转发的					
未采用的文稿	无单位采用的文稿。但有保存价值，本单位作为资料登记备案存档	四级				
合　计						

统计人：　　　　　　综合部门负责人：　　　　　　机构负责人：

注：1．此表内凡属媒体约稿的内容，一律限定在政策性或理论性之内；

2．讲话稿内容不包含祝贺性质或礼节性质的内容。

调查研究机构形成的文稿除内部使用外，还可能要上报、下发、横向交流或新闻媒体发表。因每个部门、每个人的水平不同，如果放出本机构以外的文稿良莠不齐，不仅会给读者造成误解，也会有损于调查研究机构的声誉。所以，应规定凡放出机构以外的文稿，一律由综合部门统一把关后发出，在这里我们称之为“统稿”。无论稿件优劣，应一律统稿把关，对有明显毛病或瑕疵的文稿只有经“统稿”后或修改合格后才能履行放出手续，由文稿的执笔人申请填表、主管负责人签字即可。请看表 5–4。

表 5–4 统稿申请表

主管负责人签字：

<table>
<tr><td>文稿名称</td><td colspan="3"></td><td>文稿页数</td><td></td></tr>
<tr><td>执笔人</td><td></td><td>部门</td><td></td><td>送稿时间</td><td></td></tr>
<tr><td rowspan="2">使用性质</td><td colspan="5">特级稿____；一级稿____；二级稿____；三级稿____</td></tr>
<tr><td colspan="5">具体使用方向：</td></tr>
<tr><td>时间等级</td><td colspan="3">特急____；较急____；正常____</td><td>限时修改</td><td>日 时前脱稿</td></tr>
</table>

综合部门收到“统稿申请表”以后，由负责统稿的人根据表中的要求统稿。把文稿的问题一条一条写在另一表内（表 5–5），即“统稿意见表”，之后再将文稿退还给执笔人自己修改。如果执笔人两次修改仍不合格时，由统稿人代为修改或双方共同修改。对于特急或较急的文稿，退回修改已来不及时，则由统稿人代为修改。请看表 5–5。

表 5–5 **统稿意见表**

编号：

<table>
<tr><td colspan="2">文稿名称</td><td></td><td>执笔人</td><td></td><td>修改次数</td><td></td></tr>
<tr><td colspan="2">统稿人</td><td></td><td>脱稿时间</td><td></td><td>提前或错后</td><td>提前错后</td></tr>
<tr><td colspan="2">统稿人修改意见</td><td colspan="5">签字：</td></tr>
<tr><td rowspan="2">文稿执笔人意见</td><td>同意的内容</td><td colspan="5">签字：</td></tr>
<tr><td>不同意的内容</td><td colspan="5">签字：</td></tr>
<tr><td colspan="2" rowspan="3">最后处理方式</td><td rowspan="3">集体评审结果</td><td colspan="2" rowspan="3"></td><td>执笔人修改</td><td></td></tr>
<tr><td>双方共同修改</td><td></td></tr>
<tr><td>统稿人修改</td><td></td></tr>
</table>

执笔人修改文稿后把填写完的此表连同修改的文稿，一并送达综合部门处理。此表是考核执笔人每篇文稿的具体劳动过程和成篇过程。为了考核每名调研员的业绩，定期将每个人完成的文稿进行累计，以表格形式加以公布。

统稿过程还可能出现撰稿的执笔人与文稿“把关”的统稿人，对涉及文稿的某些问题有不同认识，甚至发生争执，这是正常的。如果出现这种情况，可以召集本单位有关成员共同讨论，必要时邀请专家认定。争论的焦点问题可能是一个小小的概念或问题，通过争论和认定，一旦弄清楚了概念或问题的真谛，对每一个人的教育是深刻的、意义也是重大的。一时争论永远受益，两人争论众人受益，这样才能体会到争论的真正价值。

为了考核专职调研员的业绩，将每人撰写的文稿成绩以表格形式定期公布，展示给大家。请看表 5–6。

表 5-6 统稿累计明细表

综合部门制表　　　　　　　　　　　　年　月份

撰稿人 / 内容 / 序目		计量单位	姓名							备注
			张××	李××	王××	赵××				
文稿总数	特级	篇								
	一级	篇								
	二级	篇								
	三级	篇								
	四级	篇								
	合计	篇								
统稿次数		次								
执笔人修改		次								
统稿人修改		次								
双方共同修改		次								
修改次数与文稿总数比		%								

统稿人：　　　　　　综合部门负责人：　　　　　　机构负责人：

文稿经往返修改后将往返次数累计到总的修改次数内。此表是考核执笔人在成篇过程中总的劳动质量，即写作水平。

综合部门的职能是，为了编制本单位下一年度的工作计划，于每年的 12 月 1 日至 31 日之间各部门做好拟选课题的准备后，综合部门以“申报表”的方式于当月 3 日前发送到各部门填写。请看表 5-7。

表 5-7　××××年度拟选课题申报表

部门名称：　　　　　　　　　接表时间：　　　　　上报时间：

类别	课题名称	理由	意义	承担人	所需时间
部门申报课题					
个人申报课题					
建议单位的课题					

此表必须于 12 月 25 日前填写完再退回综合部门。综合部门将各部门申报的课题进行综合汇总，再征求本单位负责人意见后确定。非专职调研的辅助部门，根据已确定的课题任务，于第二年 1 月 5 日内作出配合专职调研部门的工作计划，报综合部门汇总平衡。此时，综合部门正式编制下一个年度的综合工作计划。请看表 5-8。

表 5-8　××××年研究室综合工作计划表

时间：　　　　编制：

<table>
<tr><th colspan="2">要求内容 / 课题单位</th><th>课题名称及工作内容</th><th>承担人</th><th>完成时间</th><th>备注</th></tr>
<tr><td rowspan="3">课题</td><td>某某（处室）</td><td></td><td></td><td></td><td></td></tr>
<tr><td>……</td><td></td><td></td><td></td><td></td></tr>
<tr><td>某某（处室）</td><td></td><td></td><td></td><td></td></tr>
<tr><td colspan="2">重要例会</td><td>核心材料、主要领导人讲话稿</td><td></td><td></td><td></td></tr>
<tr><td colspan="2">随行主要领导人重大活动</td><td>本地巡访、外地考察、出国访问的汇报材料</td><td></td><td></td><td></td></tr>
<tr><td colspan="2">上级政府例会或其他活动安排</td><td>核心材料、讲话稿、汇报稿</td><td></td><td></td><td></td></tr>
<tr><td colspan="2" rowspan="4">不可预见活动</td><td>上级政府临时的活动</td><td></td><td></td><td></td></tr>
<tr><td>本地突发情况</td><td></td><td></td><td></td></tr>
<tr><td>新闻媒体约稿</td><td></td><td></td><td></td></tr>
<tr><td>其他活动</td><td></td><td></td><td></td></tr>
</table>

制表人：　　　　综合部门负责人：　　　　机构负责人：

此表内容于每年 12 月 1—31 日期间，经过汇总、分配、平衡和上下往返多次讨论后形成，必须于一个年度的 1 月 5 日前由本机构负责人最后敲定。调研机构的计划要留有一定的空间，因为课题的选择只是整体工作的一个重要部分，对未来的工作预测只能做到一个方向性的安排，而不能将具体内容落到实处。因为你摸不准上级领导机关或本行政区政府和主要领导人在什么时候有什么要求、开什么会，也说不上社会在什么时候发生了什么重大事件。不管怎么说，预测总比不预测好、有计划总比没计划好。预测的准确程度来源于对上级领导机关的了解程度、对本级政府的了解程度、对主要领导人的了解程度、对社会规律的了解程度。

信息资料部门具有重要的职能，它不仅是信息库，也是理论库和数据库。它为调研员提供的是精神食粮和理论武器。传统观念往往把在资料室工作的同志看成是“看堆的、守摊的”，这是极不正确的。管理信息资料部门的同志，也必须具有较高的理论水平和收集信息的能力。它的职能是收受各部门索要的理论资料、数据资料或其他的信息资料。调研员索要资料时申报表请看表 5–9。

表 5–9　索要资料申报表

课题名称：　　　　　　　　　　　　编号：

<table>
<tr><th rowspan="2">申报具体内容</th><th rowspan="2">使用的文稿名称</th><th rowspan="2">申报时间</th><th rowspan="2">要求提供的时间</th><th colspan="2">回　执</th></tr>
<tr><th>信息资料部门</th><th>收到提供的资料时间</th></tr>
<tr><td></td><td></td><td></td><td></td><td>负责人：</td><td>月　日　时
申报人：</td></tr>
</table>

信息资料部门收到“索要资料申报表”后，按表内限定的时间提供资料。“限定时间”也要有个明确的规定，不能由申报人随意要求。规定的原则是：限定最短时间，即申报人应提前多少时间申报；按提供资料的数量规定相应的时间；不允许申报与计划内课题无关的资料；等等。信息资料部门向申报人提供信息资料时也要以表格形式履行相应的手续。请看表 5–10。

表 5-10 提供资料情况表

课题名称： 申报人姓名： 编号：

	资料性质	计量	资料具体内容	备注
已提供	理论内容	项		
	数据内容	项		
	其他内容	项		
未能提供	理论内容	项		
	数据内容	项		
	其他内容	项		
	未提供原因			

信息资料部门签字： 要求提供时间： 实际提供时间： 提供率报综合部门备案

信息资料部门收到“索要资料申请表”后，在回执栏内签字并撕下再退还申报人，将表的主体部分留存备查。信息资料部门按表内限定的时间提供资料。“限定时间”也要有个明确的规定，不能由申报人随意要求。规定的原则是：限定的最短时间，即申报人应提前多少时间申报；按提供资料的数量规定相应的时间；不允许申报与计划内课题无关的资料；等等。信息资料部门向申报人提供信息资料时，也要以表格形式履行相应的手续，并报综合部门。信息资料部门向申报人提供的资料，限期使用后按规定时间和方式送达综合部门汇总统计，以此计算信息资料部门的“提供率”。提供率的高低说明信息资料部门基础工作的水平，将累计在综合考核之内，考核结果都要有一定的说法。信息资料部门工作的主动性，表现在超前性上。当本单位调研课题一经确定，就应预测到需要的理论根据和理论数据，有针对性地做好前期准备。

申报人按信息资料部门提供的资料，有可能全部使用也可能部分使用，将使用情况以表格形式报给综合部门。请看表 5-11。

表 5-11 使用资料情况表

申报人：　　　　　　　　送表时间：　　　　　　编号：

提供资料项数	使用资料项数	使用率	使用资料内容	使用的课题名称	未使用内容的理由	使用人签字

此表是考核索要资料的申报人。“使用率”的高低说明资料的使用人对他执笔的文稿掌握的准确程度和工作的严谨性，同样也累计在他的综合考核之内。

上述的三种表格“索要资料申报表”“提供资料情况表”和“使用资料情况表”为同一个系列、同一个编号，在运行上按顺序跟踪而至。

行政部门的职能，通常被称为“万金油”，其意思就是事繁而杂。要把繁杂的事情归纳成几大类，再逐项细化，设定出标准、规则、时限和责任，等等，以此考核他们的工作。无论是行政部门还是综合部门或信息资料部门，凡是他们涉及其他部门的职能时也都受到其他部门的监督和考核。因为每一个职能环节其他部门也都留有手续和记录，所以考核是相互的。为了更好地运行，调查研究机构应成立一个由各部门抽调的兼职成员，建立一个综合监督考核小组，定期开会、定期检查、定期公布考核结果。

四、记分考核规则

调查研究机构内部管理的目的，就是要达到在工作运行中顺畅、快捷、准确和高效的程度。管理内容要标准化、管理手续要程序化，使机构内的每一个部门、每一个成员都能在制度和纪律的约束下活动。怎样使内容标准化、手续程序化呢？必须把人的自然成分抽象出来。抽象的结果就是，一方面是对“人”即自然人的管理；另一方面是对“才”即专业知识的管理，这样就有利于制定各种标准。这个标准不是个别人的标准，而是对各种人才类型的统一标准。对人的自然管理，就是对人的思想素质和政治素质的管理；对专业知识的管理，就是对专业水平和专业使用上的管理。其具体办法是，把每个部门和每个成员的每个工作环节都转化为可以考核的指标。怎么体现指标的考核标准呢？只有记分。为了适应记分的需要，还应对每个人在各种工作性质、工作形态和各个工作环节的优劣表现制定出跟踪记分的规则，形成一个综合性的指标考核记分体系，这个“体系”就是记分考核的标准和运行模式。每种工作性质、工作形态和工作环节的记分标准也应有所区别，这要根据它的重要程度和难易程度来确定。通过每项工作、每个工作环节的分数积累，就形成了每个部门、每个人的结构性总分和整体总分，同时也就把每个部门、每个人整个工作业绩体现出来了。每个工作人员自身都同时存在着几种不同性质、不同形态的工作内容，每种性质的工作都有自己的工作形态，每种形态的工作都有不同的工作环节。比如，专职的调研人员，他的工作行为与党中央、国务院的步调是否保持一致？与本机构的整体工作是否保持一致？接受课题任务的态度如何？有无自由主义倾向？他在调查研究活动中的组织纪律性如何？他的调研成果客观性如何？他撰写的调研报告质量如何？等等。这些表现都要通过个人的结构性工作体现出来。非专职调研人员也有他们的工作结构，比专职调研人员的工作结构要相对复杂一些，因为他们的工作内容比较繁杂。所以，就工作结构来说，专职调研人员的横向结构少一些、纵向结构多一些；非专职调研人员的横向结构多一些，纵向结构要少一些。累计总分的程序是，把每个部门、每个人、每一项的总分，通过结构内各项工作的权重比较，将比较结果按各项工作的重要程度进行排列，以权重的“工作项”的总分为标准，其他“工作项”按权重的不同程度和不同的折扣率换算成同一个标准的分数后，再累计到整体的总分中。“折扣率”就是把相对不太重要的“工作项”分数打折，因为它的分数与权重“工作项”的分数不处在同一个等级上。“折扣率”的多少视“工作项”处于一个什么样的权重水平上而定。这样，各种工作性质和工作形态的总分都被物化在同一标准的整体总分内，再进行部门之间、个人之间的比较就一目了然了。比如，上例中的专职调研人员，它的记分结构有以下几项：第一项与党中央、国务院、与本机构步调保持一致，假如记了98分；第二项接受课题任务的态度，假如记了85分；第三项防自由主义倾向，假如记了98分；第四项调查研究活动的组织纪律，假如记了98分；第五项调研成果的客观性，假如记了95分；第六项调研报告的质量标准，假如记了85分。通过权重比较认为：第一项是重中之重，应以第一项为标准进行分数的折扣和换算。其他几项的权重程度通过比较后排列的顺序是：第五项、第六项、第二项、第三项、第四项，这五项的折扣率也不相同，假如它们的折扣率分别是：第五项为5%，第六项为8%，第二项为15%，第三项为20%，第四项为25%。折扣换算后的物化分数分别是：90.3分、78.2分、72.3分、78.4分和73.5分，将这些分数汇总相加后再加入第一项的98分内，就是这个人的整体总分，合计为490.7分。当然，这是一个笼统的粗略的列举，因为每一项的内容还必须细化。比如，第一项与党中央、国务院与本机构步调保持一致体现在什么地方，必须有具体内容，否则也无法考核。

考核体系的运行机制，有记分就要有扣分，有奖励就要有处罚。奖罚相济，实行“食有劳而禄有功，使有能而赏必行，罚必当”的奖罚措施。如果按规定的要求标准未达到、按规定的程序未履行、按规定的办法未实施、按规定的纪律未遵守、按规定的时限未完成等都要扣分。每个环节都要有工作标准，都要有时限规定，而每个环节都要有跟踪记录、跟踪记分、跟踪累计、跟踪评审，只有这样才能使每个成员的工作不迟缓、不拖延，始终保持一种“箭在弦上”的工作状态。

第四节　人才管理

人才管理应建立在动态的基础上，只有这样人才才能有活力、有生气，才能具有更大的积极性和创造性。人才的活力和生气表现在什么地方呢？就是人的团结、协作、快捷、准确和高效的工作状态。任何管理，都是以人为主体内容实施的。而决策咨询型调研人才的管理，更是直接对人及其人的知识的管理。根据决策咨询型调研规律的特点，本节对人才管理分为四个部分加以论述。这四个部分是：人才的含义、人才的编制管理、人才的再培养、稳定人才队伍。这四个部分确立了决策咨询型调研人才的类型和人才的管理模式。

一、人才的含义

人才，在任何时候、任何单位都是唯一的主力军，是灵魂。每个行业都有每个行业的人才标准，也都有适应这个行业的人才，这是大家共知的常识。那么，什么是人才呢？从广义上来说，人才具有多种类型。比如，在激烈的市场竞争中能通过合法方式把商品推销出去的人，就是市场人才；在工业领域里能把一个亏损多年的企业扭亏为盈的人，就是工业生产经营管理的人才；在农业战线上亩产粮食比别人多的人，就是种田人才；在对抗性的竞技场上取得了冠军的人，就是体育人才；在科技领域里研制出填补空白产品的人，就是科技人才；同样，在敌强我弱的战场上打了胜仗的指挥员，就是军事人才；等等。决策咨询型调研人才，是能够给本单位提供真实可靠的政策依据、对策措施以及转化为决策后产生了良好的社会效果的人。

（一）调研人才的特点

与上述列举的六种类型的人才比，决策咨询型调研人才就不那么简单了，因为他的能力的内涵不是单一的，也不是通过一两个举动就能淋漓尽致地表现出来，他的业绩必须通过一定的时间、多个环节的转化才能得以证实。决策咨询型调研人才，必须具有两个条件：一个是具有能够应用于实践的专业知识；另一个是具有良好的政治修养。前者是专业、是才学，后者是思想、是道德。一切都应从这个前提出发，再考虑人才的其他条件。在专业知识方面，要求有扎实的理论基础和基层的管理经验，有一定的“社会学”知识，略通逻辑语言学、语法修辞学、数理统计学，并具有一定的研究能力、写作能力和组织能力；在政治修养方面，要有良好的思想素质和政治素质。大家知道，政治修养属于意识形态范畴而不在知识和能力范畴内，与人才、与能力没有直接的关系。那为什么还将其作为衡量人才的一个条件呢？因为政治修养决定一个人的知识和能力能否正确地健康地得以应用，政治修养好的人也是人才。在特定的条件下他的作用不可替代，他有主观能动性，办事认真求实、刻苦钻研。良好的政治修养是工作的保障。相反，没有政治修养或思想意识低下的人会给工作带来负面影响。特别是决策咨询型调研工作，是党政机关或企事业单位决策的前提条件，是总体工作的一个重要组成部分。其工作性质是辨别社会现象的真与假、经验与教训、利民与损民的现实。这种工作行为在很大程度上受主观因素的影响较大，如果思想意识不纯净、政治观点不端正，在调查研究活动中就有可能出于私欲而缺少公正和道德，出现隐瞒事实真相的危险。以虚假的依据所确定的决策或制定的政策将是后患无穷的。而这种行为还有一定的隐蔽性，一时难以暴露，待到暴露时，恐怕已经造成了不可挽回的损失，这是将政治修养纳入人才管理的一个重要原因。而上述列举的其他六种类型的人才，他们从事的事业的特点是必须竭尽全力地付出，来不得半点虚假；他们获得的成果也不需要转化过程，而是直接取得的。他们的活动对象一般都有明确的实体目标。而决策咨询型调研人才，主要是依靠经验做铺垫、理论做指导去了解社会和认识社会。这种活动的特点是，侧重于分析研究。这是决策咨询型调研人才区别于其他类型人才的特点。人才特点，取决于工作性质和他的活动形态。

决策咨询型调研人才，除了具有上述特点以外，还应具备“七种”职业素质。

（二）“七种”职业素质

这七种职业素质的内容是：有理论、有经验、有功底、有思想、有责任、有胆识、有原则。这“七个有”的内涵之间都有一定的关联性。

“理论”如果不与“经验”相结合，就提不出准确的问题来，理论就失去了目标，成为脱离实际的“空中楼阁”。比如，1985 年春，在某省一个乡镇，有几家养猪专业户的猪突然趴在地上不起来了，一打一哽哽，就是不起来。消息传出去以后，引起了政府的重视，派人前去调查。

由于派去的人缺乏经验，误以为猪得了瘟疫，就此作了一系列理论分析。他说，如果不及时制止瘟疫，蔓延整个地区的话将殃及上千头猪。他从市场的猪肉供应到农产品价格的连锁反应作出了“剪刀差”的理论性结论。后来“病猪”经兽医检查后，确认没有病。这究竟是怎么回事呢？通过兽医对猪饲料的化验才发现了问题，原来猪饲料中含有大量的酒精，所有的猪都醉酒了。因为这几家养猪专业户的猪饲料，大部分是镇政府食堂的剩菜剩饭。试想，若是一个有经验的调研员就不会过早地下这个结论，一定要知道猪到底得了什么病之后才可以作出结论性的意见。

与此相反，“经验”提出的问题，若不在理论指导下也是一种茫然的行动，事情依然不会得到很好的解决。这方面的实例亦多。比如，1987 年，针对某省经济在全国的位次逐渐后移的严峻形势，省委、省政府决定调查省情、摸清情况、找出原因。于是组织了几个部门开始调查，开过多次省情座谈会和汇报会，在汇报情况时都把内容集中在能源紧张、资金紧张、通信不便、交通不畅上，作为省情的症结，认为这是制约该省经济的瓶颈。其实这种情况也是全国普遍存在的问题，根本就不是该省特有的情况，亦可称为“国情”。所以，常委几次讨论通不过。当时，该省的情况是这样的，一、二部类结构严重失调，工业与农业发展不均衡，区域经济与国家政策之间的矛盾比较突出，计划经济向市场经济转型过程中暴露出了很多不利于该省发展的因素等。后来，本书作者作了一些调查，认为该省大中型国营工业企业全部在国家计划操控下受“双轨制”之害是严重的。根据该省的具体经济状况，对省情特点概括出一句话，就是“双重价格递差循环”。据不完全统计，仅“双重价格递差循环”这一块，每年流失省外的资金就有 80 多亿元（当时的币值），占该省上缴国家财政总额的 65% 以上。当时该省的上缴额排在全国的头几名。什么叫“双重价格递差循环”呢？这是根据国家经济政策与该省经济的制约关系概括出来的。当时，该省的工业企业高价购进了原材料、高成本生产，国家低价调走大部分产品，然后该省的企业再花高价从省外买回该省的产品。通过这次调查说明了，没有理论指导的调查研究，不是无从下手，就是茫然行动，当然就说不清、道不明事情的因由。

“功底”意味着具有一定的理论知识和丰富的经验，有一定的分析能力和写作能力。功底是实力的象征，是沉稳之本，是定夺之宝。

“思想”是灵魂，有了思想才能有建树，才能站得高、看得远，才能有机会选准课题，才能更好地分析问题。没有思想的人，他所掌握的理论和经验也不能得到很好的发挥。

“责任”就是认真，不嫌麻烦，不怕困难，持之以恒，实事求是。在调查研究活动中每一个关键环节都不放过，这是体现职业道德的一个重要方面。一个人若是没有责任,其他的“六个有”也会大打折扣。比如，1984 年，本书作者到某市一家大型国营工业企业调查时，发现了他们隐瞒了折旧费。他们为什么要隐瞒折旧费呢？因为他们已与国家经委签订了“经济责任状”，规定完成利润指标时才能给职工涨工资、发奖金，如果提留了折旧费就完不成利润指标了。最后该厂厂长说，以前从中央到省、市的各级经委来调查时都让我们给糊弄过去了，现在让政研室发现了。各级经委的调研人员不会不懂“折旧”这个企业管理的常识性知识，而是没有认真负责才漏掉了重要情况。

“胆识”就是敢于创新、敢于探索、敢于坚持真理、敢于走前人未走过的路。在调查研究活动中衡量调研员的胆识，就是看他敢不敢面对“五点”问题，即：难点、热点、焦点、疑点和重点问题。没有“胆识”的人，尽管掌握了一定的理论、一定的经验或具有一定的功底，也可能踏步不前，无所作为，更谈不上坚持原则了。

“原则”是公认的或制度化了的规范和准则。在调查研究活动中，要有陈云提倡的“不唯上、不唯书、只唯实”的精神。实事求是就是调研人员的原则。无原则的人就失去了公信，失去了公信的人就等于失去了一切，他的知识、他的水平都会暗淡无光。过去，曾发生过阻挠调查社会敏感问题的事件，也发生过调查结果被主管领导扣押、不上会、不公布的情况。对这一点，调研人员应该有个思想准备。还要养成六种职业习惯。

（三）养成“六种”职业习惯

专职调研员在日常生活和工作中，要养成六种职业习惯，即:多看、多问、多听、多想、多记、多学，概括起来说就是勤于观察、善于思考、虚心学习。要养成自觉或不自觉地随时随地关注自己身边的“小事”，即一般人熟视无睹的现象。上大街、逛商场、遛公园，在车站、码头、机场，在访亲探友等的空隙间，都要不失时机地留心身边发生的事情。处处留心皆情况，天天积累有收获。比如，1983 年 7 月，国务院办公厅调研室安成信在调研其他课题时，路上偶然获得一个信息，感到很重要，随后抽空亲临调研，撰写出《农村责任制过程中的新情况——关于沔阳县解决“撂田”问题的调查》报告，得到了李鹏总理的高度重视，批转给有关部门按调研报告中提出的建议采取措施,推广经验。1984 年，本书作者到沈阳电缆厂调查技术改造时，发现了与这次调查不相干的一个重要情况。这个厂每年使用的主要原材料电解铜，按国家指令需要到云南省买回与该厂一壁之隔的沈阳冶炼厂的产品。随后又针对这个问题回到这两个厂调查，引起了从地方到中央各部门的重视，取得了计划外的一个重大成果。在我们的工作和生活中，只要留心就会碰到“得来全不费工夫”的意外收获，这也是一种积累的过程。与“看、问、听、想、记、学”相对应的就是眼要勤、嘴要勤、耳要聪、心要动、笔要勤、手要勤。要看，就看个究竟;要问，就问个明白;要听，就听个因由;要想，就想它的社会意义；要记，就记下历史的真实；要学，就虚心学习不懂的或未见过的新事物。在这种情况下，也免不了有不完整的、不清楚的或不肯定的环节，还要刨根问底，直至把事情的内在本质揭示出来为止。

（四）调研人才的类型

对调研人才的管理，就应该了解各种人才的类型。通过前一部分的介绍，已经了解了调研人才的类型与社会上其他各种人才类型的区别。现在，还应进一步了解调研活动自身所需要的人才类型是哪几种？这是调研活动在人才管理上的基础。

调研需要什么样的人才类型呢？只要从调研的性质和规律中寻找答案，就可以明确地回答这个问题了。调研的性质就是“调查情况、研究情况、撰写情况、拿出办法”。调查什么？到哪调查？靠前期经验积累提出的问题调查。调研的对象是社会，更具体地说就是工业、农业、商业、金融、市场、投资、政治、军事、法律、文教科技或社会事件等各个方面。每一个方面都是一个领域或一个行业，每个领域或每个行业都有自己特定的内容和特定的规律。特定的内容就是专业的需求，特定的规律就是理论的需求。在整个调研过程中特别在整理资料时，要进行分析、判断和逻辑推理，所以“研究”又贯穿于调查研究的始终。怎么研究？靠什么理论研究？除了靠辩证唯物论的理论以外，还要靠调研主体自身需要的专业理论。调研的情况经分析、判断和推理后，还要将结果以文字形式表达出来，又需要撰写调研报告。通过这一系列过程，现在我们应该清楚了调研活动所需要的人才类型了。从调研活动的应用性质分：有经验型人才、理论型人才、研究型人才和写作型人才。这是调查研究的基础性人才类型。从人才类型的功能上分：有复合型人才、单一型人才和潜在型人才。这三种人才类型是从基础性人才类型演变过来的，因为它们的这些功能就是基础性人才类型的功能。

上述各种人才类型的功能，相互之间都有一定的兼容性。比如，经验型人才，都应具有一定的理论基础；理论型人才，都应具有一定的经验；研究型人才，都应具有一定的经验和理论基础；写作型人才，都应具有一定的理论基础和研究能力；等等。各种类型的人才只不过是在某一个方面突出而已。复合型人才具备两种以上基础型人才的功能；单一型人才只在一个方面具备一种功能；潜在型人才是指基本素质好，但还不够成熟的培养对象。各种类型的人才除了掌握一定的专业知识和具备一个特定的功能以外，“七个有”的职业素质和六种行为的职业习惯也是所有调研员必须具备的基本条件。

（五）经济调研员还应具备两种知识

经济调研员应具备的两种知识是，技术经济理论和数量经济理论。

改革开放以来，商品经济伴随着科学技术的进步，在发展中不断地调整着经济结构和经济关系，社会化大生产和社会信息化的程度越来越高，社会的商品属性也越来越明显，经济内容丰富多彩，经济现象瞬息万变，经济关系错综复杂，这种状况无疑就给经济调研员提出了更高的要求。

近几年，新旧体制正处于交替过程中，已经引起了社会经济结构的变动，冲击着社会各种群体和个人的切身利益，诸多矛盾交织在一起，呈现出极其复杂的社会情况。客观形势要求经济调研员在为领导决策服务时，能够提出阻力系数最小、社会效果最好的治理措施。可是往往事与愿违，一个时期以来常常听到有些领导同志苦于对本地区、本部门的经济规律难以了解，改革措施难以决策，致使已经制定下发的政策在规范之间互相碰车，有些政策的规定又朝令夕改，暴露出了不少问题，说明了现有的传统活动已远远不适应当今动态社会庞大而复杂的情况和改革开放形势的新要求。

那么，调研活动不适应新形势要求的主要矛盾是什么呢？症结在哪里呢？我认为，主要是人的知识和观念不适应，造成调研活动的落后方式也不会适应。概括起来大致有以下四种原因：

一是部分经济调研员的调研功能不够健全。由于人们传统的调研观念，致使多年来在选调经济调研员时，很少考虑现代社会对经济调研员知识状况的新要求，更多地注重了政治经济理论、经济管理知识或文字能力，忽视了经济调研员必须具备的技术经济理论和数量经济理论，以及这两门理论构成的系统论、控制论和信息论等科学方法，不善于联系社会总体形势的内在联系对调查对象进行经济的、技术的和数量的综合分析。

二是固守着传统的经验型调研模式。经验型经济调研员熟悉的某一地区、某一部门、某一企业或某一种管理知识，由于不能从理论的高度认识他所熟悉的这些范畴，久而久之也就熟视无睹了，停留在表面的认识上。正像一个无知的家庭主妇虽然天天与某些商品打交道，却不了解这些商品在生产过程和流通过程的具体形态一样。经验型调研好凭主观认识对调研对象进行判断，调研思路也往往局限在某一个点上，看不到决定总体变化和自身变化的内在因素。

三是尚未认识到不同的调研方式决定不同的调研质量。调研方式决定调研质量与选用的调研理论有直接的关系。传统的调查研究作为一种工作方法，尽管在历史上曾起到过重要作用，但是，作为适应新形势的工作方法，绝大多数人还没有足够的认识，更难以被人们所重视。因为调研成果的社会效用不是直接的，它必须通过领导决策过程和社会转化过程才能体现，而这种转化往往又不易被人们所察觉。于是不同的调研方式取得不同质量的调研成果，在社会转化过程中所体现的社会效用，当然就更不易被人们所察觉。没有把调研方式与调研员知识和调研质量联系起来，因而没有把改变调研落后的状况摆到议事日程上。

四是部分同志误解了科学的调研方式的含义。对于科学的调研方式有些同志言必计算机、复印机、收录机，言必交通工具等单一地追求现代化设备，而不从调研员自身的素质上找原因。这些现代化的设备固然是科学的调研手段，具备着人所不具备的功能，电子计算机可以储存资料、沟通信息、快速运算，还可以进行逻辑判断、选题、管理，等等，确是构成调研活动的重要因素。不过我们所说的科学的调研方式，是指调研活动所选用的某一种理论指导方式或实施的某一种方法而不是调研活动的具体形态。在计算器已经普及了的现实条件下，没有这些现代化设备也可以运用科学的调研方式完成调研任务，调研成果的质量固然与现代化设备有着重要的关系，但没有必然的联系。目前，已有一些调研机构拥有了较高功能的电子计算机，由于人员条件一时还不具备，尚未运用到科学的调研方式上，机器的许多功能也未能得到很好的发挥。

随着改革开放对决策的新要求，党中央一再强调各级领导机关要实行决策的民主化和科学化，可是为领导决策服务的调研系统要不从经验型调研转为科学调研方式，那么领导机关要实行决策的民主化和科学化也是困难的。因为经验型调研方式取得的调研成果往往是靠不成系统的情况和数据整理出来的，作为领导决策的依据不论这个决策的程序怎么民主，其决策的结果也不能说是科学的。既然调研方式直接关系到调研质量，而调研质量又直接关系到领导的决策质量，那么不同的调研方式就会产生不同的社会效果。运用科学的调研方式，决策上可以减少小的失误，避免大的失误。但是，要想运用科学的调研方式，调研活动就必须与技术经济理论和数量经济理论相结合。

技术经济理论主要是研究技术政策、技术措施和技术方案如何体现社会的经济效果问题。一方面研究如何掌握技术自身的无形损耗，如何促进技术的发明、创造、革新、模仿、扩散和移植等；另一方面它又必须围绕技术的经济价值，研究各种生产要素和资源在创造社会产品时，相互之间的经济联系以及如何发挥它们的各自功能，即怎样通过技术的应用处理好资金投入、劳动力投入以及技术与各种生产要素之间的比例关系，从而达到经济运行过程中既有高速度又有高效益的目的，即研究技术如何进行经济比较、效益评价和经济决策。这些就是技术经济理论所要解决的根本问题。技术经济理论分为宏观技术经济内容和微观技术经济内容，宏观技术经济内容研究的范畴涉及整个国民经济或带全局性的技术应用问题，如生产力布局、投资规模、投资比例、发展速度和生产要素的分配等；微观技术经济内容研究的是技术在一个企业、一个项目上体现的经济效果，以及生产之间相关的技术联系。

随着新技术的发展，技术的更新周期不断缩短，技术越来越复杂，资金的投入也越来越多，而新技术又不断向传统的产业部门渗透，这样就决定了现代技术具有多层次的特点，即形成了劳动密集型技术、资金密集型技术或资金适度型技术。凡是资金占用少、技术相对落后的生产部门，劳动力占用就相对多一些，称为劳动密集型技术；凡是资金占用多、技术相对先进的生产部门，劳动力占用就相对少一些，称为资金密集型技术或资金适度型技术。社会生产实践告诉我们，没有技术因素单纯依靠资金和劳动力使经济增长是不可能的，因为技术一直是与资金和劳动力同时发生发展着，技术总是物化在资金和劳动力中。所以，资金和劳动力还可以互相转换或替代，这种特征就决定了在一定时期内，投入一定数量的生产要素与产出量之间的关系是，产出量与投入量可能同比例增长也可能大于或小于投入量增长的幅度，这是由技术自身的先进程度和技术的应用程度不同而造成的。

宏观技术经济研究的内容，是地区性技术的社会应用效果。调研时，要掌握在国民经济生产中占主导地位的若干项技术群的水平、技术链的关系，以及与此相关的社会其他因素，如资源是否充足，原材料分配是否合理，职工素质是否适应，支持性技术、补充性技术和辅助性技术是否配套，等等。由此进行技术分析、经济比较和效益评价，从中寻求技术与经济的最佳结合点，找出经济过程的合理因素或弊端，为制定科学的经济政策和措施提供可靠的依据。比如，调查石油化工工业的社会效益和对产业结构的影响，经济调研员就应了解原油的储量和开采能力，通晓加工开采过程和技术用向，即从原油提炼成基础有机原料，加工成基本有机原料和中间体，进而加工成最终产品过程的技术应用情况。如原油可以提炼石蜡、沥青，提炼汽油、柴油、石脑油、润滑油等轻、重质油类，还可将其热解为乙烯、丙烯、丁乙烯等化学原料，进而加工成塑料、合成纤维、合成橡胶、涂料、农药、医药、合成洗涤剂等上千种最终产品，其中利用微生物还能把石蜡吸收变成蛋白并生产氨基酸、维生素和糖类等人体所需要的各种成分。还应通晓有关的技术特征，如原油凝点的高低，含蜡、含硫、含金属、含胶质的高低；使用哪些设备、设施；怎样过滤、脱水、发汗脱油、溶剂抽提、输送、储存、回收；等等。最后还应通晓原油可以加工成多少种系列产品，原料可以提供给多少个工业门类的企业，多少原油可以满足多大加工能力的石油化工企业的生产，可以派生出具有多大生产能力的相应数量的关联企业。同时，从石油化工使用的设备设施，还能了解到它可以为矿山机械、泵类、空压机、阀门、电器、仪器仪表、运输起重和机械密封等企业提供广阔的市场。所以，石油化工的生产是直接关系到化工、制药、食品、纺织、塑料、橡胶和机械等行业兴衰的重要生产部门。如果不了解原油在石油化工生产过程中的这些技术特征，就难以了解石油化工工业的社会效益和对产业结构的影响。要调查一个农业地区的综合经济情况，不能单一看其总产值、总利税和国民收入总额如何，因为这些数据说明不了经济运行的内在本质。一般情况下，投资方向伴随着农业技术的应用方向，农业技术的应用方向又必须与当地的资源相一致。那么，农业技术的专业构成与当地资源的吻合项次越多、应用的范围越宽，资源尽其所用的程度就越大，其经济效益也就越大。我认为，这是体现科技兴农的规律。所以，应围绕农业技术在应用过程中与资源、投资和劳动力结合是否合理进行分析。一是要了解自然环境和资源情况，如土质、水资源、光照时间和气候、劳动力资源、粮食品种、动植物群、农林牧渔、药菜果矿等；二是要了解改造自然的功能，如生物工程、生态治理、施肥种田、改良种子、种植业、养殖业、公路桥梁、农业机械化程度等；三是要了解社会服务体系，如市场、储藏、保鲜、包装、物资供应、销售、运输、通信、科技咨询、信息、教育培训等；四是要了解经济的具体形态和组织状况，如经济计划的内在关系、市场流通的各种表现、技术结构、经济结构，以及个体经济、合作经济、农工商联合体、城乡联合体、科教体制，等等。在此基础上进行综合分析，看其优势资源利用得如何，资源的潜力还有多大，技术的应用方向和资金的投向是否正确，因而导致产业结构是否合理，社会的平均物耗与先进地区比是否落后，是下降趋势还是上升趋势，经验在哪里，问题在哪里，然后制定综合治理措施和政策。调查我国电力布局、电力结构和电业投资效益也是一样，必须了解水力资源、煤炭、燃油和核原料资源，从生产力布局造成的用电地区之间不平衡状态考虑，结合发电条件，对比发电燃料、原料产区与电厂的距离，电厂与用户的距离，运输和送电距离，以及发电、电网的运行特性、污染程度、每度电创造的经济价值、发电成本、送电成本、投资回收期，等等，以此认定电力布局、电力结构和电业投资是否合理。

运用技术经济理论，还能对经济区的技术结构进行分析。调查某一经济区的总体经济功能，必须从技术结构分析入手，社会生产过程的自然特征决定，不同技术水平的生产力在整个经济区生产中所占的比重也不同：一是有些生产过程虽然是自动化、半自动化或机械化，可是这些生产过程的生产，用手工也能完成。就是说，生产同一类产品的企业之间技术结构可能是不同的。二是有些生产过程必须是自动化，如石油化学生产、核电站运行等。可是不同企业之间的自动化程度也可能不同。三是有些企业的联合，由于技术的关联因素，有相继加工同一种原料或共同利用废料为基础的联合；有零部件协作联合；有工艺性加工的联合。这些联合不仅技术类型不同，技术等级也可能不同。所以，分析技术结构不能抛开技术特征。纯碱是一种大量用于玻璃、皂类、纺织、纤维、造纸、染料、制革、冶金、石油化工生产的原辅材料，即同一种生产要素可以用于不同技术类型、不同技术等级的生产中。试想，如果纯碱没有这些技术用向，上述这些行业的生产就可能改变工艺，从而技术结构就要发生变化。

微观技术经济研究的内容，往往离不开项目自身的投资效果和投资的应用效果，而投资项目的应用效果则由技术的经济效果体现出来。所以，首先要分析产品、工艺和设备的选择是否合理，产品的性能高不高，成本低不低，工艺和设备是否先进，以及与职工的技术水平和相关的社会技术环境是否适应等;其次了解固定资产、技术软件、施工安装、调试、可行性研究、人员培训、技术开发、试生产等费用的发生情况，分析流动资金占用、在建期的长短，等等；再次分析技术的消化吸收能力、达产能力、产品销售量、产品价格、成本、利润、贷款利息、汇率、各种补贴、投资的回收期等。还应运用设备更新理论，从有形损耗和无形损耗确定设备使用的经济界限，了解项目的使用寿命。比如，调查钢铁联合企业的综合经济效益，必须知道钢铁联合企业的技术特征：它是加工同一种原料的各个顺序阶段的联合生产，是由矿山、选矿、烧结、炼铁、炼钢、初轧、成材等不同加工顺序的企业组成。分析它的综合经济效益，只能按产品形成的过程，由矿石逐级跟踪核算各个生产环节的物化劳动和活劳动消耗，即从矿山开采出的矿石，经过选矿烧结成烧结矿，再炼成生铁，铸成钢锭，经过初轧变成钢坯，最后进行成材加工变成各种材质、各种型号规格的钢材。通晓了这些生产过程就可以参照上述内容进行综合分析了。

因为经济调查的对象，既有非物质生产部门，也有物质生产部门，非物质生产部门与技术的关联相对较少，要想对所有生产部门的技术应用知识都能够通晓是不可能的，但要了解几个主要生产部门和技术应用知识还是必需的，如:石油化工、机械、金属冶炼、电子、纺织、造纸、食品能源等，应大致通晓这些行业成套项目的单机之间、不同的成套项目之间、企业之间和行业之间一些相关联的技术参数，一定吨位的蒸汽锅炉可以供应多少面积的房间取暖、供应多大体积的干燥窨用汽、供应多大生产能力的铸造、化工、造纸、食品等企业生产用汽，可以给多大装机容量的电站配套，等等。还必须通晓这些行业的技术特征，如机械产品的价值和生命是性能和质量，机械产品的母机若不具备这种条件，它就不能生产高精度、高质量的新母机，会造成技术的恶性循环。零部件的性能和质量，决定着整机的性能和质量，单机的性能和质量，又决定成套项目的性能和质量。我们搞经济调查时通晓了这些技术的关联性就主动得多了。

宏观技术经济内容建立在微观技术经济内容的基础上，只有对微观经济领域中各种生产技术的工艺过程有个大概的了解，才能确立宏观的技术经济观念。所以，在实地调研过程中，必须以微观领域里的具体技术过程为基础，通过分析这些技术的社会经济效果才能找出宏观技术政策上的问题。

数量经济理论是研究各种经济因素的数量表现、数量关系、数量变化及其各种经济因素的数量依存关系，通过量的分析帮助我们进行质的概括。不过，量的分析还必须以质的认定为前提，因为任何经济过程和经济规律所形成的经济现象，都是质与量的统一，经济范畴往往就是数量范畴。把“量”的概念引入经济分析中，使经济数量化，这恰恰是马克思主义经济理论的重要方法。经济调研员的任务，就是把经济状态与经济范畴之间的数量规律揭示出来，用数量经济理论对经济进行分析和评价的方法很多，常用的有三种：经济效益评价法、方案比较评价法、直观判断评价法。主要内容包括四个相互联系的部分：即建立模型、估算参数、验证理论、预测未来。运用的数学工具有几何图形、微积分、线性代数、差分方程、概率论、数理统计和对策论等，比如表示科技进步与国民经济增长之间的关系，可考虑选用综合要素生产率法或生产函数法；表示科技进步与国民经济结构变化之间的关系，可考虑选用投入产出综合平衡法、线性规划法或综合评价法；表示经济增长与生产要素之间的关系可以选用生产函数法，它是表示生产一定数量的某种产品所需的原辅材料、设备设施、作业面积、劳动时间等生产要素的最小量，或者说同一个企业的生产函数是表示既定的生产要素最大数量的产出；

表示总需求与总供给的关系，表示价格与成本、税率、利率、工资的关系时，也都需要选用恰当的数学方法和手段。

任何经济范畴都有“质”的内容、“量”的表现。各种经济因素之间形成了不同的数量关系，反映出经济结构内在的必然联系，而这种内在的必然联系，正是社会生产过程中各环节相互匹配的数量界限。由此看来，在经济调研过程中一刻也离不开数量经济手段。因为没有数量界限的调研情况便没有对比，没有对比便没有区分，没有区分的情况就成了毫无意义的“情况”了。一般来说,从数值反映的各种经济现象的水平、规模、速度和“形态”来看，它们各以绝对数、相对数、平均数、差异数和指数等形式表现出来。另外，社会经济现象的内部结构关系与外部的依存关系之间，也是一种“量”的关系，如一、二、三产业之间的比例关系，农、轻、重之间的比例关系，等等。从这一点看，经济的数量含义既有具体的“量”，也有抽象的“量”。据此，经济调研员在了解经济的数量含义、增强经济的数量观念基础上，还应具有核算、统计和计算能力。要学会设计各种统计表，编制各种数列和指数体系，要明了动态数列、静态数列的各种绝对指标、相对指标和平均指标的含义，比如，要了解个体和总体的基础情况、反映事物与事物之间的关系、质与量的界限及事物发展变化的规律，可用绝对指标；要分析因素的变动、现象的依存关系进行动态和静态对比，可用平均指标；要比较两种或多种经济因素的数量关系，可用相对指标。绝对指标用绝对数表示，相对指标除了用名数表示外，还用系数、分数、成数和倍数表示；平均指标也可用系数、分数、绝对数表示，编制各种数列、明了各种指标的含义，都是为运算数据这一重要的研究环节奠定基础的。经济调研的运算公式多种多样，计算绝对数值和相对数值时可用算术平均数、调和平均数、众数、中位数、几何平均数等。有时两个平均数值比较时，难以看出各标志值的代表性程度，还需要计算标志值变异度指标，一般采用平均差、标准差和离散系数等。抽样调查中的误差可以用求标准差的方法算出指标，反映各抽样平均数的差异程度。抽样调查一般用概率的数学方法求得概率度。概率度是抽样误差范围与抽样平均误差相比的相对数，对于一定的抽样平均误差当概率度愈大时，抽样误差范围也就愈大，从而由抽样指标估计总体指标的可靠程度也就愈高。这说明，概率度的大小与估计、推断的可靠程度有密切关系。在分析社会经济观象的动态时，不仅要注意发展速度，还要注意发展永平；不仅要注意增长速度，还要注意增长量。如果由环比增长速度求得定基增长速度，或由定基增长速度求得环比增长速度，则必须先把增长速度计算为发展速度（增长速度加1），再用定基发展速度与环比发展速度之间的换算关系进行换算（所得结果再减1）。“发展”与“增长”这两个概念不能随便用或混同用。不论选择哪一种运算方法，都必须合理确定统计范畴，合理选择对比基数，这关系到能否靠近经济参数的适度数值，也是调查后综合、定量和定性的重要阶段。调查研究的数据运算阶段，最忌讳的是不考虑调查的实际需要，一律算出几个百分比就认为“一切大吉”了的错误做法。内容决定形式，在编制数列、选用运算公式时，一定要根据调查的目的和内容而定。几年来，由于一些企业或地区的统计报表有虚假成分，加之物价、利息等频繁调整，许多经济参数还不能真实地反映客观现实和客观规律，获得经济调研成果的情况“能见度”很低，带有一种不确定性。所以，我们在强调运用数量经济理论的方法时，又不能不考虑单纯依靠数量定性可能出现的偏差，不能单一地使用总投资、总产出、总就业等这些高度综合的经济指标，这种单一的经济数值往往把对经济的认识集中到某一个点上，容易忽视经济运行状态下活的情况，而看不到总体情况和经济的内在本质。这样，在进行定量分析时还应注重定性分析，不能为数学而数学，避免陷入脱离实际的数学游戏中。

数量经济理论虽然总是与政治经济学、管理学、统计会计学等相联系，但它与技术经济理论有着更加密切的联系，正像企业生产如果抽掉了具体的技术内容生产也就停止了一样，如果抽掉了数量经济的具体内容技术经济理论也就失去了意义，因为技术经济理论是靠数量经济理论才得以存在。技术经济理论和数量经济理论这两门学科都属于应用经济学的重要组成部分，其论证程序和分析评价法在我国20世纪50年代就运用到156项重点工程项目上，均取得了较好的经济效果，60年代初将这两门学科列入了全国科学发展规划，并成立了专门机构，“文革”期间机构被撤、理论被否定，70年代末理论又被重新承认，机构又重新恢复。可是，现在这两种理论的应用领域和涉及的层面却很狭窄，仅仅局限于地区发展规划、投资项目和建设方案上，还没有应用到调查研究领域，这是领导决策的一个很大失误。所以，我们应尽快对现有不适应的经济调研员加以培训，进行知识更新，以此改变传统的经验型调研方式，逐步转到以现代科学的系统论、控制论、信息论和现代数学的科学调研方式上来，实现宏观经济调控、微观经济管理的数量化、模型化和数值化。

清楚人才类型以后，在人才的认定、选调和管理时，就可以根据本机构各部门对人才类型的需要，进行界限分明的组织搭配，以便为人才的“编制管理”提供基本条件，做好前期准备。

二、人才的编制管理

人才的“编制管理”，是调研机构内部管理的基础和重要组成部分。“编制管理”是一种动态的管理模式。所谓的“编制”，是指党政机关和事业单位。在这里，就是政府对调研机构用人的一种管理手段。党政机关或事业单位所属的各个调研机构，每年需要多少人由编制委员会（简称“编委”）确定编制规模（人数），然后由财政按编委确定的规模以一定的标准向用人单位拨付人头费（称为“行政经费”）。这说明，调研机构的编制受制于编委和财政等几个不同的部门。既然“编制”不是本机构所能决定的，将其纳入内部的人才管理不是枉费心机吗？我们这里所说的编制管理与此并不发生任何矛盾。它包括四个部分：一是编制，即适度的编制规模；二是编制内的管理，即对已定编的或现有人才的管理；三是“边际”管理，即对与编委沟通、与财政沟通的管理；四是编制缺口的管理。

（一）编制

怎样确定编制的适度规模呢？这是多年来一直在争论的焦点问题。如同市场上的买主与卖主一样，买主说价格贵了，而卖主说不贵。在行政编制上，编委和财政站在减少编制、压缩规模的立场上，而用人单位恰恰与此相反。这两种观点都是只考虑自己，没有考虑全局。前者有可能不利于用人单位的工作，后者则会造成资金的浪费。那么，决策咨询型调研机构的编制有无标准可循呢？全国统一的标准是没有的。不过，据多年的经验和对部分行政区的调查后，经对比和测算还是有一个粗略的标准可循。这个标准是：决策咨询型调研机构的人员编制，占一级政府直属部门在编总人数的比例，一般情况下以3.5%—4%为宜；调研机构内部的非专职调研人员数占机构总人数的20%—25%为宜；在机构内各类人员的结构比例上，其中年龄结构老、中、青以2.5∶3∶4.5为宜；虚职的行政级别（相当于本机构正副职级别）由高至低顺序排列以4∶2. 5∶2.5∶3为宜；研究型人才与写作型人才和经验型人才与理论型人才均以6∶4为宜。调研机构内的所有成员都是调研人员，只不过有专职调研人员与非专职调研人员之别。

调研机构的编制规模，在一个单位内的各部门中，占有中等水平偏高一些是合理的。因为调查研究的工作特点不允许发号施令，不能以一代十，不可能仅用电话指示就把事情办了。他必须亲临现场在特定的时限内去了解和分析错综复杂、瞬息万变的社会问题，必须在限定的时间内为会议材料、领导人讲话起草文稿，一个人只能完成一个人的工作，其他人既不能帮助也不能替代。这种特点就决定了编制要比同等行政级别的其他部门的规模要大一些。上述的人员结构是有一定根据的。比如，非专职调研员与专职调研员的20%—25%的比例，在工作上就形成了平均以1名或1名多一点的人辅助4名或4名少一点的专职调研员是正常的，而且这种比例关系的弹性不大。因为非专职调研员的任务是以“项”为主，以“量”为副，在这里“项”决定“量。”所以，专职调研员的增减对非专职调研员的“工作项”无任何影响，对“工作量”的影响也相对较小。一旦双方的比例关系发生变化时其规律是，专职调研员的人数增加时非专职调研员的比例降低。反之，提高。年龄结构2.5∶3∶4.5的比例主要考虑有利于以老带小、渐次出新、逐级顶替的发展趋势；行政级别的结构比例4∶2. 5∶2.5∶3则有利于稳定调研队伍和调动调研队伍的积极性。所以，行政级别的指数放宽一些、政治待遇提高一些是合情合理的；至于研究型人才与写作型人才、经验型人才与理论型人才的结构，从上述的比例中可以看出，前者明显高于后者。是不是后者就不重要了呢？不是！这是由决策咨询型调研工作的性质决定的。在实际调研过程中，对前者的依赖程度相对要大一些，在这里重要性与数量的关系不是很大。调研的核心工作，就是“调查”与“研究”，“写作”是对调查研究结果的概括和表现，没有“研究”就没有“写作”，如果调查的情况不真实、研究的问题不准确，写出的东西再好也必定是废品，两者相比前者的工作量大。毛泽东说：“调查就像‘十月怀胎’，解决问题就像‘一朝分娩’。”（《毛泽东选集》第 1 卷 110—111 页）陈云说：“我们应该用百分之九十以上的时间去弄清情况，用不到百分之十的时间来决定政策。”（《陈云文选》人民出版社 1986 年版第 180 页）“解决问题”就是“写作阶段提出的对策建议”。关于对经验型人才与理论型人才的认识问题，如果强调谁重要或谁不重要都是错误的。虽然有“经验”能提出问题，可是缺少“理论”指导其行为也是盲动的；有“理论”能指导实践可是缺少经验就很难提出准确的指导目标，其理论则是空洞的。两者缺一不可。毛泽东说：“为什么要作调查研究呢？是为了解决问题而调查，不是为调查而调查。那么，首先脑子里面要有问题才能调查。你脑子里面连一个问题也没有，就去调查，那就会搞得没有个边。”（《毛泽东文集》第 8 卷 260 页）他在这里说的“问题”，其实就是经验。因为“问题”不是凭空想象出来的，而是前期经验积累的结果。“问题”积累得越多说明经验越丰富，在理论指导下提出的“问题”就越准确，提不出“问题”的人说明没有这方面的经验。只有理论没有经验的人，犹如战士拿着枪找不到敌人一样。在实地调查研究活动中，对经验型人才的需要量相对要大一些。

经验对于理论来说是醇厚的，理论只有在经验的土壤里才能生根和稳固，才能放之实践而指导实践，才能发挥理论的强大威力！

（二）编制内的管理

编制内管理的目标，是要做到部门之间、人与人之间、专业之间的三个协调一致。在部门之间的搭配上，要看专职调研部门之间的搭配、专职调研部门与非专职调研部门之间的搭配是否一致。专职调研部门之间的搭配主要是资料交换。不同部门调查的不同课题经常是互相兼容的。比如，农业调查涉及的化肥、农业机械等工业产品的供应，工业调查时涉及农产品的原料供应以及农村市场等。交换后就不必重复调查了，可以缩短调研周期、降低调研成本；专职调研部门与非专职调研部门之间的搭配，主要是"需求"与"供给"的衔接问题。在部门之间的搭配上没有选择的余地。因为专职的调研部门，面对的几个不同的非专职调研部门也只有一个，一个调查研究机构内不可能重复设置两个以上同样职能的非专职调研部门。这些部门之间的衔接由专职调研部门的工作性质和工作量的需要决定的。非专职调研部门根据这些需要一项一项地对应好，用完善的制度和手续将其衔接起来就可以了；在人与人之间，主要限定在现有人员的范围内。搭配的内容就是课题团队成员之间的配合。对于两人以上大型课题的人员组合、对于以老带新的人员组合、对于不同课题在调研过程中资料交换的组合等，在搭配之前，对每个成员的爱好、性格、习惯等应有个了解，还应清楚他们之间的关系。在专业框框允许的范围内采取自由组合与单位安排相结合的搭配方式。人与人之间的搭配就是个人之间的配合，为其创造一个心顺、气顺的环境；在专业之间，这种搭配关系主要是由课题内容决定的。比如，工业、农业、商业、金融、文教卫生、科技等的课题各占多少？工作量有多少？由此，就可以确定专业的构成和人数的规模。专业的搭配，要考虑专业之间的相关性和兼容性。比如，不论是农业课题还是工业课题，都免不了涉及金融、交通、通信和某些税务问题；社会性质的不同课题也都免不了涉及"社保""就业""治安""医疗""物价"等内容。对专业之间的搭配不要卡得过死。

（三）"边际"管理

"边际"管理的具体内容就是对与编委沟通、与财政沟通的管理，或者说是对"沟通"环节的管理。由于沟通环节是在主体工作的外围活动，所以称之为"边际管理"。它的意义在于，一是便于编委、财政在了解本机构现有编制状况下，把握总体工作的紧张程度和松弛程度，为他们在修改编制和财政预算时提供事实依据；二是消除编委和财政对用人单位的怀疑。认为用人单位无原则地要求增加编制、增加人头费的现象普遍存在，沟通的目的就是要达到双方确定一个合于实际的编制规模。编制规模过大会给财政增加负担，造成不应有的浪费；编制规模过小会给工作带来困难，造成不应有的工作损失，都是不可取的。

（四）编制缺口的管理

编制缺口是用人单位的一个难题。在编制缺口的情况下要想完成工作任务，把工作做好，必须采取一些有效的措施。“缺口”有两种情况：一种是按机构总体工作的实际需要编制规模小了；另一种是按在编人数要求，现有的上岗干部不足，还留有缺口。如何解决缺口带来的困难呢？就落到了“编制缺口的管理上”，可以采取三项措施：1. 遴选复合型人才调进来。这样，可以缓解专业搭配紧张和人手不足的矛盾。据以前的多年经验，遴选对象在考核时各方面都不错，他的文稿和群众反映都认为是个人才，可是调进后却感到明显的不适应，不仅给工作造成损失，也给本人增加了不少负担。所以，选调人才时最好先试用一年半载以后再定。2. 不适用调研工作的干部，应尽快安排到适应他的工作岗位上去，让他发挥其所长。不仅腾出了位置，也是对调出干部的一种关怀。原来有不少这样的实例，不适应调研工作的干部被安排出去以后，其业绩显著、升迁很快。这说明人才是定向的，万能的人才世界上是没有的。这项工作须与组织部门积极沟通。3. 对现有干部进行再培训。针对具体专业、具体的人定向培训。在明确专业的基础上采取定点、定时、定人的方式，使之尽快成为复合型人才。

三、人才的再培养

人才的再培养，也应从寻觅人才的选人阶段开始。要抱着求贤若渴的心态去选择人才。连封建社会的皇帝朱元璋都知道“礼贤下士、唯才是尊”，我们今天也应“不问其出身之本末”才对。遴选人才虽然有标准，但不能苛人过细，不能求全择用。这样，才能拓宽“才”路，才能选进好的苗子、好的坯子，力求达到招揽天下英才为我所用的效果。

至今，社会上还没有针对调研需要的人才学校，也很少有完全符合要求的现成人才。虽然一些大专院校开设了调查研究的课程，也写了一些很好的教材，但并未将其纳入重点学科，未以调查研究为专业内容进行过实习锻炼，没有与用人单位、与社会深入接触的机会，这是非常遗憾的事情。大专院校有责任、有义务为特定部门培养人才，定期选派品学兼优的学生到党政机关或用人单位实习。党政机关和企事业单位也应主动与大专院校取得联系，推进人才供需的互动关系。

调研机构的人才，历年来都通过以下几个管道选调：一些企业单位、大专院校教师、科研系统、新闻系统等。当他们一迈入党政机关的大门就是换了门庭、改了行业，虽然与原单位只有“盈盈一水间”却“犹隔一座山”。不论他们从事过调查研究与否，多数人刚来时感到他们原来的优势未能得到很好地发挥。为什么？因为工作环境变了、工作性质变了、工作习惯变了、工作标准变了。同人异户，与以前截然不同了。此一时、彼一时，尺有所短、寸有所长。这说明原来的知识和工作的方式方法都需要调整或更新了。本书作者也是从企业调上来的，也经历了这个阶段。非党政机关系列的人才与党政机关系列人才在各方面都有一定的差别。比如，企业人才习惯于微观思考、习惯于处理具体事务，而政府调研是宏观思考，如何制定大政方针；大专院校人才习惯于课堂授课，面对天真烂漫的学生，而党政机关调研必须深入丰富多彩的社会、面对错综复杂的各种人群；理论界的人才可以坐在屋子里研究一个理论问题，而政府调研必须到社会去，用若干个不同学科的理论去认识社会、解决社会问题；新闻界人才到调查现场只是取得消息公开披露，而党政机关调研必须揭示出事物的本质，还要制订政策的整改方案；等等。任何人才都会受到本系统、本单位、本专业的局限，其思维和行为很难一下子超越这个范畴。每个单位有每个单位的习惯和特征，政府有政府的习惯和特征。这就形成了“一街之隔不同风、一弄之隔不同俗”的状况。这些非政府部门的人才之间不论差异有多大，他们都有与政府调研员相差别的共同点，即工作的事务性、行为的松散性、专业的单一性和利益的本位性；而政府调研员的标准是，工作的政策性、行为的纪律性、专业的复合性和利益的社会性。改变观念、扭转习惯不是一蹴而就的，提高原来的专业水平，掌握新的专业知识也不是一朝一夕而成的，都要经历一个较长的过程。所以，对调研员进行再培养是必需的。这是一项快出人才、出好人才，快出成果、出好成果的战略措施。

人才培训可以采取多种管道、多种方式，不过要处理好工作与培训的关系。不能以人手少、任务重为由而忽视人才的再培训，中国民间有句成语叫“磨刀不误砍柴工”，其道理就是“工欲善其事，必先利其器”。机构订出的总体培训计划和培训方案，要落实到人头上。每个人都有一定的长处和不足。所以，每个人都需要接受再培训、授之己学，每个人也都有责任培训他人、授之他学。办法是由个人提出在哪个方面接受再培训、在哪个方面可以培训别人的申请，再由单位汇总后统一安排。这样，“求者为徒，能者为师”就会蔚然成风。

（一）建立“师徒”关系

以“老”带小或以“老”带新。对“初出茅庐”或“乳臭未干”的有望青年责成专人言传身教、耳濡目染，带到“一线”陪护调查或放到“一线”搞计划外课题调查。调查前和撰写调研报告前作原则性指导，调查后和撰写调研报告后作具体指导。经过几个周期的“摔打”会大有长进，也会很快地成熟起来；对于有知识无经验的“书呆子”，更要将其放到基层带职锻炼，“摔打”个一年半载再调回来，人的精神面貌就会发生变化。

（二）一对一互带

以己之短取他人之长，或以己之长补他人之短，这样就把所有的人才的智慧和知识都开发出来了，也能使全员干部的总体知识水平得到提高。

（三）讲座方式

针对多数人共同存在的知识缺欠或不足，集中起来组织专题讲座。比如，对于缺乏基层经验的人，下去调研时经常会碰到一些措手不及的情况，或者如何自然地进入调研现场、营造出良好的调研气氛，这个开端是比较艰难的，也是非常重要的，因为它直接关系到调研的成败；再比如，撰写调研报告过程中出现的一些“通病”，都需要通过专题讲座形式予以纠正。

（四）走出去或请进来培训

走出去的是个人求教，请进来的是集体受教。走出去的人是接受业余培训或脱产短期培训；请进来的是专家、学者、教授进行现场授课辅导。

（五）统稿过程和文稿评审过程的间接培训

这是一种自然过程的补充培训方式。关于培训计划，应采取自己申报与单位安排、自主搭配与组织调整相结合的方式。培训方式应根据本机构承担的任务性质、任务量的大小以及现有人员的知识结构、实际能力灵活地选用，不限于上述的几种方式。从调研机构多年的用人实践看，选调一个成熟的调研员是一个很难的事情，凡是调进的人才几乎都经历了锻炼的过程才能成熟起来。据中央专业调研部门从事几十年调研工作的一些老前辈们讲，选调基础比较好的苗子进来也须6—8年的培训期才能成熟。不过，也不一定成熟。成熟的标准是什么？有四条，即：能敏锐地、准确地发现涉及社会具有普遍意义的重大问题；能独立地开展调研活动或能组织调研团队科学而有序地开展调研活动；能揭示出调研对象的本质，准确地找出事情产生的原因和预测出发展趋势，并能提出有效可行的改进措施；能撰写出立得住的调研报告。

四、稳定人才队伍

稳定人才队伍是工作的有力保障。否则，机构内的一切管理都无从谈起。“身在曹营心在汉”的人，轻者工作消极，遇事漠然处之，敷衍了事；重者闹情绪，遇事攀比，工作挑肥拣瘦，摆老资格。一个机构内若有这么极少的几个不安心工作的人也是十分有害的。这不仅影响管理机制的有效运行，也是使集体涣散、松懈的腐蚀剂。

调研干部，他们都是属于有职无权或无职无权的一个政府群体，他们的正常工作始终处在一个劳于筋骨、疲于脑力、耗于心力的状态。有人把他们的劳苦概括出几句戏言:“熬红了眼睛，憋黄了尿，耗尽了心血，烧坏了灯泡。”应该说，决策咨询型调研员的素质都很高，他们有理论、有经验、有研究能力、有写作能力，如果派出去任一个地区或一个部门的实职也是够格的。这些人也容易引起其他部门的兴趣。如果在本单位不被重视，久而久之就可能动摇了，不安心工作了。从以前几十年的经验看，在一个单位内大凡不安心工作的基本上都是工作能力强而又不被重视的人。凡有少数骨干分子不安心工作的单位，大概都存在以下几种弊端：

一是工作累、待遇低；二是干部使用上不公正，好的不好、差的不差；三是个人进一步发展的空间小，或者能力受到压抑，正确的理论观点或政治观点得不到发挥。这种不良的后果多数是单位管理落后造成的。这样的单位也都往往建立在长官的意志上，凭个人嗜好进行管理。一个单位一般都存在这么四种人：一种是开拓进取、不满足于现状的先进分子。这是一股有希望的力量。大凡这种人都敢说敢言、敢于发表或坚持正确的意见。第二种是踏踏实实、埋头苦干的中坚分子。这是一股重要的基础力量。第三种是抱残守缺、蹈袭覆辙的人。不求有功、但求无过；大事干不了、小事认真干。有他也行、没他也可。这种人大有滥竽充数之嫌。第四种就是嫉贤妒能之辈。这种人有个恶习，就是谁要做点工作或者有了点成绩，他就会无所不用其极地找出点“毛病”，然后把白的说成黑的、把黑的又说成白的，把小的说成大的，把大的说成小的,行诽谤诋毁之道和造谣生事之风。大凡这种人都有一个共同的特点，那就是本人无什么能事却有溜须拍马之天赋。如果一个单位的负责人对这种状况熟视无睹，不闻不问，甚至还认为这种人“打小报告”是交心，是信息灵通的好人，反而认为第一种人不成熟、异想天开，是刺头，那么，这个单位就成为“谗人高张，贤士无名”的一锅糊涂粥，真是蝇粪点玉、辱门败户了。时间不会很久，“先进分子”想走，“中坚分子”动摇，这将成为不争的事实。如何才能稳定人才队伍呢？应采取以下六项措施：

（一）公开、公正、公平使用人才

要转变用人的陈腐观念和陈规陋习，根除论资历、论年龄、论性别的世俗偏见。在重视政治修养的同时，坚持生产力标准。不要“求全择用”，要看大体、看主流、看本质，重大成容小疵。用人之前先了解每个人才的专业、能力和思想，知人才能善任。按每个人之所长，予每个人之所职，才能各有所施。要做到人尽其才、才尽其用。

（二）扫除一切障碍，为科学使用人才创造条件

首先，将两种人安排出去；其次进行内部调整；再次选调新人进来。两种人是前边所说的第三种和第四种人，采取自寻出路和组织安排相结合的方式。淘汰干部难度很大，一是本人不情愿，二是接收单位难找，只好放到政府的一些辅助部门。安排这些人的工作，也要出于关心和爱护，寻找适合于他们特点的工作岗位。由于改变了环境，也可能有发挥他们特长的机会，做出业绩来；还可能使他们如梦初醒，一反常态而变为正人君子。机构临时性的减肥瘦身，腾出位置，如释重负。这是“彰善瘅恶，树立风声”和“进贤退不肖”的举措。腾出位置后，以内部现有的成员弥补空缺。原来未能得到正常使用的人才可以派上用场，调动了这一部分人的积极性，进而再从外部选调复合型人才进来。

（三）定期向外输送人才

任何单位对于成熟的人才、使用顺手的人才都舍不得放行，这是理所当然的。人才不是哪个单位的私有财富，他是全党、全社会的共同财富。我们都应该从全局考虑，抱着对党对社会负责的态度，忍痛割爱，毅然决然地有计划、有步骤、有针对性地把人才派到某个地区、某个部门去任实职。一方面满足了用人单位的人才需要，另一方面也为人才的继续成长创造了锻炼机会。这样，保留在本机构继续工作的人才也有了盼头、有了希望。“户枢不蠹、流水不腐”才能始终保持一个单位的活力。

（四）营造一个民主讨论问题的环境

调研机构虽然不是学术部门，但它毕竟是一个社会调查的研究部门。作为研究部门，设立一个讨论平台，将讨论制度化是十分必要的。根据

调研机构的工作总节拍的不均衡性，讨论活动可以不定期举办。忙时每月举办一次，不忙时每1—2周举办一次。由综合部门或各部门轮流主持讨论会。讨论的内容是，围绕认识社会的理论问题、社会的现实问题、现行政策问题和调研的方式方法问题等。讨论课题由下一次讨论会的主持部门提出。针对当前的热点问题拟定讨论题目，题目发给大家作准备。讨论会的意义在于，一是可以统一认识、统一思想，增进相互了解、增进友谊；二是大家有发表意见的平台，可以一吐为快地阐述自己的新观点，做到人人心情舒畅；三是使讨论平台成为每个人思想生活中不可缺少的一部分。

（五）确立技术权威

技术权威包括经验型权威、理论型权威、研究型权威和写作型权威。权威具备两个条件：一个是在上述四种知识中，具备一种以上无可争议的权威性；再一个是具有良好的政治修养。确立权威性人才的意义就是确立带头人、确立标杆。权威人才能影响一批人、团结一批人、带动一批人、培养一批人。权威不是树的，应该是自然形成的，但我们要承认他、要确立他。有权威就要“定于一尊”。在知识上大家尊重权威，在工作上“权威”指导大家。双方其乐融融，何其相映成趣之乃尔！

（六）提高政治待遇

一个专职的调研员，他们白天深入社会调研，夜晚伏案疾书，呕心沥血，默默无闻地工作。应该说，党政机关或企事业单位的这个群体能人辈出，都是一些高素质的人才。若论其才、论其能、论其劳，均应授其职。虚职的行政级别应不受限制或放宽限制。类似于军队中的将校级科学家、教授、工程师、医生或文艺工作者。这是对调研员的一种安慰，也是稳定人才队伍的一项有力措施。

调研机构在人才管理上总的战略措施是：安排第三种人、清除第四种人，以稳如磐石的第二种人为基础，以第一种人在理论和实践上的突破为先导，带动整个机构向新的阶梯一步一步地向上跨进！

第五节　处理好调研机构的几种关系

搞好调研机构工作的标准是什么呢？现在有必要界定清楚。对于这个标准我们归纳出十句话、八十字令，即：服务大局，把握大局；围绕中心，选准课题；与时俱进，逢时选题；超前预测，兴利除弊；开拓创新，逐步升级；提高理论，培训学习；积累经验，增强能力；运筹大业，百姓受益；调研成果，转化纲纪；决策咨询，上下满意。同时，还应做到敢想而不盲目空想、创新而不猎奇、开拓而不漫无边际、超前而不脱离实际。

如何搞好决策咨询型调研机构的工作呢？本书作者认为，应处理好两种矛盾和四种关系。两种矛盾是：调研主体和调研客体之间的供需矛盾、调研主体对上级领导的供需矛盾。四种关系，即：在党政机关内调研机构与同级政府决策班子和主要领导人的关系；调研机构与其内部各部门之间的关系；调研机构内部各部门之间的关系；单位与个人的关系。这两种矛盾和四种关系能否处理好，是决定能否搞好行政决策调研机构的关键。

一、处理好调研机构与决策班子和主要领导人的关系

这种关系的核心内容就是，调研机构的决策咨询要服务到位，配合得力。应做到以下四点：1. 选准课题，逢时选题，选择决策班子或主要领导人关注的课题、亟待解决的问题或尚未意识到的重大问题等；2. 起草的各种文稿不拖拉，并能体现领导者的意涵，使之感到满意；3. 陪同领导人调查、视察、考察、走访、出席会议或其他外出活动也要得力；4. 调研机构内各部门和工作人员团结和谐，不因非工作因素干扰主管领导的正常工作。

二、处理好调研机构与同级各部门之间的关系

调研机构与其同级各部门之间的关系，其实就是局部与整体的关系。只有局部与整体的工作节拍协调一致，调研机构的机制才能均衡而快速地运行，调研才能发挥更大的作用。要想保持整体内工作节拍的协调一致，应做到以下三点：

1. 获得同级单位其他部门的业务支持，因为他们最了解自己所属领域或行业的情况，便于调研活动的开展。

2. 了解同级单位其他专业部门的工作计划、战略部署和工作进度，便于选题，选准课题。

3. 与全局件的工作总节拍保持一致，提供的决策服务会更接近主要领导人的意图，使之上下关系、纵横关系融洽贯通，将局部融入全局内。

三、处理好调研机构内部的关系

调研机构内部有三种主要关系：

一种是专职调研部门之间的关系。专职调研部门之间的关系，主要是调研内容的协调和调研信息的交换关系。比如，甲部门调研的工业课题内容涉及乙部门调研的农业课题内容，或者说工业对农业原料的需求或农业对工业产品的需求，同时还涉及财政、金融、税收政策等，反之亦然。任何一个调研课题的内容几乎都包含有另一个调研课题的内容，不同调研课题的内容相互兼容是普遍存在的。通过相互交换各自需要的信息和资料，可以避免重复调研，还可以缩短调研周期、降低调研成本。

一种是专职调研部门与非专职辅助部门之间的关系。专职调研部门与非专职的辅助调研部门之间的关系，主要是工作配合的关系。专职调研部门依据自己的工作需要，由非专职的辅助调研部门负责解决，非专职辅助调研部门根据专职调研部门的课题内容和文稿的需要，做好后勤保障，提供调研需要的硬件、理论根据、理论数据及其他参考资料等。

一种是调研力量在各部门之间的分配关系。要符合各部门的工作性

质和工作任务，遵循以下三项原则：一是课题内容与各部门所承担的调研专业相符；二是人力配备与各部门所承担的任务量相符；三是抽调的计划外临时工作需要或处理突发事件需要的机动人力，与各部门的承受能力相符。

作为一个相对独立的调研机构既要考虑“面”上工作的同时，还要考虑日常管理工作中的一些具体问题：一个是如何使局部工作与全局性的总体工作保持均衡而协调地运行，使之与机构整体的工作总节拍保持一致。再一个是如何把机构内各部门的积极性调动起来，不能因为各种原因造成的工作拖拉而影响工作总节拍的运行。只要做到以上几点，就能保持局部与整体均衡而快速地运行。

四、处理好单位与个人的关系

单位与个人的关系主要表现在三个方面：1. 政治待遇。包括使用、定级、提拔以及阅览文件档案、参加政治活动方面的待遇，要公正和公平。什么才算是公正和公平呢？是不是按人头平均对待就是公正和公平了呢？不是的，要在考虑“面”上的同时把各部门每个人的工作业绩和贡献作为主要条件。2. 工作待遇。包括课题分配、文稿分配，绩效审评，工作量的确定、难易程度，办公硬件分配等等。3. 福利待遇。包括工资、奖金、补贴以及其他方面福利待遇等。在落实上述三种待遇时，一定要公开、公正、公平，对所有工作人员都要严格执行一个标准、一种认定。在使用干部时，不但要“量才”使用、“量能”使用、“量力”使用，还应使“能者受用、受尊、受奖”。在确定行政级别或提拔使用时，对德、才、能、劳、效等进行综合考虑。如何考核干部的政治素养和工作绩效呢？就是要通过建立健全的运行机制，其中包括工作运行机制、激励机制、培训机制和综合考核记分机制等措施，来实现考核的目的。

第六章　如何选题

调研课题，就是调研内容的标志。任何调研活动都是针对某一特定的社会问题，都有一个明确的方向、内容和目的。比如，学术界的调研方向是理论问题，在理论范畴内选题，其内容是科学法则和理论公式，目的是验证科学法则和理论公式，为决策咨询调研活动提供理论武器；而决策咨询型调研的方向是人类社会，在社会范畴内选题，其内容是社会现象和社会问题，目的是为社会安定团结、促进社会生产力发展提供决策依据。不论是学术界的调研活动，还是决策咨询型的调研活动，它们的调研方向、内容和目的，均由选择的课题来体现。

本章论述的决策咨询型调查研究的选题，包括选题的意义、选题的方法、选题的类型和选题的内容。

第一节　选题的意义

选题，就是选择调研的方向、调研的内容和明确调研的目的。不选题，一切调研活动都不可能发生。

选题，不是随意的茫然的行为，而是前期的经验与现实的理论相结合形成的结果。如果选错了题，就意味着选错了调研的方向、调研的内容和偏离了调研的目的。在这种前提下的调研活动就会一错再错，一错到底。也就是说，调研伊始就是失败的。

选题的直接意义是，它是调研活动的前提和基础，关系到调研活动全过程的成败。所以，这是一个非常重要的环节。选题的间接意义是，由于决策咨询型调研活动是为决策提供政策依据、为决策服务的，只有选准了课题才能满足于决策咨询的需要，否则就失去了它应有的意义。李瑞环针对那种选题不从实际出发的现象时说："现在，很多有学问，有才华的人关在研究单位和大学里研究，课题从书本里找，材料从报刊中凑，自圆其说，写几篇文章在报刊发表，就算有了成绩了。"他又说："而大量的现实问题却无人去研究。我们的理论研究落后于实践与这种研究方式有很大关系。"（《学哲学，用哲学》上册第 44 页）决策的需要就是选题针对的方向、内容和目的。那么，决策咨询有哪些需要呢？有以下几个方面：

一是制定新政策的需要；

二是验证已有的政策或正在执行中的政策的需要；

三是对某一政策的修正、补充和完善的需要；

四是典型经验推广和普及的需要；

五是发现或纠正社会管理缺欠的需要；

六是编制计划、制定规划或宏观调控的需要；

七是评估社会工作效果和评估经济形势的需要；

八是预测社会发展趋势和市场趋势的需要。

等等。

选题，是为了准确地了解社会现象、发现社会问题，以便于制定符合社会发展的政策和规定。总起来说，就是为了发展社会生产力、为了协调社会秩序、为了营造经济繁荣、社会安宁的生活环境。

课题，既然是了解社会内容的标识，那它也就是对行政需要解决的某一社会问题进行摸底调研的指南，它确定了调研的方向、调研的内容和明确了调研的目的。比如《政策研究与决策咨询——国务院研究室调研成果选》(2006年版)一书中的《关于吉林省农业产业化经营取得新进展的调查》一文(国务院李炳坤)。这个课题的"大方向"是"农业"，"小方向"是"农产品玉米的深加工",其"内容"是玉米加工成化工醇、化工纤维、化工塑胶,"目的"是在粮食高产区或粮食富余地区推广经验，增加粮食的附加值，提高农业经济效益。选题的方向、选题的内容都是为选题的目的服务的。选题的目的就是选题的意义所在。只有情况摸清了，课题选准了，也才能实现为决策服务的第一步。所有的调研活动，都是从这个环节开始，又从这个环节展开的。欲行千里始于足下，出征时必须从两足开始，步子不但要迈得扎实，还要选准前进的方向才能到达目的地。调研选题，就是处在"始于足下"的起始阶段。所以，有些学者认为调研活动只要选准了课题，就等于完成了一半的调研工作，不是没有道理的。否则，就有可能出现"差之毫厘，谬以千里"的偏差。如果选错了课题，调研活动无论组织得多么严密，进展得多么顺利，其最终结果也可能前功尽弃。假如，当前的经济问题是投资过热，容易引起通货膨胀。可是，选题时看不到这一点，而选择了产业结构调整。这样，在大方向的经济领域一致的情况下，小方向却选错了，就使得调研内容错位了，目的被扭曲了。调研后尽管产业结构了解得清清楚楚，提出的对策建议也非常贴切可行，可是与经济过热的根源仍不沾边际，需要解决的问题得不到解决。

有人提出了选题和调研活动“创新”的话题，这是指选题方法和调研方法的创新，是正确的。但不能在调研客体存在的社会现象、社会问题上去“创新”。因为调研客体对调研主体来说它是固有的自然形态，是不以调研主体的意志为转移的,既不能“创新”,也不能“发明”和“创造”。

选题，既是重要的也是有难度的。说它重要，主要是它决定调研活动的全过程；说它有难度，是因为它是在纷繁复杂、瞬息万变的社会现象中要选准行政决策需要的课题。社会内容丰富多彩，社会关系盘根错节，社会矛盾错综复杂，需要了解的情况随处可见，需要解决的问题随时都有，不可能都是我们选择的课题。那么，通过什么方式选择课题才能符合客观实际呢？或者说如何选题才能做到恰如其分呢？就是切时的、切弊的、切需的、切用的或切望的。这就涉及选题的方法了。

第二节　选题的方法

选题应做到三个“围绕”，即：围绕党中央、国务院的中心工作；围绕本单位自身决策的需要；围绕客观实际暴露的或潜在的社会问题。如果不了解三个“围绕”的内涵，就谈不上选题的问题。怎样体现三个“围绕”呢？要用三个“一致”来体现，即：与国家大政方针保持一致；与本国、本地区的行政需要保持一致；与社会的客观实际保持一致。怎样保障这三个“一致”呢？就是要跟踪学习和领会中央文件、国家政策、会议决议或领导人的讲话精神，预测市场的发展趋势，并将其变为自己的行为指南；还要了解本行政区领导机关的决策班子或主要领导人的工作意图和需要；要对调研涉及地区的社会状况有个深入系统的了解。

选题要用望远镜和放大镜去观察社会，要站在全局的战略高度、站在一把手的立场上，与决策人调换位置去思考社会、与群众调换位置去体验社会。其实质就是深入基层、深入群众，把自己作为基层的一员、群众中的一员。通过这种一上一下的思考和体验的方式，把政府决策与广大群众融为一体，把自身行为与社会需要融为一体。这时，调研员不仅能体会到自己担负的责任和任务有多么重要，还会了解到群众之所需、之所盼，领导之所想、之所急，要选择的课题恐怕就呈现在我们的面前了。所以，选题就是要寻找决策需要解决的社会问题。怎样寻找决策需要解决的社会问题呢？从两个方面着手：一个方面是已经暴露出来的问题；再一个是仍然潜藏于社会之中的问题。前者需要搜寻，搜寻过程也就是调查过程。解决问题需要调查，发现问题也需要调查。搜寻获得的信息资料要进行分析、判断、提炼、筛选，最后确定调研课题。后者通过"面"上的蛛丝马迹再顺藤摸瓜，开采"地下"的、"背后"的和"深层次"的情况。因为任何事物都不是孤立的，都与它周围的环境有这样或那样的依存关系，对这些依存关系有个初步的了解就可以选题了。选题的方向、内容和目的要清晰。大方向要明确，小方向要准确，内容要集中，重心要突出，主题和目的要专一。课题的内容、性质和程度要有预期的标准。选题还有大、小之分。有人提出"大题小做"或"小题大做"的概念。什么是大题和小题呢？大题就是全局性的重大社会内容的课题，它能直接影响国家利益、社会形势和全民行为。比如，政治体制改革、经济体制改革等。大题怎么小作呢？毛泽东告诉我们要解剖"麻雀"。解剖几个"麻雀"后再以"点"看"面"，以"点"看"面"不是以"点"代"面"、以"点"做结论，应该以点推断全面。小题可能是发生在一个地区、一个单位甚至一个人身边的小事。为什么要大作？因为小题也可能潜藏着大的社会背景，具有普遍的社会意义。什么是大的社会背景呢？就是事物牵扯的面大、牵扯的问题复杂。怎么大作？不是倾巢出动、不是"马拉松"式的调研、不必惊动四邻不安，而是把思想放开，深挖潜藏的社会问题，联系历史、联系全局，从事物的内在联系找出它的规律性。这时选题的方向就明确了。毛泽东说："我们要从国内外、省内外、县内外、区内外的实际情况出发，从其中引出其固有的而不是臆造的规律性，即找出周围事物的内在联系，作为我们行动的向导。"选题时要切时、切弊、切需、切用和切望。这话怎么说呢？现在，我们结合不同的应用特征，分别说明切时、切弊、切需、切用和切望的含义（以《政策研究与决策咨询——国务院研究室调研成果选》的课题为例）。

一、切时

切时就是逢时。因为政策的时效性很强，选题必须具有现实性，要抓住时机选题。任何一个政策和规定，都有它的周期。一般情况下分为超前期、发生期和滞后期。选题的时段应该确定在"超前期"之后"发生期"之前。对于正在执行中的政策或规定，在产生不利因素之前或之初就应选出课题则是切时的。总起来说，就是"切"客观形势、"切"当前所需、"切"亟待解决的问题。过早选题其客观内容的社会特征可能还未充分地表现出来，领导不易接受；过晚选题的内容，已经变得陈旧，提出的对策建议其寿命也可能是短暂的，甚至是失效的。时机不到或已错过时机的选题，时空错位了，时机未到或已经时过境迁，就失去了应有的意义了。只有抓住时机选题，抓住形势的需要选题，抓住领导关注的时机，选择的课题才会抓得准、立得住。比如"关于非典对我区经济影响的调研""关于全面加强农民工培训的建议""部分行业产能过剩的基本情况和政策建议"等，都是切时的课题。非典预防、农民工培训和产能过剩的选题就是切时的。

二、切弊

切弊就是针对社会某个方面的主要矛盾和矛盾的主要方面选题。"切弊"选题的特征是针对性强，切中要害。比如"当前一些乡镇增收的错误做法应予纠正""私营企业税后'三项支出'庞大值得高度重视""迁安市是怎么解决农民看病难、看病贵的问题的""加强矿业权市场建设势在必行"等，以及行业的不正之风都属于切弊课题。

三、切需

切需是正常的需要或急切需要解决的社会问题，也可能是重点问题、难点问题、热点问题、焦点问题或疑点问题。

（一）重点问题

重点问题一般是反映综合性社会内容的课题或能影响整个区域、整个行业内容的问题。比如，“对实现今后20年经济发展目标的分析”“当前经济形势和宏观调控问题”“中央加强宏观调控决策和实施过程”“立足当前，着眼长远，努力解决经济发展中的矛盾和问题”“提高我国在国际产业转移中的位势和竞争力”“我国在全球投资中地位的重要变化及应对考虑”“2005年经济形势分析和2006年经济工作建议”“相关行业优惠政策执行的效果、问题及建议”“关于经营性划拨国有土地使用权实施租赁的调研报告”等。这些调研成果付诸实施，对整个区域、整个行业会产生直接的影响。

（二）难点问题

顾名思义难点问题就是难以解决的问题。矛盾成堆，积重难返。或面对的应该解决而限于财力、物力、技术或传统观念的制约又一时难以解决的社会问题。针对这种调研客体确定的课题就是难点问题。比如“农村宗教势力的影响不容忽视”“推进循环经济 治理‘白色污染’”“开展小流域综合治理防止石漠化扩张”“关于进一步加强天津水务管理的研究”“破解农村违法建设难题”“稳定市场价格 防范通货膨胀”“如何妥善解决东北老工业基地厂办大集体问题”“关于我国水危机治理的建议”“县乡政府机构改革中的四个难点”“贫困地区发展‘六难’”“如何破解西南山区石漠化治理难题”等。这些课题承载的内容都不是一蹴而就能解决的社会问题。

（三）热点问题

热点问题是社会热议的问题。与广大群众的切身利益息息相关，是群众都感兴趣的社会问题，一时成为社会意识的主流。它涉及面广，对全局有影响。热点问题不一定是“难点”。凡群众想的、盼的、求的、急的都是现实的“热点”。热点问题都是“大事”，都是重点问题。比如，“关于稳定当前粮食市场价格的建议”“对房地产价格的几点看法和相关建议”“一些地方农民工社会保障制度评价”“关于研究确定城市居民‘基本生活需求’的思路和建议”“农村富余劳动力转移之路”等。

（四）焦点问题

焦点问题就是积累的各种矛盾交织在一起，一时难以解决，或者同类的负面问题反复出现，处在量变到质变的关键点上的问题。这类问题矛盾比较集中，针对性很强。比如“坚持遏制房价上涨 有效防止房地产投资规模反弹”“从深化改革找出路、从根本上解决小煤矿问题”“经验来之不易、问题依然突出的五年”“加快北京突发公共卫生事件应急体系建设的对策建议”“国有大型工业企业重组改制的突破”“统筹协调、整合资源、突破农村信息化建设瓶颈制约”及环境污染、食品安全隐患等都属于焦点问题。

（五）疑点问题

疑点问题是一时难以明确或难以确定的问题，处在试验期或观察期内。比如“重视缓解生产资料价格向消费品价格传导压力”“全部免征农业税以后的农村改革任务还相当艰巨”“当前乡村干部和农民群众的喜忧与期盼”以及改革过程中对某项政策的探索，医疗改革、教育改革出现的新问题等也都属于疑点问题。

四、切用

切用就是课题指向的内容都是社会正常需要解决的实际问题，矛盾不突出，情况不紧迫，只反映经验或做法，提出的对策建议也都比较具体可行。比如，“咸安区乡镇机构改革情况调查”“香港完善公共住房体系的经验及对我们的借鉴”“国外房地产市场调控措施和经验”“长阳县创新村干部管理机制取得成效”“用爱心为特困群体撑起一片蓝天”“统筹城乡发展推动县域经济新跨越”“发展特色产业 壮大县域经济”等。这些课题的主张都是可行的，预计能产生一定的社会效果，具有“切”用的意义。如果选择的课题过大而又不是必需的，限于人力、物力、财力和时间难以完成就是不可行的；如果选择的课题涉及国防核心机密、国家特定的政治问题或敏感的技术问题都有专项规定，也不是某一级政府某一部门单独所能决定的，同样是不可行的。这些领域发生的问题都不是我们选择的方向。

五、切望

切望就是科学地预测未来，超前做好预案准备的课题，对问题的解决有一种意愿或期盼。比如，“潜龙在渊 蓄势待发”“关于开发城市地下空间的建议”“促进我国茧丝绸业健康发展的建议”“一个很有创意的农业高新区”“营造有竞争力的投资环境”“加快黄河三角洲开发建设新的经济隆起带”“再造昆明”“留一份清醒留一份睿智”“关于推进郊区‘三个集中’的思考”“关于做大做强贵州茶产业的思考”“‘中宁现象’分析”等。这些课题的思路、建议和分析还是观念上的一种期望，有待具体实施或经实践的检验。

各种不同应用特征的课题，都有一定的兼容性，它们都可能同时具备两种以上的应用特征，这些应用特征因时、因地的不同，同一个课题某一种应用特征就显得更为突出、更为鲜明。归纳各种不同应用特征的课题时，应掌握以下原则：一是具备两种以上应用特征的课题，应以最突出、最鲜明的应用特征进行归类；二是针对社会形势需要的选题，为“切时”型课题；三是针对某一特定社会内容而又符合这一特定社会内容背景的选题，为“切弊”型课题；四是凡以正常的行政决策和符合客观实际的选题，为“切需”型课题；五是凡对策建议是在实施某项措施方案后形成的而又不是针对某种特定的形势需要的选题，为“切用”型课题；六是凡调研课题的对策建议，未曾实行过的或试验性的模式一律视为“切望”型课题。

调研机构不论采取什么方法选题或选择什么类型的课题，归根结底还是应该选择领导之所想、之所急的问题。如何知晓领导之所想、之所急的问题呢？就是要“一问、二摸、三猜、四看、五分析”，问领导之观点、摸领导之脉搏、猜领导之动机、看领导之行为、分析领导之言谈话语。

选题要有程序。选题程序应从组织关系、应用特征和内容性质加以规范。

一是“组织关系”的选题程序。要发挥调研机构方方面面的积极性和智慧，层层选题、上下选题、分级选题。采取组织与个人相结合、集中与分散相结合、大课题与小课题相结合、评估与筛选相结合的方式，先选上级交办的或领导关注的课题，后选自定的课题。

二是“应用特征”的选题程序。社会纷繁变换的现象诸多、错综复杂的矛盾诸多、需要解决的问题诸多，面对这种情况选题应遵循以下程序，即：先选重要的应急性的课题，后选次要的可缓性的课题；先选负面性的课题，后选正面性的课题；先选“面”上的课题，后选“点”上的课题；先选热点课题，后选焦点课题，再选重点课题；先选疑点课题，后选难点课题；先选暴露的课题，后选潜在性的课题；等等。

三是“内容性质”的选题程序。要把点子盯在四个方面的内容上，即：盯在与群众利益息息相关的社会问题上；盯在宏观经济运行中的矛盾问题上；盯在创造性的积极因素或陈腐性的消极因素的社会根源问题上；盯在安定团结的社会问题上。

选题不应主观臆断、不拍脑袋、不凭一时冲动、不凭兴趣和爱好、不凭个人欲望，要尊重客观事实，听取群众意见，深思熟虑、严谨缜密。这是辩证唯物论一贯的认识方法，甚至连孔子亦主张“毋意，毋必，毋固，毋我”。（《论语》子罕第九）其意思是说不要主观臆断，不要绝对肯定，不要固执己见，不要自以为是。这些都是选题时应当重视的思想方法。

第三节　选题的类型

调研课题选定之前，我们根据社会现实问题的不同适应特征，分为切时的、切弊的、切需的、切用的和切望的。进一步说是根据这些不同适应特征的具体表现，又分为重点问题、难点问题、热点问题、焦点问题和疑点问题。在调研课题选定之后，就应按课题的不同适应特征划分类别、授其称谓。否则，在调研活动和相关的工作中相互交流时，就会感到很不方便，甚至会发生一些不必要的麻烦。为什么要辨别课题的类型呢？因为只有明确了课题的类型才能了解课题的本质特征，才能理解课题的内涵，才能掌握课题和运用课题，也才能把握课题的方向、内容和目的。

调研课题有两种含义：一种是指导调研方向的题目；一种是撰写调研报告的标题。两者均可称之为“调研课题”。虽然两者的大方向是一致的，但也不尽相同。前者是调研活动之前选定的，后者是调研活动之后根据调研结果拟定的。前者是调研活动的方向，是后者的前提和基础；而后者是前者的结晶，它部分的或全部的体现着前者的初衷。所以两者是有一定差异的。比如，调研课题“吉林老工业基地改造调查”（吉林省政府调查研究室课题组）这个课题，虽然把调研活动的大方向选定了，但此时还不太清楚吉林老工业基地各方面的具体情况。调研后才发现了技术装备水平落后于上海、武汉等地，存在着工业结构失调、所有制结构不合理、历史包袱沉重等问题。同时，通过对辽宁、黑龙江的了解发现与吉林存在同样的问题。所以，拟定的调研报告大标题是“东北及吉林老工业基地调整与改造研究”。在这里增加了“东北”和“调整”两个含义。

任何调研课题在调研活动结束之前都是一种假设。否则，调研活动就毫无意义了。调研活动结束之后拟定的调研报告的标题，才是现实的调研课题。划分调研课题的类别时，应把调研报告标题的题义与调研报告的文义结合起来。根据调研课题的不同应用特征和调研的目的，我们归纳出以下 8 种基本类型，它们是：透视型、建议型、经验型、借鉴型、探索型、预测型、述评型和引导型。任何调研课题，都不外乎是这 8 种基本类型。当然，在这 8 种基本类型的基础上，还可以派生出其他各种类型。关于各种类型的写作规则和派生关系，将在中卷加以论述。本节只分析各种类型在调研报告中所占的比重，现以国务院研究室编发的调研成果选（《政策研究与决策咨询》2005 年版和 2006 年版一书为例）进行分析。

一、透视型课题

透视型即单一的情况反映型。透视就是把社会现象和社会问题的状态真实地复制出来，有全景式的和局部式的两种，多采取记叙和说明的表达方式，几乎没有分析，没有评论，没有对策建议，没有调研主体的主观意识，它只说明那是什么、怎么样就可以了。透视型的调研报告一般情况是，作为制定战略性的方针、路线或政策的依据，但透视的方法对事物或问题的表达比较细密，它只注重客观性。在上述一书中，仅有几篇调研报告属于透视型，即《吴江市科学扎实推进新农村建设》和《开拓创新，促进经济发展——关于对呼兰区县域工业的调查报告》等，都是以透视手法为主表达的，占的比例很小。这是因为各级政府或企事业单位都着重急于解决当前需要解决的问题。

二、建议型课题

建议型总称为操作型，是决策型调研报告的主体类型，要对调研客体存在的问题提出改进性的对策建议。它的核心内容就是对策建议或整改方案，这既是调研结晶的一个非常重要的组成部分，也是调研活动的落脚点，所以它能成为一种主流课题类型，是极其普遍的课题现象。它是由调研活动的性质决定的。在上述一书的2006年版138个课题中，就有83个建议型课题（其中包括“提示建议型”和“警示建议型”），占比70.2%。建议型还包括“提示操作型”和“警示操作型”，这种类型的特点是，调研主体发现了社会的潜在问题时，通过调研分析后预测未来的发展趋势，可能要出现新的形势，提示或警示决策机关或决策人，以便提前采取措施，使积极因素得以更大地发挥、消极因素根除在萌芽阶段。这种类型的课题也是司空见惯的。提示型和警示型有38个课题，占138个课题的27.54%；占83个建议型课题的45.78%。

建议型调研报告，往往都是承载着近期需要解决的社会重点问题，也是政府或企事业单位决策活动的正常行为。

三、经验型课题

经验型课题是总结前期的实践经验或从前期的做法中了解了这种做法的有效性，以此提出了具体的对策建议的调研课题。经验型课题的对策建议，不是照搬别人现成的模式，而是把别人的经验与本地区的特点相结合的成果。经验型课题也比较普遍，因为任何调研成果的对策建议或所受到的启示都来源于前期的实践经验。这种类型的课题在上述一书中有 30 个，占比 21.74%。

四 、借鉴型课题

借鉴型课题是从国内外或他人的实践经验中受到启发、形成思路、提出解决问题的办法的课题。借鉴型课题与经验型课题具有类似的特征，都是前期的经验。不过，借鉴型课题介绍的经验与经验型课题的区别就在于它必须是外来的，而不是自身实践的成果。这种类型的课题在上述一书中只有 13 个，占比 9.42%。

五、探索型课题

探索型是一种延伸性调研思路的课题。虽然任何调研课题都是一种假设，不过探索型的假设是对现实未来的假设，这种假设亦不是无根据的，它也是经验积累与理论指导相结合的成果。前瞻型的、超前性的、预测性的或探索性的课题，也都是为现实服务的，它可以超越时空但不可以脱离现实。任何课题反映的社会问题都必须是现实的，与现实无关的社会现象和社会问题不在行政决策的选题之列。这是由课题具有鲜明的时代性决定的，与现实存在的事物有不可割裂的内在关系。行政决策也需要探索，是在调研结束后通过对现实问题的了解受到了某种启发，继而对今后事物的发展提出了探索性的思路或措施。比如，《以综合预算改革为核心 全面推进公共财政体制建设——构建“义乌模式”体制基础的有益探索》（国务院丛明）、《葵涌镇积极探索流动人口计生管理新路子》（国务院王晰朋）等。探索型课题不是调研活动的探索，而是试图解决社会矛盾、调整社会管理、改造社会现实的探索。探索型课题在行政决策型调研活动中总是存在的。不过，因为它与现实还有一定的距离，数量很少。这种类型的课题在上述一书中仅有 7 个，占比 5.07%。探索是一种开拓性的行为，是打开新局面的希望。

六、预测型课题

预测型与探索型课题的应用特征是趋同的，都是针对未来的或未知的事情。不过，两者也有明显的差别。预测的是目标，而探索的是实现目标的内容。所以，预测应是探索的前提和基础。衡量一个课题是不是预测型的标准，要看文中的观点、预想、启发等思路，其落脚点是不是放到了未来的某一点上。如果是这样，那么这个课题就可以认为是预测型课题：比如上述一书（2005 年版）的《统筹城乡发展的评价指标体系与阶段性目标》和（2006 年版）《“十一五”时期投资形势优势及政府投资战略》就是预测型课题。这类课题在行政决策型调研领域里极少。这类课题会经常出现在理论类型的调研领域或国民经济计划部门的研究课题中。

七、述评型课题

这种课题一般是以经验 积累为素材或以现实的调研结果为素材，在理论指导下形成的述评内容。述评型课题的应用特征，往往侧重于总结、分析、判断和推理。其内容范畴可能是综合性的或某一方面的，也可能是全局性的或局部性的问题。既分析历史的、现实的，也预测未来的。述评的根据要充分、理论要扎实，还应指出方向、明确观点、阐述原则，提出的对策建议也不是很具体，不一定要求具有操作性，但必须有明确的对与错、美与丑的观点或可遵循的目标，在某种意义上具有引导型课题特征。比如，《2005 年经济形势分析和 2006 年经济工作建议》（国务院宁吉喆）、《关于农民工问题调研后的几点思考》（国务院韩长赋）、《潜龙在渊 蓄势待发》（国务院陈文玲）等。

八、引导型课题

就是对社会改革或社会运动具有指导意义的课题，从这一需要出发，对社会现象和社会问题进行综合性述评，以此启发人们的观念或指导社会行为的趋向。比如毛泽东的《中国社会各阶段的分析》《湖南农民运动考察报告》等。在现实条件下，对本系统、本地区能起到引导意义的课题，如魏礼群的《深化改革开放与落实科学发展观》、邵占维的《宁波21世纪初可持续发展研究》都属于这一类型。

任何课题的调研报告，不外乎都是在前半部分介绍或评论实践的经验教训和具体的做法，而后半部分阐明观点、提出思路或对策建议。由于调研的目的不同，就决定了在介绍或评论调研报告内容时的角度和重心的不同，便形成了不同的调研课题的应用特征。每一种调研课题的应用特征都是由每一次的调研目的决定的。调研目的是调研活动的归宿和落脚点。分析一个调研课题的应用特征即类型，就是要看它的核心是以什么方式去解决什么性质的问题。"解决问题的方式"就决定了这个调研课题的类型。比如，分析社会现象、评论社会问题、阐明思想观点的课题，具有引导性的应用特征；总结或介绍经验教训再提出较为具体的对策建议的课题，具有操作性的应用特征；总结或介绍经验教训再提出存在的或即将发生的问题的课题，具有提示性的应用特征；总结前期的个案经验的课题，具有经验性的应用特征；总结或介绍国内外他人的经验教训的课题，具有借鉴性的应用特征；提出未曾实行过的措施方案的课题，具有探索性的应用特征；指出未来的发展目标或发展趋势的课题，具有预测性的应用特征；指出发展目标和发展趋势必须要有超前的预见性，超前性课题只有与现实性结合起来，超前才有意义、才有可能；分析或评论社会某一方面的社会现象还可能提出一些不太具体的建议的课题，具有述评性的应用特征。述评型课题与引导型课题具有非常相似的应用特征。不过，它们在述评内容的重要程度或社会影响力方面存在着一定的差异。以借鉴型、经验型和述评型应用特征为主的课题，只是着力总结经验与教训、分析社会现象与社会问题、阐述思路与思想观点，虽然也可能提出一些对策建议方面的内容，但都没有转移调研目的的方向。一个课题有可能具备两种以上的应用特征，最后要看哪种应用特征更为突出、更具有紧迫性和现实性。

第四节　选题的内容

选题的内容来源于社会。行政决策型调研选题的内容，来源于行政管理所属的地区或所属的社会业务范畴。

选题内容由三种因素构成，即社会客体、社会范畴和社会机制。

社会客体是社会固有的形态，是调研对象的本体内容。任何事物的内容都是由其内在的诸要素的总和构成的。客体形态是由客体内容决定的，选题的内容就出自这个范畴，以类别划分。

社会范畴是界定客体即调研对象的空间，界定的空间有多大其客体的内容就有多少，它是客体涉及范围和界限。

社会机制是对客体即调研对象的管理模式，是推动客体运动的因素。以什么样的社会制度和管理模式推动客体运动，就会产生什么样的社会现象和社会问题。所以，社会现象和社会问题就产生在这里。

现以《政策研究与决策咨询——国务院研究室调研成果选》（2006年版）系列丛书为例，在“加强和改善宏观调控”这一部分中，共有18个课题，它们是：1.“2005年经济形势分析和2006年经济工作建议”；2.“财政扶贫资金运行效率分析与建议”；3.“部分行业产能过剩的基本情况及政策建议”；4.“日本解决部分行业产能过剩的主要做法及启示”；5.“建立居民收入与经济发展同步增长机制稳定居民消费预期——扩大消费的政策建议”；6.“关于稳定当前粮食市场价格的建议”；7.“对房地产价格的几点看法和相关建议”；8.“坚决遏制房价过快上涨、有效防止房地产投资规模反弹”；9.“韩国稳定住房价格的做法值得借鉴”；10.“香港完善公共住房体系的经验及对我们的借鉴”；11.“国外房地产市场调控的措施和经验”；12.“深刻汲取世界各国房地产泡沫的前车之鉴”；13. “完善农资市场调控和管理的建议”；14. “重视缓解生产资料价格向消费品价格传导压力”；15. “珍惜焦炭资源强化焦炭管理”；16. “国际油价上涨分析及对策”；17. “我国钢铁行业面临的困境及对策研究”；18. “‘十一五’时期投资形势估量及政府投资战略”。

在上述18个课题中，按内容分，都在经济领域，其中房地产6个、综合经济2个、产能过剩2个、钢铁1个、能源2个、投资1个、市场与消费4个，均属于经济领域里的问题。按功能分，有述评、有分析、有建议、有提示，还有经验借鉴和探索性分析。在这里，调研“客体”即调研对象是财经、粮食、房地产、钢铁、焦炭、油料等；界定的“范畴”是经济领域；制约的“机制”是生产、流通、消费和调控；调研的“内容”是经济动态、产能动态、粮食和房地产价格动态、国内外经验等；社会问题是经济增长方式不合理、产业结构不合理、消费滞后于居民收入、粮食和住房价格上涨较快等；对策建议是，采取优化产业结构，工业生产由粗放型、消耗型向节约型、环保型增长方式转变，淘汰落后工艺，扩大内需，扩大出口等措施。这18个课题，在应用过程中体现了课题特征的一个完整的周期，也是一个调研机构的选题模式。

社会问题，或暴露在社会现象中或潜藏在社会现象中，需要我们去发现它、认识它。怎样才能发现它呢？只有调查。怎样认识它呢？也只有研究。就是说，在调查中发现问题，在研究中认识问题并能找出解决问题的办法。这是不断调整社会管理、不断改造社会的前提和基础。课题选择的内容就是围绕这一背景进行的。

什么是选题的客观内容呢？就是在范畴界定的空间存在的社会现象和社会问题，如生产与流通、积累与消费、收入与分配，以及物质生产与文化生产、物质生活与精神生活、政治活动与文化活动等等。在这些范畴内又包含着人口、城市、农村、民族、婚姻、社区、社保、就业、社团、宗教、习俗、治安、土地、资源、工业、农业、商业、财政、金融、税务、工商、司法、建设、交通、环保、科技、文化、教育、卫生、艺术等。这些丰富多彩的事物都不是静止不动的，它们都按着各自不同的特征做着不同的运动，由此形成了不同的社会现象，产生了不同的社会问题。不过，任何领域、任何事物的任何运动形式也都不是无规则的或放任自流的，它们都是在社会机制的制约下，按着一定的规律运动着。社会机制的制约手段是“计划、组织、控制和引导”。这些制约手段体现在法规、条例、规定、政策、制度、纪律方面，起到了调控、宣传、指导、教育、培训、奖励的作用。选题的界定范畴虽然包含着丰富多彩的内容，但社会机制的各种制约手段，唯一的目的不外乎就是调节人与人、人与物、人与社会的关系。我们就是要在这些关系作用下形成的各种社会现象中，寻找要解决的社会矛盾。这就是选题的内容。

为更直接地说明选题内容的三种因素，结合国务院研究室 2006 年选择的课题加以分析。从选题种类、客体内容的界定范畴和制约机制，以及反映的社会现象、社会问题和提出的对策建议中，分析其选题的重心。收录在《政策研究与决策咨询》一书的 138 个课题，说明了国务院研究室于 2006 年为国务院提供决策依据的总体情况。书中把 138 个课题按内容分为 5 大类，即“加强和改善宏观调控”“切实做好‘三农’工作”“推进经济结构调整和增长方式转变 实现可持续发展”“深化体制改革推进对外开放”“加快发展各项社会事业 建设社会主义和谐社会”。从内容的结构比例看，按前后顺序排列分别是：“加强和改善宏观调控”18 个课题，占 13.05%；“切实做好‘三农’工作”39 个课题，占 28.27%；“推进经济结构调整和增长方式转变 实现可持续发展”29 个课题，占 21%；“深化体制改革推进对外开放”24 个课题，占 17.39%；“加快发展各项社会事业 建设社会主义和谐社会”28 个课题，占 20.29%。这种比例关系清楚地表明，国务院研究室的工作重心倾向于“三农”、经济结构调整、转变增长方式和社会事业等问题。

由此可以看出，国务院研究室的选题内容正是遵循了这一精神，想到了国家之所想、之所急。

第七章　概念的操作化

概念的操作化过程是调研活动最重要、最困难的一个环节，具有普遍的意义。说它最重要，是因为没有它调研活动就无从下手，就不可能开展下去；说它最困难，是因为实施操作化的抽象概念，其内涵既丰富多彩又含混不清；说它具有普遍的意义，是因为不论任何人、任何课题、任何目的、任何要求或采用任何方式的调研都离不开它。概念的操作化包含以下几个方面，即：概念的技术处理；概念与变项；概念与假设；指标与变量；概念的操作定义等。

第一节　概念的技术处理

什么是概念的技术处理? 就是对概念的内涵进行分解和界定，再通过外延引申出变项的过程。变项,即调研课题指向的可变异的中心内容。

一、分解和界定概念、引申变项的含义

概念是反映客观事物的思维形式，是从客观对象的诸多属性中抽出具有共同属性后概括而成的。人，不论男女老幼，也不论何种人或从事何种活动，只要生活在世上，只要有思维就离不开概念。比如，张三向李四介绍一个事物，其实，张三就是向李四表达这个事物涵盖的若干个概念，采用什么语词能把概念谈透彻、表达清楚，这是张三希望达到的效果。李四听后根据自己的理解，还要询问一些问题。这说明张三可能未表达清楚概念的含义，也可能李四未理解张三表达的词意，还可能两人对同一概念有不同的理解，通过这种意识交流，达到统一。这些都是围绕概念进行的。所以，概念会时时刻刻伴随着每一个有思维的人度过一生。毛泽东说："社会实践的继续，使人们在实践中引起感觉和印象的东西反复了多次，于是在人们的脑子里生起了一个认识过程中的突变（即飞跃），产生了概念。"又说，概念"抓着了事物的本质，事物的全体，事物的内部联系"。(《毛泽东选集》262 页）列宁也指出："人的

概念并不是不动的，而是永恒运动的，相互转化的，往返流动的；否则，它们就不能反映活生生的生活。”（《列宁全集》38 卷 277 页）由此我们对概念可以得出这样的结论：1. 概念是一切意识形式的交流核心；2. 概念是思维的抽象产物，既然是思维的抽象产物，当然就是抽象的；3. 概念具有不同的抽象层次，必须通过分解和界定才具有操作意义；4. 概念是人们的理性认识；5. 概念在确定的基础上处于动态的变化之中；6. 反映客观事物的概念必须用语词表示出来。

由于概念时刻伴随着人们的一切活动，所以它自然就成为一切调研的对象和核心。说它是调研的对象，不是指表示概念的语词本身，而是指概念所涵盖的内容；说它是调研的核心，是因为伴随调研过程的只有概念，而没有其他的任何形式。既然如此，调研的直接目的就是破译概念所涵盖内容的各种变异情况。要破译概念的各种变异情况，就要根据概念的上述 6 种特征，对概念进行技术处理，即分解和界定概念，然后把概念涵盖的变异成分引申出来，供我们分析、判断和推理，形成调研的结论。因为无论概念的内涵有多少，外延有多大，同一概念所包含的各种变异成分都具有共同的本质属性，反之，出自于同一个概念的各种变异成分又都存在着差异性。所以，被引申出来的变异成分我们则称之为“变项”。对概念的这种技术处理方法，犹如对牛羊的宰杀、切割和剥离，然后将肉块送到厨房烹制后变成盘中餐一样。概念若不经过这种技术处理，仍然像一头头整体的牛羊，无法变成我们现实需要的美餐。

任何调研课题指向的内容都是由命题或词项构成的，而任何词项都是构成简单命题的语词，只有表达概念的语词才是词项，当然任何命题或词项都是概念。有的概念是通过词汇来表达，有的概念是通过词组来表达，比如“中关村高科技产业园”等。所以，对概念的分解、界定和引申，其实就是对调研课题指向内容涉及的概念或命题的分解、界定和引申。没有对概念的分解就不可能有界定，没有界定就不可能有引申，没有引申其变项就会继续埋藏在概念之中，我们就无法找到调研的具体目标。这就是概念在分解、界定和引申过程中技术处理的重要意义。比如，北京的中关村，在没有对其分解、界定和引申时，我们只知道它是一个高科技产业园的区域性概念，对它内在的具体形态无从知晓，只有通过分解才知道“中关村”还有高科技企业、高科技成果，每年创造产值、利税、出口创汇等诸多变项；再通过界定才知道有哪些类型的高科技企业、高科技成果以及各类企业创造的产值、利税和出口创汇等情况。如果把这些变项引申出来成为变量并赋予可以量度的取值标准时，统计后这些变量的数量变异状态就一目了然了。在论述调研理论时，必须使用“变量”这个语词，因为它更接近于量度的要求。“中关村”概念通过分解和界定、引申变量的过程，对其科技发展和经济效益就有条件进行分析、判断和推理，并能得出结论性的定量认识，从而才能达到我们的调研目的。

虽然调研课题指向的内容，所涉及的概念几乎都是抽象的，可是抽象的程度却是不同的。抽象程度越高其综合性就越强，内涵就越丰富，内容就越模糊，外延就越大，就越难以把握，分解的层次相对要多一些，界定的难度相对要大一些；反之，抽象程度越低其综合性就越弱，内涵就越贫乏，内容就越明确，外延就越小，就越容易把握，分解的层次相对要少一些，界定的难度相对要小一些。一般情况，抽象程度高的概念，多反映事物的内在属性以凸显无形的事物性质为特征，比如“社会文化、科学发展观、和谐社会、建设新农村、思想政治工作”等；抽象程度低的概念，多反映事物的外在形象以凸显有形的事物形态为特征，比如“产业工人、GDP值、庆功会、外贸、服饰、轿车”等。抽象程度高的概念难以进行直接的或间接的量度，抽象程度低的概念在没有赋予它一定的取值标准时也不能进行量度，所以对概念的分解、界定和引申等技术处理是概念对调研人员的必然要求。

二、分解和界定概念、引申变项的过程

在分解和界定概念、引申变项之前，应对概念的内涵和外延有个清醒的了解，这对明确概念具有根本性的意义。只有明确了概念，在分解和界定概念、引申变项过程中才能准确地把握每一个环节。概念的内涵是概念的本质属性，它的外延是概念所反映的对象的范围，概念的外延

越大，其内涵就越少，反之外延越小，其内涵的属性就越多。只有了解了概念的这种特征，在对概念进行分解时，才能看清概念的内在结构，通过对概念内在结构的界定才能够看清结构的存在方式以及结构的整体性、层次性和功能性，从而才能看清概念涵盖的各种变项。比如“社会文化”这个高度抽象的概念，它涵盖着现有的物质财富和精神财富。作为社会的意识形态，它反映的是一定的社会政治和经济现象，因为每一种社会都有与之相适应的文化渗透其中，涉及传统、民俗、习惯、观念、语言、文字等等。总之，各种社会意识形态的总和所构成的社会文化，如果不进行分解和界定，就引申不出我们调研实践需要的变项，调研活动就无从入手。

现在，我们以“社会文化”这一概念为例，通过对其分解和界定，再引申出变项这一全过程，看其对概念技术处理的模式。

第一个层次的分解，界定出“中华饮食文化”“建筑文化”“服饰文化”“庆典文化”“武术气功文化”“中医中药文化”“文房四宝文化”“编织刺绣文化”“陶艺炼铸文化”“演艺文化”“佛教文化”“婚丧嫁娶文化”等；第二个层次的分解，将围绕调研课题指向的中心内容，假如是“中华饮食文化”概念，这个概念仍然是抽象的，必须继续分解。本层次的其他文化概念就摈弃不考虑了。“中华饮食文化”概念又可分解出菜肴文化系列、酒文化系列、茶文化系列和面点技艺文化系列等等，这四个系列的概念还是抽象的，还要继续分解下去，这时进入第三个层次的分解：1. 菜肴文化系列，分解和界定出鲁菜、淮扬菜、川菜、粤菜、湘菜、潮州菜、清真菜、药膳菜以及各种风味小吃等上千种。这些菜肴的制作方法有煎、炒、烹、炸、烧、熘、爆、扒、烩、煨、炖、氽、蒸、拌、烤、熏等。其中清真菜系是华人沿袭了伊斯兰教的教规，把阿拉伯饮食文化与中华饮食文化融汇于一起，形成了中华独特的清真饮食文化；药膳菜系是源于中药形成的，已有悠久的历史，传承的专著有《食医心鉴》《食疗本草》《千金食治》《饮膳正要》《救荒本草》《食经》等。药膳不仅能强身健体、延年益寿，对一些疾病也有一定的辅助性疗效。2. 酒文化系列，分解和界定出白酒、黄酒、米酒、水果酒、啤酒等，其中白酒构成了酒文化的主流，具有舒筋活血、消愁解闷和促进社会交往的功效。人们常说无酒不成席，从古至今，也常常有人以酒吟诗作画、谈长论短、说古道今。可见，酒文化的社会影响还是深远的。啤酒是外来酒种。从白酒的制作工艺上分，有蒸馏酒、发酵酒和配制酒（勾兑）；从酒的原料品味上分有酱香型、浓香型、清香型、米香型和兼香型；从酒引发的社会现象上分有酒德、酒席、酒会、酒帘、酒俗、酒具和药酒等文化形态。3.茶文化系列，分解和界定出绿茶、红茶、花茶、青茶等，其产品品种多达上百种，具有明目清肺、生津解渴、兴奋大脑的功效，也是制药的原料之一。茶派生的茶制品也很多，有茶饼、茶油、茶蛋、奶茶、茶具等；因茶引发的社会现象有茶社、茶庄、茶道、茶仪、茶礼、茶会以及早茶、晚茶等文化形态。茶能给人以乐趣、以友谊、以情操、以平静、以高雅，真是"情深楼庭细品茶，馨香浓郁味无涯。若问茶香飘何处？山南海北系万家"，其社会影响也是深远的。4.面点技艺文化系列，其内容也是丰富多彩的，为节省篇幅起见不作具体介绍了。请读者凭借自己的生活经验去思考吧。

通过对"社会文化"概念两个层次的分解，界定出菜肴文化系列、酒文化系列、茶文化系列和面点技艺文化系列等四个系列的变项，继而又通过前三个文化系列概念进行第三个层次的分解，各自又界定出诸多个具有赋予取值标准条件的具体变项，至此无须再继续分解下去了。比如，酒文化系列的取值标准是，各种酒的原料消耗（吨）、酒品种的构成（%）；茶文化系列的取值标准是，茶园占地面积（亩）、酒和茶年产量（吨）、产值（万元）、利税（万元）、占本地利税总额百分比（%）、出口量（吨）、出口国家（个）、创汇（万美元）、就业人口（万人）等等。菜肴文化系列赋予取值标准比较困难，因为各种菜系分布在全国各地，只能在各种菜系比较集中的地区抽样调查。

由此使我们联想到，在日常工作中特别是调研活动中，经常挂在口头上的一句话"深层次的问题"，其实就是埋藏在概念或命题深处的问题。至于"深"到什么程度？有什么标准？恐怕就很少有人考虑了。现在我们通过对概念或命题的分解和界定，可以把"深层次的问题"说清楚，那就是概念或命题分解到哪个层次，就界定出哪个层次的问题，这就是那个层次的深度标准。

三、分解和界定概念、引申变项应遵循的八原则

分解和界定概念，是一项严肃认真的工作，因为分解和界定概念是调研过程的初始阶段，犹如建筑高楼大厦时的地基一样。当概念或命题摆在面前时，你对它的内涵了解到什么程度？是否全面？辨认得是否准确？表面的了解或部分的了解都不行，必须准确地全面地深入地了解才可以进行实际操作。

（一）辨明概念的内涵

比如“可持续发展”这个抽象概念，不同历史时期、不同国家或不同的人有不同的理解。资本主义初期和部分发展中国家，曾盲目地把它理解为单纯的经济持续增长，从而忽视了人口膨胀、资源浪费、环境污染、贫富不均、社会动荡等问题。若从科学的角度去理解，这是一个涉及社会方方面面的概念，正确的理解应该是在法制建设完善、坚持科学发展观、建设和谐社会、人口适度控制、资源合理利用、消除环境污染、社会分配相对均等、国民收入增加、人均收入增加的环境中坚持“可持续发展”方式，它是自然、经济、科学和社会管理相协调的概念。这是因为对同一概念的不同理解会造成两种截然不同的结果。再如，“技术发明”与“技术创新”这两个含义不同的概念就容易混淆。前者指的是发明创造出前所未有的新工艺、新方法和新产品，而后者指的是在原有技术实体上，经过合作、引进或借鉴改变了实体形态并增加了附加值而开发的产品，同时扩展了市场。由此看出前者是发明，后者是改造；前者是技术形态，后者是社会形态；前者是要素，后者是系统。如果不首先把这两个概念的性质认识清楚，在使用时就会犯下“失之毫厘，谬以千里”的大错误。概念的操作化肯定也是失败的，调研活动会前功尽弃。

（二）把握概念涵盖的所有内容和外延的维度

所谓的维度，就是指某一事物在特定环境中的伸张度。伸张的形态是以其概念的抽象程度决定的。根据概念的本质和特有属性，确定概念

的不同维度，从中明确概念的分解层次、引申内容和引申变项的筛选项数。对于抽象概念特别是抽象程度高的概念，必须加以解剖，从概念内容的整体结构入手，剖析结构内系统存在的属性，即层次性和功能性，进而剖析各部分乃至各要素之间的不同联系，对概念进行一次全身的透视以后，我们的头脑就清晰了，再根据课题指向内容的调研目的和要求，决定概念分解到什么层次，每个层次应该引申出什么内容，从中筛选出多少变项。比如“调查工业总体形势”，按上述的要求，首先澄清工业这个概念的性质是，以生产为唯一目的或生产社会化的行业。它涵盖的内容是，凡生产加工的企业均属于“工业”的概念，它可以分解引申出重工业和轻工业两个变项。这两个变项的性质是，前者属于生产“生产资料”的行业，后者属于生产“生活资料”的行业。对于重工业和轻工业这两个概念，前者可以引申出采矿业、冶金业、机械制造业、仪器仪表业等变量；后者可以引申出轻纺、化工、五金、制药、食品、玻璃、造纸、印刷、办公用品、照明、家具、家用车辆、厨具等变项；继续分解下去还可以分解到具体的企业、车间、班组或个人。由于这个课题涉及的是宏观内容，无须分解到这种程度，达到重工业和轻工业这个层次的分解已经够了，按这种操作程序完全可以达到调研“工业总体形势”的要求。

重工业与轻工业两个部类之间的关系，是相互依存、相互制约的。重工业的规模受制于轻工业的需求，轻工业的规模受制于市场的需求，两个部类内部各行各业之间也是相互依存、相互制约的关系。重工业内部的采矿、冶金要是不足，机械制造业的生产就会缺乏原材料，反之原材料就要过剩；轻工业内部的各行各业也是如此，纯碱的生产就直接影响玻璃、纺织、纤维、造纸、染料、制革、皂类等的生产，制药、化工等产品的包装又刺激玻管、造纸、印刷等行业的生产。“工业”分解层次的这种特征，就是它的整体结构的性质；从工业层引申出来的变项以及它们之间的这种联系，就是它们的维度形态；工业与两部类或两部类之间以及部类内部的各行各业的联系，就是工业整体结构内的系统属性。它们的关系是，从工业概念中引申出来的部类概念就是工业概念内涵的各部分；从重工业和轻工业概念中引申出来的各行各业或各个企业的概念可以认为是工业概念的要素。“工业概念”包含的各部分、各要素也都是相对的，两部类的概念对于工业概念来讲，它是部分，是种概念，对于部类内各企业的概念来讲，它是属概念；这种解剖方法能把我们带进概念的自由王国，可以根据调研课题指向内容的目的和要求，调研工作者面对引申出来的诸多变项，可以自由自在地取舍和安排。

（三）分解方向应与调研课题指向的中心内容相一致

调研指向的中心内容蕴含着调研客体的主题，分解概念时必须紧紧围绕这一主题进行。比如，调研课题指向的内容是“社会文化”，在这个概念的内涵里我们要的核心内容是“中华饮食文化”，就要围绕“中华饮食文化”这个概念分解下去，其他方面的社会文化内容诸如“建筑文化”“庆典文化”等，尽管已界定出来也要摒弃掉。

（四）分解层次应与调研课题指向的具体内容相一致

凡是具体内容都是抽象概念所涵盖的可以看得见、摸得着并具备取值标准的种概念，分解层次必须满足种概念的这种要求。就是说不论分解多少个层次，必须达到具备取值标准的条件时为止。比如工业概念，分解到轻工业，再分解到玻璃制品，继续分解到某一种玻璃制品时，就具备取值标准了，这时两者就一致了。

（五）横向分解引申的变项应达到穷尽的程度

概念的分解包括纵向式和横向式，两者不可偏废。在未分解到调研课题指向的具体内容时，其分解方向一直是纵向式，但当分解到调研课题指向的具体内容时，因为可以给引申的变项赋予取值标准了，这时就要改纵向式分解为横向式分解。比如从“工业概念”分解到轻工业和重工业概念时，对于了解“工业总体形势”已经够了，就要停止纵向分解，开始横向分解。现以“十一五”计划期间企业投入资金与“十二五”计划期间产生的经济效益比较：投入资金、总产值、人均国民收入、上缴税金、单位产品材料消耗、单位产品能耗、企业自有资金、新增固定资产、新产品开发、新产品产值等，上述十项待取值的变项，都是从重工业和轻工业两个部类中横向分解引申出来的，这些变项只要赋予取值标准，即刻就形成了可以量度的指标体系。再比如，当“社会文化”概念分解到“中华饮食文化”概念时，就要进行横向分解，并以此界定出“菜肴文化”“酒文化”“茶文化”和“面点技艺文化”。纵向分解和横向分解的关系是，从分解层次的深度看是纵向式，从同一层次引申变项的广度看是横向式。只要分解到可以量度的层次时，就一定把所有的变项全部引申出来，引申到被分解概念的穷尽程度，或者说把变项全部挖出来，挖掘净尽。

（六）引申的变项必须同处于一个分解层次

如果引申的变项处于不同的分解层次，不可能赋予相同的取值标准，没有可比性，其数值不能进行有效的分析和推断。比如，不能把“中华饮食文化”变项与“社会文化”变项或“酒文化”变项与“中华饮食文化”变项放在同一个等级标准上进行量度。

（七）引申出来的变项应筛选使用

一个概念的内涵犹如一个市场，进入后从第一个档口到第二个、第三个乃至更多的档口，任你选择需要的商品、满足你需要的商品数量一样。例如，要“调查我国少数民族的政治地位”，这个课题有两个概念要弄清楚，即“少数民族”和“政治地位”这两个抽象概念的内涵，都需要分解和界定，并确定引申的项数。那么，分解到哪个层次？引申什么内容和多少个变量体，就需要调研者进行分析。比如，界定“少数民族”和“政治地位”的范围：

1. 界定“少数民族”的范围

我国包括汉族在内共有 56 个民族，是不是对 55 个民族都调查？尚未纳入 55 个少数民族之内的少数民族算不算？生活在汉族集中区域的少数民族算不算？首先，明确调研对象的总体，再确定调研样本，这样界定的范围就明确了。例如，明确了调研对象的总体是，生活在中华人民共和国行政隶属下的少数民族（不含台湾），选取 8 个样本，采用非比例抽样方式，即确定人口最多的和人口最少的各 4 个少数民族，尚未纳入 55 个少数民族在内的其他零散族群，因人数极少没有代表性，故不在此列。

2. 界定“政治地位”的范围

什么是政治地位呢？政治是经济的集中表现，政治权力只是经济权力的产物，而“政治地位”就体现在这里。其实，“政治地位”就是政治、经济和文化方面享有的权利。先弄清“政治地位”包含哪些内容，通过对概念的分解引申出来的内容有多少项，是否有变项的特征，还需在引申出来的内容基础上继续分解，直至分解到可以量度时为止。关于民族权利，每一个民族都有自己的文化传统，这是显示民族特征的重要标志。所谓的“政治地位”，就是少数民族在政治、经济和文化等方面是否享有与汉族同等的权利。“政治地位”可以分解出选举权、被选举权，因为“选举权和被选举权”已经在法律上涵盖了其他的政治权利，即人权。这 2 项权利是抽象的，无法认定少数民族的政治地位，还必须继续分解下去。其中选举权可以分解出“少数民族人民代表占各级人大代表和政协委员席位的比例”“少数民族代表的提案和议案被采纳的比例”及其他方面的选举权；被选举权可以分解出“各级政府少数民族干部所占的比例”“通过选举获得荣誉称号的先进人物的比例”及其他方面的被选举权；人权可以分解出法权和民权。法权和民权仍然是抽象的，需要再继续分解下去，其中，法权可以分解出“公民的社会监督权”“国民收入再分配权”“享有的社保、医保、入学和就业权”“使用本民族语言文字权”“继承权”“物权”“发明创造权”“享有奖励、福利和救济权”等；民权其实就是享有的自由权，可以分解出“集会结社自由”“信仰自由”“出版言论自由”“迁徙自由”“自由通婚权”“生育权”“自主选择居住地权”“继承本民族风俗习惯自由”“享有国民的一切政策优惠权”等。其中信仰和风俗自由可以分解出宗教、禁忌、祭祀、丧葬、寿诞、岁时、节日、婚礼、娱乐、艺术等。在宗教信仰权这一项中，可以分解引申出“参与宗教活动的次数”“宗教人士参与地方、国家重大政治活动的人次”“出席政治协商会议人数占宗教人士总数的比例”“宗教人士外出活动人次”“庙宇数量”“新建庙宇数量”“修缮庙宇数量”等。根据权重衡量，我们只要选择需要的几项就可以了，比如“继承传统风俗习惯权”“宗教信仰权”“享有社会生活保障权”“子女平等入学权”“就业权”或其他的重要权利。最后只有赋予这些分解概念的取值标准，才能真正测定出少数民族政治地位的真实情况，比如，在衡量使用本民族语言文字权利时，要看新闻广播的时段安排，广播时间或学校的授课课时，有了这个取值标准就可以测定了。民族传统的风俗习惯都具有民族性、地方性、历史性、传统性和共性。

我们在“政治地位”这个概念中，已经进行了多层次的分解，如果还没达到我们调研的需要，还可以继续分解下去。不过，通过多层次的分解，引申出来的变项有些已具有量度的特征，有些只要赋予它们的取值就可以量度，能够看清“政治地位”的状况，基本满足了调研的需要，无须继续分解下去，如果过细地分解就会画蛇添足，浪费人力、财力和时间。

再如，“和谐社会”“科学发展观”和“建设新农村”也都是高度抽象的概念，它们的内涵极其丰富，寓意深远，分解引申变项就需要多层次地进行，它涉及社会的各个方面，是个庞大的社会系统变项群。这些概念的提出，具有重大的现实意义和深远的历史意义，是国家富民强国的举措，是震撼人心的举措。可是，由于每个阶层，每个地区或每个人出于各自的利益或其他因素，对其理解的差异性还是比较普遍的。以“和谐社会”为例，它可以分解引申出“国家政令畅通”“施政、施法公开公正”“经济结构合理”“生产力布局合理”“社会分配公平”“缩小贫困差距”“减少社会矛盾”“减少社会事故”“治理腐败”“治理环境污染”“减少犯罪”“社会文明礼貌”“尊老爱幼”“国泰民安”等，甚至还可以分解引申出几百个甚至上千个内容或变量体。“缩小贫困差距”不是无原则的平均主义，不是将纳税人的钱，无条件地白白送给那些有地不种、有工不务的群体，而是通过和谐社会的构建，增强全国各族人民的凝聚力，激发出更大的积极性，在国家富民政策环境中创造出新的天地。我们只要在“八荣八耻”的基础上思考“和谐社会”，就不难于理解它的真谛了。由此引申出来的若干个变项，通过权重比较筛选出的变项与调研课题指向的中心内容应有直接的必然联系，把无足轻重的变项或可用可不用的变项预置起来。在这里读者可能要问，为什么本节第五条要求将变项引申到穷尽的程度，而在这里还要摈弃一部分变项呢？这是因为只有把变项引申穷尽才能对概念有个全面的了解，才能有筛选的余地，才不至于漏项，才能做到心中有数，暂时不用的预置变项还有助于调研课题的承担者在分析、判断和推理时作为参考。

（八）如何处理变量概念

赋予取值的变项称为变量，变项是变量的载体。我们在调研中，如果直接面对的概念是个变量概念，处置方法有二：

1. 变量概念具有量度的特征，赋予两个以上取值就可以了。例如，调查某市造纸厂污水净化的程度，“净化程度”是个变量，只有赋予它两个以上的取值“达标、不达标”就能量度；又如，某市 GDP 总值按计划是否完成了？“GDP 总值”是个变量，现赋予它两个取值，即“完成、未完成”。任何变量体只有赋予它取值时才能量度，从这两个例子可以看出，“净化程度”和“GDP 总值”的取值，都是在各自变量体同一个标准上实现的。

2. 变项概念的处置方法。虽然是变项概念，但还不具备量度的功能时，就要进行分解和引申，仍然分解到我们需要的程度时为止。例如，某市 GDP 总值在什么水平上？虽然 GDP 总值是个变量，但现实无法赋予它的取值，只有分解它引申出几个变量值，才具备了量度的功能。现分解引申出“500 亿元以下、500 亿—800 亿元、800 亿—1000 亿元、超过 1000 亿元以上”这四个变量值；又如，某个群体的文化程度，“文化程度”是个变量，但无法量度，现将其分解引申出“大专以上、高中、初中”就可以了。

不具备量度条件的变项概念，需要相对简单的分解和引申，就是具备量度条件的变项概念，也不能进行直接的量度，因为还必须赋予它取值以后才能量度。对于理论和实践尚未认清的概念不能分解。比如《资本论》中提出的异质劳动的折合和必要劳动时间的确定等，目前就无法分解和引申。

第二节　概念与变项

为什么概念的内涵是永恒运动的？为什么变量是概念内涵的变异成分？这是因为构成概念内涵的自然界万物和人类的各种活动，无时无刻不在运动着、变化着，当然概念内涵的各种成分也必然发生变异情况。有变异特征的概念或概念内涵的成分就是变项。变项的数量表现就是变量。一方面是被概念反映的对象在变化，另一方面人们对概念的认识也不断地深化，这就是概念与变量存在的基本形态。所以，在研究概念与变量的关系时，首先应将两者之间的动态关系搞清楚。

一、概念与变项、变量的关系

研究变量时，必然要涉及变项，因为变项是变量的载体。可是，概念又是变项的载体。由此可以得出这样的结论，所有的变量都是变项，所有的变项都是概念，总的来说，所有的变量和变项都是概念。反之，并不是所有的概念都是变量或变项。那么如何辨别概念与变项和变量的关系呢？而变量与变项之间又有什么区别呢？这些问题是调研活动在分析、判断和推理阶段的重要理论基础。辨别概念是不是变项其标准只有一个，那就是衡量这个概念是否具有同质事物的差异性特征。比如“人民”这个概念，我们知道是个历史范畴，属于政治形态。因为不同的国家制度、不同的历史时期，对“人民”概念的理解是不同的，没有一个统一的标准。在不能确定同一类事物或统一标准的前提下，更谈不上它的差异性。所以“人民”这个概念不是变项。那么“产业工人”概念呢？“产业工人”的概念属于自然形态，工人阶级形成以后的任何国家制度，任何历史时期都改变不了这个属性，这是一个同类事物的标准，它的差异性表现在“行业上的差异、技能上的差异以及新上岗的、退休的、转入的、转出的、病亡的”等，所以它是个变项。辨别概念是不是变量其标准有两个：一是，看这个概念是不是变项，如果不是则立刻摒弃掉；二是，如果这个概念是个变项，继而看它具备不具备赋予取值的条件，具备这个条件就是变量,不具备这个条件就仍然还处于变项阶段。从“产业工人”的概念看，它已具备了条件，只要赋予取值标准就可以量度了。如“新上岗多少人，退休多少人，转入多少人……”如表 7–1。

表 7–1　产业工人流动表

单位：　　　　　　　　　　　　　　　　　　　　2007 年 1 月

测定项 内容 指定项	计量单位	2007 年度			
		1—3 月	4—6 月	7—9 月	10—12 月
新上岗	人				
退休	人				
转入	人				
转出	人				
病亡	人				
合计	人				

制表人：　　　　　　　　审核：　　　　　　　　领导：

变量是变项在动态过程中的最后形态，它是可以直接或间接观察到的具有量度条件的概念，从量度的角度来比喻变项是孕妇的临产阶段。从概念与变项和变量的三角关系看，好比所有的孕妇和产妇都是妇女，而所有的妇女并不都是孕妇或产妇一样。

变项在不同的特定条件下，表现出不同的特征，从动态的变异角度看，它是变项;从量度的取值角度看，它又是变量;从取值的量度标准看，它还是指标。由于概念的分解、界定和引申过程是个动态过程，在变项成为变量过程中的指示标志叫指示项，被量度的取值标准则是测定项。

比如，某县农民的“科学发展观”这一概念需要分解和引申，可以引申出若干个变项。为简便起见，仅说明“相信科学种田”与“不相信科学种田”这两个还不具备量度的变项，只有在两个变项后加个“人”

字才具备了量度的条件，取值时设立各有“多少人”的指标，这时量度的条件就完全具备了。这一过程每个环节的运动方向都由指示项来完成。被量度或评估的陈述项也可以叫测定项。由此不难看出，指示项是概念分解和引申过程的动态主体，是使变项成为变量并达到具有量度功能的指标，反映指标内容的标志是数量标志。从事物内容的分析方向看，指示项是路标和桥梁；从数量特征看，指示项是变量取值的授予者；从计算特征看，指示项又是变量值的框架，因为指示项的特定功能是依据变量内容的性质而决定的。它们之间的关系是，变项是变量的载体，而变量又是变量值的载体，变量值就是依附于变量体之上的。被指派成为测量单位和分析单位的指示项，就是我们调研活动的现场靶标，而变量的取值则是靶环，这是调研内容的最基本元素。

从此表中不难看出，五个变量（指示项）各自设立四个不同的取值标准，这说明同一个变量可以设立若干个不同的取值。

二、变量的类型

不同的变量，是从不同的概念或命题中引申出来的，有的变量可能反映概念或命题的某一部分现象和特征，有的变量可能反映概念或命题的全部现象和特征，因而呈现出不同的变量类型。按其功能分，有“双变量”和“多变量”；按其相互关系分，有“自变量”“因变量”和“中变量”；按其使用方向分，还有“预置变量”；按其变量取值分布状态分，还有“离散变量”和“连续变量”；按其测量客体形态的层次分，有“定类变量”“定序变量”“定距变量”和“定比变量”。前四种类型的变量，都与定类变量、定序变量、定距变量和定比变量相对应，并含于其中。

（一）双变量

双变量是指从概念或命题中，引申出来的指示项只有两种变异形态的变量。例如，“政策”这一概念，引申出的指示项是“评估”，确定评估的标志是“好”与“不好”，这里只有两种变动形态的变量，称为二分变量；再如，“人”这个概念，引申出来的指示项是“能力”，确定能力的标志是“大”与“小”。从“人”的概念中还可引申出“性别”这个指示项，其确定性别的标志是“男”与“女”。此外，像“商品”指示项的“质量”，其标志是“好”与“坏”；“任务”指示项的“承担”，其标志是“轻”与“重”；等等。我们再从“命题”中引申出来的“双变量”例子看，如“选择能源方式的讨论”命题中，引申出来的指示项是“核电与非核电”，确定的标志是“选择核电还是非核电”；再如“台湾与大陆同属一个中国的”命题中,引申出来的指示项是“统一与分裂”，其确定的标志是“选择统一，还是选择分裂”。任何命题都可以引申出两个以上变量，但不可以只引申一个变量，因为这样就无法量度了。

（二）多变量

多变量是指从概念或命题中引申出来的指示项，有多种变动形态的变量。例如，“政策”这一概念，引申出来的指示项仍是“评估”，但确定的标志可以不是两种变动形态的变量，而是多种变动形态的变量，即“非常好、好、比较好、一般、不太好、不好、非常不好”，这里有七种变动形态的变量称为七分变量。如果需要还可以在这七种变动形态基础上增加或减少；再如，“人”这一概念，引申出来的指示项不是“能力”和“性别”而是“信仰”或“爱好”，在确定标志时则分别是“共产主义还是资本主义”或“科研还是体育”。命题引申出来的多变量也举不胜举。前例中的“选择能源方式的讨论”命题中，引申出来的指示项是“核电、火电、水电、风电”，确定的标志是“选择哪一种能源方式？”再如“祖国大陆给予台湾农产品进入大陆市场零关税的优惠政策”这一命题，引申出来的指示项是“促进台湾农业的发展、增加了台湾农民的收入、增加了台湾农产品的产量、减少了台湾农产品的积压”等，确定的标志是“您认为哪一项最重要、重要、比较重要、不太重要”。任何一个命题都可以引申出若干个变量，不过引申出的变量所指示的内容和项数，以我们的需要而定。

（三）自变量和因变量

自变量是指能够影响其他变量发生变化的变量；因变量是指受其他变量影响而发生变化的变量。前者是诱因，处于主动地位；后者是结果，处于被动地位。没有前者就没有后者或没有后者的变化。前例中的“选择能源方式的讨论”命题，引申出来的指示项是“核电与非核电”，在这个指示项里如确定的标志是“选择哪一种能源方式”时而选择了核电，势必就直接影响火电、水电和风电的生产变化，由此能源品种的结构也要发生变化。在这里，“核电”这一变量就是“自变量”，而火电、水电和风电就是“因变量”；再如“祖国大陆给予台湾农产品进入大陆市场零关税优惠政策的影响”这一命题，引申出来的指示项是“优惠政策的影响”，确定的标志是“台湾农产品的销量增加了、台湾农产品的积压减少了、台湾农产品的产量增加了、台湾农民的收入增加了”。由此可见，“优惠政策的影响”是自变量，而台湾农产品产量、销量增加，台湾农产品积压减少和农民收入增加都是因变量。

（四）中变量

介于自变量与因变量之间的变量为“中变量”，它与自变量和因变量都有直接的因果关系。例如，“流通领域宏观调控见到明显成效的课题”（《政策研究与决策咨询——国务院研究室调研成果选》2005 年版，第 75 页），这一命题引申出来的指示项是“宏观调控的六项措施”，确定的标志是“明显成效”，为什么能取得明显成效？是因为“政府职能部门认真实施六项措施”的结果。在这里，“宏观调控的六项措施”是自变量，“明显成效”是因变量，而“政府职能部门认真实施六项措施”则是“中变量”。例如，“某县行政区辖内社会治安非常好”这一命题，引申出来的指示项是“公安与治安条例健全”（自变量），确定的标志是“发案率降低了、破案率提高了”（因变量），究其原因是“当地群众配合好”“公安局执行治安条例认真”“干警积极性高”（中变量）。中变量起到承前启后的作用，在调研活动中也是一个不可缺少的环节。

（五）预置变量

从上述几个例子中，不难看出一个概念或一个命题，可以引申出来好多变量，但这些变量不一定是我们调研的命题都涉及或需要的，这时便把不需要或暂时不需要的变量，作为以后参考预置起来，被预置起来的变量称为“预置变量”。如前例中的“选择能源方式的讨论”的命题，经讨论选择了核电以后，对火电、水电和风电的生产以及整体能源结构的变化产生影响，可是我们仍将火电、水电、风电这三个变量纳入调查，拟测量它们的变量值，而未将“海洋能发电”“太阳能发电”这两个变量纳入调查，作为参考预置起来，那么这两个变量就是预置变量。这是因为海洋能发电、太阳能发电还未完全普及的缘故，但调研人员在头脑中要知道这两个变量的存在。在我们实际调研活动中，经常会碰到这种情况，即可以从命题中引申出来好多变量，哪些变量被派到用场作为分析单位去接受测量，哪些变量暂时废止不要，要认真进行权重比较，然后作出取舍决定，暂时被舍掉的变量自然就被预置起来了。

对于预置变量，不论以后是否能用，但对变量的各个取值也必须是穷尽的，就是说应能引申出来的变量都彻底引申出来，我们从中筛选后再决定取舍，做到心中有数。这说明我们对调研课题指向内容的整体认识全面、透彻，只有这样才能掌握调研的主动权，又节省了人力、物力、财力和时间。否则，如果领导追询深层次的情况时，可能因心中无数而发虚，这是调研工作者的大忌。

（六）离散变量和连续变量

离散变量表示一组数据变异程度或分散程度的量数，它的各个取值不反映量的差别，只反映质的差别，在一个指示项的变量体上只能取若干个数值，其测量结果必须用整数来表示，如人数、物品的件数等，都是表示整体性的实物。离散变量包含在定类变量和定序变量之中，因为定类变量和定序变量的资料必定都是离散的；而连续变量的取值，可以是任何一个区间内的任何一个取值点的变量，都由一组不同的数值所组成，它反映测量体之间的量的差异，所以它是计量的。它的指示项变量体可以取无穷个数值，测量结果可以用分数或小数表示，如表示可以分解的总体性的事物的，像重量、成分、时间、年龄等。定距变量和定比变量的资料，既有离散的也有连续的，适用于离散变量的统计公式有方差、标准差、四分位差、异众比率、离散系数等。离散变量和连续变量的内容将在本书的第九章作一详尽的介绍。

三、变量之间的关系

各种变量之间，都有着不可分割的和不确定的联系。因为社会是一个有机的整体，各种事物都处在相互依存、相互制约、相互作用之中，这就决定了反映各种事物状态的变量之间，也存在着一种相互依存、相互制约、相互作用的关系，即一种社会现象与另一种社会现象之间的依存关系、制约关系和作用关系。由于这些关系的作用，使同一个变量在不同的环境条件下，具有不同的形态和功能，这也反映了概念的可变动的特征。一些学者们将变量之间的关系概括出三种类型，即相关关系，因果关系和虚假关系。其实这三种类型也都是相关关系衍生的结果。所以,本书将这三种类型定名为“单一相关关系”“因果相关关系”和“虚无相关关系。”

（一）单一相关关系

这是两个或两个以上变量之间存在的一种不确定的依存关系，这种关系的主要特征是“对称性”。例如，“我国国际地位”与“国民经济的发展”这两个变量之间存在着相关性，我国国际地位在很大程度上影响国民经济的发展，相反国民经济的发展也在很大程度上影响我国国际地位。这两个变量是对称的，有相互依存的关系，但这种关系是不确定的，因为我国国际地位不单单受国民经济发展的影响，还受到军事、政治、外交等其他方面的影响，而国民经济的发展也不单单受国际地位的影响，还受到改革、开放、宏观调控手段、科技进步、社会安定团结、人民群众的爱国热情等影响。两个变量虽然互相影响，也不能认定它们的影响是等同的，因为在统计上的相关变量，在实际上就可能不相关。只有在统计上相关、实际也相关的变量才是真正的相关关系。所以，我们只能说这两个变量之间是不确定的依存关系，只是个相关关系，用符号 X—Y 表示。

由于社会现象的错综复杂，这就决定了变量之间关系的复杂性。学者们通过对变量的不同属性和特征的了解，将变量的相关关系归纳为三种形态，即：从相互作用的角度形态看，形成了不同的作用方向；从相互依存的关系形态看，形成了不同的类型；从相互制约的力度形态看，形成了不同的强度。

1. 单一相关关系的不同方向

所谓方向，就是变量值的增加或减少的方向。具有单一相关关系的两个变量值朝同一方向增加或减少时，称为“正相关关系”，即一个变量（X）的取值增加时另一个对称变量（Y）的取值也随之增加，或一个变量的取值减少时另一个对称变量的取值也随之减少。比如，我国国际地位（变量X）提高，促使国民经济加快发展（变量Y）；相反，国民经济加快发展，又促使我国国际地位的提高；或者说，可耕地减少了粮食总产量也减少了，粮食产量减少是因为可耕地减少了。再一个是，具有单一相关关系的两个变量值朝不同方向增减时，称为“负相关关系”，即一个变量的取值增加或减少时，另一个对称变量的取值却随之减少或增加。比如，某县可耕地增加了，可是粮食产量却减少了。由此可见，两个变量的取值都朝相反的方向变化。

2. 单一相关关系的不同类型

从变量值变化趋势的形式看，又分为直线相关关系、曲线相关关系和复相关关系。

所谓的直线相关关系，就是当变量X的数值发生增加或减少变化时，变量Y的数值也随之发生大致均等的同方向变化，这种变化趋势的形态呈直线型。比如，2006年某县农业投入比2005年增加了25%，而农业产值却增加了27%，土地修整后的耕地增加了20%，这种形态类似于正相关关系。

所谓的曲线相关关系，就是当变量X的数值发生增加或减少时，变量Y的数值随着向相反的方向减少或增加变化，在直角坐标系上呈不规则形态发生变化，这种变化趋势的形态是曲折的。比如，改革开放初期，调研“社会分配不均”时发现，搞导弹的收入不如卖茶蛋的，设计飞机的收入不如养鸡的，艺术殿堂的高雅艺术收入不如走穴野场的粗俗噱头。按正常逻辑分析，前者这一阶层的人受教育程度高而投入教育的费用多，可是实际收入却少了，这种差距是逆转的，从这几组两个变量值的变化就可以看出是呈曲线形态，所以称为曲线相关，类似于负相关关系。

所谓复相关关系，无论是单一相关关系还是因果相关关系，都存在着两个变量或三个以上变量之间的相关关系。如上述几组的两个变量的例子“搞导弹的与卖茶蛋的”“设计飞机的与养鸡的”“艺术殿堂的高雅艺术与走穴野场的粗俗噱头”以及前面的一些例子如“我国国际地位与国民经济加快发展”“可耕地与粮食产量”等都属于单一相关关系；三个或三个以上变量之间的相关称为复相关关系。如上述例子“2006 年某县农业投入比 2005 年增加了 25%，而农业产值却增加了 27%，土地修整后耕地增加了 20%”，再如“八荣八耻模范社区的居民不随地乱扔废弃物、不打架斗殴、不说脏话、不赌博、自动组织公益活动、专人照顾孤寡老人”等，均属于复相关关系。

3. 单一相关关系的强度

任何变量与变量之间的单一相关关系，其相互制约的程度都存在差异，即制约的力度有强弱和大小之分，其实质就是用统计分析和统计方法，去测量和比较这些变量之间相互制约力度的差异，统计学称之为相关系数 r。一般情况相关系数的取值范围在 –1 到 +1 之间($-1 < r < 1$)，或者在 0 与 1 之间（$0 < r < 1$），– 号和 + 号表示相关关系共同变化的不同方向，实际数值表示相关关系制约力度的强弱和大小。相关系数的值越是接近 0，说明了分辨力非常微弱，两个变量相关的制约力越弱越小，越是接近 1 或 –1，说明两个变量相关的制约力度越强、越大。不过，相关系数的值不可能达到 1 或 –1，因为完全的正相关或完全的负相关是不存在的。如果两个变量的取值一边倒，无论全部是“赞成、同意、肯定……”还是全部“不赞成、不同意、否定……”就不存在相关关系了。这是由社会现象内部存在的异质性决定的，就是在社会现象内部的同质性范畴内也存在着差异。相关系数的值只是变量间相关关系的程度的标志，不是相关关系的量的表现，不能进行数学运算。所以，不能认为 0.60 的相关系数是 0.30 相关系数的 2 倍，只能说 0.60 的相关系数的两个变量之间的制约关系比 0.30 相关系数的两个变量之间的制约关系

力度更强、更大。相关系数将在第九章第六节作专门介绍。

（二）因果相关关系

因果相关关系是变量分析中，所要探讨的一个最重要的课题。因为因果相关关系能最准确地反映客观事物的规律性，我们每次调研活动不仅要求发现问题，还要找出问题产生的原因，只有找出了问题产生的原因，才有可能研究对策，制订整改方案，将调研成果转化为领导决策。因果相关关系就是原因与结果的关系，“原因”（自变量）是产生另一现象（因变量）的现象，而“结果”是由原因引发的另一现象。用X—Y符号表示因果相关关系的特征。或者说，变量X是引发另一变量Y发生变化的变量，而另一变量Y的变化是由变量X引起的。例如，自然灾害使粮食产量减少了。“自然灾害”是原因（自变量），“粮食产量减少了”是结果（因变量），前者引发了后者的变化。因果相关关系与单一相关关系，虽然都属于相关关系范畴，但在相互作用的角度、相互依存的形态和相互制约的力度上还是有明显区别的。因果相关关系具有以下特征：

1. 不对称性

之所以是不对称性，是因为因果相关关系的两个变量之间是单向影响，原因（变量X）只能影响结果（变量Y）发生变化，而变量Y发生变化时却不能影响变量X发生变化。例如，“农民工进城投身建筑行业”，“使楼群平地而起”，但建成后的楼群不管怎么变也影响不了农民工。因为自变量原因农民工（X）与因变量结果楼群（Y）这两个变量处在不同的层次上，在形成过程中，结果（变量Y）紧紧依附在原因（变量X）上。

2. 时序性

逻辑顺序决定因果相关关系两个变量发生的时间顺序。原因（变量X）作为自变量，必须发生在结果（变量Y）因变量之前，逻辑推理就是原因产生结果。如果两个变量同时发生就不是因果关系了。这个逻辑顺序和时间顺序是固定的、不容更改的。例如，“我国对产业结构制定了一系列宏观调控政策，才使国民经济连续大幅度增长”。如果事前没有产业结构调控政策，就不会出现后来的国民经济连续大幅度增长这个结果。

3. 直接性

两个变量必须直接发生关系，没有第三者的影响，如果有第三个变量的影响因素，这两个变量就不是因果相关关系了。就上例而言，国民经济连续大幅增长如果有接受国际援助的影响因素，那么产业结构宏观调控政策与国民经济大幅度增长这两个变量之间，就不是因果相关关系了。

4. 不变性与可变性的关系

在含有固定不变的变量体的因果相关关系中，有时会出现两个变量之间没有明显的先后顺序的区别，就只能用逻辑关系加以确定。凡遇到这种情况，要从两个变量的不变性和可变性加以分析。列举以下几个因果相关关系的例子，请读者鉴别变量的不变性和可变性特征。比如，“西藏旅游业随着青藏铁路通车而发生变化”这个句子，是因为西藏旅游业发展的需要才修建了铁路，还是青藏铁路通车的影响拉动了西藏旅游业的变化？这是这个因果相关关系的核心问题。如果是前者，为什么在青藏铁路还没有通车时西藏旅游业就已经很活跃了，显然两者没有必然的联系；如果是后者，从句子结构的时序上看“原因”和“结果”前后顺序颠倒了，这恰恰不是因果相关关系的特征。我们鉴别因果相关关系除了从句子结构去分析以外，还要从句子含义的逻辑关系上去分析：（1）对于这种具有不变性成分的因果相关关系的变量，应从两个变量所处的影响位置和性质来认定，青藏铁路通车显然影响了西藏旅游业的变化，而西藏旅游业无论怎样变化，也影响不了青藏铁路的存在或运行这个现实的具体形态，这时谁因谁果、谁是自变量谁是因变量就清晰了。（2）从句子结构的含义去分析，虽然青藏铁路通车（这是原因、自变量）在句子中处于西藏旅游业（这是结果、因变量）之后，但在这里我们只能认为这两个变量只是提出了条件，还未表示它们之间的相互关系，而表示它们之间关系的是“通车”和“变化”，“通车”是原因和自变量在前、“变化”是结果和因变量在后。（3）通车这个变量不是抽象的概念，它是个明确的实体，与西藏旅游业这个因变量的结果相比，具有固定的、持久的不变性，而且会持久不变地影响着西藏旅游业的变化，其自身却不受西藏旅游业的影响。再如，“地处边远山区的少数民族兄弟解放前受教育少，思想比较封闭”，句中的出身种族、出生地均具有固定的、持久的不变性，而“受教育少、思想比较封闭”谁先谁后也难以判断，这是历史沿革造成的。是因为受教育少思想才封闭，还是思想封闭不愿接受教育，或者地处边远山区还是旧社会歧视造成的，都必须从句子结构含义进行逻辑分析，还是可以认定的。（4）只有一个固定不变的值的概念，叫常量。如“男”“女”“北京”“泰山”“汉族”……只要将“常量”概念置于同类事物的环境中，可以确定变量取值进行量度。例如，本单位男性与他单位男性、北京与上海、泰山与黄山、汉族与回族等。

5. 一因多果、多因一果、多因异果、异因同果和多因多果的关系

这些因果相关关系是比较复杂的，其复杂性是由社会现象的复杂性决定的，也是大量存在的回避不了的调研内容。

一是一因多果。就是一个原因（自变量）影响出两个以上的结果（因变量）。例如，上述例子的“青藏铁路通车”（自变量）一个原因，使西藏旅游业（因变量）收入增加（结果）、引进项目（因变量）数量增加（结果）、对外贸易（因变量）外汇增加（结果）、藏民兄弟（因变量）收入增加（结果），等等。

二是多因一果。就是几个自变量（原因）影响出一个因变量（结果）。例如，各地政府为了方便企业、简化手续，组成了工商、税务、环保、技监、卫生、城建、交通、公安等等诸多个变量单位（自变量）联合组成办公平台，方便了企业法人（因变量），使经济得到了发展，财税明显增加（结果）。

三是多因异果。就是两个以上相同的自变量（原因）影响不同的因变量（两个以上结果）。例如，各地政府为发展经济，所属各部门都在为此制定适应经济发展的政策（诸多自变量），但由于综合协调不力，出现的因变量结果是“工业生产下降了”而“商业却发展了”。

四是异因同果。就是不同的自变量（原因）影响一个因变量（结果）。

例如，各地政府所属的各个部门（自变量），为了搞活自己系统的经济，从自身利益出发，制定了适应自身需要的经济政策（原因），其结果使本地区财政（因变量）有了大幅度增长（结果）。

五是多因多果。指在一个庞大的变量群体中，各种因果相关关系错综复杂、相互交叉、相互制约着，存在多种因素、潜藏多种后果。例如“关于采取果断措施遏制乱征滥用耕地的对策建议”这一课题(《政策研究与决策咨询——国务院研究室调研成果选》47—50 页)。范畴内的变量群体，有三个自变量（原因）影响引发出八个因变量（结果）。三个自变量:一是有的地区盲目扩大各类园区、开发区，大量圈占耕地；二是有的地区在招商引资中，随意低价转让土地，甚至以零地价吸引投资；三是有的地区通过县（市）改区大量占用农村土地，城镇建设无限制扩张。八个因变量：一是暂停审批建设用地；二是大幅度提高征地补偿标准；三是土地转让金一律上收到省；四是暂停所有县（市）改区；五是加大土地管理的检查和执法力度；六是建立基本农田管理信息网络系统；七是严格执行土地利用和建镇规划；八是完善耕地贴补平衡政策。多因多果例子中的三种现象，其自变量引发的八种现象的因变量，在新的关系中其位置可能发生新的变化，三个自变量经转化成为因变量范畴的一部分，八个因变量转化为自变量。这篇调研报告如果被领导转化为决策的话，它的因变量总体将是全国的土地资源。自变量和因变量在一定条件下可以相互转化，同一变量在一种关系上是原因，在另一种关系上可能就是结果。

在错综复杂的每种变量关系中，一定要紧紧地抓住自变量与因变量这一根本的变量关系,因为这种变量关系渗透到几乎所有的变量形态中。

（三）虚无相关关系

从一个变量的变化很难预计到另一个变量是否发生变化或以什么形式发生变化。比如，农民工与建筑行业有关系，但是河南籍的农民工与山东省建筑行业无什么关系，就很难预计到将来会有什么关系，起到上面作用。

四、变量的其他问题

变量除自身具有的展示形态和功能以外，还具有一定的规定性和其他几种关系：

（一）变量应具备三个条件

一是取值必须是互斥的，而每个取值必须是互不兼容、互不包含。比如，评价一个政策的取值要设“拥护”与“反对”，认定一个人性别的取向要设“男”与“女”，都是互斥的。在一个变量中，如果取值既有干部，又有法官、民警等，它的取值就不是互斥的，因为他们都是国家干部，这是取值的分辨力问题。

二是变量体必须具有一个以上的不同取值，只有一个固定不变的取值叫常量，因为它不是变量就失去了测量的意义了。

三是构成变量的各个取值必须是穷尽的，不应漏项。比如，工种这个变量如果只设车工、钳工、刨工、铣工四个取值，就不是穷尽的，因为还有钻工、磨工等工种，否则，测量就是片面的了。

（二）变量的作用

一些学者将变量的作用归纳为五个方面，即：描述作用、解释作用、评价作用、检测作用和预测作用。其实质与指标具有类似的作用，变量的最根本作用是可以对社会现象进行量化，使社会测量成为可能。

第三节 概念与假设

什么是假设？就是根据科学理论的指导和前期的经验积累对未来或未知事物进行的预测。学术界所说的研究假设和科学预言，都是根据已有的经验和科学知识，对未知的社会现象或自然现象进行的预测。研究假设和科学预言是靠前期的理论积累，去验证新的理论。而本书所说的假设是利用科学理论和经验积累，去验证某一社会现象的真实性，它通过已经验证过的事实去预测另一个同类社会现象的变异规律。比如，我们已知“粮食降价”了，根据前期经验和市场规律预测到肉、蛋等副食也会降价，在设计调研方案时就要把肉、蛋等降价的因素考虑进去，这就是假设。在这里我们称之为“调研假设”。

调研假设产生于社会实践的需要，也是人们日常经验积累的产物。一个人、一个单位、一个组织或一个国家，制订的计划方案或可行性报告都需要未来实践的验证。凡是需要实践验证的计划、方案或可行性报告都是一种假设。前期的经验积累，是调研假设的基础和源泉。积累的经验越丰富，用科学理论指导的假设就越准确、越全面、越完备、越深刻。而概念越抽象，就越需要假设，需要对课题进行分解和界定，将模糊的命题转化成明确的内容，将笼统的范围界定为具体的单元，只有拟定调研课题才能进行假设性质的调研方案的设计。经验概念有的直接来源于已发生的社会事件，有的来源于已发生的社会事件的周围，有亲身经历的或亲眼见到的社会事件，也有他人传达的社会现象，等等，这些都是调研假设的基础。例如，《关于支持革命老区外出务工劳动力培训的建议》一文（《政策研究与决策咨询——国务院研究室调研成果选》252 页，作者韩长赋、宋大伟、刘文海），是积累了农民工浪潮的经验，预测可能缺少培训这一需求而选择的调研课题。通过调研验证了培训的迫切性和培训资金不足的现实，继而对解决培训资金的管道和培训运作方式提出了建议。这个“建议的内容”就是命题的假设内容；利用间接经验或同类事件的外围经验也可以建立假设。例如，20 世纪 80 年代初，沈阳市被确定为国家唯一的综合体制改革试点城市，市委、市政府以企业改革作为切入点，选择了“租赁制”“股份制”“破产法”和“划小核算单位”等改革形式，当时虽然没有这方面的直接经验，但有间接地了解企业和了解职工的经验，根据这些外围的经验设计了改革的实施方案，这个改革的实施方案就是假设。实践证明预测的改革实施方案是成功的。这是一种典型的靠间接的经验积累所做的假设。

调研假设也需要对假设的概念进行分解和界定。实施调研假设一般要经历三个阶段：即选题假设、方案假设和实时假设。选题假设是根据前期的经验积累，预测到什么问题已成为社会的重点，以此来确定选题方向，被选择的调研课题就是假设的产物；方案假设是根据调研课题指向的内容设立的，以前期的经验积累指导设计调研的实施方案，这个方案其实是调研实践的行动纲领；实时假设发生在调研活动现场，因为一个调研课题可能涉及众多的概念或命题，随时随地会碰到一些新的具体问题，这些新的具体问题在设计调研方案时可能还没有预测到，就需要实时假设。凡是实时假设的预测，都会随后得到验证。假设的验证结果一般有三种情况：验证后全部符合、部分符合或全部不符合。全部符合或全部不符合的验证比较少。就是全部不符合的验证也是对假设的一次正面验证，可以从中找出不符合预测的症结，调整调研方向重新假设。关于部分符合实际情况的假设，随时找出正反两个方面的经验教训后，对假设进行修正、补充和完善。这种不断地提出假设又不断地验证假设的过程，就能不断地积累经验，加深对社会客观规律的认识。任何调研假设都需要在科学理论指导下进行。

调研假设的逻辑形式有三种：一元假设（X）；二元假设（X–Y）；多元假设（X–Z–Y）。一元假设：例如，根据以往经验预测某重工业生产企业的男职工要比女职工多；二元假设：例如，已知某单位男职工增加了，预测未知的女职工减少了；多元假设：例 1，已知免除了农村中小学生的学杂费，预测未知的在校生增加、教室增加（X–Z–Y）；例 2，已知免除农村中小学的学杂费，预测在校生增加、部分学生家长支出减少、政府财政支出增加（$X–Y_1–Y_2–Y_3$）。

实施调研假设应遵循以下几项原则：1. 明确概念或命题的性质、内容和范围，通过分解和界定将模糊的内涵转化成明确的内容，将笼统的范围界定为具体的单元；2. 调研假设必须具备验证的条件；3. 调研假设的建立必须与相关的理论相统一，不应与被调查对象的同类事物已被验证为正确的理论相违背，不应与已知的或被验证为正确的事实相矛盾。

通过对假设要领的分解和界定，在逻辑推理中预测的具体调研模式，不是凭空想象或主观臆造的，应该具有严格的计划性、明确的目的性和针对性，这是调研活动的重要一环。

第四节　指标与变量

变量这一概念,本书已经做过较为详细的介绍。至于指标这个概念,是我们经常谈论的话题,甚至每一个人都不会感到陌生。现在我们研究它,就要揭示它的本质属性和特征,即它的真实意义,它的性质、类型和特点以及与变量之间的关系。

一、指标的意义

指标作为统计对象的量度尺子,社会方方面面的变异状态无一不是通过指标反映出来的,它是反映社会现象、揭示社会本质的重要工具之一。

不论是党政机关还是企事业单位,在制订工作计划、实施工作方案、分析工作动态和审查工作成效时,指标都处于一马当先的位置。指标作为工具的一种重要手段不是可有可无的,可见指标在人们的日常工作中的重要性。党政机关干部和从事社会工作的人,特别是调研工作者,如果不了解指标的本质属性和特征,就难以很好地利用这一重要工具从事自己的工作。

二、指标的性质

指标到底是什么?它具有什么性质和特点?既然人们经常谈论它或运用它,对它就不应熟视无睹或停留在表面的认识上,不能像家庭主妇一样天天与商品打交道,却不了解商品在生产过程和流通过程的具体形态。在前部分的论述中,我们已经清楚指标来源于变量,但是变量是怎样转化为指标的?转化过程还有哪些规则?这些问题是指导我们设计指标的理论原则。对指标的性质、功能和特点,以及变量转化为指标的规则,我们应该有个清醒的认识,否则指标对于我们来说犹如邻里关系低头不见抬头见，却又不知对方其人其姓，不便沟通办事一样。

指标是统计学上的一个数量概念，是社会现象的测量标准，属于社会发展的变异范畴。既然它是社会变异状态的量度尺子，它就必须是具体的、明确的，是可以观测的、辨认的，具有量度的功能。所以，指标不是含混不清的。指标虽然是从变量转化而来的，但指标与变量之间具有不同的功能，指标表示概念内涵某些可以量度的内容，它小于变量的内涵。但当变量只有一个测定值时，指标才能与其测定的变量取得一致。比如，中国土地面积、生父、生母、拥护、反对等，这些变量都只有一个测定值，这时变量自身就是个指标。变量只是可以量度的分析单位，只有赋予它一定的外部条件时才能达到量度的目的，这个外部条件就是变量内涵的指示标志或具有一定数值的测定项，它就是指标。所以变量转化为指标时，要根据它的性质和特征，“量体裁衣”地对号选择适合量度它的测定项，再确定它的测定值，这是因为指标是变量内涵的指示标志。比如，设计“小康社会”这个课题的指标，根据前边论述的操作定义的理论原则，首先澄清它的内涵和外延，即它的维度，再确定它所包含的变量的性质和特征。“小康社会”涉及四个主要部分，即：“经济增长”“人均收入”“公共事业”和“法制建设”，在这四个部分中的后两个部分仍然是个抽象变量，还不具备设立测定值的条件，尚须将其具体化。指标的这种规定性还有时间的因素，受时间的限制。指标由三个部分构成：一是指标的名称，它反映指标的性质；二是指标的时段，它反映指标内容发生的时间；三是指标值，它反映指标的数量标准和涉及的范围。比如，中国 2006 年 GDP 总值为 20.94 万亿元人民币，它反映了 2006 年中国主要的经济变异状态，基本代表了中国 2006 年总体经济的一般水平。它的规定性在五个方面，即：指标的性质是经济、名称是总产值、时段是 2006 年、指标值是 20.94 万亿元人民币、涉及的范围是全国全口径总产值的汇总。

指标既然是变量内涵的指示标志，它直接反映的是经验层次的变异现象。根据现象的不同形态和不同程度，应选择不同的指标和量度方法，对社会行为的量度，必须具备两个主观指标以上才有量度的条件，否则缺乏分辨力和对比,没有参照系的指标就失去了量度的意义了。比如“信仰共产党”和“信仰上帝”这两个指标，单独抽出一个就无法量度，因为没有分辨力、没有对比、没有参照系。如果把这两个指标放在一起就可以量度了，你“信仰共产党”还是“信仰上帝”？主观指标属于无形量度，受主观因素影响较大，因调研工作者的价值取向和知识水平的不同，可能会出现这样或那样的差异；对社会实体的量度，也必须具备两个以上具有某种内在联系的指标，否则无论指标值多么先进，它也是孤立的，没有可比性，体现不出它的先进程度。

另外，任何社会现象都涉及一些概念，任何概念都可以引申出一些变量，任何一个变量都可以引申出一些指标，任何一个指标都可以设定它的取值。只有表示数量特征和质量特征标准的变量才可以称其为指标，有标底的指标才有数量特征，没有标底的指标属于“毛坯”指标，等于没有武器的战士一样，它处于变量与指标之间，我们称它为“准指标”，只有赋予它一定的指标值时才有实际意义。

关于指标的权重比较，即在若干个指标中权衡哪个指标内容与课题所指的中心内容即主题，有不可割裂的亲密关系，就是说把这几个指标与主题联系的亲密程度进行排队，孰近孰远、孰重孰轻就对比出来了。如“调研煤矿安全生产情况”的课题，就要涉及煤矿安全生产的一些变量因素，必须将其引申出来赋予取值转化为指标。这些指标是：通道安装监测设备、排水设备、排气设备、安全帽、安全教育、安全员巡视、安全制度、通报制度、隐患分析制度、奖励遵规守纪的作业工人、处罚违反规程作业的工人等。在这十一项指标中，通过权重比较，筛选后取出前三项指标为重中之重，其次是安全帽、安全教育、安全制度，再次是安全员巡视、隐患分析例会，最后是通报制度、奖励和处罚的规定。任何从指标群中遴选可用的指标时，都必须通过权重比较，才能清楚谁前谁后、选谁弃谁。每一个指标，都反映某一个特定的社会现象，对不同的社会现象采用不同的指标来反映。指标的“量”只有与社会现象的“质”紧密地结合才能准确地反映社会现象中某一个特征。

有些学者将指标的性质归纳为五性，即具体性、计量性、综合性、时间性、代表性，这五性在本节部分已被融入例子中，请读者自己去辨析。

三、指标的类型

指标的类型是依据变量的不同性质和特征而确定的。社会量度的对象形形色色，有对自然界实体的量度，有对社会实体的量度，也有对社会观念的量度。人们通过对指标的不同性质和特征，归纳出不同的类型，这些类型是：量度自然界实体的指标，属于技术形态的指标，包括物理形态、化学形态和生物形态，但这不是本书讨论的范畴。在这里，我们指的是社会实体和社会观念涉及的指标类型。学者们已将指标类型划分为：客观指标、主观指标、经济指标、非经济指标、描述性指标、评价性指标、正面指标、负面指标、投入产出指标、社会指标、调研指标、指标群和指标体系等。当然学者们还可以划分出若干个其他类型的指标。作为学术性研究这是必要的，所以这是学者们的事情。对于我们从事调研实践的人来讲，划分到这么具体已无什么太大的必要了。因为不论指标属于什么类型、叫什么名字，只要我们了解了它的性质和特征，并能很好地运用它、用活它、用出效果来就足够了。

指标类型其实就是对不同性质、不同领域和不同使用方向的概念，进行层层分解、层层处理而形成的。因为我们是调研的实践者而不是理论研究者，追逐的侧重点是不同的。调研工作者对指标的分类可以不作理论上的探究，但必须掌握使用的方法。针对调研实践的需要，现在我们选择几种泾渭分明的指标类型作一介绍，这些指标类型是：从指标载体的性质上分有主观指标和非主观指标；从指标载体的领域分，非主观指标又可分为经济指标与非经济指标；从指标的使用方向上分，有社会指标与调研指标；从指标的存在形态上分，有单一指标、指标群和指标体系。从统计学上分，有绝对指标、相对指标和平均指标（将在“第九章统计分析”中作介绍）。

（一）主观指标

主观指标就是反映人们的思想、感情、愿望、态度、评价等心理状态的指标，它反映的是看不见摸不着的社会观念。主观指标是由多个不同回答方式构成的指标群，一个简单累加的标志值。

（二）非主观指标

非主观指标就是反映社会实体变异状态的指标，它反映的是看得见、摸得着的社会现象。如涉及经济状态、人口状态、教育状态、文化状态、城市状态、就业状态、农村状态、交通状态、治安状态、农民工状态等领域的指标。其中经济指标，如：GDP 总值、劳动生产率、外贸出口、银行利率等；非经济指标，如：破案率、升学率、优秀工人比例、行政村参军人数等。

（三）社会指标

社会指标就是国家或各级政府法定的指标，以及民间约定俗成的指标，这些指标具有公共性、统一性、不可随意更改性，涉及的范围可能是全国各地、某个地区或某个行业。它是对某一方面规定的数量标准并行使量度的职能，属于宏观范畴，具有广泛的社会性和固定性。比如，国家统计局颁布的统计报表、财政部颁布的财务报表，经国家统计局批准的其他图表指标，地方政府在本地区也可能出于考核某一方面的情况而规定了一些指标。

（四）调研指标

调研指标就是调研工作者根据课题指向内容的需要，临时设计的一次性使用的指标，它是对课题指向内容规定的数量标准并行使量度的职能，属于微观的社会范畴，具有单一的针对性和灵活性。

（五）单一指标、指标群和指标体系

指标之间不同的存在形态是：

1. 单一指标不能简单地理解为一个指标，部分单一指标与一般意义的一个指标有实质性的区别，它的指标值是确定的，取值的变动范围也是依据调研课题指向内容的要求设定的。指标的取值区间无论数值差别多大，但它反映变量时其地位是平等的。如“调查 GDP 总值不同的县的比例”，就可以设计成“30 亿元以下，30 亿元—40 亿元、40 亿元—50 亿元……100 亿元以上”。单一指标可以设置多项取值，有些单一指标的变量本身就具备指标的特征。

2. 指标群。就是在同一个分解层次中，一组若干个指标，是众多指标的集合体，也可以说是指标库。指标群的指标从概念内涵中进行了无穷尽的引申后，虽然在引申过程中考虑了指标与主题的关系，有一个初步的了解，但尚未对这些指标的维度逐项地加以分析，它们的功能特征尚未充分地显现出来，况且引申的变量是否准确还无从说起。所以暂时还不能认为指标群的指标之间，有这样或那样的必然联系，我们只能认为它们是杂乱无章的。犹如一个群体的村民，尽管男女老幼皆有，但当他们还未显现出谁与谁的血缘关系或其他必然联系时，还不能知道谁与谁可以组成家庭关系一样，只能意味着指标群为我们建立指标体系提供了指标资源。

3. 指标体系。虽然它们也是个指标群，但它们不是一般意义的指标集合体。区别就在于指标之间有非常明确的依存关系和制约关系，它们的这种关系是严格的，是经过对每个指标内容和性质分析后，按它们相互的关系和各自不同的功能建立的指标体系。指标体系的功能就是系统性和配套性，即具有系统反映一个完整的社会变异状态，提供了一个综合分析的条件。比如，调查“生产性企业经济效益”时，首先要澄清与生产性企业经济效益有直接联系的因素是哪些？现将其分解为两个概念，一个是“生产性企业”，一个是“经济效益”。先理解生产性企业的内涵，再理解经济效益的内涵，两者具有不可割裂的客观性。大家知道，生产性企业是生产产品的，要生产就要有生产消费，要有厂房、设备、原材料、能源、职工工资等这些生产消费的主体，生产消费越低、产出的产品越多、制造成本就会越低，这是人所共知的浅显道理。可是，影响企业经济效益的因素还有销售环节和管理环节。马克思说，“产品的实现是企业惊险的一跳”，所以，还要分析销售好不好？市场占有率多大？管理成本如何？等等。建立指标体系必须通过权重筛选，有两个准则：一是看其指标与调研课题指向的内容，即主题有无必然联系，联系的紧密程度如何？二是看其指标与已筛选出来的一号权重指标有无必然联系？联系的紧密程度如何？比如“利润”是一号权重指标，再筛选与利润有直接的必然联系的指标是“成本”，与成本有直接的必然联系的指标是生产费用、管理费用，与生产费用有直接的必然联系的指标是固定资产折旧费、大小修费、原材料费、材料利用率、能耗、工人工资、生产人员的积极性以及生产管理费，等等；与企业管理费有直接的必然联系的指标有销售费用（含广告）、管理人员工资、办公费、财务费、贷款利息、积压的产成品和原材料、其他必要的活动经费等。这样层层引申变量层层赋予取值，指标体系就建立起来了。指标体系就是一个网，每个指标就是网上的一个纽结。指标体系中不同层次又形成若干个子系统，不论大系统还是子系统，各个指标的数值如何变异，这个体系的结构和指标之间的相关关系也不会改变。缺项的指标体系不具有体系功能，体系中多余的指标是垃圾指标，滥竽充数只会起到干扰作用，都是不可取的，应予避免。

四、指标的功能、作用和特点

指标的功能、作用和特点这三个概念，如果不认真分析、严格界定的话，在使用这几个概念时经常会碰到混淆不清、张冠李戴的现象。这直接关系到指标分类的客观性。

指标怎么分类？应有个原则，必须严格遵循逻辑规律，即依据对象的本质属性和显著特征的区别进行划分，也就是说要遵循指标载体的性质而不是单纯依据指标载体的内容。为什么在这里强调这个问题？是因为指标的分类是调查研究理论中一个比较重要的范畴，如果未加关注地疏忽了，可能会给读者造成一些不应有的误解。为便于读者对指标的理解，在这里对“功能”“作用”和“特点”作一简要的分析。

功能，就是某一事物内在的特定能量和对外的影响力，它是由事物的内在本质属性决定的。比如，钢铁与木材的本质属性是不同的，钢铁是无机物提炼形成的，而木材是有机物形成的。这就决定了两者的功能不同。钢铁的功能可以制造重型设备、制造飞机大炮，也可以作为建筑材料。木材的功能可以打制精美的家具，也可以作为建筑材料。不过两者同时作为建筑材料时的功能还不一样。至于钢铁制造了什么重型设备、什么样的飞机大炮，木材制造了什么样的家具，这是它们的作用。另外，钢铁比木材坚硬，经高温烧炼后可以变成液体，而木材经火燃烧后变成了灰烬，这便是它们各自的特点。汽车、火车的功能是只要借助能源有人操作就可以运行，这是它们的功能，至于操作灵活度如何，每小时能跑多少公里，这是它们功能的大小。在载货拉人时，载什么货、多少货，拉什么人、多少人则是它们的作用。它的特点是比马车跑得快，比飞机跑得慢。

功能是事物自身所具备的；作用则是以自身的功能在使用过程中对外所产生的影响力，即为人们解决了多少问题；而特点是一事物区别于它事物所独具的特定形态。作用越大说明功能越强，反之功能强而不被利用或利用不好，其作用也未必会发挥出来，不要把功能、作用和特点混淆了。

这时我们再回过头来理解指标的功能、作用和特点，可能会有些遵循。指标的功能其实只有两个：一个是它的量度功能；一个是它的统计功能。由于指标具备了这两个功能，就起到了计划的作用、监督的作用、约束的作用、检测的作用、评价的作用、比较的作用和预测的作用等。而“反应”量的变异状态、“代表”指标载体的数量标准和水平，则是指标的特点。在划类时有些学者将指标的作用当成功能，将指标应具备的条件当成特点，则是错误的。

第五节　概念的操作定义

前几节介绍了概念的技术处理、概念与变项、概念与假设、指标与变量等，这是概念操作化的基础理论，也是构成概念关系的总体范畴。

现在，我们就利用这些理论来实现概念的操作化。概念的操作化是通过对概念下的定义而实现的。比如“环保”是个抽象概念，首先要弄清“环保”的内涵。什么是环保？就是人们所处的环境免受噪声、废气、粉尘和污水侵害的程度。那么，限定废气的排放标准、空气粉尘的含量标准和污水净化的标准,这些标准就是给“环保”下的定义。再如,“GDP值”是个具体概念，给它下的定义是某省、某市、某县或某个生产单位在一个时期或几个不同时期创造的产值数额。

概念的操作化有两种：一种是抽象定义，属于理论操作化，是针对概念的性质而操作的，在于揭示事物的内涵，概括事物的共同本质。比如“法律”这个抽象概念，从理论操作化的角度看，它的内涵是各种法的抽象，属于政治范畴，它的共同本质是国家机器的一部分。另一种是操作定义，属于方案操作化，是针对概念的具体内容而操作的，在于说明调研课题指向的内容，将变量转化为指标。比如“法律”概念，从方案操作化的角度看，它包含宪法、普通法以及刑法、民法、婚姻法、继承法、行政法、经济法、国际法等上百种法律。

同一个概念，还可以有若干个不同的操作定义。这是因为：其一，同一个概念存在着不同标准的操作定义。比如“环保”这个概念，在不同时期可能有不同的标准，各国或各地区的标准也可能存在着一定的差异。所以，不同的环保标准自然就存在着不同的操作定义。其二，同一个概念的不同方面根据需要也可以有不同的操作定义。比如我们要测量空气的粉尘含量和污水净化的程度，这样“环保”概念就出现两个内容的操作定义：一个是环保的粉尘含量的操作定义；一个是环保的污水净化的操作定义。其三,同一个概念因不同的理解而下的不同的操作定义。比如“军费”这个概念,中国正常的国防投资均通过白皮书向世界公布，可是个别国家、个别人却认为每年的投资额以两位数增加对世界构成了威胁。而真实的情况是，中国军费的绝对额仅是日本的65%左右、是美国的15%左右，相反中国的国境线是日本的20倍、美国的2倍以上。这种不同的理解必定要出现两种不同的操作定义。

概念操作化的意义在于：其一，明确了调研课题的对象和范围。比如“环保”概念，明确了它的对象是污染，它的范围是废气排放、空气的粉尘含量和污水的净化标准，而未包括噪声。其二，能使不同的人对同一调研课题指向的具体内容有个统一的认识。不但使调研课题的承担者、调研课题指向的内容承载者有了统一的认识，也使享有调研成果的读者和听者理解调研内容更具体、更明确。其三，使调研课题涉及的高度抽象的概念，实施调研操作成为可能。

抽象定义和操作定义的关系是，抽象定义用逻辑的方法，操作定义用经验的方法，不过都是对同一类事物所下的定义，只是定义的层次不同而已。操作定义是抽象定义理论操作化的结果，抽象定义是操作定义的基础和源泉，只有用操作定义才能使抽象概念的真相浮出水面，才能揭示出它的本质属性和内在的变异状态。没有抽象定义就没有操作定义，操作定义就是为操作而下的定义。设计操作定义的方法是，首先要了解概念的内涵和外延的边界，通过分解内容、界定边界再引申变量。变量就是对概念的具体化，通过对概念的定义，设计出一个或一组具体的测量指标，建立自己的概念框架和指标体系。比如，“科学化”是个高度抽象的概念，有多种内涵，不论从哪个方面去界定它，或引申出什么样的变量，都应与概念的内涵相对应。“科学化”概念是个综合性的历史过程，不论从物理形态、化学形态或生物形态去界定它都与科学化的部分内涵相对应。如果界定“物理形态”的概念，则应是机械化、自动化和智能化。如果再继续界定智能化，则应是机器人、智能机床、无人驾驶飞机、智能子弹等，也都与科学的内涵相对应，体现了科学的本质。

概念操作化的全过程是，抽象概念过渡到抽象定义，属于高层次的理论化，对操作定义进行指导；再通过分解和界定，引申出变量概念，又过渡到操作定义，属于实践层次的操作化，将变量转化为指标，建立自己的概念框架和指标体系。其程序是，理论操作（抽象层次）—方案操作（经验层次）—指标操作（实施层次）。从上述的论述过程，请读者自己去验证每一个环节就清晰了。

第八章　社会测量

什么是社会测量？归纳起来就是按人们事先设定好的规则，通过对社会现象的观测和量度，使之类型化和数字化，并用文字或其他符号加以表示的过程。它包含以下几个方面：社会测量的含义、社会测量的形态、社会测量的要素、社会测量的特点和现状、社会测量的尺度、量表以及评估社会测量的信度与效度。

第一节　社会测量的含义

从广义上来看，测量是社会的本能行为。我们每天时时刻刻都在感受到所处环境的影响，用眼睛观测外部事物的形态、位置、距离，用耳朵倾听声音的性质、大小和方向，用鼻子嗅出空气的味道，用口品尝食物的滋味，等等，这都是一种测量。甚至自然界的各种动物都具有测量的本领，通过它们特有的本能，可以判断出捕食的方向、寻觅水源的方向、逃避天敌的方向等。不过，人类和其他动物的这种测量行为，是一种本能的反应，是肉体的感受和自为的测量，是随意的、孤立的、零散的和片面的，只能对外界表面现象有个大致的了解，仅仅能够满足自己的一时需要。而我们在本书论述的测量，是用严谨的理论、科学的方法，有计划、有目的地进行的。

自人类进入文明社会以来，社会测量就一直充当着人类与自然斗争和社会斗争的重要工具之一，因为没有对自然界的测量，就不可能了解物质的特定属性，就无从改造物质世界；没有对社会的测量，就不可能了解社会的发展规律，因而无从管理社会和改造社会，人类社会就将停滞不前。社会测量的理论，是在社会科学的发展中诞生的并随着社会科学的发展而发展，数学为统计学提供了理论基础，社会学和心理学为社会心理学提供了理论基础，哲学、政治学和经济学，亦为了解社会提供了认识途径和认识方法，社会测量的理论原则和操作方法就产生于这些理论之中。同时，社会测量不仅为认识社会、管理社会、改造社会提供了决策依据，也在不断地检验、修正和完善社会科学的基础理论。所以说，社会测量是对社会意识的认识手段，是主测人与被测人的中介物，它是为适应人们的认识和实践的需要而产生的。

第二节 社会测量的形态

所谓的社会测量形态，是通过测量工具和测量方法在测量过程中呈现出来的，使用什么样的测量工具，采用什么样的测量方法就会呈现出什么样的测量形态来。在深入论述社会测量之前，对其形态的了解可以引导我们从方向上和过程中对社会测量有个清晰的认识，有助于从理论上和操作方法上对社会测量的理解。

任何事物都有自己的形态，本书是以测量对象的不同形态为标准对社会测量进行的分类，所以这里所说的测量形态其实就是测量类别。有些学者则以测量类别加以区分，而有些学者并未涉及这个问题。至于是以测量形态分类还是以测量类别区分，这不是主要的，关键在于对事物的分辨是否清晰，分辨力是否强劲。本书为什么未按类别加以区分呢?主要原因是本书的通篇论述，只划分为两个范畴：一个是“形态”的范畴；一个是“手段”的范畴。就是说调研客体属于形态范畴，调研主体属于手段范畴。什么是形态、什么是手段，前文已经介绍过，不在此赘述了。调研课题指向的内容和要求，决定选用适合于它的测量工具和测量方式，从而显现了它的测量形态。比如，调研一个经济单位，一是要了解它已经发生的动态情况和发展趋势，二是要了解正在发生的和预计要发生的情况。这个课题指向的内容和要求告诉我们，采用单一的问卷方式是不行的，必须深入现场采取座谈方式和个别访问方式，既要与领导人沟通也要与职工沟通，才能了解到活的情况。对指标或其他数字的了解，还要以书面表格方式才能完成，这是一种测量的形态。如果要调查国民对政府某一项政策的一般反映，就不能采取上述的测量形态，因为社会之大不可能组织几次座谈或访谈就能够代表各行各业、各个阶层群众的意见，代表的范围非常有限，只有采取社会测量的问卷调查方式。

因为测量工具是呈现测量形态的一个方面，我们应当对它有一定的了解。此前，曾几次提到了调研工具，那么测量工具是什么呢？单从工具自身的功能来说，是以生产或科研为目的的、一事物作用于它事物并改变它事物形态或了解它事物内在属性的事物。我们这里所说的工具是了解它事物或概念内在属性的工具，包括指标、数字、文字、图表或其他的测量符号。由于科技的发展，近些年来也借助于录像机、录音机、计算机、电话等。不过这些有形的辅助性工具是借用的硬件，不在本节论述的范畴内，故暂且不去考虑它。指标、数字、文字、图表或其他测量符号等这些无形的工具，是构成社会测量工具的配件，它们是测量的一种手段，具有手段的功能。测量工具如同工厂的设备、设施或各种工具部件一样，也存在着成套工具、配件工具和单件工具的结构，但它们能够独立地行使自己的功能。

对于测量形态的了解，有助于读者了解测量理论的整体框架或其内在脉络，犹如进入一座城市先要了解城市街道的总体布局才不致迷失方向一样。从调查对象的客体领域加以区分，有两类测量形态：一类是对自然界实体的测量，即对物质形态的测量。比如，微观世界要凭借高能粒子加速器等设备才有可能对基本粒子进行观测；在宏观世界要用天文望远镜或射电望远镜等装置才能观测遥远的天体的运动；等等。这种测量我们称之为有形测量，属于自然科学家们的事情。一类是对社会实体的测量，即对社会形态的测量，称之为无形测量。我们在本书中论述的是后者。从调查对象的客体性质区分，无形测量又分为两种测量形态：一种是主观测量，它测量人们的思想、观念、愿望、情感、倾向等，这些形态在测量之前是看不到、摸不着的，是无形的社会客体。学术界将主观测量形态划分为四个尺度，即“定类尺度、定序尺度、定距尺度和定比尺度”；一种是非主观测量形态，它测量的是经济形态、人口形态、政治形态、教育形态、医疗卫生形态、文化形态、城市形态、农村形态、交通形态、治安形态、公共形态、农民工形态等，这些形态在测量之前是可以看到或感受到的，是有形的社会客体。从调查对象的客体内容区分，非主观测量形态又分为两种测量形态：一种是经济测量形态，如总产值、国民收入、外贸总额、亩产粮食、产品结构、投资额、某项指标的增减、能耗等；一种是非经济测量形态，如就业率、事故率、入学人数、农民工占农业人口比例、好人好事出现频率、贫困人口、犯罪率、破案率等。

测量形态更细微的分类已经没有什么必要了，因为每个课题指向的内容和要求不一样，具体的测量形态又都是千差万别的，我们对此有个清醒的认识就可以了。关于主观测量四个层次的具体内容为什么未纳入本节论述呢？这是因为作为测量的整体它是主要的一个方面，对于主观测量形态来讲它是比较完善的成熟的，它具有自身的独立性，所以未将其纳入本节的论述范畴。关于四个层次的具体测量形态，将在本章第五节进行专门论述。

第三节　社会测量的要素

一个系统的要素是构成系统的基本单元，它们之间的关系既相互依存又相互制约，依存和制约得越紧密，其协同性就越强，这是系统的整体性的必要条件。构成社会测量系统的要素，可以归纳为：测量客体、测量内容、测量标准和测量工具。即：测量客体——测量谁？测量内容——测量什么？测量规则——怎么测？测量工具——用什么测？四要素之间的依存关系和制约关系是：客体是内容的载体，要测量内容就必须有测量的工具和测量的标准，用什么工具去测量，采用什么标准去衡量测量的结果。可见，四要素之间的依存关系和制约关系是很紧密的，协调性还是很强的。下面分别介绍四要素的具体内容：

一、测量客体

调研的客体就是调研的对象，即课题指向的具体内容，这些内容就是社会客观存在的某一种事物或某一种现象，它可能是某一地区或某一单位，也可能是某一类的事件，还可能是某一阶层的人群，也就是我们调研遵循的目标亦即最终的客体。

二、测量内容

就是客体的属性和特征，或者说是概念本身所包含的因素。属性是事物内在的固有形态，特征是事物运动的量的水平及外在形态。假如测量的客体是一个生产性企业，它生产的是机械产品，使用的设备是车床、铣床、刨床、磨床等，加工的部件几乎都是钢铁，这就是这个生产企业的属性，然而它的产品的种类、产量的多少、质量的好坏和产值利润的多少等则是它的特征；这个生产企业，如果是钢铁联合企业，它加工同一种原料的各个生产阶段，则由矿山、选矿、烧结、炼铁、炼钢、初轧、成材等组成，这也是它的属性，那么它生产线的先进程度、能耗的高低、经济效益的好坏等则是它的特征；如果测量一个城市，它有商业区、公共活动区、生活服务区等，这是它的属性，可是商业区的多少、公共活动区设施的好坏、生活服务区居民素质的高低、城市综合服务功能的完善程度、城市生态环境的优劣便是这个城市的特征；对于社会群体的测量，人人都期望国泰民安、物价稳定、干部廉洁、社保到人、居住宽敞、交通方便等，这是他们的共同属性，而文化程度、职业、人均收入、个人素质、思想感情、信仰、反对什么、拥护什么、喜欢什么、厌恶什么、有哪些特长等，这是他们的特征，事物的属性和特征就是测量的内容。

三、测量规则

凡有目的、有计划开展的任何活动，都会有适应这个活动的操作规则。比如，我们要开个座谈会，这个会在哪开、什么内容、谁主持谁发言、讲到什么程度、有哪些要求、预计开会的时间、要达到什么效果等，这些就是开这个座谈会的规则。在这里这个规则就是测量方法的程序和规定性。测量一个事物，也要确定用什么工具、采取什么方式方法、从哪开始到哪结束、先测量什么、后测量什么的规则。比如，测量一个科研单位研究员的结构，这里存在着知识结构、学历结构、职称结构、年龄结构、性别结构、工龄结构、科研成果结构等，到底要测量研究员的哪方面的结构，要有个明确的规定。如果是知识结构，是所学的专业还是现在从事的专业，是基础性研究还是应用性研究，都要加以明确。如果测量研究员对我国科技政策或本单位某些规定的满意程度，可以用某些数字元号代表各种不同的态度，如用“1”代表非常满意、“2”代表满意、“3”代表无所谓、“4”代表不满意、“5”代表非常不满意。如果测量2006年人均科研成果，则用科研成果数除以研究员人数，得出人均科研成果的数值。上述需要明确的或作出的规定都是测量规则。

在制定测量规则和使用这些规则时，必须符合测量的具体要求，使用的符号或数字应能正确地反映所代表的事物的属性和特征，符号或数字应与测量的事物本身一致起来，否则会与我们的预计产生偏离。

四、测量工具

关于工具的概念，我们已经在本章的第二节中有过介绍，这里则重点介绍工具的具体应用。测量客体所使用的工具就是符号或数字构成的测量指标。比如，测量2006年某省内县一级创造社会总产值的差异情况，可以用表示数量概念的绝对数的数字元号或汉字工具加以表示，把各个县创造的社会总产值按几个档次排列，如人民币20亿元以下、超过20亿元至30亿元、超过30亿元至50亿元……100亿元以上，可以用汉字表示每个档次上有多少个县，都是哪些县；用相对数的数字元号工具表示的，如测量某省获得不同技术档次的国家专利的比例，就可以用填补国际空白的百分比、填补国内空白的百分比、填补省内空白的百分比划分；用文字符号工具测量研究员的来历，可以用汉字表示有来自清华大学、北京大学、哈佛大学、斯坦福大学、牛津大学、康裕建实验室等。

凡反映人们不同态度的测量指标，则常常用数字工具为代表，但并不体现数字本身的数量概念，只是一种抽象的符号，一种标志。犹如X号运动员一样，指的是X号的运动员，X号仅仅是运动员的符号和标志，不论X号是6、8或9都没有具体的数量概念。再有由于社会现象的多种多样、错综复杂，依靠单一的测量指标还不足以达到测量的预期效果，还要运用其他的测量工具，如量表、调查表、图表、统计表等。要形成测量手段的多样化和系统化才能达到我们的预期测量效果。

第四节　社会测量的特点和现状

特点就是一事物区别于它事物所具有的明显个性和功能。社会测量不仅可以了解社会外在的各种客观事物，还可以了解人们内在的观念；不仅对事物的属性能够作出定性分析，还能测量出事物的类别；不仅可以对事物的特征作出定量分析，还能测量出事物的水平。这是社会测量运用科学手段所展示的重要特点之一。

一、社会测量已从传统的经验型过渡到现代的理论型

辩证唯物主义为我们明确了认识社会的途径和方法，历史唯物主义为我们清晰地指出了社会的发展规律，我们可以运用这一方法、遵循这一规律去认识社会，这是社会测量从经验型的定性分析阶段向理论型定量分析阶段迈出的重要一步。随着数理科学的发展，人们又借助于统计学涉及的数学理论，引进了数量的手段，开始在社会测量中运用定量分析的方法，这已超越了单一的经验范畴的定性分析，从而实现了在定性分析的基础上，运用定量分析来检测定性分析的准确程度，并给予定性分析以补充，实现了定性分析和定量分析的有机结合，这意味着社会测量从必然王国向自由王国的过渡发生了质的飞跃。现代的社会测量不仅仅有理论的指导，还运用了科学的手段，这使社会调研成果的客观性有

了坚实基础，这是现代社会测量的一个突出特点。

二、社会测量是了解民意的最好途径

社会测量是以一组一组的社会群体做样本，并依此推论到更大范围得出的测量结果，它的特点是可以同时涉及社会各行各业、各个层面的不同群体，调查的幅员广大、操作简便、费时相对较少。比如“测量民意”，因为民意是一种社会思潮，具有社会意识的趋势性，采用其他任何调研形式，都很难涉及预计合理的社会范围，难以完成调研任务。民意具有时代性，是社情、民情和社会行为的前奏，人们喜欢什么、厌恶什么、拥护什么、反对什么，总会在社会中得以表露，有积极的因素也可能有消极的因素，如果不及时发现、及时引导，就可能使积极因素得不到发挥，消极因素得不到控制，会给社会带来负面影响。社会测量对评价公务员或其他行政管理干部以及从事管理工作的人士来说，也是很好的民意测量。所以社会测量是一个了解民意、民情的很好途径。

三、尚未形成精确的统一测量标准

社会测量已从原始的经验型过渡到现代的理论型，从经验型的定性分析过渡到理论型的定量分析，使社会测量发生了质的飞跃，可是与自然科学领域里对固有的物质测量相比，还有相当大的差距。社会测量虽然不能要求像对物质形态测量那样精确，但距人们预想的程度其差异还是很大的。这是因为：其一，难以分清观念差异的具体形态。社会测量仅有的理论和规则，只能测量民意的一个总趋势，还难以了解民意的不同差异形态。其二，社会测量的结果失掉了对总体的直接把握。现有的测量手段还是以样本去推论总体情况，不是对总体的直接测量，所以测量结果与实际情况可能仍存在着较大的差异。其三，社会测量受主观因素的影响较大。不同的人测量同一事物可能产生不同的结果，因为人既是测量的主体，又是测量的客体，每个人的水平、价值取向、思维方式、政治信仰、传统观念和现代意识等都可能存在着差异，这也给测量结果带来了不确定性。其四，社会过程的复杂性决定了社会测量的难度。

社会现象纷繁万变，社会过程错综复杂，人又是社会的主体，不具有自然界固有的物质形态所具有的相对不变性，人的外在行为往往与其内在的真实想法也存在着一定差异，他的想法、观念、倾向或动机，也可能潜藏于内，不会直白地表露，无疑难以形成统一精确的测量标准。

社会测量的这种现状，要求我们必须有个充分的估计，在调查研究过程中，要全面、缜密、细微地设计好每一个测量环节，预计可能出现的差异率，尽量实现测量结果的客观性。

第五节　社会测量尺度

社会测量的尺度，又叫社会测量层次，属于主观测量形态的范畴。社会现象是复杂多变的，不同的概念或命题具有不同的属性和特征，所以社会测量就需要不同的方式方法，会呈现出不同的社会测量形态。史蒂文斯针对这种社会状况，于 1951 年创立了社会测量四种尺度的模式，后来被世界普遍采用。

一、定类尺度

定类尺度又叫类别尺度或定名尺度，是测量定类变量所用的尺度，凡是涉及划分类别的变量都须采用定类尺度，它属于类别划分的范畴。请看以下几组变量群：

机电产品 { 机床、水泵、锅炉、电机 }

党群组织 { 共产党、共青团、少先队、妇　联 }

高等学校 { 医科大学、工业大学、农业大学、政治大学 }

从上述三种变量群中的类别可以看出,“机电产品”属于物质形态;“党群组织”属于政治形态;“高等学校”属于教育形态,各自处于不同的范畴。每个范畴内的单元,不论其规模大小都处在平等的地位上。类别的区分应掌握以下六个原则:

(一)范畴内各单元必须具备同一的本质属性和显著特征

比如,在“机电产品”范畴内,不允许有化工产品、纺织产品或与机电产品不同特征的其他产品;在“党群组织”范畴内,不允许有经济组织、行政组织或与党群组织性质不同的其他类型的社会组织;在“高等学校”范畴内,不允许有培训班、研究院、中小学校或与高等学校不同特征的学校。

(二)必须有两个以上的变量值

比如“职业”这个变量,只取“工人”或“重工业”这一个变量值是不能测量的,因为没有可比性,若再添上“教师”或“轻工业”这个变量值就可以测量了。

(三)划分的类别必须是穷尽的

每一个被测量单位的变量必须全部引申出来,不能潜藏着余项,否则测量是不全面的。比如“职业”这个被测量单位,应引申出“工人、农民、教师、学生、干部、律师、军人、警察、医生、工程技术人员、研究员、文艺工作者、作家、体育工作者、社会服务人员、公司职员、企业经理、商贩、手工业者、经济人”等不能遗漏。

(四)每一个被测量的变量必须归类

不能归类的变量等于没有户籍的“游民”不能测量。

(五)变量之间的分辨力要明显,必须是互斥的

即变量之间是个“非此即彼”的关系。如“职业”变量中的两个变量一个是“工人”,一个是“农民”,两者的存在不是“工人”就是“农民”。

(六)数字符号被用作标识时,它不具有数量特征

如“1”代表工人,“2”代表农民,“3”代表教师……

定类测量的类别划分无高低、大小、好坏、优劣、多少等的等级区别,如上述的各种职业都是平等的。定类尺度是最低层次的测量形态。

二、定序尺度

定序尺度又叫顺序测量，它是根据测量对象的不同特征划分类别并鉴别其类别的等级，分别具有互斥性和趋同性，如高低、大小、好坏、优劣、多少和强弱等区别。这个等级的差异是由测量对象自身固有的特征决定的，不是人们凭借自己的主观愿望而是根据它们的不同特征安排的。如“城市的大小”，在没有标识人口数量的取值之前，只能将北京、石家庄、海口分为大、中、小排列。再有，同一类性质的事物具有不同状态的程度或强度的排列，如“创新、革新、创造、发明”和“猜测、推测、猜疑、多疑”这两组各四种概念状态所表示的意思其程度越来越强。“创新”属于变革，“革新”属于改革，“创造”属于在变革和改革的基础上创造出新路子，而“发明”则是前所未有的新发现；那么“猜测”是考虑那个事物是什么，“推测”是判断那个事物的真伪，“猜疑”是对那个事物的怀疑，“多疑”则增强了疑惑感。因为这些变量之间没有明确的取值单位，只能划分出类别的等级而不能区别其等级的数量差异。但测量层次高于定类测量。它的测量方法有：

（一）等第顺序法或顺序排列法

如某县实施一项政策，制订五个方案征求各乡镇的意见，现将五个方案以 A、B、C、D、E 代替；在对方案的优劣选择上以阿拉伯数字 1、2、3、4、5 排列，“1”代表最优，“5”代表最劣，其间的 2、3、4 处于两者间的优劣顺序上；全县共有 12 个乡镇，用阿拉伯数字表示乡镇的序号；同一种意见的合计数越少选项越优、越多选项越劣，按此合计数的多少就把五个方案的等级排列出来了。如表 8-1 所示。

表 8–1 产业工人流动表

乡镇产号	五种方案				
	A	B	C	D	E
1	3	2	1	4	3
2	1	4	2	3	5
3	2	3	1	3	5
4	3	5	4	2	4
5	4	4	2	3	4
6	2	3	1	4	5
7	4	4	3	5	5
8	5	3	2	5	2
9	3	2	1	3	4
10	4	4	2	5	4
11	2	5	3	2	5
12	3	3	4	3	3
意见合计	36	42	26	42	49
等 级	2	3	1	3	4

（二）其他几种配比法

逐级递进配比，如 A:B、B:C、C:D、D:E 或逐级循环配比 A:B、B:C……E:A；基准逐级配比 A:B、A:C……A:E；间隔逐级配比 A:C、B:D……C:E。

根据调研课题指向的内容特征和要求，调研承担者自己可以设计规则，但须注意的是不应漏掉一个方案或一个乡镇，这是个原则。

三、定距尺度

定距尺度又叫等距测量。可以测量出类别的不同和类别等级差异及差异值，即测量出变量值的类别、变量值之间的等级顺序，还能计算出各变量值之间的具体数量差异，这个数量差异可以运用加减法运算。比如，测量 A、B、C 三省的 GDP 总值，经测量后知道 A 省为 6200 亿元、

B 省为 5000 亿元、C 省为 4500 亿元，通过对比相减知道 A 省比 B 省多 1200 亿元、比 C 省多 1700 亿元，又通过相加知道 A、B、C 三省 GDP 总值的合计为 15700 亿元。再如测量实现 GDP 总值达到百亿元的五个县，有的县达到了，而有的县未能达到，未能达到百亿元的县图表上的标识为“零”,这个“零”不意味着这个县的 GDP 总值就是真正的“无”,“零”在这里不具有数量特征，而是未达到百亿县的标识。

四、定比尺度

定比尺度又叫等比尺度。它在测量层次上与定类尺度、定序尺度和定距尺度比，呈现出它们的全部特征，具备了它们的全部功能，不仅可以测量出变量之间的类别、变量之间的等级差别和变量值之间的具体数量差异程度，还能测量出变量值之间的比例、比率和倍数等，它在测量层次上是最高的一种测量形态。比如，上例中从 A、B、C 三省 GDP 总值中，可以计算出 A 省分别是 B 省和 C 省的 1.24 倍、1.38 倍，而 B 省、C 省分别是 A 省的 80.65% 和 72.58%。另外，定比尺度的变量取值中，还有一个不可随意赋予其他任何含义的“零”,这个“零”是真实的“无”,它不可以被指派成为标志值的符号。

根据同一变量的不同特征，可以作出不同层次的测量。比如，对纳税企业进行测量：若按定类尺度测量，可以将纳税企业分为主动型、正常型、被动型；若按定序尺度测量，可以分为纳税大户、中户和小户类型排列；若按定距尺度测量，可以分为纳税额 100 万元、80 万元和 60 万元不同的数量间距；若按定比尺度测量，大户纳税额分别是中户、小户纳税额的几倍，中户、小户纳税额分别是大户纳税额的 80% 和 60%。也可以同时运用四种测量尺度，凡是在这种情况下，一般应采用最高的测量尺度。因为最高的测量尺度更明确、更精准，收集的信息相对丰富。四种测量尺度混合使用时，应以最高的测量尺度为标准。请看表 8–2。

表 8–2　不同层级测量表

名称	功能	特征	数字元号	适用统计方法
定类尺度	类别区分	类别地位平等、互斥性	= ≠	众数 X^2 检验
定序尺度	类别区分 等级区分	按等级顺序排列	= ≠ ><	中位数， 非参数检验
定距尺度	类别区分 等级区分 差值区分	按数值大小的 距离排列 有标志性“零”	= ≠ >< + −	算术平均数、 参数检验
定比尺度	类别、等级 差价、比值区分	有真实意义的 “零”	= ≠ >< + − × ÷	算术平均数、 几何平均值参数 检验

由此可见，四个层次的测量尺度在形态上的表现是，复杂程度逐级递增、测量层次逐级升高、功能作用逐级健全。选用哪种测量尺度，以调研的目的来决定。

第六节　量　表

有些社会现象难以用数量标准去直接地测量，有些调研的目的对社会现象也不需要用数量标准去直接地测量，这是产生量表的两个基本因素。量表是以图表为载体并由赋予一定分值的指标群所构成。量表是测量人们观念的量具，它包含在社会测量的主观测量范畴内，是社会测量工具的一部分。有的学者说:“它是社会科学中最令人迷惑的概念之一。”(《社会研究方法教程》北京大学出版社 1997 年版）

一、量表的特征

针对学者们说量表是“最令人迷惑的概念之一”这一论断，我们就有必要把这种"迷惑"说得通俗一点，为读者的理解提供一些方便。量表其实就是一种图表。不过，这种图表与其他的一般图表截然不同。

（一）指标的存在形态不同

量表的指标是测量好与坏、对与错、是与否或美与丑的量具，指标的作用是价值取向，不具有数量形态，这是与其他指标不同之所在。

量表的指标必须由指标群构成，而其他的一般图表也可以不是指标群，如表 8-3（量表）所示。

表 8-3　测量某市公共秩序

测量 2009 年度

序号	正向、负向标志	问答指标内容	指标值	
			是	不是
1	+	交通运行井然有序	1	0
2	–	交通事故时有发生	0	1
3	–	公共场所乱写乱画	0	1
4	+	好人好事随处可见	1	0
5	–	随意乱扔废弃物	0	1
6	+	举止文明　谈吐礼貌	1	0
7	+	上车站排　车上让座	1	0

2008 年制表　　负责人：　　主测单位：　　核准人：

此量表由七个指标构成指标群，设立两个指标值"是"与"不是"。其他的一般图表，如表 8-4（非量表）所示。

表 8-4　测量某单位 2009 年 GDP 总值

计量单位　万元

时段 / 项目	一季度	二季度	三季度	四季度	合计
GDP 值					

负责人：　　2009 年制表

此表所载指标不是指标群，取值也不是人的评价，而是直接测量被调查单位创造的 GDP 总值，是单一指标在不同时段发生的数量变异水平。所以此表不是量表。

（二）指标的作用不同

量表的指标既然是测量人们观念的工具，它就不具有直接测量社会某一具体事物的功能，只能通过人的评价间接地达到测量的目的；而其他的一般图表指标，具有直接测量社会某一具体事物的功能，测量的结果就是被测量事物自身的数量变异反映，从表 8–3、表 8–4 的对比中可以清晰地看出这一特征。

（三）指标的性质不同

量表的指标对社会的评价是主观的、抽象的，它无法看到评价对象的具体形态；而其他的一般图表指标则是客观的，虽然有的指标也是抽象的，但它是通过指标的具体数字综合换算形成的，如指数、百分比、倍数等相对数。所以，前者的抽象是认识上的抽象、间接的抽象、主观的抽象，后者的抽象是数量的抽象、直接的抽象、客观的抽象，是不同范畴的抽象。比如，表 8–3 无论指标是正向陈述还是负向陈述，无论指标值的评价强度如何，其指标值所包含的社会内容没有一个直接的数量反映，都是含混不清的。而表 8–4 不同，指标反映的是某单位每个时段 GDP 值发生的具体数量，如果要了解季度之间的百分比，通过现有数字计算一下就可以了，这个百分比值的抽象与表 8–3 的抽象显然不同，它来源于具体、来源于客观。

（四）指标值的取向不同

量表的取值是根据被测社会现象的外在变异总趋势，主测人专为被测人设计的，而不是为评价对象设计的。设计的原则有两点：一是确定评价方向。是正向陈述还是负向陈述？如“交通运行井然有序”，这是正向陈述，用“+”符号表示；“交通运行混乱不堪”这是负向陈述，用“–”符号表示。二是确定取值的强度。如“非常满意、满意、比较满意、无所谓”或“比较不满意、不满意、非常不满意”；其他的一般图表指标值，是直接为被测的具体事物设计的，不是为被测人设计的。它的设计原则有三点：一是针对被测社会现象的具体事物“量体裁衣”；二是必须能反映被测事物的具体数量特征；三是指标群一定要具有配套性，即指标之间要有直接的必然联系。

（五）指标的标志符号不同

量表指标必须运用标志性符号表示，而且这种符号所标志的内容在不同的量表上也可能不同。比如，“1”在此量表上可以代表序号，在彼量表上就可以代表分值；“√”代表“对”与“不对”或“好”与“不好”；“+”与“-”代表正负向陈述等。而其他的一般图表极少运用标志性符号，它直接用文字词语或阿拉伯数字的本意直接表示，比如GDP总值、总产值10.94万亿元、就业率85%、相关系数0.95、今年是去年的1.5倍、价格指数上涨为0.05等。

（六）两图表的规定性不同

量表的规定性比较严格，一般不允许随意更改它的规则，问答指标是量表唯一的实质性内容，而指标值的评价标准、指标值之间的差异方向和强度是量表的主要特征。其他的一般图表其规定性要相对灵活一些，除国家法定的图表以外，调研者针对具体的调研内容和要求，可以自行设计。

二、西方的平面量表

（一）总加量表

总加量表是美国社会心理学家李克特于1932年改造而成的，被学术界所公认。总加量表分为“两项选择式”和“多项选择式”。“两项选择式”就是对所提的问答指标只设立“同意、不同意”“拥护、不拥护”“赞成、不赞成”“满意、不满意”“对、不对”等这两个指标值；“多项选择式”对所提出的问答指标，一般设立五个指标值，如“满意、比较满意、无所谓、不太满意、不满意”或“赞成、比较赞成、说不清、不太赞成、不赞成”等。也可以设立三个或七个指标值，如“拥护、不知道、反对”或“非常好、好、比较好、不了解、不太好、不好、非常不好”等。在这里读者可能要问为什么未提四个指标值呢？因为四个指标值里没有中性人群发表意见的空间，任何时候、任何地方都有所谓的

“中间派”“老好人”或“不知情者”,这部分人说的“无所谓”“说不清”或“不知道”也是一种表态、一种观念，所以不应漏掉。那么，读者可能又要问两项选择式也未给中性人群留有发表意见的空间，这怎么解释？两项选择式的形成，是由问答指标的内容和测量的目的决定的，凡涉及原则性、决定性的表态或分辨力特别强的内容，对表态的要求不允许有第三种态度，就是非此即彼。比如，涉及决定性的全民公投，只能设计两个取值，即“拥护什么、反对什么”“选择什么、废弃什么”，必须选择其一；又如，评价某个法人单位遵纪守法情况，也以设计两个指标值“守法、不守法”为宜。至于是不是设计两个以上的指标值，要根据指标内容的特征由主测人依据自己的调研目的而决定。指标值设立七项以上可不可以？从理论上来说是可以的，不过对于人的态度的分解，更细微地分下去就失去了实际意义。

再有，问答指标的内容形形色色，陈述的角度或语气各不一样，这就决定了不同的取值方向。完全的正向式所陈述的问题都是正面的、肯定的，如果被测者“认可”则是正面的回答，“不认可”是负面的回答；完全的负向式所提的问题都是负面的、否定的，如果被测者“认可”则是负面回答，“不认可”则是正面回答。在一个既有正向问答指标又有负向问答指标的混合量表内，其回答方向也是如此。虽然没有统一的标准，但有统一的原则，即是不论什么内容的回答指标，也不论从哪个角度或以什么语气陈述的回答问题，只要求指标的取值方式与问答指标的内容相一致，否则就可能会出现笑话。比如，上例中评价某个法人单位遵纪守法情况,设立指标取值时如果不用“守法、不守法”而改用“赞成、不赞成”，就不能表达指标的意思，就要造成所答非所问的结果，会使被测人群无法回答。关于总加量表的模式，请看表 8–5。

表 8–5 某市公共秩序测量表

被测地区：　　　　　　　　　　　　评价 2009 年度

序号	正向、负向标识	问答指标内容	指标值				
			肯定是	是	不好说	不是	肯定不是
1	+	交通运行井然有序	（5）	4	3	2	1
2	–	交通事故时有发生	（1）	2	3	4	5
3	–	公共场所乱写乱画	1	2	3	（4）	5
4	+	好人好事随处可见	5	（4）	3	2	1
5	–	随意乱扔废弃物	1	（2）	3	4	5
6	+	举止文明谈吐礼貌	（5）	4	3	2	1
7	+	上车排队车上让座	（5）	4	3	2	1

主测单位：　　　　核准人：　　　　负责人：

表 8–5 的总加量表是个混合式量表，第 1 项、第 4 项、第 6 项、第 7 项是正向陈述，其余三项是负向陈述。从表中可以看出，正向陈述的“是”或“肯定是”是正向态度的某一个指标值，是正面的回答，而“不是”或“肯定不是”是负向态度的某一个指标值，则是负面的回答；负向陈述的“是”或“肯定是”则是负向态度的某一个指标值，是负面的回答，而“不是”或“肯定不是”是正向态度的某一个指标值，是正面的回答。

表 8–5 总加量表的“主题”是测量某市公共秩序，“目的”是了解公共秩序处在什么水平上。指标群由七个问答指标构成，正负项的陈述分别用“+”和“–”符号作为方向标识，分派的指标值其态度的弹性趋向明显，按正负陈述方向分别赋予了不同的分值并用阿拉伯数字符号加以表示，正向陈述的指标值从左至右记 5、4、3、2、1 分，负向陈述的指标值从左至右记 1、2、3、4、5 分，并用“( )”符号将被测者选定的指标值括上，本量表的最低总分是 7 分、最高总分是 35 分，经测量其结果是 26 分，占最高总分的 74%，这就是某市公共秩序评价的总水平。

如果量表设计的是七个指标值，正向陈述的记分规则是，从左至右记 7、6、5、4、3、2、1 分；负向陈述的记分规则是，从左至右记 1、2、3、4、5、6、7 分。这是指标值态度从强势向弱势延序的规则。反之，指标值态度从弱势向强势延序的记分规则就要颠倒过来。

表 8–5 总加量表已将正向陈述与负向陈述混同在一起，是个混合式量表，其优点是各自具有的功能可以相互检验或相互补充，即从不同角度和侧面进行评价，其测量的效果要好一些，涉及的面要广一些。

制作总加量表的方法和程序分为四个环节：

1. 明确三个方面

这三个方面是:（1）主题。课题确定后，了解了调研的目的和要求，自然就把主题凸显出来了。明确了主题就等于明确了内容，由此也明确了要评价的对象、重点和范围，为设计问答指标打下了基础。（2）目的。要明确测量的目的是为了什么？是修正前期政策还是要制定新政策？是评价社会的某一方面还是表态决定性的公投？（3）对象。是评价哪个地区、哪个单位或哪个方面的社会问题？主测者只有明确了上述三个方面，才能做到方向明、范围明、重点明和标准明，可以为下一个环节提供充分的操作条件。

2. 确定测量总体和样本规模

总体就是测量的范围，即界定某一地区、某一单位或某一阶层的群体；样本规模是以总体规模为依据确定的，其原则是只要通过样本能够推论出总体情况，即确定样本在某一变量上的取值或类别，就能够推论出总体在这个变量上的分布状态，这个样本便是成功的，犹如通过不同职业、不同年龄、不同文化程度的“样本群体”对政府某一项政策的认可程度，便可推论出社会总体在这个变量上的态度。

3. 试测量

试测量可以发现问答指标的分辨力强不强？指标值与问答指标内容是否一致？还有没有其他的瑕疵？一般来说指标值与指标内容的关系直接影响分辨力，因为指标值就是人的态度的取向，指标内容就是态度所指的对象，如果两者不一致就会出现张冠李戴的现象。试测量需要从样本中抽取试测群体，至于抽取多少人没有统一的规定，要依据样本的规模人数酌情而定，只要达到通过试测能有效地发现量表中我们意想不到的问题就可以了。试测时分别计算出每个试测者和每道问答指标的总分数，然后按个人总分的高低顺序进行排列，再抽出总分最高的一组和总分最低的一组进行对比，换算出分辨力系数，从而鉴别其问答指标的分辨力。至于抽出多少人合适，学术界公认的标准是，试测人数应占样本人数的 50%，其中最高分数和最低分数各占 25%。请看表 8–6（分辨力系数计算表）。

表 8–6　分辨力系数计算表

类别区分栏	A1:B1	n	问答指标（答题）序号							个人总分
			一	二	三	四	五	六	七	
记分栏	A1 组	1	5	4	4	5	3	5	5	31
		2	4	4	4	5	4	4	5	30
		3	5	5	4	4	1	5	4	28
		4	4	4	4	4	2	4	4	26
		5	4	4	3	4	2	4	4	25
	:									
	:	:								
		:								
	:									
	:									
	B1 组	16	4	4	4	2	4	3	2	23
		17	2	4	2	4	5	2	2	21
		18	1	2	5	2	4	2	4	20
		19	2	2	4	2	4	2	2	18
		20	1	4	4	2	2	1	2	16
计算分辨力系数	每题总分	A	22	21	19	22	12	22	22	
		B	10	16	19	12	19	10	12	
	A	A ÷ 5	4.4	4.2	3.8	4.4	2.4	4.4	4.4	
	B	B ÷ 5	2	3.2	3.8	2.4	3.8	2	2.4	
	W	A．–B、	2.4	1.0	0	2.0	–1.4	2.4	2.0	

表 8-6 的符号表示：问答指标序号：一、二、三……七；试测人员序号 n：1、2、3……20；分辨力系数：W；最高总分：A；最高平均分：A1 组；最低总分：B；最低平均分：B1 组。从表中可以看出，在七个问答指标中分辨力系数最低的是第五项为 -1.4 和第三项为 0,应予删除，保留分辨力系数较高的其他五项。分辨力系数越高分辨力越强，所提的问答指标其内容越鲜明、越集中、越突出。反之，分辨力越弱，所提的问答指标其内容就越含混、越分散、越一般。同时在试测过程中如果未发现也未碰到有其他瑕疵时，就可以进行下一个环节的操作了。

关于试测人数，不应局限于 20 人。对于一个地区或一个城市的某一方面的测量，抽取样本不应限于几十人或几百人。此表为节省篇幅作了微缩，仅以此例说明试测量的具体做法。

4. 制作总加量表

试测后通过分辨力系数的鉴别，已删除了分辨力弱的问答指标，现在围绕分辨力强的问答指标进行总加量表的设计：（1）决定取值。将保留的问答指标排成顺序，再决定几个取值，设定的取值数目和用语，要符合调研测量的目的和要求。比如，要解决什么问题、达到什么标准要做到心中有数，假如以检测和修正前期政策为目的，就要围绕前期政策内容陈述并选用取值用语；假如测量某一社会的民意，就要围绕某一社会问题陈述并选用取值用语。现以“检查免除农业税的落实情况”为例，就应检测地方政府的执行情况，设置问答指标时就应针对阻碍落实政策和增加摊派项目等方面的内容进行考虑；测量社会热点问题的看法时，就要先了解群众对这一热点问题有几种看法，再把这几种看法作为问答指标进行陈述,取值用语应该是“……赞成……不赞成……”“……是……不是……”“……同意……不同意……”“……应该……不应该……”等，如果有需要表决的原则性问题，取值用语只有“拥护、反对”“同意、不同意”“支持、不支持”“是、不是”两个取值就够了。如果测量的内容是平和的社会一般问题，有五个取值就够了，问答指标的口气也要平和一些；如果是涉及社会层面广而又较复杂的社会问题，应该提出十五个以上的问答指标进行陈述，拟定五个或七个取值就够了。（2）制作量表要符合制表的规范。虽然量表内在的规则与其他的一般图表截然不同，但其外在规则却与其他的一般图表具有同样的特点，纵向内容与横向内容必须贯通平衡，相互之间应有必然的联系，表内的栏次、项目、类别、序号、要求、内容的格式都应相互照应，如果涉及数量内容时要有计量单位，在表外注明被测对象、测量发生期、主测单位、核准人、负责人、制表时间等。

（二）累积量表

累积量表有两种：一种是以美国社会心理学家古格曼的名字命名的古格曼量表，它测量的是人们的态度倾向及其倾向的强度等级；一种是以美国社会心理学家鲍格达斯的名字命名的鲍格达斯量表。由于这种量表是测量同一群体之间、不同群体之间、不同群体对同一群体或同一群体对不同群体之间的远近关系，所以又叫社会距离量表。

古格曼量表的主要特征是，量表中后一个选项的等级强度累积了前一个选项的等级强度，受测人只要接受了较强的选项等级，就一定能接受较弱的选项等级。反之，当拒绝某一选项等级时，自然也就必定会拒绝这一选项等级以后的选项等级。比如，能生产飞机的企业就能生产汽车，能生产汽车的企业就能生产自行车，能生产自行车的企业就能生产手推车，或者说能登顶喜马拉雅山的人就能登顶泰山。有些学者都用数学中的加减乘除的难易程度为例。不过，古格曼量表对人们态度倾向的强度进行的比较，仅限于同一类事物的范畴，适用范围很窄。在政府决策中很少选用这种量表形态，所以不作过多介绍了，读者知道这个量表的大概还是必需的。

鲍格达斯量表测量的是社会关系的远近距离，可以用来测量社会群体对社会、对政府的态度倾向，作为了解社会意识乃至社会思潮或许还有一定的益处，在此简要地介绍这种量表以供读者们参考。现以“测量科技工作者的爱国情怀”为例，用 7 项测试指标的 15 组回答组合来说明这个量表的特征和功能。请看表 8–7 累积量表（古格曼量表）。

表 8-7　科技工作者爱国情怀测量表

序号	问答指标（陈述栏）	选项栏
1	您愿意以优厚待遇选择科技工作吗？	
2	你愿意选择科技工作吗？	
3	您愿意根据国家需要选择科技工作吗？	
4	您愿意为祖国科技事业牺牲一点个人利益吗？	
5	您愿意无条件地为祖国科技事业献力吗？	
6	您愿意为祖国科技事业作出重大牺牲吗？	
7	您愿意为祖国科技事业献出宝贵生命吗？	

选项画“√”；弃项画“ ✕ ”

从表 8-7 中清晰地看到，这七个陈述句的态度倾向是不同的，爱国行为一级比一级更浓烈、更强势，而且每一等级的态度强度都有前一等级强度的累积，并成为后一等级累积的基础。

鲍格达斯量表的等级递进方式，只限于同一个类型的内在因素，它的总分亦是等级递进形成的，有一种回答组合与之相对应，它与古格曼量表一样，是一种趋强结构的单维度逻辑关系。

在编制鲍格达斯量表时，从主题概念中引申出若干个测量项目，再根据项目特征选择若干个问答指标，取值均用“同意、不同意”“是、不是”“赞成、不赞成”“愿意、不愿意”等。将选择出来的若干个问答指标按等级结构的趋强特征进行排列，给每个取值等级确定分值，制成试测表，抽取小样本进行测试，将试测结果按选择的回答等级由左至右进行排列，计算出总分和平均分，通过公式计算出一致性系数，才能从中发现那些不符合逻辑规则或含混不清的回答项，将其删除，剩余的回答项就是我们选择的陈述内容，这时可以正式编制鲍格达斯量表。如表 8-8 累积量表（鲍格达斯量表）所示。

表 8–8　科技工作者爱国情怀测量表

被测人序　号	问答指标（陈述栏）							分数
	一	二	三	四	五	六	七	
1	+	+	–	–	–	-	-	2
2	+	+	+	-	-	-	-	3
3	+	+	+	+	-	-	-	4
4	+	+	+	+	+	-	+	6
5	+	+	+	+	+	-	-	5
6	+	+	+	+	+	+	-	6
7	+	-	-	-	-	-	+	2
8	+	+	+	+	+	+	+	7
9	+	+	+	+	-	-	-	4
10	+	+	+	+	-	+	-	5
11	+	+	+	+	-	-	-	4
12	+	+	+	+	+	+	+	7
13	+	+	+	-	-	+	-	4
14	+	+	+	+	+	+	+	7
15	+	+	+	-	-	-	-	3

注：表中“+”号表示愿意，“–”号表示不愿意

此表的问答指标陈述均是表 8–7（累积量表）的内容。这个课题的主题是科技工作者与祖国的关系。在被测人的十五组回答组合中，可以看出对祖国科技事业的不同态度，绝大多数人愿意为祖国科技事业贡献力量。可是，有四人的回答不符合实际，即第 4 号、第 7 号、第 10 号、第 13 号，因为当你还未放弃个人利益的情况下，愿意为祖国科技事业作出重大牺牲或献出宝贵生命，这显然是不可能的。现在我们通过公式计算一致性系数，以此来衡量其构筑鲍格达斯量表的可能性。

$$一致性系数 = 1 - \frac{错误回答次数}{总人数 \times 回答总次数} \quad 即 = 0.98$$

一般情况下一致性系数大于 0.90 以上时，鲍格达斯量表就是成立的，因为它表现出了单维度的特征。

有的学者将古格曼量表与鲍格达斯量表分为两种形式或两种类型论述，前者是以数学题的难易度或某种现象的难易度为特征，后者是以交往程度的远近距离为特征。本书作者认为，分开论述可能更清晰一些，不过它们的本质特征是一致的：其一，两者都具有单维度的特征；其二，两者都具有态度趋强的结构性特征；其三，两者都具有明显的逻辑推理的特征。所以两者都应属于累积量表类型。

累计量表与总加量表虽然都是通过评价进行社会测量，可是两者的区别也是明显的，累计量表是单维度的，它只围绕同一类事物进行评价，即人与人之间的关系，测量对象狭窄，具有很大的局限性；而总加量表是多维度的，它可以评价社会上的任何现象，测量对象广泛，具有很大的伸张性。

（三）语义差异量表

这种量表是美国心理学家奥斯古德等人于20世纪50年代创立的。是测量人们对外界事物的感受和认知，主要集中在人们对周围环境的比较方面。它的主要特征是用一组意义完全相反的形容词和与之相对应的反义词所构成，在一对形容词和与之相对应的反义词之间，设立7至11个区间，用间断的短横线连接，每个区间都设立一个表示感受或认知的定冠语词放在量表的顶端，测量的结果就是选择的定冠语词。如表8–9语义差异量表（奥斯古德量表）所示。

表8–9 对国内经济形势看法测量表

序号		肯定	确实	是	不好说	是	确实	肯定	
1	健康稳定地发展	—	—	—	—	—	—	—	盲目发展
2	有利的条件很多	—	—	—	—	—	—	—	障碍很多
3	宏观调控已见效	—	—	—	—	—	—	—	未见效
4	结构失调已纠正	—	—	—	—	—	—	—	未能纠正
5	排放污染物减少	1	2	3	4	5	6	7	未减少
6	能耗高	7	6	5	4	3	2	1	不高
7	资源掠夺式的生产	—	—	—	—	—	—	—	节约型生产

记分规则有两种：一是将形容词与反义词之间的横断线从一端至另一端分别记1—7分、1—11分，属于正指标范畴；或分别记7—1、11—1分，属于负指标范畴。二是分别记+1、+2、+3、0、-1、-2、-3分。回答者把自己的感受和认知在每一对形容词与反义词之间的“认知”位置上画上标记，以表示自己的态度。但须注意的是记分方向不能错位，要依据整体方向来确定，肯定性的正指标一端记（+）；否定性的负指标一端记（-）；中性“态度栏”记0。

计算方式有三种：1.11计算整体平均数。将每个人的总分加起来构成指标群总分，再除以群体人数，从群体平均数就可以判断总的态度趋势。2.22计算出各个不同群体在每一个问答指标上所得的平均分，并以此比较群体之间的差异状态，进行结构性分析。比如，计算“工人、教师、手工业者和管理干部”之间的各自平均分，来比较不同阶层的分值，就可以看清他们期望值的差异。3.33计算问答指标的分值比例。对于比较大型的社会课题调查，要引申出比较庞大的指标群，这个指标群应全面包括概念、事物和群体的各个方面。在这个指标群内还可能形成不同的类别群体加以划分，计算出子项的平均分，即子项总分除以子项所含的问答指标项数，再计算各子项之间的比例。问答指标的分值比例，能使我们了解到被测事物不足之处以及社会群体对被测事物感兴趣的侧面。

语义差异量表同总加量表、累积量表一样，只能作为民意调查而不能作为社情调查，其优点是有较大的辐射面。不足之处是仅仅能了解民意的大致状况，但是分值体现的背景模糊不清。

三、中国的结构量表

事物的结构是现代科学认识的一个重要范畴，可以进一步揭示事物的本质。凡结构都是一个有机结合的整体，其内部的各要素也是相互依存、相互制约的，并按照一定的规律形成若干个不同的层次，这些就是事物的内在属性。我们要了解一个事物，在未了解它的内在结构之前，仍然还停留在表面的感性认识阶段，只有了解了事物的内在结构才算有了一个真正的实质性的了解。结构量表就是在试图进行结构测算、结构分析，最终得出结构性的测量结果。

就社会测量而言，主要是测量人们的观念和态度，即人们的社会意识。测量的对象是一个一个的人，众多的个人意识就构成了社会意识。离开了个人意识也就没有社会意识。个人意识不管具有怎样的独立性，归根结底还是社会意识。社会测量就是通过个人意识来反映社会意识。因为世界上没有完全相同的个人意识，不同的人对同一事物必然存在着不同的态度，所以社会意识是由不同的人具有不同的态度构成的，个人意识是从不同的层次、不同的角度和不同的方面反映社会的存在，因而便构成了社会意识的层次性和结构性。如果社会意识不进行结构性测量，就难以了解社会主流意识背后的潜在趋势，难以捕捉客观的意识流，难以辨别社会意识暗流中的积极因素和消极因素。所以，社会意识的结构性测量就成为社会测量的客观要求。

西方传统的平面量表，应用在主观世界的测量方面已延续了半个多世纪，通过测量主观世界发现的社会矛盾，进而为解决这些社会矛盾提供决策依据，曾起到不可忽视的历史作用。可是，现代社会已经迈向了世界一体化的历史阶段，涉及政治、经济、文化艺术、哲学、宗教等广泛的领域，发生了翻天覆地的变化，这势必影响人们在法治、道德、廉洁、人权、文明、民主、自由、公开、公正、公平、特权、腐败等方面的观念也发生了根本性的变化，人们的意识更拓展了、更开放了，对社会的要求更高了，这是社会存在决定社会意识的必然结果。由于科学的发展，社会意识形成的意识流正通过信息高速公路疾速地传递着，又会产生一种不可阻挡的社会力量，不断地冲撞着传统的意识。这不能不引起我们党政机关的决策层或从事行政管理的工作人员的高度重视，党中央、国务院曾一再强调调查研究的重要性并多次下达过具体指示，如果我们还停留在传统的粗放型的调查研究状态中，已经不适应今天的时代要求，历史已经赋予了我们从事调研活动的理论工作者或实践者以新的使命，要求我们有所发现、有所创新。列宁说："判断历史的功绩，不是根据历史活动家没有提出现代所要求的东西，而是根据他们比他们的前辈提供了新的东西。”(《列宁全集》第 2 卷 150 页）本书作者在调研实践中通过摸索和试验，初步设计了“结构量表”，并在调研实践中得以多次地运用，都收到了很好的效果。

此量表可以展示不同的人群构成、不同的态度构成和不同的分值构成，对不同的人群形成的不同的态度及其相对应的不同分值就有了层次之分，便构成了结构性特征，就能够对同一分值的不同态度形态以及不同态度的人群和不同的分值构成进行结构分析。纵向可以描述同一态度、不同人群和不同分值在每一个测量指标上的分布状态，横向可以描述单一测量指标的不同态度、不同分值和不同人群的具体形态。

此量表的计分方法是：把正负两个方向的分值截然分开，采取对冲的方式。对冲后形成的差值即能反映出社会意识的总的趋势。总加量表（李克特量表)、语义差异量表（奥斯古德量表）等把两种不同取值方向的分值混在一起，进一步分析的管道就被堵住了。结构量表恰恰弥补了总加量表和语义差异量表不能描述同一分值、不同态度形态和不能进行结构对比的不足。现将结构量表分别展示如下：表 8–10 正向结构量表（之一)、表 8–11 负向结构量表（之二)、表 8–12 小汇总结构量表（之三)、表 8–13 大汇总结构量表 (之四)。

表 8–10　正向结构量表（之一）
测评“领导班子”行为规范量表

样本单 1500 人

态度取向	正态取向												中性取向		负态取向											
态度项	特别同意 A			同意 B			比较同意 C			合计			无所谓		不太同意 C			不同意 B			特别不同意 A			合计		
计分标准	3			2			1			A+B+C			0		−1			−2			−3			C+B+A		
人数与分值	人数	与样本人数比例	分值	人数	与样本人数比例	分值	人数	与样本人数比例	分值	人数	与样本人数比例	分值	人数	与样本人数比例	人数	与样本人数比例	分值	人数	与样本人数比例	分值	人数	与样本人数比例	分值	人数	与样本人数比例	分值
计量单位	人	%	分	人	%	分	人	%	分	人	%	分	人	%	人	%	分	人	%	分	人	%	分	人	%	分
办事廉洁	280	18.67	840	650	43.33	1300	320	21.33	320	1,250	83.33	2,460	55	3.77	85	5.67	-85	75	5.00	-150	35	2.33	-105	195	13.00	-340
开拓进取	43	2.87	129	58	3.87	116	619	41.27	619	720	48.00	864	235	15.67	190	12.67	-190	230	15.33	-460	125	8.33	-375	545	36.33	-1,025
团结协作	333	22.20	999	290	19.33	580	78	5.20	78	701	46.73	1,657	225	15.00	105	7.00	-105	250	16.67	-500	219	14.60	-657	574	38.27	-1,262
政策水平高	15	1.00	45	37	2.47	74	105	7.00	105	157	10.47	224	615	41.00	328	21.87	-328	315	21.00	-630	85	5.67	-255	728	48.53	-1,213
办事公道	90	6.00	270	301	20.07	602	580	38.67	580	971	64.73	1,452	34	2.27	356	23.73	-356	99	6.60	-198	40	2.70	-120	495	33.00	-674
团结群众	153	10.20	459	206	13.73	412	294	19.60	294	653	43.53	1,165	120	8.00	373	24.87	-373	200	13.33	-400	154	10.27	-462	727	48.47	-1,235

从正向结构量表（表 8 –10）可看出每种态度取向的人数和分值。这样，在同一态度取向中或不论分值是否相等的条件下，各种态度的具体形态已历历在目，为进行结构性分析提供了可能的条件。

表 8-11 负向结构量表（之二）
测评“领导班子”行为规范量表

样本单位：

态度取向	正态取向									中性取向		负态取向								
态度项	特别不同意 A			不同意 B			比较不同意 C			无所谓		比较同意 C			同意 B			特别同意 A		
计分标准	3			2			1			0		−1			−2			−3		
人数与分值	人数	与样本人数比例	分值	人数	与样本人数比例	分值	人数	与样本人数比例	分值	人数	与样本人数比例	人数	与样本人数比例	分值	人数	与样本人数比例	分值	人数	与样本人数比例	分值
计量单位	人	%	分	人	%	分	人	%	分	人	%	人	%	分	人	%	分	人	%	分
办事索贿																				
僵化保守																				
不够团结																				
政策水平低																				
官僚主义																				
鄙视群众																				

“负向结构量表”的否定是正向取值，应记正向分值；肯定是负向取值，应记负向分值。

表 8–12　小汇总结构量表（之三）

样本规模 1500 人

	A 项		B 项		C 项	
	人数	分值	人数	分值	人数	分值
	正 A 与负 A 之差额	正 A 与负 A 之差值	正 B 与负 B 之差额	正 B 与负 B 之差值	正 C 与负 C 之差额	正 C 与负 C 之差值
办事廉洁	+245	+735	+575	+1150	+235	+235
开拓进取	–82	–246	–172	–344	+429	+429
团结协作	+114	+342	+40	+80	–27	–27
政策水平高	–70	–210	–278	–556	–223	–223
办事公道	+50	+150	+202	+404	+224	–224
团结群众	–1	–3	+6	+12	–79	–29

从结构量表（之三）可以看出，每种态度强度的人数和分值通过正负项对冲后形成的正差或负差，对测量指标的认定或否定有了明确的认识，为进一步作结构性分析奠定了基础。

表 8–13　大汇总结构量表（之四）

样本单位 1500 人

	正　项			负　项			正负项对冲之差				中性项	
	A、B、C			C、B、A								
	人数	占样本人数比例	分值	人数	占样本人数比例	分值	人数	占正负项各自人数比例	分值	占正负项各自分值比例	人数	占样本人数比例
计量单位	人	%	分	人	%	分	人（+－）	%	分（+－）	%	人	%
办事廉洁	1250	83.33	2,460	195	13.00	-340	+1055	+84.40	+2120	+86.18	55	3.77
开拓进取	720	48.00	864	545	36.33	-1,025	+175	+24.31	-161	-15.71	235	15.67
团结协作	701	46.73	1,657	574	38.27	-1,262	+127	+28.12	+395	+23.84	225	15.00
政策水平高	157	10.47	224	728	48.53	-1,213	-571	-78.43	-989	-81.53	615	41.00
办事公道	971	64.73	1,452	495	33.00	-674	+476	+49.02	+778	+53.58	34	2.27
团结群众	653	43.53	1,165	727	48.47	-1.235	-74	-10.18	-70	-5.67	120	8.00

从结构量表（之四）可以看出，通过汇总后，正项、负项和中性项的比重，并从正负项对冲后的换算，认定出每个测量指标在正项或负项中所处的档次，我们就能从不同人群的态度取向分析调研客体的发展趋势。

（一）操作和记分规则

1.“态度项”必须有三种以上可供选择的奇数项，比如五项、七项或九项。除中性态度为常项，中性项两侧的态度项必须具有相互对应的排斥关系。

2. 每一项指标的测量内容，每种态度及其相对应的人数和分数，则是测量的基本元素，是测量结果的基础。

3. 结构量表上的各种态度都赋予了一定的分值。中性项为 0 分，从中性项向两侧延伸分别为正向和负向，正向记正数 1 、2 、3 … 9 ；负向记负数 - 1 、- 2 、- 3 …- 9 。正负项的人群数和正负值的分数要进行对冲，其差额再经过换算，即为测量结果。

4. 中性项虽然没有分值，但它代表一个层面，其态度也是一种表示。此项的作用主要看人数占样本人数比例的大小。如果比例超过 25%，说明大部分人对此次量表的测试内容不感兴趣，就失去了测试的意义，应删掉。

5. 结构量表必须围绕一个主题的不同方面和不同态度拟题。

6. 如果量表主题引申的变项具有强度特征，按累计量表要求排序后，再回到此量表操作规则。

7. 计分标准。在结构量表的测试过程中，针对态度的强弱程度划分为最强势的、强势的和弱势的三个档次（如果再有几种态度也根据其强弱程度划归到这三个档次内）。态度强弱程度的三个档次又决定了对正负项认定的三个档次，即高度正项式、中度正项式和低度正项式，以及与此相对应的高度负项式、中度负项式和低度负项式。

正负项分值对冲后，如果形成了正差即为正向式，说明了在“正向结构量表”中测量指标被肯定了，在“负向结构量表”中测量指标被否定了；正负向分值对冲后，如果形成了负差即为负向式，说明了在“正向结构量表”中测量指标被否定了，在“负向结构量表”中测量指标被肯定了。

划分正负向档次的标准是：

在正向栏目内，如果正向态度的人数占样本人数的75%以上时，不论分值对冲后形成的正差占正向分值的比例多大，均为高度正向式，具有显著性的正向式特征，被测量的指标应充分得以肯定或给予否定；如果正向态度的人数占样本人数在67%—75%之间时，正负向分值对冲后形成的正差占正向分值的比例若不低于67%时，为中度正向式，具有确定性的正向式特征，被测量的指标也应予以肯定或否定；如果正负向分值对冲后形成的正差占正向分值的比例在67%以下时，为低度正向式，具有微弱性的正向特征，被测量的指标勉强被肯定或否定。

在负向栏目内，如果负向态度的人数占样本人数75%以上时，不论分值对冲后形成的负差占负向分值的比例多大，均为高度负向式，具有显著性的负向特征，被测量的指标应予否定或肯定；如果负向态度人数占样本人数67%—75%之间时，正负向分值对冲后形成的负差占负向分值的比例不低于67%时，为中度负向式，具有确定性的负向特征，被测量的指标应予否定或肯定；如果正负向分值对冲后，形成的负差占负向分值的比例在67%以下时，为低度负向式，具有微弱性的负向特征，被测量的指标勉强被否定或肯定。

给正负向态度之所以划分为高、中、低度，主要还是因为便于进行结构性分析，在分析中可以发现被测量对象的合理性。

上述给定的正负向不同人数占样本人数的比例和分值差额的比例关系，都是经过对比换算后得出来的，各种比例关系之间都有一定的制约性和依存性。

在指标设计上，与西方的平面量表也有不同之处，即同一份结构量表中不能同时出现正面指标和负面指标。正面指标和负面指标只能各自单独制表，测量结果出来后，再进行对比分析。

（二）结构测量

结构测量必须紧紧围绕一个主题，从不同角度以不同态度提出问题。提出的问题应能反映主题的核心内容，并具有综合分析价值的成套性。

结构测量主要是针对调研客体通过样本的不同的人群、不同态度、不同分值的对比、分析和计算，最后得出测量结果的过程。通过对不同的人群、不同的态度的测量而形成的不同的分值，就可以按一定的标准认定被测量的事物。比如，正向态度与负向态度之间的对比、每一项测量内容不同态度强度及其相对应的人群之间的对比、不同态度形成的分值之间的对比，最后汇总进行综合性分析，就能够通过这种结构性的对比关系，对相同的分值而不同的态度形态或相同的态度倾向而不同的态度形态，进行人群结构和态度结构差异的描述。

结构量表的测量，不能单一地以正负项的人数比例和分值的比值为根据，还应考虑不同态度的强势构成。如果不考虑正负向的态度强度，光凭分值和人数加以认定或否定，就容易隐藏着不确定的因素。这种因素潜藏在负向的最强势的态度中，负向态度的强度可以改变人数上的劣势为分值上的优势。分析态度的不同形态，才能揭示出不同人群的不同态度特征。因为对某一事物的态度强度，恰恰表明了不同的人群对这一事物的不同认定程度。这正是结构量表的结构特征，西方的平面量表没有这种功能。

（三）结构分析

结构分析，也是围绕结构测量的内容，对调研客体的不同态度及其相对应的人群和不同的分值进行的分析。在正向人数占样本人数55%以上时，正向的态度强度及其相对应的人数也不应低于负向。在这种情况下，正负向分值对冲后不会出现负差。在正项结构量表内，正负向的分值之差也应占正向分值的50%以上。认定正向式或负向式档次时，正负向分值之差越大，差值所占各自分值的比例也就越大，正值或负值对调研客体的认定就越充分。相反，正负向分值之差越小，差值所占各自分值的比例也就越小，正值或负值对调研客体的认定也就越模糊。

正负向人数或分值对冲后形成的差值，如果是正差，调研客体的指标将被认定，如果是负差调研客体的指标将被否定。还要对正向式或负向式的等级进行分类，以便分析调研客体的合理性。在分析时主要围绕两个条件：一是正负向人数的对比关系；二是正负向态度强度的对比关系。

从态度的不同强度及其相对应的不同人数进行分析才能体现结构性特点。

结构量表还可以进行纵横向结构分析。纵向结构分析是对所有调研客体指标的单一态度的分析，即用同一态度形态及其相对应的人数对所有调研客体的不同指标的分析；横向结构分析是对调研客体的单一具体指标进行的各种态度形态的分析，即用各种不同的态度及相对应的人群对同一调研客体的同一个指标的测量。以结构量表之一、之二、之三和之四为例，调研客体一共六个指标，通过对不同人群的态度测量、计分合计、对冲换算和结构分析，对“领导班子”的六种行为规范，在群众中的不同反映程度已很清晰。第一项行为规范是“办事廉洁”。经测量正向最强势和强势态度的人数占了 74.40%，而分值之差又占正向分值的 86.18%，属于高度正向式，对这项测量内容应予充分肯定。第二项行为规范是“开拓进取”。正向态度人数虽然比负向态度人数多 175 名，由于正负向人数之差仅是正向人数的 24.31%，还未达到 50%，而负向强势态度的人数又多于正向人数，分值却比正向多出 161 分。这说明对这项测量内容持否定意见的态度比较强势。同时，持中性态度的人又占样本人数的 15.67%，说明了对这项测量内容不感兴趣的人颇多，属于中度负向式，应予以否定。第三项行为规范是“团结协作”。正负向人数和分值之正差，占正向人数和分值的比例还不到 20%。这说明正向比负向略有优势的人数对领导班子是否团结协作存在的正反两个方面看法差别不大，属于低度正向式。第四项行为规范是“政策水平高”。负向人数比正向人数多 571 名，占负向人数的比例高达 78.43%，分值之负差也多 989 分，占负向分值的比例高达 81.53%。同时保持中性态度的人数又占样本人数的 41%。这说明群众对领导班子的政策水平高均持否定态度，属于高度负向式。第五项行为规范是“办事公道”。正向人数和分值都明显超过负向，人数之正差占正向人数的 49.02%，分值之正差占正向分值的 53.58%，已接近 54%，属于典型的中度正向式。第六项行为规范是“团结群众”。正向的人数和分值都略低于负向，接近低度负项式，属于典型的低度负向式。通过对调研客体六项行为规范指标的测量，对这个“领导班子”有了一个明确的认识，总的看来，这个领导班子清正廉洁，但领导能力弱一些。

本书公布的结构量表是个大胆的尝试，如能起到抛砖引玉的作用将是莫大的欣慰。希望学者们和广大的调研工作者研究它、提高它、完善它或否定它！

（四）发送量表

发送量表类似于问卷调查量表，它的应用范围很广，可以测量多维度的复杂社会现象，既可以测量个人的态度倾向，也可以测量国民态度的平均倾向。其不足之处是，虽然能区分个体间态度的倾向和强度，但无法区分态度的结构形态和群体内的态度结构，不具备进一步分析民意的条件，更掌握不了总体意识内部的意识流和暗流，这是一个很大的缺欠。要想解决这一问题，必须对发送量表进行一些改造。

量表是社会测量的一个子范畴，都是通过对事物的主观评价来行使测量功能，量表的测量形态是：直观的评价、间接的结果，直接的测量，主观的分值。但平面量表存在着一个共同的缺欠，就是无法分析测量结果的态度结构，在主测人面前形成一定的盲区。半个世纪以来，学者们一直呼吁“结构量表”的出现，以此测量态度的结构形态。

第七节　信度与效度

信度与效度是构成测量工具的一部分，是用相同的测量规则对同一测量对象的测量结果进行的评估。任何社会测量都有误差，运用信度与效度对误差进行判断，可以将其控制在允许的范围内。如同我们实施一项政策或筹建一个大的项目一样，也要进行评估和判断，以便发现偏差并能及时地得到纠正。

一、信度

所谓的信度，就是运用相同的测量手段对同一客体重复测量时，所得结果前后一致的程度。或者说，测得的数值与结论的可靠性，即测量规则能否比较准确地测量到它所要测量的程度。比如，测量一个领导班子的政绩，在测量过程中抽取的样本群体，对这个领导班子的情况是否了解,这是它的真实性的前提。再有尽管样本群体了解领导班子的情况，可是这个样本群体对其存在着偏见，也严重地影响着真实性，这是在抽样阶段出现的偏差。如果抽取的样本群体没有任何偏见，但在设计问卷时选择的提问方式不妥、所列的内容不是漏项就是含混不清或针对性不强，这说明测量规则不符合测量对象的客体概念所固有的属性和特征要求，通俗一点说就是“走错了门户、漏了项、跑了题”。信度就是检测这些内容的。如何检测？有以下几种类型：

（一）复测信度

采用同一种测量规则对同一个样本群体在前后不同时间内进行的两次测量，把这两次测量的结果计算出相关系数来，这个相关系数就是复测信度。比如，测评领导班子政绩，第一次测评时认定“优”的人数占91%，几天后复测时，认可“优”的人数占93%，偏差只有2%，这就是复测信度。这说明群众对领导班子的政绩是肯定的，两次测量的结果很吻合，这个测量结果的信度是很高的、可信的。

（二）复本信度

将一套测量规则进行复制，再设计成两套或两套以上精确度完全一样的测量规则，与原本那套规则在内容、项数、重点、问题的方向、难易程度、分辨力等方面是一样的，只是在使用的词语或语气上有所区别。然后双管齐下地在同一时间或不同时间内对同一测量对象进行连续测量，将测出的两个或两个以上的结果进行对比，求出相关系数，这个系数就是复本信度。比如，调研涉及的测量项目，为了慎重起见拟订几个预定调研方案，这几个调研方案的实施目标是一致的，都是我们预期要实现的效果。

（三）折半信度

折半信度与复测信度和复本信度不同的是，不像后者经过两次调研的测量检测其信度，而只有一次测量的机会，在不能重测的情况下，只好采用折半的方法来估计信度，就是将调查的测量结果按其题目的单、双号分成两部分，再根据这两部分的总分计算出相关的系数，这一相关系数就是折半信度。

由于调查的测量结果被折半，检测的容量等于复测信度和复本信度的一半，其信度受到“幅面”和“量”的影响，信度就会相对降低，为弥补这一缺欠，必须将“幅面”放大，解决自身的参照系。通过以下公式达到这个目的，即 $r=\frac{2r_n}{1+r_n}$，式中 r 是放大后的信度，r_n 是折半求得的相关系数。假如上例“测评领导班子政绩”的相关系数为 0.78，代入公式为 $r=\frac{2\times0.78}{1+0.78}\approx 0.88$，这个 0.88 的数值就是放大后的相关系数。这个信度还是很高的，调查的测量结果还是稳定的、可靠的。

影响信度的因素有很多，一是抽样群体的适应性如何，如果抽样不当、样本过小，就不能代表总体的特征；二是问卷内容缺项，提出的问题针对性不强，偏离了主题；三是由于受外来干扰，样本群体成员心里有压力，或有偏见、不重视、无耐心，等等。

一般来说，提出的问题越多越杂，其信度越低，反之提出的问题越集中、越突出、越明确，其信度就越高。

二、效度

效度是检测选择的测量工具是否正确，测量的精确度是否可靠，是否比较客观地反映了测量对象的真实属性和特征。

（一）表面效度

表面效度也叫内容效度，是指测量内容与测量目标的逻辑关系，两者是否吻合，即指标内容与被测量的变量的属性和特征是否一致，测量结果是否符合变量的真实值。例如，调研建材行业的发展趋势，在拟定调研提纲的指标时，就应抓住与建材行业发展趋势有直接的必然联系的内容，这些指标内容是：国家基本建设规模、人均住房面积、人均实现 GDP 数值。这些都能直接决定建材行业的发展趋势，用这三个指标测量“建材行业的发展趋势”这个大变量，测量的内容与测量的目标是吻合的，具有明显的表面效度。如果选用其他的指标内容，如建材在房地产行业的需求量占全国的比例是钢材 25%、木材 40%、水泥 70%、玻璃 70% 等指标测量建材行业的发展趋势，表面看来好像与建材有直接的关系，但它没有必然的关系，而且这种直接的关系又受房地产行业的波动影响很大，是不稳定的，因为房地产行业属于泡沫经济，它决定不了建材行业的发展趋势。显然，用这些指标测量建材行业的发展趋势，因测量内容与测量目标的偏差反映不出我们预期的测量结果，其表面效度不值得信赖，不具备表面效度的资格。

（二）标准效度

标准效度是用已被证实的效度为标准来评价与之相关的另一次测量结果。被证实的效度就是标准效度。只有被证实的标准效度才有资格评价另一个变量的测量结果或有效性。比如，建材行业的发展趋势，从表面上看建材行业的发展趋势直接受建筑行业的影响，而建筑行业又受房地产行业的直接影响。可是已被发达国家所证实的效度却是，一个国家人均实现 GDP 达到 800 美元时，建材行业开始形成，在实现 7000 美元之前，建材行业的发展势头不会减缓，而我国人均实现 GDP 还不到 1000 美元；另一个是人均住房面积达到 30 平方米之前，住房需求将保持旺盛的发展势头，而我国人均居住面积还不到 12 平方米，会继续刺激建材行业的迅猛发展。国家基本建设规模是国家计划的一部分，是必须实现的目标，它直接决定建材行业的发展趋势，具有很高的效度。

某些规则一旦被假设或被定义为有效的测量标准时，凡符合这些标准的测量工具，都可以作为测量客体的效标，不论何种测量工具或测量方式只要与效标保持一致性就是标准效度。

（三）建构效度

就是选用任何一种测量工具去测量课题指向内容所涉及的概念，测得的结果与被测量概念中两个变量之间相关关系保持一致，并能呈现出结构性测量形态的测量工具，就是建构效度。比如，市民素质（自变量 X）与不文明行为（因变量 Y），在 X 和 Y 这两个变量的 X 中又引出两个变量指标，即“受法规约束”（X_1）与“受教育启发”（X_2）。通过测量证实，市民受法规约束后不文明行为减少了，证明了市民受法规约束的有效性。同时又证实了市民受教育启发的有效性，由此认定 X_2 具有与 X_1 同样的测量效果，所以 X_2 就可以替代 X_1 的测量，这个新指标 X_2 就是建构效度。X_1 和 X_2 是“约束市民行为”这个概念内的两个相关关系的变量。如果 X_2 变量指标不具有 X_1 变量指标的特征和功能，就不是建构效度。

三、信度与效度的关系

从信度和效度的论述中，我们了解到两者是个互补关系，缺一构成不了一个完整的检测系统。不过信度是效度的基础，效度有效性的首要前提是信度，不可信的测量必定是无效的，信度只能解释被测量客体资料的真实性，不能解释这些资料与测量工具的一致性就是不可信的。因为信度为效度提供真实的、可靠的测量资料，而效度依据这些资料选择适合的测量工具和测量规则，两者发生的时序是信度在前、效度在后。比如，上例中的“市民素质”调查，抽取的样本如果代表不了全市居民的特征，就失掉了真实性，这个不可信的“信度”势必直接影响效度的客观性。如果抽取的样本代表了全市居民的特征，可能在检测这个测量结果时，选择的测量工具和测量规则与其测量结果的特征出现偏差，其效度也是很低的。

信度的真实性，是我们准确地把握了与课题指向内容的客观真实相一致的情况下发生的，而效度的正确性是建立在把握事物的真实性基础上，没有信度的真实，效度可能因为主测人员的认识水平或思想倾向等主观因素的影响，而作出不同的判断，得出不同的结果。所以，认识的正确性还是主观上的东西，只适用于它反映的对象及其个人的水平上。由此得出的结论是，信度高而效度不一定高，信度低其效度必定是低的；而效度高其信度必然高，效度低其信度不一定低。

第九章　统计分析

统计，自人类有了简单的思维能力时就存在着。古人为了记录身边发生的数字，用刻痕划道或石子树枝作为手段；现代人，甚至家庭主妇也在计算着日常收支的数字。这些都是统计。作为党政机关、企事业单位、社会团体或社会的各个领域，更离不开统计。所以，统计一直伴随着人们的社会存在而存在着。

统计虽然是对数的统计，但不是对数的简单的加减乘除。它除了数的统计以外，还必须进行数的逻辑分析。要分析就要有对比，有对比就必须有两个以上的数据，甚至是数据群。数据群的数据来源于错综复杂的社会现象，由此，也就决定了数据的复杂性。数据的复杂性表现为不同的特征、不同的分布状态、不同的制约关系和依存关系，同时也就决定了不同的统计方法和不同的计算公式。

第一节 统计分析的内涵和意义

统计分析，就是调研主体针对调研客体的内容，去收集和整理数据资料，通过计算、对比、分析和判断得出定性结论的过程。指导统计活动的理论是“统计学”，而“统计学”是数学和相关的社会科学相结合的产物。

自威廉·佩第于17世纪提出“政治算术”理论和阿·凯特勒于19世纪将概率论应用到调研活动以后，统计方法才有了比较系统的明确的理论指导。几百年来，随着科学技术的不断发展，统计理论和统计手段已日臻成熟，已成为调研活动不可缺少的重要组成部分。马克思的女婿拉法格在回忆马克思时提出：“一门科学只有在成功地运用了数学时，才算达到了真正完善的地步。”(《马克思传》人民出版社1965年版，德国弗·梅林著)

一切社会事物、社会现象和社会问题，甚至自然界都在时时刻刻地运动着和发展着，在总的规律环境中又表现出大量的、无规则的、偶然的变异状态，不是增加就是减少，由此引起了事物的质的变异。有变异就有统计。

一、统计的目的

抽象地说，统计的目的就是通过对量的掌握，去揭示事物的本质和规律。恩格斯说："没有物质或运动的增加或减少，即没有有关物体的变化，是不可能改变这个物体的质的。"（《马克思恩格斯选集》第 4 卷 311 页）具体地说，统计的目的是揭示调研客体内容的本质和调研客体的发展规律，完成调研主体的要求，以调研主体的目的为目的。

二、统计的对象

统计的对象，就是调研课题指向的具体内容，或者说就是主体认识的那个客体。

三、统计的要求

统计的要求只有两点：一是数据的真实性；二是计算的准确性。对真实性的要求是绝对的，对准确性的要求是相对的。真实性是准确性的基础和前提，两者具有非常紧密的内在联系，没有真实其准确也不复存在。真实不等于准确。真实是指那个事物不是假的。不过，真实是不是完整地反映了那个事物的全貌或全过程也就不好说了。而准确性指的是那个事物不但是真实的，也应当是恰如其分的。所以，准确的原始数据和计算结果已包含了它的真实性。为什么说要求的真实性是绝对的呢?因为没有真实就没有一切。如果只有原始数据的真实而没有相对准确的计算公式和计算结果，其统计就失去了应有的意义。准确性的相对性是由认识程度的差异性和统计的近似性决定的，因为对任何事物的认识都不能丝毫不差地绝对地反映那个事物的一切。对统计的这些要求，则是唯一的不可动摇的。

四、统计特点

统计最突出的特点是它的数量性、社会性和依附性。

（一）数量性

因为人们对客体的认识和结论总是用数量的语言加以表达，也就是说统计主体认识统计客体的过程和结果都离不开数量。统计从数量的角度去反映社会的方方面面，帮助人们了解社会、认识社会和掌握社会。

数量是统计赖以存在的核心，它是统计的数字内容和灵魂。两者的关系是，统计依赖于数量，数量体现着统计。所以，统计的数量性是统计最突出的特点。

（二）社会性

统计是在社会生活中产生的，又对社会生活内容进行统计。统计在各种社会活动中无所不在，它渗透于社会的各个领域和角落，成为社会存在的一个重要组成部分。

（三）依附性

统计是伴随着主体认识客体而产生的，它必定要依附于调研课题指向的内容之中，必须依附于主体认识客体的过程中。因为统计是调研活动的手段和工具，也是主体认识客体的一种途径和中间环节。没有社会调研就没有社会统计，没有人们的生活需求也没有统计。统计是在人们认识客体的需求时而发生的。所以，只要人们对认识客体有需求就会引起对统计的需求。

五、统计方法

统计方法包括收集原始数据的方法、运用统计公式的方法、使用现代科技手段的方法等。收集资料、整理资料、筛选资料以及对资料的质量分类、编列图表、选择公式、计算对比、分析判断、定性结论等都是统计的方法，这些内容将在后几节中一一介绍。此外，对于大型的社会调研课题，要涉及大量的计量工作和繁杂的绘图制表过程，应利用“统计分析软件”来处理。特别是对问卷调查和社会量表调查的原始数据资料，则利用计算机进行处理和分析更为合适，但要经过审核、编码和录入的过程来完成。对于开放式问卷的原始数据资料进行编码时，对同一问题的不同答案，选定相对应的数字、字母或其他符号加以表示，以便为录入计算机提供方便。在进行排序、归类和合并意思相近的答案以后，对不同的答案应分配不同的符号，再通过软件（比如 SPSS 等）编码功能或普通录入软件的寻找替换功能实现编码录入。软件的选择，可根据调研课题的性质和要求，以及自己对不同软件的熟练程度来确定。目前，比较流行的软件有 SPSS，SAS，Excel，FoxPro 等，可供选择。具体的统计方法将在其他章节逐一加以介绍。

六、如何掌握“量”的变异

从根本上讲，要掌握的“量”的变异有两个方面：一是数量的对比关系；二是特征的对比关系。

（一）数量的对比关系

数量的对比关系其实就是两个或两个以上数值的制约性对比关系和依存性对比关系。通过对比可以反映出事物的不同水平、不同速度、不同规模或不同作用等等。有比较才有鉴别，有鉴别才有认定，有认定才能有结论。

（二）特征的对比关系

某一种数据表示某一类事物。各类事物都具有不同的特征。这里分为数值特征和质量特征。前者是事物数量多少的数量特征，后者是事物不同类别的数量特征。没有类别的特征就区分不了事物的质量，就划分不了事物的种类，也就不能进行归类。只有归类的统计对象才能有系统的理性认识，从而才能找到事物的发展规律。

七、质与量的辩证关系

质的规定性使事物彼此区隔开来，从而形成了事物的多样性；量的范畴所反映的是事物的水平、程度和事物之间的比例关系。没有一定的质就没有一定的量，只有对社会现象和社会问题进行了质的认定才能体现量的特征，也才能深刻地揭示出它的本质和发展规律。比如，要调查农民工群体的自然状况，就必须有数量上的统计，否则农民工的自然状况就无从了解。统计什么？从哪里入手？这是摆在调研人员面前的实际问题。首先，必须将农民工群体从社会的其他群体中作出“质”的区隔，才能了解农民工群体的“量”的特征，这是统计的前提。然后，在农民工群体内进一步作出“质”的区隔，才能了解到农民工群体内各方面“量”的特征。比如，性别、年龄、籍贯、民族、政治面貌、健康程度、文化水平、技能、愿望等，从而才能统计出农民工群体内这些方面的“量”的特征。所以，不作出质的区隔就不能有量的统计。

事物的质与量紧密相关，互相依赖，两者是辩证统一的。没有质就没有量。试想，没有量的质，其质又怎么能够存在呢？任何事物都是由它的质和量共同构成的，两者缺一不可。由此可以看出，事物是由数值特征和质量特征两个方面构成的。

第二节　统计的基本概念

统计理论涉及的基本概念，其实就是统计涉及的一些名词。不过，这些名词都是统计活动首先要碰到的，不可回避的。这些名词更要被无休止地反复地使用，不论采用什么样的统计方法或统计公式，都会碰到它们。所以,本书作者把它们称为统计的“通用工具”。统计的“通用工具”有总体、总体单位、样本、指标、统计标志、数列及其分组、组距、区间、上下限、组中值等。当然，本节没有涉及的统计概念还有很多，因为那些概念都为某项特定的统计理论所专有，对于那些特定的统计理论将另行介绍。本书把特定的统计理论及其涉及的概念称为“专用工具”。

一、总体与总体单位

总体是由客观存在的具有某种共同性质的许多个体单位组成的统计集体；总体单位是构成总体的各个基本单元。总体单位是总体的实质内容，总体只是总体单位的外壳。

（一）总体的特点

总体的特点是大量性、同质性和变异性。

1. 大量性表现在总体所包含的单元的量，没有足够的总体单元或足够的总体单位是构成不了总体的。总体不是由个别单元或总体个别单位集合而成的。比如，调查某工业城市产业工人的现状，这个总体是由千千万万的产业工人构成的，作为这个总体的单元或总体单位可能是一个行业、一个企业或一个车间。如果把一个企业或一个车间作为总体，也可能有几千人、几百人或几十人，都是总体的量的规定性。如果把一个企业作为总体，那么车间就是总体单位。

2. 同质性表现在构成总体的各个单元在某一方面必须具有共同的性质，这是构成总体的质的规定性。比如，统计某省的工业企业，把它作为一个总体。那么，在这个总体中都是物质加工性质的生产企业，不允许有非物质加工性质的商业企业，这种同质性特点才能使总体成为获得预想调研成果的客体。

3. 变异性表现在总体内各个单元除了具有某一方面共同性质以外，也存在着小的类别差异和量的差异，这些差异都是可变的。比如，在某省工业企业这一总体中，这些企业经营的好坏、管理水平的高低也是不一样的，经常处于变化之中，这种变异性在总体内的表现则是普遍的。

（二）总体的类型

从范畴上划分有“有限总体”和“无限总体”,从性质上划分有“有形总体”和“无形总体”。

1. 有限总体，即总体单位数是可以计量的总体。无论总体内包含多少个总体单位，统计时，无论耗力多大，耗时多长，都是可以计量的，称为有限总体。比如，全国的人口普查、工农业系统的普查等。

2. 无限总体，即总体单位数难以计量或根本就不能计量的总体。它有两层含义：一是在有限总体的范畴内形成的无限性。比如，某个地区的工业企业数是有限的，可是这些工业企业的产量、产值可以无限地增长下去，现时对以后的变异不可计量。这是从动态的角度认定的。二是总体本身就不能计量。比如，把宇宙天体作为调查研究的总体，把一座大城市的流动人口作为调查研究的总体，它们都是难以计量的。

3. 有形总体，也可称为“数量总体”。它是以物质形态或实体形态作为调研对象的总体。比如，某种产品、某个地区、某个单位、某个群体或某种可以看得见摸得着的形态作为总体。这是纳入调研范畴的大量的普遍现象，也是调研主体针对调研客体的主流内容。

4. 无形总体，也可称为“质量总体”。它是以某一类性质的事件作为调研客体的全部，指的不是某一类性质的事件的承载者。比如，以某种产品质量问题造成的社会危害为调研的总体、以出租车系统的行为规范为调研总体或以某行业售后服务质量为调研总体等。

二、样本

样本是从总体中随机抽取出来的部分总体单位，用以估计和推断总体、代表总体、反映总体。

三、标志

前边已经在第七章对标志与变量的关系作过介绍，本节将从统计的角度作进一步介绍。标志就是说明总体各单位的属性或特征的名称。比如，“水泥厂”是个总体，它的总体单位即指示项是“产出水平”“管理水平”，其标志就是“产量”“GDP”“废品率”或“事故率”等，标志值分别是 2 万吨、2.5 亿元、0.5 % 和 1 ‰。标志特征在总体上的具体表现称为标志表现，分为“数量标志”和“品质标志”、“不变标志”和“可变标志”。

（一）数量标志与品质标志

从性质上看，标志分为“数量标志”和“质量标志”。它是展示数量特征和质量特征的符号，数量标志用数字表示，质量标志用文字表示。质量标志本身不能直接汇总成为统计指标，只有对标志表现所对应的单位进行计量后才能形成数量指标。如表 9–1 所示。

表 9–1 “标志”示范表之一

总体	总体单位	标志	标志值	标志种类
水泥厂	产出水平	产量（万吨）	2.00	数量标志
		GDP 值（亿元）	2.5	
	管理水平	废品率（%）	0.5	品质标志
		事故率（‰）	1.00	

（二）不变标志与可变标志

从变异状态上看，标志又分为不变标志和可变标志。在一个总体内各单位的具体表现完全相同为不变标志。比如，调研渔业的生产经营情况。在“渔业”这个总体内，渔民就是不变标志，而打鱼的投入和收获是个变量，它们是可变标志。可变标志在一个总体内各单位的具体表现是不完全相同的。如表 9–2 所示。

表 9–2　“标志”示范表之二

渔　业	渔　民	← 不变标志
	出 海 频 率	← 可变标志
	渔 具 完 好率	← 可变标志

此外，标志与指标极为密切。两者的关系是，标志是指标的名称和基础，没有标志和标志表现就没有指标。同时，标志和指标在特定条件下可以相互转化。依据调研主体的需要,原来的总体可以变为总体单位，总体单位也可以变为总体。比如，调研渔民的生产经营情况时，“渔民”变为总体，而渔业的投入、产出、出海频率、渔具完好率则已变为总体单位了。

两者也有明显的区别：一是指标有综合标志和标志表现的作用，具有综合能力，而标志没有综合能力；二是标志是说明总体内各单位的属性或特征的，而指标则是说明总体现象的；三是标志必须在同一总体内表现，而指标可以在两个或两个以上总体之间进行对比。

四、指标

指标的一般含义已在第七章做过较为详细的介绍，不再赘述。本节介绍的指标是以统计的需要概括的。在这里，它是量变的工具，体现着标志的水平。统计指标一般用数量表示，分为绝对指标、相对指标和平均指标。

（一）绝对指标

绝对指标也称作总量指标，是指在一定的时间、地点和一定的条件下，事物的内涵和外观的绝对数值。绝对指标必须以绝对数加以表示。总体的绝对指标是由总体的绝对总量构成的。所以，总体的绝对指标是由构成这个总体的各个单位的绝对指标汇总而成的。它的意义是成为计算相对指标的基础，也是了解总体和个体的前提。没有绝对数或绝对指标，一切统计工作都是不可能的。绝对指标必须有计量单位。比如，件、吨、箱、尺、元、个、次、年、月、日、支、台、辆以及劳动日、劳动成果或工时定额等，表现为实物单位、货币单位和劳动单位。

（二）相对指标

两个相互联系的数值通过计算和比较而形成的指标。依据调研的要求和数据资料的特征，大致又分为计划完成程度相对指标、结构相对指标、比较相对指标、动态相对指标和强度相对指标等。用无名数表示，主要是系数、倍数、成数、百分数甚至是千分数、万分数等。

1. 计划完成程度相对指标。以计划基数为起点对比实际完成程度，有以下几种情况：

A. 用绝对数计算的公式：$\dfrac{\text{实际完成绝对数}}{\text{计划的绝对数}}\times100\%$ 公式（9.1）

B. 用相对数计算的公式：$\dfrac{\text{实际完成相对数}}{\text{计划的相对数}}\times100\%$ 公式（9.2）

C. 用平均数计算的公式：$\dfrac{\text{实际完成平均数}}{\text{计划的平均数}}\times100\%$ 公式（9.3）

D. 用累计完成进度的公式：$\dfrac{\text{累计完成数}}{\text{周期计划数}}\times100\%$ 公式（9.4）

这是了解进度、监督检查和考核评比常用的指标计算公式。

2. 结构相对指标，也叫比例或比重相对指标，以了解总体内的各种比例关系。公式是：

A. $\dfrac{\text{总体部分单位数}}{\text{总体单位总数}}\times100\%$ 公式（9.5）

B. $\dfrac{\text{总体部分单位标志值}}{\text{总体标志值总值}}\times100\%$ 公式（9.6）

3. 比较相对指标，是指在同一总体内部分数值之间的比较，或两个同类总体数值的比较。在比较的数值中，任何一个数值都可以成为对比的基数。比如，在同一工业总体内，轻工业 GDP 值与重工业 GDP 值的比较；在轻工业总体内，纺织系统与造纸系统的比较等。

4. 动态相对指标，是指同一总体在不同时期两个数值的比较。公式是：

A. $\dfrac{\text{前期的数值}}{\text{后期的数值}}\times 100\%$ 公式（9.7）

B. $\dfrac{\text{报告期数值}}{\text{基期数值}}\times 100\%$ 公式（9.8）

C. $\dfrac{\text{计算期数值}}{\text{基期数值}}\times 100\%$ 公式（9.9）

5. 强度相对指标，是两个相联系的不同总体的总量进行对比，用复名数、百分数、千分数表示。比如，全国每人粮食占有量（公斤 / 人），或者产值成本率（%）。这都是两个不同的总体对比，一个是全国人口、一个是全国粮食保有量，一个是产值、一个是成本。

由于对比的两个指标可以互为分子和分母，所以又形成了正指标和逆指标。强度相对指标的数值大小与现象之间的密度若成正比例关系称为正指标，若成反比例关系则称为逆指标。比如，某会议中心的与会人员 300 人，有 30 个会议室，求该会议中心的会议室密度。

正指标（每 10 人的会议室数）$\dfrac{30}{300}=0.1$（个 /10 人）

逆指标（每个会议室人数）$\dfrac{300}{30}=10$（人 / 个）

两个不同总体对比时，先确定谁比谁才能确定谁是分子，谁是分母。强度相对指标的对比，容易与算术平均数相混淆，影响计算的选择。两者的区别是，前者是通过两个总体数值对比计算的结果，而后者必须是在同一总体内对各标志值的平均，不是同一总体的标志值不能平均，当然就构不成算术平均数。强度相对指标的显著特点是对比强烈，结果明显。

在计算和运用相对指标时，要注意选择正确的对比基数，不能把实际完成的指标、报告期指标和累计完成的指标作为基数和分母。使用的两个指标之间要有内在联系，要有可比性。可比性的含义是什么呢？一是统计口径不一样的不能对比，实时间口径、计量单位口径等必须一致；二是对比的两个指标之间要有内在联系，即有相对应的关系，比如，国土面积与总人口之间的对应、车辆与道路的对应关系等；三是对比的两个指标之间要有相关关系或因果关系；四是计算方法或计算公式必须一致。另外，在统计实践中往往把绝对数和相对数结合起来应用。比如，粮食产量某年比某年增加多少吨（绝对数），增长百分之多少（相对数），或者某年比某年每增长 1%（相对数）时，绝对数就增加多少吨（绝对数）。

（三）平均指标

平均指标也叫平均数。比如，人均居住面积、商品平均价格、每分钟车辆通过台数等。平均指标能够体现一般水平，即代表同质总体各单位标志值的平均水平。平均指标把同质总体各单位标志值的差异抽象化、平均化了。它只能通过同质现象进行计算，反映总体各单位标志值的集中趋势。平均指标具有重要意义，它是静态对比和动态对比的结果，也是分析现象的依存关系和因素变动的依据，可以在同一总体的不同时间和空间进行对比，还可以在数量上进行估算等。以同一现象对比不同单位、不同地区、不同国家的水平叫静态对比；以同一主体对于同一现象在不同时期的对比叫动态对比，也都要以平均指标为依据。

关于指标，在第七章和第八章都有论述，第七章论述的是产生指标的背景，主要与变量的关系，从概念的分解中产生的，以及指标涉及的范围；第八章论述的是指标与量表的关系，它专一地测量好与坏、对与错、美与丑等价值取向；本章论述的是指标与统计的数量关系，读者可加以对照。

第三节 统计分组与分配数列

收集上来的大量原始数据是分散的、零碎的，需要整理加工使之条理化、系统化，才能正式使用。犹如一块质地纯正的玉矿石，只有经过雕琢才能成器一样。

资料的整理过程是调研活动的继续，也是统计分析的前提。整理的方法就是对原始数据的资料进行分类、筛选和归纳，进而分组、编制数列、绘制图表、选择统计方法。通过这一过程，可以找出各类现象的水平、速度、规模、结构、比例和相互之间的差异及差异程度。

一、统计分组

分组，就是根据原始数据的特征和复杂程度，从调研的目的出发，按某种标志把同一统计总体内的总体各单位分为若干个不同性质而又有内在联系的几部分，每一部分各自都包含着同一性质的总体单位，这就是“组”。体现着总体内统计资料的一致性和组与组之间的差异性，以便为统计提供必要的条件。比如，在“学校”这个总体内，要把大学、高中、初中、小学按组分开；在“工业企业”这个总体内，要把重工业和轻工业按组分开；在“全员职工”这个总体内，要把性别、年龄、文化、技能、岗位、收入按组分开；在“企业生产经营”这个总体内，要把产量、产值、成本、销售、价格、利润按组分开；等等。否则就无法统计。

（一）分组的几个基本概念

分组后，每个组内和组与组之间便发生了一些关系，形成了几个概念。

1. 组距。每组的起点至终点之间称为组距。比如，50—100 之间就是组距。

2. 组限。组距两端的数值称为组限。比如，“50”和“100”。

3. 下限与上限。每组的起点（最小值）称为下限，比如，“50”；终点（最大值）称为上限，比如，“100”。

4. 组中值。组距之间的中点数值。比如，50—100 的组中值是 75。

公式为：$组中值 = \frac{上限 + 下限}{2}$

5. 闭口组和开口组。凡数列的组距或分组中，下限和上限都有确定数值的称为闭口组；缺少下限或缺少上限的称为开口组。组距或分组中有一个开口处称为“半开口组”；下限组的称为“下半开口组”，上限组的称为“上半开口组”。开口组计算公式：

下半开口组（缺下限）的组中值 = 该组上限 − 邻组组距 /2

上半开口组（缺上限）的组中值 = 该组下限 + 邻组组距 /2

（二）分组的两种形式

分组的形式一是简单分组，二是复合分组。前者只设置一个标志进行分组。比如，对“企业”只设置“产值”这一个标志进行分组；后者设置若干个标志进行分组。比如,对“企业”除设置了“产值”标志以外，同时又设置了“成本”“利润”“价格”等标志。再如，在“产值”的基础上，又设置了不同品种、不同规格产品的产值标志。由此看出，复合分组还有两种形式：一是横向设置标志分组；二是纵向设置标志分组。纵向分组可以层层设置标志，如上所示。至于应当设置多少个标志以调研的需要而定。

选择简单分组还是复合分组，依我们搜集的原始数据资料的复杂程度和调研需要而定。如果简单分组能达到调研的目的,当然要去繁就简。复合分组的意义是，各标志值起到了相互融合、相互补充的作用，可以从不同角度更好地反映总体内各单位的差异和差异程度。

（三）分组标志的类型

分组标志的类型有两种：一种是品质分组；一种是变量分组。

1. 品质分组是以反映事物属性差异的标志作为分组标志，在品质标志的变异范围内划分各组的界限，在总体范围内分为若干个性质不同而又有联系的几个组。一个标志对总体只划分一次，每个组不再细分，也不存在组与组之间的界限。比如，产业工人按行业、性别分组。

2. 变量分组是反映事物数量差异的标志作为分组标志，在变量标志的变动范围内划分各组的界限，在总体范围内分为若干个性质不同而又有联系的几个组。如人数分组、人的不同技能的分组、产品分组、产品的不同规格型号的分组等。变量标志分组除反映各组在数量上的差异以外，还能通过数量上的变化区分各组的不同水平和不同规模。变量标志分组，分为单项式、组距式、等距式和不等距式四种形式：

（1）单项式分组。以一个数值为一个组。比如,劳动作业的分组 1—6 个组，即 10 人以上共 6 个组。

（2）组距式分组。以一个区间作为一个组。比如,职工出勤率（%），出勤率达到 75 以下、75—80、80—85、85—90、90—95、95—100 的分为六个组，组距为 5%，属于半开口组，因为有“75 以下”这一组。也可采用如下方法分组：75—80、81—85、86—90、91—95、96—100，为闭口组。

（3）等距式分组。即每组的组距相等。适合于标志值变动比较均匀的数据资料，或者已形成规律性固定数量特征的事物。如人数、产品数、固定收入或支出等。凡是形成规律的数字单元均可采用等距式分组方法。比如，上述的分组法就是等距式分组，即 75—80、80—85、85—90、90—95、95—100。

（4）不等距式分组。即每组的组距不相等。适合于离散幅度较大，标志值变动不均匀，没有一定规律性的事物。比如，30 家工业企业创造的 GDP 值差异较大，最少的 50 万元，最多的 2 亿元，两者中间的 28 家工业企业的 GDP 值差异也很大，只能采取不等距式分组方法。可按 50 万—200 万元、200 万—500 万元、500 万—1000 万元、1000 万—5000 万元、5000 万—1 亿元、1 亿元以上分组，为上半开口组。

单项式分组形式与简单分组形式相似，其道理大致相同；组距式分组、等距式分组和不等距式分组与复合式分组形式相似，其道理也大致相同。凡是变量值比较单一而分布又很均匀的适合于单项式和等距式分组。凡是变量值比较复杂而分布不均匀、离散程度较大的，适合于采用组距式或不等距式分组方法分组。在组距式分组时，还要考虑组数与组距之间的比例关系，如果分组过少，组距过大，容易把不同类型的总体单位划到一个组里来；如果分组过多，组距过小，容易把同一类型的总体单位划到不同的组。在分组前，一定要对数据资料的标志性质和数量特征认识清楚，还要灵活掌握。

对于连续变量的两个相邻数值之间可能存有多个中间数值，不能把每个数值都列出来，只能包含在组里。比如，一个工厂创造的产值三年内逐月有所增加，不过每月增加的幅度有差异，进行分组：500 万—700 万元、700 万—900 万元、900 万—1100 万元、1100 万—1300 万元、1300 万—1500 万元，共 5 个组。我们看到，有重叠组限，上一组的上限是下一组的下限。在这种情况下，如果标志值正好处于相邻两组的上下限数值时，一般把此值划归到下限。比如，某月的产值为 1100 万元时，应划归到第 4 组中。

二、分配数列

经统计分组后，已形成了总体单位在各组间分配情况的数据链条，这就是“分配数列”，也可叫“次数分配” 或“频数分配”。分配在各组的总体单位数叫次数或频数，各组的次数或频数与总体的总次数之比称为概率。

标志是形成分配数列的核心。所以，标志的性质就决定了分配数列的性质。品质标志编制的分配数列就叫质量数列，变量标志编制的分配数列就叫变量数列。

（一）品质数列的编制方法

品质数列由分组的名称和分组的次数两个要素构成。编制品质数列时，有两点特别重要：一点是要选准标志；一点是要确定适宜的分组标准。

首先，调研者应把统计对象自身的性质与调研的目的很好地结合起来分析，再选择标志就清楚了；其次，统计是调研过程的后续阶段，对调研对象的实际情况已有了大致的了解，再结合标志的性质就可以从量的方面认定分组标准。如果这两点大致贴近客观实际，所编制的品质数列就能很好地反映总体的分布特征。如表 9–3 所示（品质数列表）。

表 9–3 某城市主要社会阶层构成表

类别（名称）	数次（人数）	比率（%）
工　人	34.7 万人	25.33
商　人	25　万人	18.25
教　师	2.8 万人	2.04
学　生	42　万人	30.66
工程师	2.5 万人	1.82
其　他	30　万人	21.90
合　计	137 万人	100
↓ 组名	↓ 次数（频次）	↓ 频率（比率）

调查城市社会阶层结构，把主要的社会成分作为标志，把它们构成的城市实体的量作为标准，再进行分析就可以了。

（二）变量数列的编制方法

相对于品质数列的编制要复杂一些。编制的程序是：将原始数据资料按数字多少依次排列；确定变量性质以便选择标志；从数据特征分析确定分组的方式，是选择单项式、组距式、等距式还是选择不等距式分组；再确定组数、组距、组限，这样各组的次数同时也就确定了。举例说明编制变量数列如下：比如，某省的县一级财政收入分配数列（亿元）：0.60 1.20 0.95 4.50 6.20 3.50 3.20 2.80 3.00 4.30 5.80 7.80 3.60 0.50 0.15 6.50 8.30 1.70 0.12 4.60。现在按数字的大小依次排序：0.12 0.15 0.50 0.60 0.95 1.20 1.70 2.80 3.00 3.20 3.50 3.60 4.30 4.50 4.60 5.80 6.20 6.50 7.80 8.30。通过排序，基本趋势已呈现在眼前，最小值为 0.12，最大值为 8.30，变量的幅度较大，变量值也较多，就应采取组距式分组方式。可是，由于变量值的离散程度大，也只好采取不等距式分组方式。再根据地方政府财政收入与行政支出的一般水平，我们把这个变量数列分成 4 个组。即：靠上级政府财政补贴的、自身可以维持的、略有剩余的和丰厚剩余的，或者是劣、中、优、厚。如表 9–4 所示。

表 9–4　县一级财政收入分配数列表

向上累计				向下累计			
财政收入分组（亿元）	频数（次）	累计频数（次）	累计频率（%）	财政收入分组（亿元）	频数（次）	累计频数（次）	累计频率（%）
0.12—0.95	5	5	25.0	0.12—0.95	5	20	100
1.20—1.70	2	7	35.0	1.20—1.70	2	15	75
2.80—3.60	5	12	60.0	2.80—3.60	5	13	65
4.30—8.30	8	20	100	4.30—8.30	8	8	40
合 计	20	——	——	合 计	20	——	——

由表 9–4 可以看出，向上累计表示的是各组上限以下的累计数或累计频率，关注的重点放在标志值小的部分；向下累计表示的是各组下限以上的累计数或累计频率，关注的重点放在标志值大的部分。请读者注意，向上或向下累计不是指表的上端或下端，而是指数字由少到多或由多到少的累计方向。

对于行政决策的需要来讲，关注的重点当然是靠上级财政补贴的那些县，属于标志值小的这部分。首先，一是看它的比重对全省经济形势会产生多大负面影响；二是分析什么原因造成财政低迷；三是想办法扭转局面。对于财政有丰厚剩余的县也应给予一定的关注。这是因为，一是看它的比重对稳定全省农村经济形势起到多大作用；二是有哪些经验可以推广；三是财政收入是否稳定，如何保持这种大好形势。所以，向下累计反映的情况也应予以关注。

此外，分配数列还可以补充总平均数的不足。平均数是变量值的核算中心，它的变化反映了变量值在总体上的变化趋势，因为平均数是总体数值内的平均，只反映变量值在总体上的变化趋势，从而掩盖了总体各单位的差异状态。虽然可以利用样本的平均指标来估计和推算总体的平均指标，但反映不了总体各单位的分布差异，只有通过分配数列中各个标志值的计算，才能显现出它们之间的差异。因为算术平均数、调和平均数和几何平均数都是根据分配数列中各个标志值的计算而形成的。

所以，在计算总体各单位数量标志值的平均数时，就往往以分配数列为依据，去计算和估计社会物质生产、物质消耗和劳动消耗。

第四节　统计图表

统计表和统计图，是描述数据的一种形式，也是统计活动的重要工具之一，应用十分广泛。它的优点是，可以把纷繁复杂的数据简明扼要地、通俗直观地、生动形象地描述出来，使用时能节省文墨和时间。列宁说："……材料在统计表中是显得格外集中醒目的。"（《列宁全集》第2卷351页）

统计表和统计图之间有着非常紧密的内在联系，都是从数量方面反映调研对象的状态，描述的原理和形式基本相同，只是描述的角度不同而已。统计图是统计表的一种延伸，统计表是统计图的基础。

一、运用统计表和统计图的数据原则

数据是统计的语言工具，数据的描述必须遵循数群性、系统性和可比性原则。

（一）数群性原则

数群性就是若干个数量的集合体。凡是图表所承载的数据几乎都是一个数据的群体，两三个数据不足以编制统计图表，之所以要编制统计图表，就是针对数据的集群性和复杂性特征，否则，数据群一时难以用语言描述清楚，统计图表恰恰可以弥补这方面的不足。集群性和复杂性的数据，若用文字描述，可能要比一张统计图表耗费更多的笔墨和时间，不如统计图表一目了然，一看就懂。这是统计图表所固有的特点。所以，编制统计图表必须考虑数群性特点这一原则。

（二）系统性原则

系统性是指由若干个相互联系和具有一定内容并呈现着某种数量特

征的数据群体。图表数据的系统性含有两层意思：一层是大系统；一层是子系统。大系统描述宏观领域的社会综合现象，即跨部门、跨行业的数据系列，它涉及的部门和行业较多，也比较复杂。比如，调研国际金融危机对我国经济的冲击，即涉及金融信贷本身，也涉及对外贸易和内需。金融和贸易虽然是两个部门和两个行业，但它们之间有一定的联系；子系统描述微观领域的社会具体现象，是一个部门或一个行业内的数据系列，即在一个总体内形成的数据。比如，围绕财政收入形成的数据群体，财政收入（内容）的数据（特征）包含着税种和税率（两者有内在的必然联系），还必须由全部的税种和税率组成的数据群体，才是财政收入的数据系统。缺少某一项内容就不能完整地描述总体的数量特征，这也是不行的。所以，编制统计图表掌握数据系统化原则是极为重要的。

（三）可比性原则

数据的可比性表现为内在联系和外在关系上。内在联系是必然的，这种联系是不以人的意志为转移的。比如，税种和税率这两个相互对应的数据，就是必然的联系；外在关系是偶然的，两个数据对比了就有关系，不对比就没有关系。不过，凡是能对比的数据，也必须在统计的数量口径、统计的事物性质和统计内容的发生期保持一致性才行。所以数据的可比性不仅是编制统计图表的重要原则，也是一切统计工作的重要原则。

二、统计表

表，都是用作计量的。比如，电表、水表、气表等。当然这些都是物质实体的表。纸面上的统计表也是计量的，它是通过设计、编制和计算而形成的。抽象地说，表的含义有两个方面：一是计量的；二是展示的。我们经常说的表达、表示、表现等，就是这个意思。不过，纸面上的统计表是计量社会现象、社会问题的，是展示给读者的。

（一）统计表的结构和内容

统计表是以线条、文字和数字作为原材料编制而成的。根据调研者的要求和数据特征，用这三种原材料可以制成各种各样的统计表。任何统计表，不论适应谁的需要，也不论是什么形式，其结构都包含有五个部分，即总标题、横行标题、纵栏标题、附注和数字。总标题是全表的名称和中心内容，写在表框外的中央上方；横行标题也叫横标目，是表的横行名称，在统计实践中通常用来表示所分各组的名称或总体各单位数，也就是划分统计对象内容的类别，它说明各组的名称和标志值，代表统计所要说明的总体，是统计表的主项，一般写在表内横行左端；纵栏标题也叫纵栏目，是表的纵栏名称，一般写在表的框内最上端，它往往对统计表的填写提出要求；附注（备注）一般写在表内右端，有时也写在表外的最下端，它对表或个别栏目作补充说明；数据列在各横行线与纵栏线交叉形成的空格里，每个数据必须与横栏目和纵栏目一一对应，统计表中任何一个数据的内容，都是由横栏标题和纵栏标题所规定的。它是统计表的结果，也是统计表的主体。

统计表的内容，只有主词栏和宾词栏两部分。主词一般按照一定的顺序排列在表的左侧，它说明统计对象即总体和总体各单位的名称以及统计内容发生的时间；宾词即纵栏标题所规定的内容是统计表用来说明总体的统计指标，包括指标名称和指标数值。比如，用下页实例的数据资料，编制表 9-5。

总标题

表 9-5 某市机械、电子行业利润对比表

内容 要求 类别	对比时间（年）	销售收入（亿元）	实现利润（亿元）	利润率（%）	附注
机械	2008	142.00	24.14	17	
	2009	158.00	28.44	18	
	为 2008（%）	111.27	117.81	—	
电子	2008	124.00	31.00	25	
	2009	126.00	34.02	27	
	为 2008（%）	101.61	109.74	—	

纵标目　横标目　数据资料

主词栏　宾词栏

（二）统计表的种类

统计表按主词是否分组和分组的复杂程度，一般分为“简单表”“分组表”和“复合表”3种。

1. 简单表，是主词未经过任何分组的统计表。主词只列出总体各单位的名称，或者只按时间的先后顺序排列的统计表。如表9–6所示。

表9–6 某地机械行业近五年GDP值统计表

时间（年）	GDP值（亿元）	比重（%）	附 注
2005	105	9.50	2005年为技改期，受达产能力限制；同时，又受市场的影响，增长幅度不均
2006	180	16.29	
2007	250	22.62	
2008	270	24.43	
2009	300	27.15	
合 计	1,105	99.99	

2. 分组表，是表的主词按一个标志进行分组的统计表。分组后，可以揭示不同类型的不同特征，描述总体的内部构成和分析现象之间的依存关系。如表9–7所示。

表9–7 某地区工业GDP值构成统计表

内容 要求 / 类别	GDP值（亿元）	比重（%）	附 注
机械	300	27.15	由于改进产品，产值略有增加
电子	250	22.63	仍在这个水平徘徊
化工	180	16.29	油漆、轮胎有所增加
纺织	270	24.43	受外贸影响产量受限
其他	105	9.50	冶金、食品、造纸等行业
合计	1,105	100.00	——

3. 复合表。下列复合表 1，表的主词按两个或两个以上的标志进行分组。以第 1 种复合表 9–8 所示。

表 9–8 **复合表 1**

要求 内容 类别	GDP 值（亿元）	比重（%）	附注
工业	1,000	80.97	
其中：机械	300	24.29	
电子	250	20.24	
化工	180	14.57	
纺织	270	21.86	
农业	235	19.03	
其中：种植业	110	8.91	
养殖业	95	7.69	
加工业	30	2.43	
合　计	1,235	100.00	

下列复合表 2，当宾词指标进行简单整理时，将指标作平行配置，也就是单独计算各项指标的数值。以第 2 种复合表 9–9 所示。

表 9–9 **复合表 2**

要求 内容 类别	GDP 值（亿元）	比重（%）	其中		附注
			2008 年（亿元）	2009 年（亿元）	
工业	1,000	80.97	501	499	
其中：机械	300	24.29	142	158	
电子	250	20.24	124	126	
化工	180	14.57	85	95	
纺织	270	21.86	150	120	
农业	235	19.03	116	119	
其中：种植业	110	8.91	55	55	
养殖业	95	7.69	47	46	
加工业	30	2.43	12	18	
合 计	1,235	100.00	617	618	

下列复合表 3，当宾词指标进行复合整理时，将指标作层叠配置，也就是把各项指标结合起来计算。以第 3 种复合表 9–10 所示。

表 9–10　**复合表 3**

要求 内容 类别	GDP 值（亿元）	比重（%）	2008 年		2009 年		
			GDP 值（亿元）	为 GDP 总值（%）	GDP 值（亿元）	为 08 年（%）	为 GDP 总值（%）
工业	1,000	80.97	501	50.10	499	99.60	49.90
其中：机械	300	24.29	142	47.33	158	111.27	52.67
电子	250	20.24	124	49.60	126	101.61	50.40
化工	180	14.57	85	47.22	95	111.77	52.78
纺织	270	21.86	150	55.56	120	80.00	44.44
农业	235	19.03	116	49.36	119	102.59	50.64
其中：种植业	110	8.91	55	50.00	55	100.00	50.00
养殖业	95	7.69	49	51.58	46	93.88	48.42
加工业	30	2.43	12	40.00	18	150.00	60.00
合　计	1,235	100.00	617	——	618	——	——

4. 复合表 4（列联表），是复合分组形式的另一种统计表。它从主项和宾项两个方面进行分组，它能反映数据分布的内在结构和关系的程度。凡涉及定类变量或定序变量两个以上变量时，就需要编制复合式列联表。在分类标志的分组基础上，分别统计各组的频数和百分比等指标，当样本内的分布不能代表总体内的分布时，百分比就要按照因变量的方向进行计算，以双向交叉表格形式对数据加以直观的反映。不过，一旦涉及定距、定比尺度数据时，则根据区间频数再编制区间列联表。比如表 9–12：某县 20 个乡中，用新技术种田和增收情况对比。现用列联表反映 20 个乡的新技术种田结果。基础表 9–11 如下。

表 9–11 **复合表 4**

序号	是否使用新技术	是否增收	序号	是否使用新技术	是否增收
1	√	√	11	√	×
2	√	√	12	√	√
3	√	√	13	√	√
4	×	×	14	√	√
5	√	√	15	×	×
6	√	×	16	×	×
7	×	×	17	√	√
8	√	√	18	√	√
9	×	×	19	×	×
10	√	√	20	√	√

注：“√”符号表示是；“×”符号表示否

以频数反映的列联表如表 9–12 所示。

表 9–12

增收情况	使用新技术	未使用新技术
增收	14	0
未增收	2	6

以相对数反映的列联表如表 9–13 所示。

表 9–13

增收情况	使用新技术	未使用新技术
增收	0.75	0
未增收	0.05	0.20

（三）编制统计表的规范

先分析原始数据的性质和特征，结合调研的目的和课题要求，通盘考虑主词和宾词的大体内容，确定总标题，再落实横标题和纵标题。先主词后宾词，即先考虑主词各行的类别（项次）排列，再考虑纵行各栏的规定（具体要求）。

1. 统计表的上下边框要比表内线条粗一些，表的左右端封口或不封口都无所谓。

2. 填写统计表时，字迹要工整，数字要对准位数。应填写的空格缺项时或未发生数据时，要画“——”符号表示填过了，而不是漏掉了。

3. 计量单位一定要写清楚。如果整个表内只有一个计量单位的话，只在表外的右上角处标明一次即可。否则，要专设计量单位栏，也可在计量主体所在的主词或宾词栏内同时标明。

4. 填写数字时，如果上下左右邻格的内容相同，不允许填写“同上”“同左”或“同右”的字样，都应如实地直接写在应填的空格内。

5. 填写统计表时，小数点后最好留有两位数，比如“8.35”。如果是整数也要在整数后用两个“0”占位，比如“5.00”。

6. 最后要标明制表时间、制表单位、受表单位、计算方法、计算口径、资料来源，还要有负责人、制表人或其他相关人员签字，加盖公章。如果定期连续报表或一次性报表较多的话，在表的线框外最上边左角处或在右角处注明表 1、表 2、表 3……

三、统计图

统计图对于统计表来说，是从另一个角度反映统计对象的规模、水平、发展趋势和对比关系。它使复杂的数据通俗化、简单化，图文并茂、便于记忆，更鲜活、更形象。统计图为了吸引读者，增强读者的兴趣，有时甚至涂上颜色。虽然统计图也强调美观，但不允许有丝毫的数据夸张。所以，编制统计图时，要牢牢把握内容决定形式这一原则，在尊重事实、尊重绘图目的的基础上强调美观。美观是为事实、为内容服务的。

编制统计图，首先要明确绘图的目的；其次选择图式和表达式。就是说，根据统计的目的来确定绘图的目的，再根据数据资料的性质和特征，选择图式和表达式。

统计图多种多样，已被社会广为接受的统计图有条形图、柏拉图、直方图、线形图、散点图、饼形图、象形图、曲线图、箱形图、柱形图、金字塔图、枝叶图等等。现选出一些图样展示如下。

（一）条形图：

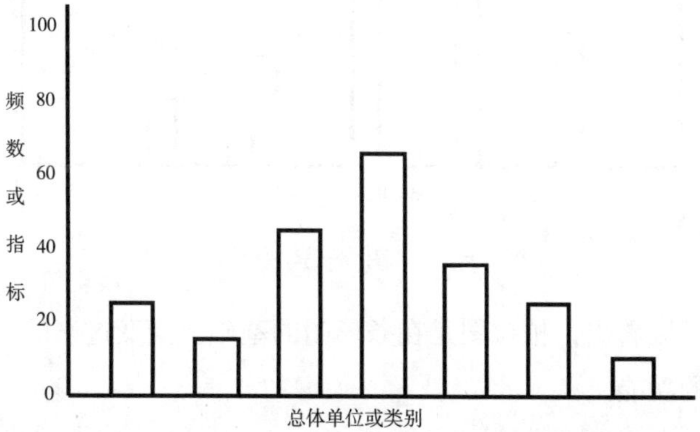

图 9–1

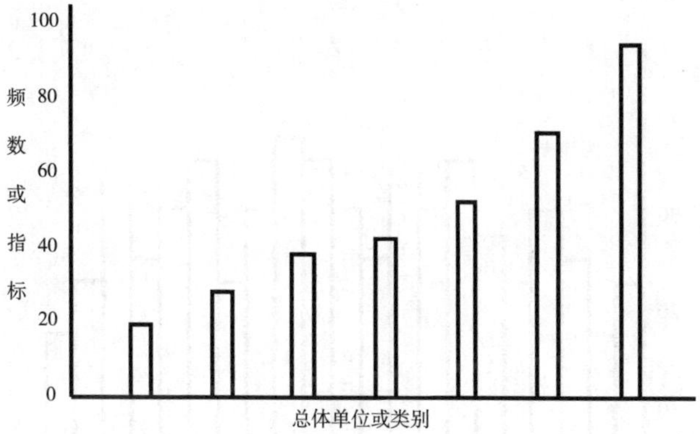

图 9–2

条形图用条的高低长短反映各种类别所占的比例，用频数、百分比、累计频数和累计百分比作指标，图 9–1 为频数或百分比作指标，图 9–2 为累计频数或累计百分比作指标。

（二）柏拉图：

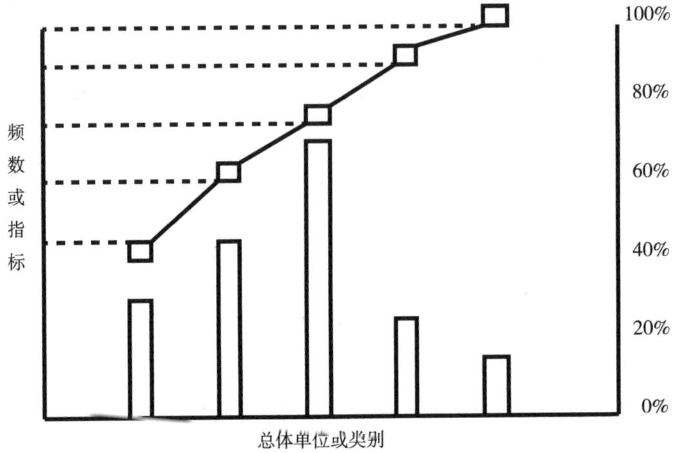

图 9-3

由此可以看出，柏拉图是在条形图的基础上演变过来的，比条形图具有更多的功能。

（三）直方图：

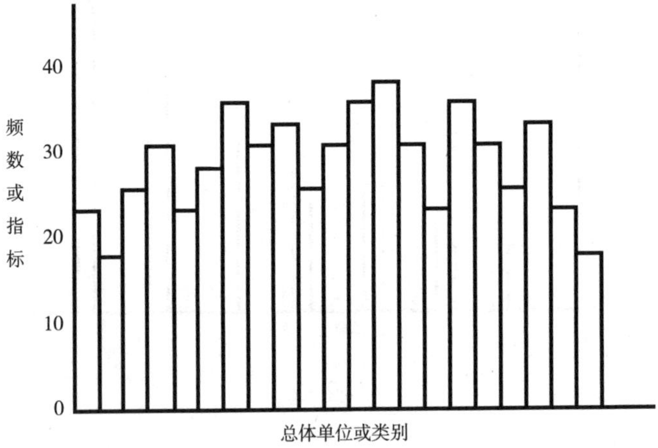

图 9-4

直方图主要反映数据的分布状况。

（四）线形图：

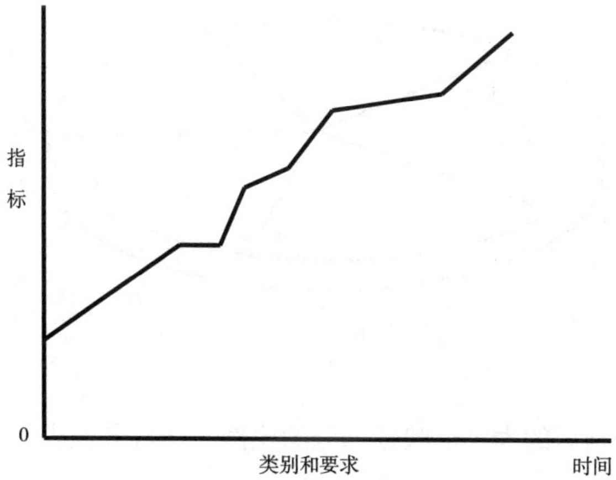

图 9-5

线形图主要反映变量值在不同时间上的差异。

（五）散点图：

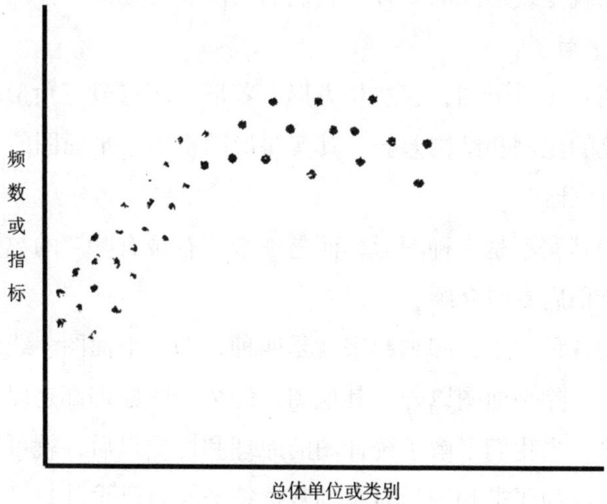

图 9-6

散点图主要反映定距、定比双变量数据的变异状态，是估计和推断总体的基础手段。

（六）饼形图：

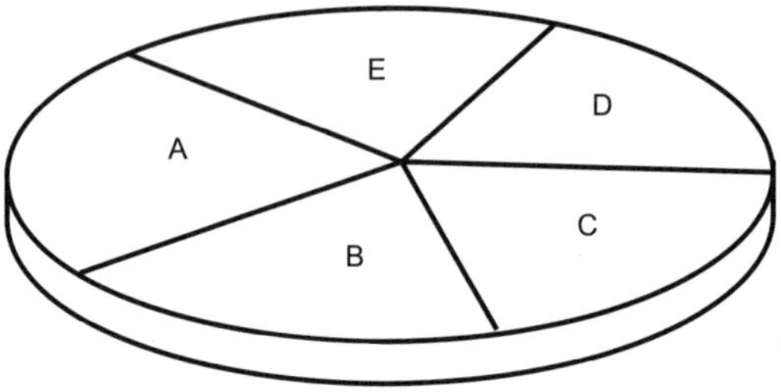

图 9–7

饼形图分割后的大小反映各部分的比例，用百分数表示，其功能与平面图相似。

（七）象形图

象形图是酷似一种实物或者酷似统计对象特征的图形。比如柱形图和金字塔形图。柱形图和金字塔形图立体取值或上下取值。

（八）曲线图

曲线图就是线形图的一种，它们的功能和特征是一样的。

（九）平面图

平面图有正方形图，还有长方形、菱形、圆形或三角形图，主要反映统计对象的比例和结构差异。其实饼形图也属于平面图的一种。

（十）枝叶图

枝叶图其实不是一种图形，而是一个“有枝有叶”的数量群体。枝叶图在本节稍后专门介绍。

上述的各种图式，归纳起来就是四种，即：平面图、线形图、条形图和点形图。除平面图以外，其他图式的统计图原理都是以坐标为基础演变而成的。当我们了解了统计图的原理和性质以后，就可以根据调研的目的、统计的要求和统计对象的数据特征，自己设计自己所需要的统计图了，不必受书中规定的限制。

（十一）选择几种常用的统计图，结合例子进行演绎

1. 条形图：计量单位（亿元）

演绎条形图：

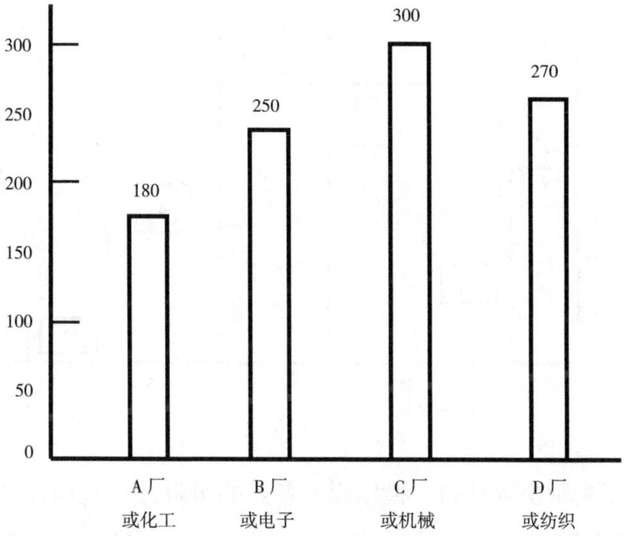

图 9-8

此图将工厂或行业放在横轴上，产值（频数）放在纵轴上。A、B、C、D作为不同类别，以产值的绝对数作为纵横上的指标，也可用百分数表示。

2. 直方图，也叫区间条形图。比如以50家企业年均实现的利润资料（表9-14）为例，进行数据描述后再绘制直方图：

表 9-14

利润（类别）（万元）	频　数
150以下	8
151—250	5
251—350	12
351—450	15
451—550	8
551以上	2

直方图：计量单位（万元）

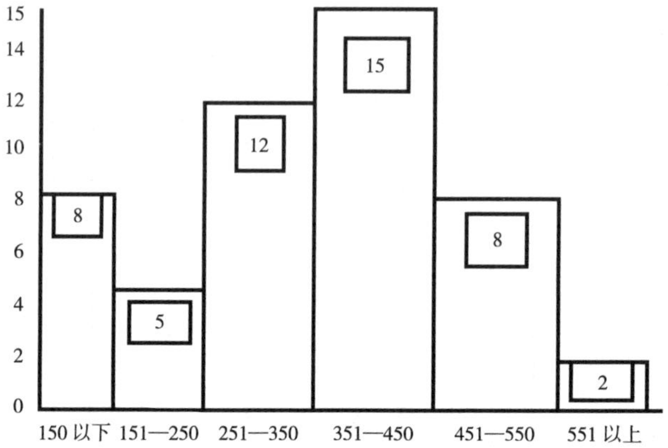

图 9-9

直方图表示次数分布。横轴表示各组的组限，纵轴表示次数或比率。它是在条形图基础上演变而成的，但与条形图有区别，即每个图之间不像条形图有间隙，描述的是连续变量，在任意两个取值之间都有无穷尽的取值点，所以条与条之间无间距。它是以区间形式进行的分类和归纳，计算后再通过统计图的描述展示出来。其实就是在区间频数基础上编制而成的，反映数据的分布状况。

3. 线形图，在坐标的基础上，以曲线加以表示。

例：一个工厂四个季度创造的产值走势图。

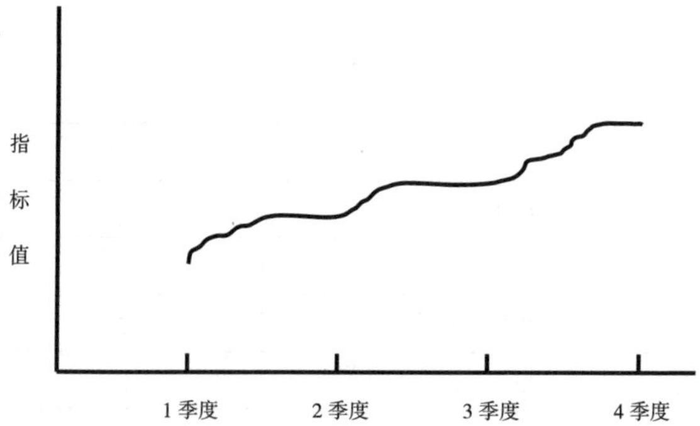

图 9-10

用曲线的高低起伏反映统计对象的变化趋势，呈现动态特征。

4. 柏拉图：计量单位（亿元）

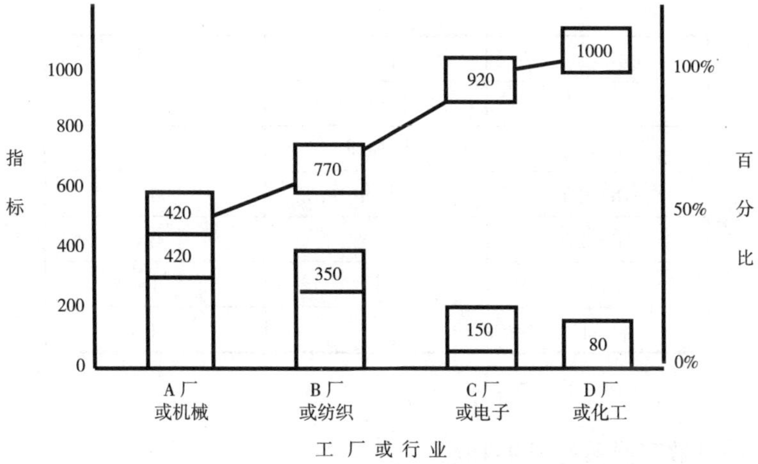

图 9-11

柏拉图以排序条形图与累计分布曲线图相结合的方式，需要计算频数、百分数，适用于定类、定序尺度变量数据。此图以工厂或行业的产值按多少排序为基础，编制累计数曲线的条形图，反映了各个类别之间的差异。从曲线的走向看还比较平稳，因为起点较高，曲线坡度不大，这说明 A 工厂或机械行业的产值比重较大。

5. 枝叶图。适用于离散型变量，与散点图具有同样的描述功能。

例：随机抽出 50 名接受技术培训的工人，对培训时间进行登记如下（按月份统计）：

数据资料的原始状态：

3 8 5 6 4 5 5 6 6 3 3 18 9 9 8 8 11 7 10 12 9 10 15 13 7 9 9 8 11 16 19 23 21 10 3 4 7 20 9 22 21 13 9 12 12 21 22 15 14 17

数据由小到大排序如下：

3 3 3 3 4 4 5 5 5 6 6 6 7 7 7 8 8 8 8 9 9 9 9 9 9 9 10 10 10 11 11 12 12 12 13 13 14 15 15 16 17 18 19 20 21 21 21 22 22 23

编制区间频数表 9–15。

表 9–15

类 别	计 数	频 数
3—9	卌卌卌卌卌 I	26
10—15	卌卌 III	13
16—19	II II	4
20—22	卌 I	6
23 以上	I	1
合 计		50

编制数字群系列表 9–16。

表 9–16

频 数	枝 & 叶
26.00	0.33334455566677788889999999
13.00	1.0001122233455
4.00	1.6789
6.00	2.011122
1.00	2.3

“卌”符号类似枝叶。比如第一行“26.00　0.333344555666777888 8999999”数中，“26.00”为频数，即接受技术培训 3—9 个月的工人为 26 人，“0.”为无枝，“叶”在 26 人中接受技术培训的人数分别是 3 个月的 4 人，4 个月的 2 人，5 个月的 3 人，6 个月的 3 人，7 个月的 3 人，8 个月的 4 人，9 个月的 7 人；

在第三行“4.00　1.6789”数中，“4.00”为频数，即接受培训 16—19 个月的工人为 4 人，“1”为枝，“6789”为叶。接受技术培训 16 个月、17 个月、18 个月和 19 个月的工人各为 1 人；

在第五行“1.00　2.3”数中，“1.00”为频数，即接受技术培训 23

个月的为1人。“2”为枝，“3”为叶，枝叶相并后，为23（个月）。

第2行和第4行的枝叶，以同样原理反映工人接受培训的时间。

枝叶图是利用类似于“枝和叶”的数字特征，表示区间频数，对区间类别的描述更为详尽、简洁和明确，适于离散型变量的统计。此图呈现的数据特征说明，接受技术培训不足一年的比重大大超过一年以上的，这说明技术培训的力度还远远不够，满足不了社会对技术工人的需求。

（十二）编制统计图的基本原理

调研的目的决定统计的目的，统计的目的决定绘图的目的，绘图的目的决定选择什么样的绘图表达式。比如，区间频数分析，就不能选用饼式图、条形图和柏拉图，而只能选用直方图；饼式图虽然具有与条形图、柏拉图和直方图同样的适用对象和描述功能，但在展示形式上，饼式图是以分割的面积大小作为数量上的差异标志。柱形图与条形图的原理虽然是一样的，或者说柱形图就是条形图的一种，可是在运用上还是有区别的。柱形图反映类别的轴线和反映比重的轴线正好与条形图相反，在运用时就存在着根据数据资料特征有个选择的问题；枝叶图与直方图虽然也具有相似的反映数据分布的功能，在面对这两种图形时，也有个选择的问题。

从上述统计图的种种样式中可以看出，除各种平面统计图是按面积分割的大小，计算它们的比例和比重之外，其他的统计图都是以纵横坐标为原理编制的。

横轴线一般表示类别的特征，称为基线；纵轴线一般表示频数或指标的特征，频数或指标就放在纵轴线的刻度上，所以称为尺度线；纵轴线与横轴线相垂直的交会点，称为起始点；纵横两轴相垂直的内角所夹的空间斜线或曲线则是表示数据变异状态的，也就是统计图描述的最后结果，即数据内容。

起始点必须从“0”开始，然后向纵轴线上的频数或指标数值的方向和横轴线标明的时间或单位类别的方向分头延伸，或者说从起始点向纵横两轴同一方向延伸的线，交叉后就构成了坐标格，找出坐标点再把各个坐标点连接起来就形成了曲线，一切数字内容都反映在这个曲线上了。

第五节　集中趋势与离散趋势分析

经过整理、审核和认定以后，对原始数据资料还要进行综合分析和计算，才能揭示出统计对象的内在本质和发展规律。

社会现象呈现的数据特征都是分散的。从分散的形态看，我们发现有两种主要特征：一是表现为相对的集中趋势；另一种是表现为相对的离散趋势。我们就是利用这两种趋势的特征，通过统计计算来解释社会的各种现象。

统计换算公式，有集中趋势的平均数、离散趋势的差值。前者包括算数平均数的加权平均、调和平均、几何平均以及位置平均的众数、中位数和四分位数；后者包括极差、分位数、异众比率、平均差、离散系数和标准差。此外，还有相关系数计算、回归系数计算（这方面的统计知识和运算公式，请读者查阅“附录一”用计算器的求解方法）。

一、集中趋势分析

集中趋势，也叫集中量数。它是某一个数据向其所在的数据群中心值（平均值）集中的趋势，或者说用一个代表值来反映一组数据的一般水平。比如，在一个地区内，有 11 家工业企业创造的产值各不相同，最多的为 2800 万元，最少的为 2100 万元。通过计算知道它们创造的产值平均为 2500 万元。可是，这 11 家工业企业中也可能没有这一数据。不过，这一数据却是 11 家工业企业产值的一种集中趋势，因为所有的产值都围绕着这 2500 万元的数值上下浮动着。所以，我们在统计分析时，总想要找到一个变量值能够代表统计总体的中心值（平均值）的代表值，这种寻找代表统计总体代表值的活动就是集中趋势分析。

集中趋势的数据分布也有两大特征：一是数值平均数，也可称为均值。它是侧重以数量运算结果而得名的，包括简单算术平均数、调和平均数和几何平均数。二是位置平均数。它是以某一变量值处于一组数列中的固定或不固定位置而得名的，它包括众数和中位数。

凡通过统计揭示调研对象的内在本质和发展规律时，平均数具有不可替代的作用：一是反映总体各单位变量分布的一般水平；二是比较同一现象在不同时间、不同地点和不同条件下的发展水平；三是反映统计对象各种因素之间的制约关系和依存关系；四是参考平均数的标准去评估或推断统计对象的发展趋势。

数值平均数（算术平均数）和位置平均数都有不同的计算方法：

（一）算术平均数

基本公式：$\text{算术平均数}=\dfrac{\text{总体标志总量}}{\text{总体单位总量}}$ 公式（9.10）

例 1：11 家工业企业（总体单位总量）创造的产值为 27500 万元（总体标志总量），平均产值为 $\dfrac{27500}{11}=2500$（万元）。

1. 简单算术平均数

使用未分组的数据资料。先求出变量值或标志值（x），然后把总体各单位的变量或标志值加总（$\sum x$），再除以总体单位数（n），即可求出算术平均数（$\bar{x}$）。

计算公式为：$\bar{x}=\dfrac{x_1+x_2+\cdots\cdots+x_n}{n}=\dfrac{\sum x}{n}$ 公式（9.11）

例 2：某省 8 个地级市，各市的人均社保标准分别是 980 元，1200 元，1250 元，950 元，1200 元，1250 元，1250 元，950 元。则算术平均数为：

$$\bar{x}=\frac{\sum x}{n}=\frac{980+1200+1250+950+1200+1250+1250+950}{8}$$

$=1128.75$（元/市）

2. 加权算术平均数

使用分组的数据资料。已知分配数列中的变量值或标志值（x），次数（f）和频率（$\frac{f}{\sum f}$），即可求出加权算术平均数。

计算公式为：$\bar{x}=\frac{x_1f_1+x_2f_2+\cdots\cdots+x_nf_n}{n}=\frac{\sum xf}{\sum f}$ 公式（9.12）

（1）单项分组资料计算加权平均数

根据变量值和次数两个条件，用各组的标志值乘以相对应的各组次数，加总后求出总体标志总量，再除以总体单位总量。

例 3：某市一个行政区的低保户在各社区的分布状态，其中有 8 个低保户的社区有 1 个，3 户的社区有 3 个，4 户的社区有 6 个，2 户的社区有 9 个，1 户的社区有 11 个，无低保户的社区有 5 个，求该行政区的 35 个社区平均低保户是多少？则加权算术平均数为：

$$\bar{x}=\frac{\sum xf}{\sum f}=\frac{8\times1+3\times3+4\times6+2\times9+1\times11+0\times5}{1+3+6+9+11+5}$$

$=2$（个 / 社区）

（2）组距分组资料计算加权平均数

组距分组资料计算加权平均数就比较复杂一些。首先，要计算出各组的组中值，进而计算样本的平均值，然后才能按照单项分组资料的计算公式，计算加权算术平均数。

例 4：从某一社区随机抽取 150 户家庭，计算他们的平均收入。则加权算术平均数见表 9–17。

表 9-17 统计部分家庭收入资料

按收入分组（元）	组中值 x	户数 f	频率 $\frac{f}{\sum f}$	收入总额	$x\cdot\frac{f}{\sum f}$
1500—2000	1750	30	0.200	52500	350.00
2000—2500	2250	37	0.247	83250	555.75
2500—3000	2750	42	0.280	115500	770.00
3000—3500	3250	33	0.220	107250	715.00
3500 以上	3750	8	0.053	30000	198.75
合 计	——	150	1.00	388500	2589.50

$$\bar{x}=\frac{\sum xf}{\sum f}=\frac{388500}{150}=2590\text{（元/户）}$$

3. 调和平均数

原始数据资料有时不能直接计算算术平均数时，只可运用调和平均的方法间接计算算术平均数。其方法是根据各个变量值的倒数计算出来的。

基本公式为：$$\bar{x}_H=\frac{1+1+\cdots\cdots+1}{\frac{1}{x_1}+\frac{1}{x_2}+\cdots\cdots+\frac{1}{x_n}}=\frac{n}{\sum\frac{1}{x}}=\frac{\sum m}{\sum\frac{1}{x}m}$$

公式（9.13）

式中，$\bar{x}_H$ 代表调和平均数，n 代表标志总量，m 代表支付货款，其余符号同前。

例 5：某公司进口三种原料的价格，每吨分别是 0.35 万元、0.28 万元和 0.42 万元，三种原料已分别支付货款 2.45 万元、1.40 万元和 2.10 万元。计算 3 种原料的平均价格。

$$\overline{x_H}=\frac{\sum m}{\sum\frac{1}{x}m}=\frac{2.45+1.40+2.10}{\frac{1}{0.35}\times 2.45+\frac{1}{0.28}\times 1.40+\frac{1}{0.42}\times 2.10}$$

$$=\frac{5.95}{7+5+5}=0.35\text{（万元）}$$

3 种原料的平均价格为 0.35 万元。

4. 几何平均数，用 $\overline{x_G}$ 表示

几何平均数不是总体各单位变量值的简单算术平均数，而是若干个变量值连乘积的几次方根。主要反映事物变异的总速度、平均速度、总比率和平均比率。根据数据资料的不同特征，其所用的方法分为简单几何平均法和加权几何平均法。

（1）简单几何平均法

对于无须分组的原始数据资料，应采用简单几何平均法。

计算公式为：$\overline{x_G} = \sqrt[n]{x_1 x_2 \cdots\cdots x_n} = \sqrt[n]{\prod x}$ 公式（9.14）

例 6：统计社会生产消耗，其中采矿节能 8%，冶炼减排 15%，机加降耗 17%，运输节能 3.5%，计算社会生产综合消耗率。

采矿、冶炼、机加和运输，处于社会生产链条的不同环节，采矿属上游，冶炼属中游，机加和运输属下游，降耗意味着节能和减排，而节能和减排也必然是降耗的结果。节能、减排和降耗是个综合性的社会生产消费，可能是原材料，也可能是能源，还可能是不同的原材料和不同的能源。所以，综合性的社会生产消耗率不等于各个环节实际社会生产消耗率之总和，只能是 4 个变量值 8%，15%，17% 和 3.5% 连乘积的 4 次方根。计算如下：

$$\overline{x_G} = \sqrt[4]{8\% \times 15\% \times 17\% \times 3.5\%} = 9.19\%$$

社会生产综合消费率为 9.19%

（2）加权几何平均法

凡已经分组或需要分组的数据资料，由于各组变量值出现的次数不同，就需要采用加权几何平均法。

计算公式为：$\overline{x_G} = \sqrt[f_1+f_2+\cdots+f_n]{x_1 f_1 \cdot x_2 f_2 \cdots\cdots x_n f_n}$ 公式（9.15）

例 7：张老汉在银行有一笔 6 年期的定期存款，以复利率计算收益，1，3，6 年的复利率分别是 3.5%，4.5% 和 5.5%。计算这笔存款的年平均收益率。则利用加权几何平均法计算，请见表 9-18。

表 9–18

年　限	利率（%）	年数（年）
第 1 年	3.5	1
第 2—3 年	4.5	2
第 4—6 年	5.5	3
合　计	——	6

大家知道，复利率规定前一年的本利转为后一年本金。这样，总的本利率就等于各年利率的连乘积。首先，把各年利率加上 100%；其次，再换算成各年的本利率；最后按几何平均法计算年平均本利率，减去 100%，即为年平均收益率。计算如下：

$$\overline{x_G}=\sqrt[1+2+3]{(103.5\%)^1\cdot(104.5\%)^2\cdot(105.5\%)^3}=104.83\%$$

年均收益率为 104.83%。

不论是计算总速度或平均数，还是总比率或平均比率，都是以数据的对比为前提。数据对比有两种基本的序时形式：一种是定基对比，称为定比；一种是循环对比，称为环比。

定比就是报告期的累计增长量与某一固定基期数值之比，它反映某一时期内的增长速度；环比是各期的报告期与前一期发展水平或增长量的逐级之比，它反映某一时期的阶段性增长速度。这两种对比形式是最普遍、最常用和最基本的统计手段之一，也是几何平均数的一种过渡性统计基础。因为定比发展速度等于相对应的各期环比发展速度的连乘积；而平均发展速度又等于各环比发展速度连乘积的若干次方根。

关于表中主词部分的“发展速度”和“增长速度”两个统计概念，其含义是不同的。发展速度是质的方面的扩大和缩小，增长速度是量的方面的增加和减少。在统计和计算上，前者的数值是报告期为基期的百分之多少，后者是报告期比基期增加了多少。

$$\text{发展速度公式}=\frac{\text{报告期数值}}{\text{基期数值}}\qquad\text{公式（9.16）}$$

$$\text{增长速度公式} = \frac{\text{报告期数值} - \text{基期数值}}{\text{基期数值}} - 1 \qquad \text{公式(9.17)}$$

定比增长速度与环比增长速度之间不能直接地换算，只有把增长速度转化为各自的平均发展速度，才能利用平均发展速度之间的数值关系进行间接的对比和计算。平均增长速度是各期环比增长速度的序时平均数，平均发展速度是反映统计对象发展快慢程度的序时平均数。

几何平均数的数值不易受极端数值的影响，数值是比较稳定的。不过，当数值分布中的变量值出现零或负值时，就不能采用几何平均数来计算。

（二）位置平均数

在变量数列中，以频数和位置确定的数值叫位置平均数，它包括众数、中位数和四分位数。

1. 众数，用 M_0 表示

众数是在总体内或一组数列中出现次数最多的标志值，也就是频数分布中所占比例最大和数量最多的数值。比如，以某地外贸领域作为调研的总体，不同行业打入国际市场的企业数分别是 2，4，3，5，1，3，3，在这组数列中的“3”出现的次数最多，它就是这个总体或这个数列中的众数。它是总体一般水平的代表值，统计时，用它估计和推断总体的总水平。

由于原始数据资料的不同特征，在寻找和计算众数时有两种方式：即单项式分组和组距式分组。两种分组方式由两种不同的计算方法来实现。

（1）单项式分组寻找众数

单项式分组是一个标志值组成的数据链条，比较简单，数据资料一目了然，直观就可以辨认出众数。以上例内容制表 9-19。

表 9–19

行　业	出口企业数（个）
机　械	4
电　子	2
仪　表	3
纺　织	5
造　纸	1
食　品	3
橡　胶	3
合　计	21

显然，在此表中“3”出现 3 次，是出现次数最多的标志值，所以是众数。再比如，根据我国各省、自治区、直辖市（不含港、澳、台）获得自主知识产权的专利分布状态，见表 9–20。

表 9–20

专利项数（项）	1	4	0	2	3	6	5	7	8
地区数（个）	3	14	1	3	2	4	3	2	1

由表看出，获 4 项专利的地区为 14 个，是频数最多的数值。所以，“4”就是众数。

（2）组距式分组找众数

组距式分组找众数的过程，相对于单项式分组要复杂一些。首先在分组表中找出次数或频数最多的一个组，即确定众数组，这样众数的取值范围就被固定了。再通过众数组的下限和上限计算组中值，组中值相对应的取值点就是众数。现以外贸企业创汇收入为例，在 21 个外贸企业中，出口创汇额分别是（万美元）：50，75，200，150，180，210，260，295，320，350，390，408，430，445，478，505，527，533，580，590，600，现将其编制成平均出口创汇统计表，见表 9–21。

表 9-21

外贸企业创汇收入（万美元）	企业数（个）
1—100	2
100—200	2
200—300	8
300—400	3
400—500	4
500—600	2
合 计	21

按上述说的程序，首先，找出次数或频数最多的组，应为第 3 组；其次，次数或频数为“8”，与“8”相对应的数值是 200—300。所以，众数组应是第 3 组。再计算组中值。公式是：

下限公式：$M_0 = L + \frac{\Delta_1}{\Delta_1 + \Delta_2} \times d$　　公式（9.18）

上限公式：$M_0 = U - \frac{\Delta_2}{\Delta_1 + \Delta_2} \times d$　　公式（9.19）

式中，L 代表下限；

U 代表上限；

Δ_1 代表众数组次数与前一组次数之差；

Δ_2 代表众数组次数与后一组次数之差；

d 代表众数组的组距。

依据上述公式计算众数。众数组的下限 L=200，上限 U=300，组距 d =300-200=100；$\Delta_1 = 8 - 2 = 6$；$\Delta_2 = 8 - 3 = 5$。

下限公式：$M_0 = 200 + \frac{6}{6+5} \times 100 \approx 254.55$（万美元）

或

上限公式：$M_0 = 300 - \frac{5}{6+5} \times 100 \approx 254.55$（万美元）

两种计算结果是一样的，统计时可任选其一。如果众数组在数列上下的两端，只有众数组次数与前一组次数之差或后一组次数之差时，就可以把无组的频数当成“0”，仍按原公式计算。比如第6组500—600，“2”只有与前一组“4”有差额，而没有后一组了，只能当成“0”；第1组的1—100，“2”只有与后一组“2”有差额，而没有前一组，也只能当成“0”。

（3）众数的其他几个问题

涉及众数的其他几个问题，也必须搞清楚，才能对众数有个全面了解，在寻找众数或计算众数时，才不致出现偏差。

一是众数的形式。在一个分配数列中，如果所有的标志值的频数都相等或只出现过一次，此分配数列中就没有众数；在总体单位数很少或者虽然总体单位数很多，可是没有显著集中趋势的数据资料中，寻找众数就没有什么意义。所以，只有在众多的总体单位数或具有显著集中趋势的数列中寻找众数才有意义。

二是众数的特征。众数不受极端值的影响。比如，在1，5，6，6，1050这5个数字组成的数列中，“6”就是众数，而不受“1”和“1050”这两个极端值的影响。

三是参数与统计量的关系。从原始数据资料中提取的具有一定特征的数据通称为参数和统计量。不过，两者还是有区别的。用数据反映总体特征时称为“参数”；用运算结果的数值反映样本特征时则称为“统计量”。参数和统计量的功能虽然大体相同，但两者反映的范畴不同。因为参数不是变量，运算过程不包括总体的参数。比如，投产运行的150台设备，完好率在97%以上，它反映了150台设备这一总体的完全特征。而在150台设备中随机抽出50台作为样本，其中有49台完好，1台待修，这是量的统计，反映了样本的特征。因为样本是随机抽出的，同一总体抽出的不同样本是不一样的，通过运算得到的统计量也是不一样的，而总体的特征是不变的。

四是一个数列中可能不止一个众数。在一个数列中如果有两个标志值，可能就有两个众数，属于偶众数或双众数。比如，防震救灾中各地捐赠的多批毛毯和帐篷分别是：毛毯（件）x_1件，x_2件……x_n件和帐篷（套）y_1套，y_2套……y_n套，在救灾的捐赠物资这个总体数据资料中就可能有 x 和 y 两个众数。

五是众数的优缺点。其优点是除了不受极端值影响以外，在分类变量中比平均数更具有代表性；不足之处是比中位数应用范围和应用效率要低，不能反映数值之间的差异程度，数据资料也不能得到充分利用，容易忽视局部情况或掩盖另一方面的情况。比如，在 1，5，6，6，1050 这个数列中，如果只看众数“6”，就忽略了“1”和“1050”这两个极差。这两个极差分别反映了两个不同的方面，影响了对总体的全面认识。

六是众数适用于反映定序变量、定类变量和数值变量的集中趋势。

2. 中位数，用 M_e 表示

顾名思义，就是在一列数据链条中位于中间的那个数。把一组分配数列的个数分为左右相等的两部分，其中一半的数值小于中位数，另一半的数值大于中位数。具体地说，就是把一列变量值按大小、多少、好坏、优劣的顺序排列起来，处于中间位置的那个数或变量值便是中位数。比如，2，5，7，15，18，20，25 这组数列中的“15”便是中位数；再比如，某单位员工对本单位管理的满意程度，设置了 7 项标志值：很满意、满意、比较满意、无所谓、不太满意、不满意、很不满意，在这里“无所谓”就是中位数。中位数可以用数量表现，也可用非数量的等级符号表现。反映数量标志的用数量表现，反映质量标志的用非数量等级符号表现。

寻找和计算中位数，根据原始统计资料的不同，有两种方式：一种是无须分组的资料；另一种是必须分组的资料。

（1）使用无须分组的资料计算中位数

将原始统计资料按顺序排列后，用公式确定中位数的位置。其公式为：$Z=\frac{n+1}{2}$（n 代表变量值的个数）。比如：7 家外贸公司创汇额（万美元）分别是：250，270，350，20，850，60，1500，按标志值的多少进行排列，即 20，60，250，270，350，850，1500，变

$x_1=20, x_2=60, x_3=250, x_4=270, x_5=350, x_6=850, x_7=1500$，量值的个数是 7 个，中位数的位置取决于 Z= $\frac{7+1}{2}=4$。表明第 4 个数就是中位数，它是 270。再比如，上例某单位员工对本单位管理满意程度的测试中，在原来 7 项标志值中再增加“特别满意”一项放在开头第一组，变为八项标志值时，n=8，则 Z= $\frac{8+1}{2}=4.5$。这时中位数介于第 4 个标志值“比较满意”与第 5 个标志值“无所谓”之间，即总的满意程度为中等偏好一些。

从上述两个例子中我们发现，数列中数值的个数或标志值的个数，有时是奇数，有时是偶数。凡遇到奇数时，其中位数位置就是数列平分后中间的那个数点上；凡遇到偶数时，其中位数位置就是数列平分后那个组距间的某一个点上。

（2）使用分组的资料计算中位数

根据分组资料的复杂程度，分为“单项分组资料”和“组距分组资料”两种。

一是使用单项分组资料的方法。用累计的总次数计算。用 $\frac{\sum n+1}{2}$（n 为总体单位数）计算的结果找出中位数所在的组。

例 8：5 所大学毕业生当“村官”的人数如表 9–22 所示，计算中位数。

表 9–22

学校名称	人数（人）	向上累计	向下累计
A 校	15	15	117
B 校	19	34	102
C 校	25	59	83
D 校	28	87	58
E 校	30	117	30
合 计	117		

$$\frac{\sum n}{2}=\frac{117}{2}=58.5$$

从向上累计表中看出，58.5 含在 59 组内，从向下累计表中看出，58.5 含在 83 组内，两者实为一组，即 C 校组。

二是使用组距分组资料的方法。按单项分组资料计算中位数的方法，先找出中位数所在组，再以下列公式计算中位数（数值较大时计算公式的分子即总体单位数加 1 或不加 1 $\frac{\sum n+1}{2}$ 或 $\frac{\sum n}{2}$ 均可）。

下限公式：$$M_e=L+\frac{\frac{\sum f}{2}-S_{m-1}}{f_m}\times d$$ 公式（9.20）

上限公式：$$M_e=U-\frac{\frac{\sum f}{2}-S_{m+1}}{f_m}\times d$$ 公式（9.21）

式中：M_e——中位数；

L——中位数所在组的下限；

U——中位数所在组的上限；

f——中位数所在组的频数；

S_{m-1}——向上累计至中位数所在组的前一组为止的累计频数；

S_{m+1}——向下累计至中位数所在组的前一组为止的累计频数；

d——中位数所在组的组距。

例 9：在西藏日喀则地区随机抽出 5000 名牧民，统计文化程度状况（以受教育年限为计量单位）。首先累计次数并编制中位数计算表。

表 9-23 日喀则地区部分牧民文化程度统计表

受教育年限（年）	人数（人）	向上累计	向下累计
1—4	250	250	5000
4—7	1400	1650	4750
7—10	1925	3575	3350
10—13	1300	4875	1425
13—16	95	4970	125
17 以上	30	5000	30
合　计	5000	——	——

计算：$\frac{\sum f}{2}=\frac{5000}{2}=2500$(人)，由计算结果 2500 可以看出，中位数应在 7—10 组中（不论是向上还是向下累计都是如此）。其中 L=7, U=10, d=10–7=3，$f_m=1925$，$S_{m-1}=1650$，$S_{m+1}=1425$，进而有两种公式可用来计算中位数。

按下限公式（向上累计），即：

$$M_e=L+\frac{\frac{\sum f}{2}-S_{m-1}}{f_m}\times d=7+\frac{\frac{5000}{2}-1650}{1925}\times 3\approx 8.32\text{（年）}$$

按上限公式（向下累计），即：

$$M_e=U-\frac{\frac{\sum f}{2}-S_{m+1}}{f_m}\times d=10-\frac{\frac{5000}{2}-1425}{1925}\times 3\approx 8.32\text{（年）}$$

两种公式计算的结果是一样的，根据数据资料特征可任选一种。

中位数也不受极端值的影响，代表性比均值差一些，稳定性比均值强一些；它不局限于数值的反映，对于表现事物属性的等级资料要使用非数值的文字或符号；中位数的位置是固定的，它处于数列的中间那个点上。遇有奇数时，其位置就是数列平分后的中间那个数;遇有偶数时，其位置就在数列平分后中间组的组距间某个未知的数值点上。

3. 四分位数，用 Q 表示

四分位数是分位数的一个分位等级。从理论上讲，还可以深入地分下去，分成八分位、十六分位、三十二分位等等。不过最常使用的就是四分位数。

确定四分位数的方法与确定中位数有某些相似之处。它也是先将原始数据资料按多少、大小顺序排列，再把数据分成四个数目相等的部分，各段落分界点上的数，就是四分位数。比如，用线条表示的某个总体一组数据链的四分位数如下：

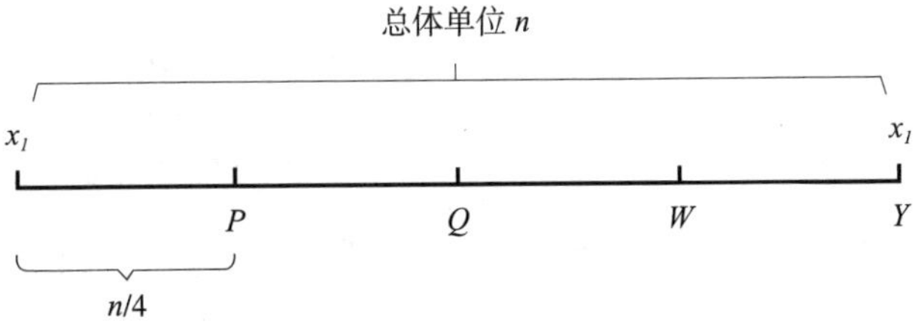

为了消除极端数值的影响，在运用四分位数反映调研对象时，都把两端的数值，即 1/4 部分的最小值 *P* 和 1/4 部分的最大值 Y 舍掉。这样，实际是去掉了 50% 的两端的部分，保留了另 50% 的中央部分，即 1/4 的 *Q* 和 1/4 的 *W*，再确定中位数为 *Q*，又回归到中位数上去了。四分位数是舍掉干扰性数据的一种计算方法，也是中位数的深化和延续，是检验中位数代表性高低的测量值，是对中位数的一个很好的补充。凡遇有原始数据资料比较庞大而离散程度又大的情况下，往往就用四分位数。不过，四分位数仍不能充分利用所有的数据，不能反映数据分布的全部差异情况。

四分位数的计算结果称为“四分位差”。它是调研操作手段的检验工具，在另一节作专门的介绍。

（三）平均数的适用范围和其他几个问题

平均数的适用范围很广，在国民经济建设和社会管理方面发挥着非常重要的作用。在介绍平均数的类型和计算方法以后，有必要对平均数涉及的其他几个问题作以归纳和概括，以使读者对平均数有一个总的系统的认识。

1. 平均数必须用总体的全部数据，即总体全部数据的总和平均。由于平均数既是典型值也是代表值，它能够反映一组数据的集中特征和整体的变异状态，揭示事物的发展规律，所以就显得很重要。

2. 平均数的值都是给定的，可以进一步计算相关系数和回归系数。

3. 平均数与权数的关系是，权数对算术平均数的大小，起到了权衡轻重的作用，权数的绝对值与平均数的均值无任何影响关系，权数的比重却能影响平均数的均值的大小。如果各组单位数所占比重相等时，权数的作用亦相等。算术平均数只反映一个因素，而权数反映变量值和次数两个因素。

4. 有极端值和不同类别等级资料时，不能使用平均数，当变量值为0或负值时也无法使用平均数，因为极端值会改变平均数的代表性。

5. 当掌握不准平均数和中位数谁最有代表性时，将两者都计算出来，如果差异不大，要选择平均数，差异大就选择中位数，因为平均数具有在特定条件下数据相互抵消后的稳定性和可靠性。

6. 计算平均数时，要去掉一个最高值和一个最低值，以此消除极差的影响。

7. 利用调和平均数可以解决某些由于数量未知无法直接计算的算术平均数。

8. 几何平均数，只有在经济和社会其他事业如工农业生产、教育、科技、交通、劳动就业等连续不断地增长(发展)或滞缓(降低)的情况下，才适合于计算平均速度，把侧重点放在终期变化水平上。因为总增长速度既不等于各期环比增长速度的连乘积，也不等于各期环比增长速度的总和。所以必须通过平均发展速度间接地运算。定基发展速度等于相应的各期环比发展速度连乘积，而平均发展速度又等于各期环比发展速度连乘积的 n 次方根。发展速度是从“质”的角度反映现象在某一时期的变化水平，增长速度是从“量”的角度反映现象在某一时期的变化水平。计算的平均发展速度可以为预测未来的发展变化提供依据。比如，基建投资、新增固定资产、人员培训等在一个周期内的预期效果，五年计划的预期效果等。

二、离散趋势分析

离散趋势分析是与集中趋势分析相对应的分析方法。集中趋势分析，是对同质总体作出的总的概括，即集中概括了一组数据的共性，反映了一组数据的一般水平。同时，由于集中趋势把同质总体内各个单位标志值的差异抽象掉了，从而又掩盖了总体内各变量值的差异特征和差异程度，具体地说，就是掩盖了一组数据偏离中心值的特征和远离中心值的程度；而离散趋势分析恰恰相反，它把被抽象掉的同质总体内各变量值的差异特征和差异程度反映出来，从另一个侧面反映了数据的分布状态，这是根据数值（次数）分布的另一个重要特征而采取的另一种分析方法。前者描述的是一般特征，是共性，后者描述的是特殊特征，是个性。

有些数列的数据分布，有时集中趋势的特征相同而离散趋势的特征却不相同，有时离散趋势的特征相同而集中趋势的特征却又不相同。所以，一组数列除了需要描述集中趋势的特征以外，也需要描述离散趋势的特征。只有把集中趋势分析与离散趋势分析结合起来，共同反映数据的全部次数分布状态，才能了解被反映事物的内在本质和规律。

由此可以看出，离散趋势分析是对集中趋势分析的补充和检验，从另一个侧面检验集中趋势测度值的代表程度。因为数据的分布越集中其离散的程度越小，平均数的代表性就越大，数值就越均衡、越稳定；反之，数据的分布越离散其集中的程度就越差，平均数的代表性也就越小，数值就越不均衡、不稳定。我们对于统计数据的描述就是利用这一对立统一关系确定的。

离散趋势的测度值或统计量有极差（全距）、分位差、异众比率、平均差、标准差和离散系数等。

（一）极差（全距），用 R 表示

极差是测量总体各单位变量值差距的一种方法。是一组数据的最大值与最小值之间的距离，即两个极端值之差。公式为：R= 最大变量值（标志值）– 最小变量值（标志值）。比如，计算 1，5，6，6，1050 这组数

据的极差，便是 1050−1=1049。

极差说明数据分布中各观察值变异的总范围。极差越大说明平均数的代表性就越小，极差越小说明平均数的代表性就越大。通过极差测度离散程度时明确易懂，又简单方便，能够看出数列动态的大致波动情况。它不足的是，既不能反映全部数据的变异，也不能反映局部数据的分布状态。它只适用于顺序变量和数值变量。

（二）分位差，用 Q 表示

为了排除极差的极端值干扰，通过分位差对极差进行改造，是对极差的一种补充。由于分位差是分位数的计算结果，我们现以最常用的四分位数为例计算四分位差。前边已经介绍过，四分位数是将一组数据按多少、大小顺序排列，然后将此数列分成相等的四个部分，每个部分占整个数列的 25%。第一部分的第一个四分位数以下包括了 25%，第二部分第二个四分位数为中位数，第三部分第三个四分位数以下包括 75%。舍掉第一部分 Q_1 和第四部分 Q_4 的两个极端值，舍掉的两个部分为整个数列的一半，即 50%；保留的第二部分 Q_2 和第三部分 Q_3 为中央部分的数据。保留的这一部分为整个数列的另一半，亦即 50%。再用极差的办法测度离散程度。

基本公式为：

$$Q=\frac{n}{4}\text{（代表总的个数）}\qquad\text{公式（9.22）}$$

求

$$Q_1=\frac{n+1}{4}\qquad\text{公式（9.23）}$$

$$Q_2=\frac{2(n+1)}{4}\qquad\text{公式（9.24）}$$

$$Q_3=\frac{3(n+1)}{4}\qquad\text{公式（9.25）}$$

$$Q_4=\frac{4(n+1)}{4}\qquad\text{公式（9.26）}$$

式中，Q_1、Q_2、Q_3和Q_4分别代表第一、第二、第三和第四个四分位数。其中Q_1在计算过程中被减掉了，Q_4在计算之前已被舍掉，只有Q_2和Q_3参与整个计算过程。

根据数列资料的复杂程度，分为三种计算方式，即：以原始数据资料求四分位差、以单项分组数据资料求四分位差和以组距分组数据资料求四分位差。

1. 以原始数据资料求四分位差

例 10：某厂举办 11 人参加的车工技能竞赛，1 小时内加工的部件分别是：15、17、19、20、21、21、22、23、24、25、25。从数据资料看，无须分组即可求解四分位差。根据公式先求出Q_1和Q_3的位置。

$$Q_1\text{的位置} = \frac{n+1}{4} = \frac{11+1}{4} = 3$$

$$Q_3\text{的位置} = \frac{3(n+1)}{4} = \frac{3(11+1)}{4} = 9$$

从式中看出，Q_1处在第三位数“19”的位置上，$Q_1 = 19$；Q_3处在第九位数“24”的位置上，$Q_3 = 24$；则四分位差是：$Q = Q_3 - Q_1 = 24 - 19 = 5$。

计算结果说明，在这 11 名技工中，有$\frac{1}{2}$的人在 1 小时内加工的零件在 19—24 之间，或者说这$\frac{1}{2}$的人加工零件的最大数量之差为 5 件。

2. 以单项分组数据资料求四分位差

例 11：某厂举办 120 人参加的车工技能竞赛，1 小时加工的部件分别是：16 件的 16 人、17 件的 18 人、19 件的 20 人、20 件的 19 人、21 件的 27 人、22 件的 14 人、24 件的 5 人、25 件的 1 人。针对这样的数据资料不分组就难以求解四分位差。现列表 9–24 说明如下。

表 9–24

加工件数（件）	人数（人）	向上累计（cf）
16	16	16
17	18	34
19	20	54
20	19	73
21	27	100
22	14	114
24	5	119
25	1	120
合 计	120	——

根据公式先求出 Q_1 和 Q_3 的位置。

Q_1 的位置 $=\dfrac{n}{4}=\dfrac{120}{4}=30$（当 n 的数值较大时，加 1 或不加 1 均可）

Q_3 的位置 $=\dfrac{3n}{4}=\dfrac{3\times120}{4}=90$

从式中看出，Q_1 30 处在与第二位累计数 34 相对应的“17”位置上，所以 $Q_1=17$；Q_3 90 处在与第五位累计数 100 相对应的“21”位置上，所以 $Q_3=21$。则四分位差是：

$Q=Q_3-Q_1=21-17=4$

计算结果表明，在 120 名参加技能竞赛的技工中，有 1/2 的技工加工的零部件数量在 17 件至 21 件之间，最大的差值是 4 件。如果与中位数结合起来计算，则：

$M_d=21-\dfrac{21-17}{2}=19$（件）。这说明参加技能竞赛的 1/2 技工加工的平均件数在 19 件± 2 件的范围内，即 17 件至 21 件之间。

3. *以组距分组数据资料求四分位差*

其基本公式：

$$Q_1=L_{下1}+\frac{\frac{n}{4}-cf_{m-1}}{f_{m_1}}\times d \qquad \text{公式(9.27)}$$

$$Q_3 = L_{下3} + \frac{\frac{3n}{4} - cf_{m-3}}{f_{m_3}} \times d$$ 公式（9.28）

式中：f_{m_1} 代表 Q_1 所在组人数；

cf_{m-1} 代表 Q_1 所在组前一组累计数；

f_{m_3} 代表 Q_3 所在组人数；

cf_{m-3} 代表 Q_3 所在组前一组累计数；

d 代表本组的组距；

L 代表本组的下限。$L_{下1}$ 是 Q_1 组的下限；$L_{下3}$ 是 Q_3 组的下限。

例 12：西藏自治区自 1959 年废除农奴制以来，对青少年实行免费教育，包吃、包住、包穿的三包政策，使藏民文盲率由原来的 99.75% 降为 0.03%。现随机抽出 10,000 名藏民，求解受教育年限的四分位差。列表 9–25 如下。

表 9–25

受教育年限（年）	人数（人）	向上累计（人）	向下累计（人）
0—4	953	953	10,000
4—6	1,260	2,213	9,047
6—9	4,110	6,323	7,787
9—12	3,243	9,566	3,677
12—15	360	9,926	434
15—18	74	10,000	74
合 计	10,000	——	——

从表内数据看，如果不编制组距分组就难以求四分位差。先求出 Q_1 和 Q_3 的位置：

$$Q_1 = \frac{n}{4} = \frac{10000}{4} = 2500$$

$$Q_3=\frac{3n}{4}=\frac{3\times10000}{4}=7500$$

10000名藏民的四分位数为2500名。查表得知Q_1 2500处在与第三组累计数6323相对应的“6—9”组内；Q_3 7500处在与第四组累计数9566相对应的“9—12”组内。再确定Q_1所在组的下限为6；Q_3所在组的下限为9。代入公式，计算如下：

$$Q_1=L_{下_1}+\frac{\frac{n}{4}-cf_{m-1}}{f_{m_1}}\times d=6+\frac{2500-2213}{4110}\times3\approx6.21（年）$$

$$Q_3=L_{下_3}+\frac{\frac{3n}{4}-cf_{m-3}}{f_{m_3}}\times d=9+\frac{7500-6323}{3243}\times3\approx10.09（年）$$

所以：$Q=\frac{Q_3-Q_1}{2}=\frac{10.09-6.21}{2}=1.94$（年）

从表内和公式中可以看出，四分位差以中位数Q_2为中心值，表示与Q_1和Q_3之间的距离程度。这说明如果采用中位数$M_d=6+\frac{5000-2213}{4110}\times3=8.03$（年）来推断该样本藏民平均受教育年限的话，10000人中有1/2的人受教育年限为8.03年 ±1.94年这个范围内，亦即在6.09年至9.97年之间。一般情况下，如果用中位数表示集中趋势时，就用四分位数表示差异量。四分位差越小，中位数对数据集中趋势的代表性就越大。在统计分析中，四分位差与中位数结合起来应用，可以使统计总体的集中趋势与离散趋势更鲜明地表现出来。

（三）异众比率，用V_R表示

异众比率是指非众数的次数与总体变量值总次数的比率。就是说，众数不能反映的那一部分变量值在总体中的比重。其基本公式是：

$$V_R=\frac{n-f_{m0}}{n}\qquad 公式（9.29）$$

式中，n 代表总体变量值的总次数；

f_{m0} 代表众数的次数。

例 13：某地区外贸企业受国际金融危机影响，使外贸创汇额锐减的有 706 家，仍保持良好势头的有 310 家，求异众比率。

$$n = 706 + 310 = 1016$$

$$f_{m0} = 706$$

异众比率为 $V_R = \dfrac{1016 - 706}{1016} \approx 0.31$，即 31%。

例 14：310 家外贸企业创汇总额为 67 亿美元，其中家电 9 亿元、造纸 12 亿元、橡胶 6.5 亿元、纺织 33.5 亿元、玩具 3.5 亿元、小商品 2.5 亿元。这里的众数显然是纺织 33.5 亿元，求异众比率。$n = 67$；$f_{m0} = 33.5$。

$$V_R = \frac{n - f_{m0}}{n} = \frac{67 - 33.5}{67} = 0.5$$，即 50%。

从以上两个例子的计算结果看，异众比率越大，总体各变量值相对于众数就越离散，众数的代表性就越差；相反，异众比率越小，总体各变量值相当于众数就越集中，众数的代表性就越大。异众比率适用于定类测量离散程度的统计量。

（四）平均差，用 *A.D.* 表示

平均差就是平均离差之意，是标志变异度指标的一种。是指全部变量值与其均值的离差的绝对值的均值。它是用全部数值计算的，即各个变量值或标志值与算术平均数的离差的平均，它能够从总体上全面地、综合地反映离差程度。

因数据资料的复杂程度不同，分为未分组的原始数据资料和分组的数据资料两种方式计算平均差。

1. 未分组或未分配次数的计算公式

$$A.D. = \frac{\sum |x - \bar{x}|}{n} \qquad \text{公式（9.30）}$$

例 15：某社区随机抽出 100 户居民，调查经济收入的差异程度。在这 100 户居民中收入的差距有 7 个档次。

第一步计算单纯性“收入标准”的平均数。“收入标准”仅仅是收入的象征性符号。

请看表 9–26。

表 9–26

权数（n）	收入（元）x
1	1,500
2	1,800
3	2,100
4	2,800
5	3,200
6	3,900
7	4,300
合 计	19,600

将表中数据代入单纯性“收入标准”的平均数公式：

单纯性“收入标准”平均数为 $\bar{x}=\dfrac{\sum x}{n}=\dfrac{19600}{7}\approx 2800$（元）

第二步计算单纯性“收入标准”的平均差。如表 9–27 所示。

表 9–27

收入（元）x	户数（户）f	$\lvert x-\bar{x}\rvert$ （$\bar{x}=2800$元）
1,500	12	1,300
1,800	21	1,000
2,100	27	700
2,800	30	0
3,200	5	400
3,900	3	1,100
4,300	2	1,500
合 计	100	6,000

将表中的数据代入单纯性“收入标准”的平均差公式：

$$A.D. = \frac{\sum|x-\bar{x}|}{n} = \frac{6000}{100} = 60\text{（元）}$$

上述的计算结果，仅仅能看出单纯性“收入标准”的差异程度，还不是群体性的实际收入的平均差。

2. 已分组或已分配次数的计算公式

$$A.D. = \frac{\sum|x-\bar{x}|f}{n} \qquad \text{公式(9.31)}$$

例 16：如表 9–28 所示。

表 9–28

收入（元）x	户数（户）f	$\lvert x-\bar{x}\rvert$	xf	$\lvert x-\bar{x}\rvert f$
1,500	12	1,300	18,000	15,600
1,800	21	1,000	37,800	21,000
2,100	27	700	56,700	18,900
2,800	30	0	84,000	0
3,200	5	400	16,000	2,000
3,900	3	1,100	11,700	3,300
4,300	2	1,500	8,600	3,000
合 计	100	6,000	232,800	63,800

先求出群体性实际收入的平均数，将上表的相应数据代入平均数公式：

群体性实际收入平均数为 $\bar{x} = \frac{\sum xf}{\sum f} = \frac{232800}{100} = 2328$（元）

将单纯性“收入标准”平均数与群体性实际收入平均数对比：

$\bar{x} = 2800 - 2328 = 472$（元）

再求出群体性实际收入的平均差，将上表的相应数据代入平均差公式：

$$A.D. = \frac{\sum|x-\bar{x}|f}{\sum f} = \frac{63800}{100} = 638\text{（元）}$$

将单纯性收入标准的平均差与群体性实际收入的平均差对比：

A.D. = 60 − 638 = −578 (元)

从上述的结果看，单纯性收入标准的平均数比群体性实际收入的平均数高出 472 元，而单纯性收入标准差却远远低于群体性实际收入标准差 578 元。这说明社会实际分配的不同标准差异太大，而这 7 个分配标准在社会不同群体中的分配差异较大。为了扭转社会分配不均现象，应在基本保持分配标准不变的前提下，在政策调整中尽量减少低收入户数，增加高收入群体户数。政策调整后的情况如下，请看表 9–29。

表 9–29

收入（元）x	户数（户）f	$\lvert x-\bar{x}\rvert$ ($\bar{x}=2800$元)	xf	$\lvert x-\bar{x}\rvert f$
1,500	1	1,300	1,500	1,300
1,800	6	1,000	10,800	6,000
2,100	20	700	42,000	14,000
2,800	45	0	12,6000	0
3,200	20	400	64,000	8,000
3,900	5	1,100	19,500	5,500
4,300	3	1,500	12,900	4,500
合 计	100	6,000	276,700	39,300

从表 9–29 与表 9–28 内容对比看，低于平均收入 2800 元的户数由原来的 60 户减少到 27 户，高于平均收入的户数由原来的 10 户增加到 28 户。通过有利于低收入阶层的政策调整，可以使平均差明显地缩小。现计算政策调整后的平均差。

$$\text{A.D.}=\frac{\sum\lvert x-\bar{x}\rvert f}{\sum f}=\frac{39300}{100}=393\text{（元）}$$

638 − 393 = 245（元）

平均差比政策调整前缩小了 245 元。

从表中我们发现，平均数与各变量值或标志值相减后形成了正负数，低于平均数的变量值或标志值是负数，高于平均数的变量值或标志值是正数，正负数相抵后总是等于 0。既然总是等于 0，就无法计算标志值的变异度指标，为了解决这个问题，我们就采取了将每个变量值或标志值与算术平均数离差平方的计算方法。这时它们之和就不会等于 0 了。

平均差越大，说明变量值或标志值的变异程度越大，则平均数的代表性就越小；反之，平均差越小，说明变量值或标志值变异程度越小，则平均数的代表性就越大。不过，平均差也不同程度地掩盖了变量值之间的具体差异。比如，甲、乙、丙地区的 GDP 值都是相等的，从表面看无任何差异。可是，甲地主要靠自然资源形成的产值；乙地主要以高新技术深加工形成的产值；丙地主要以旅游业和服务业形成的产值。三者之间的差异是很大的，一个是生产力落后的地区，一个是生产力发达地区，一个是泡沫经济地区。平均差从某一个角度反映社会现象的一般水平，为计算标准差奠定了基础。

（五）标准差，用 σ 或 $S.D$ 表示

标准差是变量值或标志值与算术平均数离差平方和除以单位数再开方，或者说计算离差平方的算术平方数的平方根。其实，标准差离不开开方、平均、平方与离差等方式。所以，标准差也叫根均方差或均方差。标准差为避免 $\sum(x-\bar{x})=0$ 的问题，则采用与平均差不同的方法，将变量值或标志值与算术平均数的离差进行平方，即 $(x-\bar{x})^2$ 以消除负值，再开方还原。因为被开方数必须是正数。这种计算离差平方的算术平均数的算术平方根，就是标准差。

基本公式：$$\sigma=\sqrt{\frac{\sum(x-\bar{x})^2}{n}}$$ 公式（9.32）

标准差的计算，也根据数据资料的复杂程度，分为未分组的原始数据资料、已分组的数据资料和组距分组的数据资料计算标准差的方法。

1. 以未分组的原始数据资料计算标准差

例 17：为了扩大内需，甲、乙、丙三地分别向交通、技改、医疗、

教育、水利等领域投资。三地投资额度分别是（亿元）：

甲地：40、35、28、25、30　　$\bar{x}=31.6$

乙地：35、31.6、30、35、26.4　　$\bar{x}=31.6$

丙地：41、38、31.6、32、15.4　　$\bar{x}=31.6$

三地的平均投资额度都是 31.6，现计算哪个地区在这 5 个领域的投资差异小，平均数的代表性高。

依据公式

$\sigma=\sqrt{\dfrac{\sum(x-\bar{x})^2}{n}}$ 将甲、乙、丙三地投资额度分别代入公式：

甲地：

$$\sigma_{甲}=\sqrt{\frac{(40-31.6)^2+(35-31.6)^2+(28-31.6)^2+(25-31.6)^2+(30-31.6)^2}{5}}$$

$$=\sqrt{\frac{70.56+11.56+12.96+43.56+2.56}{5}}=\sqrt{\frac{141.2}{5}}=\sqrt{28.24}\approx 5.31$$

乙地：

$$\sigma_{乙}=\sqrt{\frac{(35-31.6)^2+(31.6-31.6)^2+(30-31.6)^2+(35-31.6)^2+(26.4-31.6)^2}{5}}$$

$$=\sqrt{\frac{11.56+0+2.56+11.56+27.04}{5}}=\sqrt{\frac{52.72}{5}}=\sqrt{10.54}\approx 3.25$$

丙地：

$$\sigma_{丙}=\sqrt{\frac{(41-31.6)^2+(38-31.6)^2+(31.6-31.6)^2+(32-31.6)^2+(15.4-31.6)^2}{5}}$$

$$=\sqrt{\frac{88.36+40.96+0+0.16+262.44}{5}}=\sqrt{\frac{391.92}{5}}=\sqrt{78.38}\approx 8.85$$

从计算结果可以看出乙地差异小（3.25），它的平均数 31.6 代表性大；其次是甲地为 5.31；丙地为 8.85，丙地的平均数 31.6 代表性最差。

2. 以单项分组数据资料计算标准差

基本公式：

$$\sigma=\sqrt{\frac{\sum(x-\bar{x})^2 f}{n}}$$ 公式（9.33）

例 18：灾区有 200 名孤儿被 5 个地区接收抚养，甲地 34 名、乙地 33 名、丙地 36 名、丁地 45 名、戊地 52 名，计算 5 个地区接收孤儿数的标准差。列表 9–30 如下 $(\bar{x}=40)$。

表 9–30

接收孤儿地区	人数 f	$x-\bar{x}$	$(x-\bar{x})^2$	$(x-\bar{x})^2 f$
甲 地	34	–6	36	1,224
乙 地	33	–7	49	1,617
丙 地	36	–4	16	576
丁 地	45	5	25	1,125
戊 地	52	12	144	7,488
合 计	200	——	——	12,030

$$\sigma=\sqrt{\frac{\sum(x-\bar{x})^2 f}{5}}=\sqrt{\frac{12030}{200}}=\sqrt{60.15}\approx 7.76$$

计算结果表明，5 个地区接收灾区孤儿数相对于平均数 40 名来说，其标准差为 7.76 人。

3. 以组距分组数据资料计算标准差

基本公式：

$$\sigma=\sqrt{\frac{\sum(x_{md}-\bar{x})^2 f}{\sum f}}$$ 公式（9.34）

例 19：按上例接收灾区孤儿的地区，因当地物价和原有基础不同，每年各地孤儿的抚养费也有所区别，分别是（万元）：1. 8、2. 0、2. 2、2. 5、2. 8。

列表计算标准差如下（$\bar{x}=2.26$）：

表 9–31

抚养费分组（万元）x	孤儿数（名）f	组中值 x_{md}	$x_{md}-\bar{x}$	$(x_{md}-\bar{x})^2$	$(x_{md}-\bar{x})^2 f$
1.8—2.0	34	1.9	–0.36	0.1296	4.4064
2.0—2.2	33	2.1	–0.16	0.0256	0.8448
2.2—2.4	36	2.3	0.04	0.0016	0.0576
2.4—2.6	45	2.5	0.24	0.0576	2.5920
2.6—2.8	52	2.7	0.44	0.1936	10.0672
合 计	200	——	——	——	17.968

$$\sigma=\sqrt{\frac{\sum(x_{md}-\bar{x})^2 f}{\sum f}}=\sqrt{\frac{17.97}{200}}\approx\sqrt{0.0899}\approx 0.3$$

标准差为 0.3，即 3000 元。

标准差的最小值可以是 0，但最大值没有限制。当最小值是 0 时，各观察值与平均数之间没有差距。标准差越大，其变量的离散程度越大，而平均数的代表性就越小；反之，标准差越小，离散程度越小，而平均数的代表性就越大。在分析定距变量的离散程度时，常常运用标准差。

从计算过程看，方差（用 σ^2 表示）是计算标准差的一个环节，必须知道方差与标准差的关系。方差的开方即是标准差，而标准差的平方还可以还原为方差，两者有必然的连带关系，都是测度各观察值与平均数之间的平均距离，也都是通过对离差的平方来避免正负离差相互的抵消，从而避免了 0 的出现。在测度各观察值与平均数之间的平均距离时，各观察值分别减去平均数之和的平方除以单位数，即得方差，继而开方即得标准差。也可以这样说，各观察值的平方和除以单位数再减去平均数的平方（方差），继而开方（标准差）。它们还能够在变量数据与离散程度的大小上利用所有的数据，这意味着在反映标志值变异特征和变异程度上，标准差和方差与极差、四分位差具有相似的功能。不过，标准差、方差、极差和四分位差等与平均数比，前者反映的是个别的特殊的变异程度，而后者反映的是总体的一般的变异状态。

（六）离散系数，用 V 或 C_r 表示

离散系数也可用相对数百分比表示，离散系数包括极差系数、平均差系数和标准差系数，是极差、平均差和标准差分别与各自的平均数对比的对比值。在统计实践中，被广泛应用的是标准差系数。现在我们重点介绍标准差系数。基本公式为：

$$V=\frac{\sigma}{\bar{x}}\times 100\% \qquad \text{公式(9.35)}$$

前面介绍的极差、平均差和标准差等变异指标，都是在具有同比条件下计算出来的，它们的计算结果也都是用名数的绝对数表示的。而对不同领域、不同类型、不同等级水平和不同计量口径的数量统计资料，它们就无能为力了。为了弥补这方面的不足，就需要采用离散系数。

例 20：我国政府对西北“老少边穷”地区的 5 个县下拨创业脱贫资金 4 亿元，县均 0.8 亿元，标准差为 0.35 亿元；三年后这 5 个县变政策性财政补贴为自给有余，于 2008 年实现财政收入总额为 8.25 亿元，县均 1.65 亿元，标准差亦为 0.35 亿元。比较创业脱贫资金与创业致富财政收入的离散程度。公式：

创业脱贫资金投入的离散系数 $V=\frac{\sigma}{\bar{x}}\times 100\%=\frac{0.35}{0.8}\times 100\%=43.75\%$

创业致富财政收入的离散系数 $V=\frac{\sigma}{\bar{x}}\times 100\%=\frac{0.35}{1.65}\times 100\%\approx 21.21\%$

从计算结果看，虽然标准差相同，但由于平均数不同而标准差系数则不同。这说明，被创业脱贫资金扶持的 5 个县，原来的困难程度不同，创业脱贫资金在各县的分配差异较大，而创业财政收入的金额增大了，平均数也大了。所以，后者的差异程度比前者小，其平均数的代表性也大。

例 21：与上述创业致富财政收入比，补贴居民住房后，5 个县人均居住面积 20 ㎡，标准差为 2. 8 ㎡。看住房补贴与财政收入两个总体各自的差异程度。公式：

居民住房的离散系数 $V=\frac{\sigma}{\bar{x}}\times100\%=\frac{2.8}{20}\times100\%=14\%$

$$21.21\%-14\%=7.21\%$$

从这个计算结果看，两个总体的统计类型不同，统计口径不同，通过离散系数对比，后者比前者低 7.21%。这说明，在住房资金补贴和住房分配上的离散系数，虽然与另一总体比较低，但受特殊因素影响形成的差异还是有一些，是受人为的计划安排等特殊因素造成的。

计算离散系数是离散趋势分析最后一个环节，现在结合前边介绍的测度社会变异现象的几种方式，对某地某些行业的发展趋势作以系统的综合分析。

例 22：国际金融危机以后，某地企业在中央政府调控政策的作用下，基本遏制了市场萎缩的局面，开始从低迷状态走向复苏，销售收入有所回升，在 5 个行业中销售收入增加额（万元）分别是：电器行业 4 家企业的增加额为：75、77、81、86；化工行业 5 家企业的增加额为 76、85、103、120、145；纺织行业 7 家企业的增加额为 110、114、125、139、146、152、150；机械行业 8 家企业的增加额为：66、68、72、141、139.5、85、139、140；建材行业 9 家企业的增加额为 122、125、146、157、158、163、168、192、200。在调研中收集上来的原始基本数据就是这些，现在我们分步骤地计算，单纯地进行数据分析。

第一步编制分配数列，将各变量值按从小到大的顺序排列起来，即：66、68、72、75、76、77、81、85、85、86、103、110、114、120、122、125、125、139、139、139.5、140、141、145、146、146、150、152、157、158、163、168、192、200。

第二步根据原始数据资料特征，编制离散系数统计表 9-32。

表 9–32

组距分组（万元）	组中值 x	次数 f	xf	向上累计次数	$x-\bar{x}$	$(x-\bar{x})^2$	$(x-\bar{x})^2 f$
66—92.8	79.40	10	794.00	10	–43.49	1,891.38	18,913.80
92.8—119.6	106.20	3	318.60	13	–16.69	278.56	835.68
119.6—146.4	133.00	12	1,596.00	25	10.11	102.21	1,226.52
146.4—173.2	159.80	6	958.80	31	36.91	1,362.35	8,174.10
173.2—200	186.60	2	373.20	33	63.71	4,058.96	8,117.92
合 计	——	33	4,040.60	——	——	——	37,268.02

第三步分步骤计算，将每步计算的结果填写在表中的相应栏目内。

1. 填写次数（ f ），计算平均数（ $\bar{x}$ ）；

2. 向上累计次数或向下累计次数；

3. 进行组距分组的编制，将极差按组数平分的值确定为组距；

4. 计算中位数（ M_e ）；

5. 计算各变量值与平均数的离差值 $x-\bar{x}$（形成了正负值），再平方 $(x-\bar{x})^2$ ；

计算各变量与平均数离差平方后，再与次数相乘并加总 $\sum(x-\bar{x})^2 f$ 。

具体计算：

A/ 计算总体标志总量 $\sum xf$ ，即 4040.60

B/ 计算平均数 $\bar{x}$ 。 $\frac{\sum xf}{\sum f}=\frac{\text{总体标志总量}}{\text{总体单位总量}}$ $\bar{x}=\frac{4040.60}{33}\approx 122.44$

C/ 编制组距分组。被统计的客体是 5 个行业，分成 5 个组。再计算组距即可分组。组距是（200–66）÷ 5 = 26.80；

D/ 计算中位数 M_e。先找出中位数所在的组：计算 $\frac{n+1}{2}=\frac{33+1}{2}=17$ 说明中位数在第三组“119.6—146.4”内，根据公式：

$$M_e = L + \frac{\frac{n+1}{2} - cf_{m-1}}{f_m} \times d = 119.60 + \frac{\frac{33+1}{2} - 13}{12} \times 26.80 \approx 128.53\text{（万元）}$$

意味着大约有 1/2 即 17 家企业销售收入增加额在 128.53 万元以下，另 1/2 企业在 128.53 万元以上。

E/ 计算四分位差 Q。先找出第一个四分位数 Q_1 和第三个四分位数 Q_3 所在的组，计算第一个四分位数 Q1：

$Q_1 = \frac{n+1}{4} = \frac{33+1}{4} = 8.5$，说明 Q_1 在第一组“66—92.8”内，根据公式：

$$Q_1 = L_{下_1} + \frac{\frac{n+1}{4} - cf_{m-1}}{f_m} \times d = 66 + \frac{\frac{33+1}{4} - 0}{10} \times 26.8 = 88.78\text{（万元）}$$

意味着大约有 1/4 的企业销售收入增加额在 88.78 万元以下，另 3/4 的企业在 88.78 万元以上。

计算第三个四分数 Q_3:

$Q_3 = \frac{3(n+1)}{4} = \frac{3(33+1)}{4} = 25.5$，说明 Q_3 在第四组“146.4—173.2”内。根据公式：

$$Q_3 = L_{下_3} + \frac{\frac{3(n+1)}{4} - cf_{m-3}}{f_m} \times d = 146.4 + \frac{\frac{3(33+1)}{4} - 25}{6} \times 26.8 \approx 148.63$$（万元）

意味着大约有 3/4 的企业销售收入增加额在 148.63 万元以下，另 1/4 的企业在 148.63 万元以上。

计算四分位差：

$$Q = \frac{148.63 - 88.78}{2} \approx 29.93\text{（万元）}$$

148.63 － 29.93 = 118.70（万元）

有 1/2 企业的销售收入增加额在 88.78 万元至 148.63 万元之间，即平均增加额在 118.70 万元 ± 29.93 万元的范围内。

F/ 计算众数 M_0。先找出众数所在的组。对数列进行直接的观察，众数组在第三组与次数（频数）12 对应的“119.6—146.4”内。再根据众数组的组距值计算众数值。公式：

$$M_0=\frac{L+U}{2}=\frac{119.6+146.4}{2}=133\text{（万元）}$$

意味着 33 家企业销售收入增加额多数在 133 万元上下浮动，这是总的发展趋势。

G/ 计算标准差 σ。根据公式：

$$\sigma=\sqrt{\frac{\sum(x-\bar{x})^2 f}{\sum f}}=\sqrt{\frac{37268.02}{33}}\approx\sqrt{1129.33}\approx 33.61\text{（万元）}$$

意味着在这 33 家企业的销售收入增加额之间，标准差距是 33.61 万元。比较两个以上同类社会现象的各自变异差距唯有标准差是近于实际的、简洁的。通过比较标准差，能够展示出薄弱环节的大致程度，明确了政策决策者的工作重点。

H/ 计算标准差系数 V。根据公式：

$$V=\frac{\sigma}{\bar{x}}\times 100\%=\frac{33.61}{122.44}\times 100\%\approx 27.45\%$$

意味着在这 33 家企业中，销售收入增加额之间的标准差系数为 27.45%。比较两个不同类型社会现象的各自变异差距唯有离散系数明确、简洁。

通过离散趋势的分析，使我们看到了一组数据相互之间的离散程度，反映了与集中趋势分析相对应的数值分布的另一个特征。上述的例子，仅仅说明统计过程的一种模式。当然，仅以上述例子的简单数据资料，还无须做这样的计算过程。不过，对于中观或宏观领域甚至微观的某些社会调研，有的涉及的范围大，有的内容错综复杂，数据资料庞大，就需要将几个统计手段结合起来应用，从多方面和不同角度去测度调研客体的数量变异状态，才能比较真实地了解调研客体的内在本质和发展规律。

第六节 相关系数与回归分析

前面已经做过介绍的相关关系，只反映了两个变量之间的相关关系的“方向”和“紧密程度”，而集中趋势和离散趋势分析，也都仅限于一个变量或两个以上变量之间的“比较关系”，都还未涉及两个或两个以上变量之间的“影响关系”，即未涉及一个变量促使另一个相对应的变量发生变异的关系。这一节专门介绍两个或两个以上变量之间的这种“影响关系”，以及一个变量影响另一个变量发生变异作用的数量表现。

一、相关系数与回归分析的关系

相关系数是对相关关系的测定结果，是相关指数的统计分析指标。而计算相关系数的方法则是相关分析对相关关系的一种统计手段。通过这一手段计算的相关系数是两个变量之间的线性相关指标，它近似地表示变量 X 与变量 Y 之间相关系数的紧密程度。而回归分析则是以具有相关关系的两个或两个以上变量之间产生变异作用的程度为统计对象，统计手段就是通过拟合的线性回归方程式，计算的结果是回归系数，它近似地表示一个变量影响另一个变量发生变异作用的数量水平。相关系数与回归分析的关系是，相关分析是回归分析的基础，相关系数是回归系数的前提，而回归分析则是相关分析的继续和深化。

两个或两个以上变量之间的关系，有必然的完全的确定关系，也有无必然的不完全的确定关系。前者称为函数关系，后者称为相关关系。

函数关系也可称之为因果相关关系。就是当某一变量在它可取值的范围内任取一值时，而与它有关的另一变量必然有确定的值与之对应，我们称这两个变量之间的关系为函数关系。比如，税率与税收、销售量与销售收入等的关系，均属函数关系。

相关关系即一个变量发生变异有可能影响与之相对应的另一变量也

随之发生变异。比如，富民政策与实际脱贫致富之间的关系，两者肯定有关系，但不是必然的完全的确定关系。因为富民政策不一定使政策所及地区的群体都能致富。这种关系仅具有一定的相关性。

我们已经知道，影响另一变量发生变异作用的变量为自变量，发生变异的变量为因变量。相关关系包括单一相关关系和因果相关关系。在单一相关关系中自变量与因变量之间没有明显区别，在因果相关关系中自变量与因变量之间的关系要比单一相关关系两变量之间更为紧密。两个或两个以上变量之间的关系，具有不同的形态，因而形成了不同的类型、产生了不同的作用和表现出不同的形式。关于这方面的内容已在本书的第七章做过专门的介绍，不在此赘述了。不过，前面的介绍只介绍了相关关系的性质、类型、相关方向和紧密程度，并未介绍反映变量之间线性相关关系紧密程度的统计指标，即相关系数。

二、相关系数的计算，用 r 表示

计算相关系数，根据数据资料的不同特征，应采用不同的计算公式。不论哪种计算公式，其计算结果都是一样的。在这里介绍 3 种计算方法，即积差法、代数推算法和利用已有的平均值和标准差计算相关系数：

（一）积差法

$$r=\frac{\sum(x-\bar{x})(y-\bar{y})}{\sqrt{\sum(x-\bar{x})^2}\sqrt{\sum(y-\bar{y})^2}}\qquad \text{公式(9.36)}$$

计算前，需要把两变量的平均数各自计算出来，即

$$\bar{x}=\frac{\sum x}{n}\ ;\ \bar{y}=\frac{\sum y}{n}$$

例 23：某地区项目投资和增加就业人数的数据资料如表 9–33 所示，计算相关系数。

表 9–33　原始数据资料表

计量单位：千万元

序号	项目投资额 x	增加就业人数 y
1	1.2	36
2	1.8	41
3	2.5	46
4	3.5	58
5	5.7	77
6	6.3	85
7	7.7	110
合计	28.7	453

根据已知的两个变量，计算 x 和 y 的平均数：

$$\bar{x}=\frac{\sum x}{n}=\frac{28.7}{7}=4.10$$

$$\bar{y}=\frac{\sum y}{n}=\frac{453}{7}\approx 64.71$$

再根据已知的两个变量的具体数据与其平均数，编制积差计算表如下：

表 9–34　积差计算表

计量单位：千万元

序号	投资 x	就业 y	$x-\bar{x}$	$(x-\bar{x})^2$	$y-\bar{y}$	$(y-\bar{y})^2$	$(x-\bar{x})(y-\bar{y})$
1	1.2	36	−2.9	8.41	−29	841	84.10
2	1.8	41	−2.3	5.29	−24	576	55.20
3	2.5	46	−1.6	2.56	−19	361	30.40
4	3.5	58	−0.6	0.36	−7	49	4.20
5	5.7	77	1.6	2.56	12	144	19.20
6	6.3	85	2.2	4.84	20	400	44.00
7	7.7	110	3.6	12.96	45	2025	162.00
合计	28.7	453	——	36.98	——	4396	399.10

最后根据积差计算表中的数据，计算相关系数：

$$\gamma = \frac{\sum(x-\bar{x})(y-\bar{y})}{\sqrt{\sum(x-\bar{x})^2}\sqrt{\sum(y-\bar{y})^2}} = \frac{399.10}{\sqrt{36.98}\sqrt{4396}} \approx 0.99$$

（二）代数推算法

$$\gamma = \frac{n\sum xy - \sum x \sum y}{\sqrt{n\sum x^2 - (\sum x)^2}\sqrt{n\sum y^2 - (\sum y)^2}}$$ 公式（9.37）

用前例的内容计算相关系数。编制代数推算表如下。

表 9-35 代数推算表

计量单位：千万元

序号	投资 x	就业 y	x^2	y^2	xy
1	1.2	36	1.44	1,296	43.20
2	1.8	41	3.24	1,681	73.80
3	2.5	46	6.25	2,116	115
4	3.5	58	12.25	3,364	203
5	5.7	77	32.49	5,929	438.90
6	6.3	85	39.69	7,225	535.50
7	7.7	110	59.29	12,100	847
合计	28.7	453	154.65	33,711	2256.40

根据代数推算表中的数据，计算相关系数：

$$\gamma = \frac{n\sum xy - \sum x \sum y}{\sqrt{n\sum x^2 - (\sum x)^2}\sqrt{n\sum y^2 - (\sum y)^2}} = \frac{7\times 2256.4 - 28.7\times 453}{\sqrt{7\times 154.65 - 28.7^2}\sqrt{7\times 33711 - 453^2}} \approx 0.99$$

（三）利用已有的平均值和标准差计算相关系数

$$\gamma = \frac{\sum xy - n\overline{x}\overline{y}}{\sqrt{\sum x^2 - n\overline{x}^2}\sqrt{\sum y^2 - n\overline{y}^2}}$$ 公式（9.38）

仍以前例内容计算相关系数：

$$\gamma=\frac{\sum xy-n\overline{x}\overline{y}}{\sqrt{\sum x^{2}-n\overline{x}^{2}}\sqrt{\sum y^{2}-n\overline{y}^{2}}}=\frac{2256.40-7\times(4.10\times 65)}{\sqrt{154.65-7\times 4.10^{2}}\sqrt{33711-7\times 65^{2}}}\approx 0.99$$

从计算结果看，三种算法的相关系数都是 0.99。根据数据特征，可以有针对性地选择上述的计算方法，其结果是一样的。

在同一个总体内运用相同的原始数据，只是因为数据资料的特征不同而选择了不同的计算方法，其相关系数的值还是相同的。两变量之间只有一个相关系数，不会因为变量位置发生变化而变化。计算的结果倘若是负号，则为负相关，没有负号的为正相关。相关系数越是接近 1 或 -1，表明相关程度越强；相关系数如果是 0，表明无相关关系；相关系数接近 0 表明相关关系越弱。

关于相关系数的标准，学术界认为相关系数在 0.3 以下为微弱相关；在 0.3—0.5 之间为低度相关；0.5—0.8 之间为显著性相关；0.8 以上为高度相关。有的学者还认为，计算相关系数的原始数据最好在 50 个以上，这样会更有可信度。在分析复杂的社会现象时，通过相关系数的测定，便于寻找主要矛盾和矛盾的主要方面，明确解决问题的方向和重点。

计算相关系数这一环节为回归分析提供了必要条件，我们可以从相关系数来判定两变量的相关程度。因为只有高度相关关系的两变量进行回归分析才有实际意义，拟合的回归直线才有价值。

三、回归系数的计算，用 b 表示

回归分析，就是对具有相关关系的两个或两个以上变量之间产生变异作用的数量进行测定，即对因变量的变异进行估计和预测。其目的就是用一个量数去反映相关关系之间产生变异作用的程度，这就需要选择一种数学方程来表达，而回归方程恰恰是根据自变量的变异去估计因变量的发展趋势或发展水平的一种合适的数学方程，它以线性分析作为统计的手段，被称为回归线。对因变量的估计和预测的值称为参数估计，因为自变量是既定的、是可以控制的，而因变量是随机的、不确定的，

只有给出自变量的数值才能估计因变量的可能值。又因为自变量与因变量之间的变异形态，总是呈现着若干条不同的直线，这是一条反映变量之间相关关系的数量变异规律的直线，被称为回归直线。而各个取值点也总是散落在中心直线的左右波动着，我们就是遵循着一个变量怎样随着另一变量的变异而变异的规律，去寻找散落点与中心直线之间的最小离差，即一条最佳的直线，或者说近似地表达变量之间的平均变化关系。这一过程就是回归分析，表达这条直线的数学表达式就是回归模型或回归方程式。

运用这一数学模型时，要把相关分析与回归分析结合起来。因为函数关系与相关关系没有严格的界限，在函数关系中也有随机性的干扰或测定的误差，这时就又表现出相关关系的另一种特征。在相关关系中虽然没有自变量和因变量的明显区别，但有时也根据内部联系的特征运用函数分析，以函数关系的形式表现出来。所以，也可以说回归分析是把变量的相关关系转化为函数关系的一种手段。

回归分析要通过以下 5 个程序：

一是首先要明确两变量中的自变量和因变量，只有明确了变量的性质才能有针对性地对因变量进行估计。因为两变量的函数关系表现为自变量取得某一数值时，因变量的估计值也应与之相对应。

二是编制相关计算表，为计算相关系数提供条件，以确定相关的紧密程度。逐项计算逐项填写在表内，根据相关计算表内的相关数据计算相关系数。如果两变量是显著性相关关系，则进行下一个程序。

三是编制回归计算表，逐项计算逐项填写在表内。

四是根据回归计算表的相关数据，计算回归系数。

五是以回归系数预测调研对象的发展趋势。

从社会现象按数量分布的形态看，分为线性回归和非线性回归；按数量关系的形态看，分为直线回归和曲线回归；按变量的多少看，分为一元回归和多元回归。本书只介绍调研统计活动常用的线性回归方程式。

（一）一元线性回归方程

一元线性回归方程，反映的是两个变量之间的数量关系，根据自变量的变动用直线方程推算因变量发展趋势的一种数学表达式。在确定两变量确实存在着显著性以上相关关系的前提下，设 x 为自变量，y 为因变量，$\hat{y}$ 为因变量 y 的估计值，就可以建立直线回归方程，即 y 对 x 的直线回归方程式：$\hat{y}=a+bx$，式中 a 和 b 为待定参数。要确定直线回归方程，就要先找出 a 的值和 b 的值。a 和 b 一经确定，直线回归方程就确定了。

a 表示直线在纵轴上的截距，是用 x 估计 y 时的起点值，也是 x 等于 0 时 y 的估计值；b 表示直线的斜率，即表示 x 变化时 y 的变化程度，称为回归系数，或者说 b 称为 y 对 x 的回归系数。这是一个平均值的增减变异值，表示当自变量 x 要增加或减少一个单位时，因变量 y 也同时增加或减少的数值。估计 a 和 b 的待定参数应拟合一条能代表 x 和 y 之间关系的最优的直线方程。学术界认定最小二乘法。最小二乘法配合回归直线，要使散点图上的相关散点与中心直线的距离比任何其他直线与相关散点都小，即 $\sum(y-\hat{y})^2=\sum(y-a-bx)$ 最小值。用数学求极差的原理，拟合出直线回归方程来求解 a 和 b 的标准方程组的数值。计算公式为：

$$b=\frac{n\sum xy-(\sum x)(\sum y)}{n\sum x^2-(\sum x)^2} \qquad \text{公式(9.39)}$$

$$a=\frac{\sum y}{n}-b\frac{\sum x}{n} \qquad \text{公式(9.40)}$$

b 和 a 的值求出后代入回归方程式：$\hat{y}=a+bx$，即得直线方程。

例 24：中央政府在某地区以 21 个项目投资的方式刺激经济发展，因投资方向不同而增加的就业人数也各不相同。现综合分析投资后就业人数的具体趋势。求解 a 和 b 的数值，如表 9–36 所示。

表 9–36 直线回归计算表

序号	投资（千万元）x	就业人数 y	x^2	xy	估计值 $\hat{y}$
1	0.6	13	0.36	7.80	20.7
2	1.5	30	2.25	45.00	29.7
3	2.0	35	4.00	70.00	34.7
4	3.5	55	12.25	192.50	49.7
5	4.2	61	17.64	256.20	56.7
6	5.0	68	25.00	340.00	64.7
7	6.0	76	36.00	456.00	74.7
8	6.5	80	42.25	520.00	79.7
9	7.5	86	56.25	645.00	89.7
10	8.5	96	72.25	816.00	99.7
合计	45.3	600	268.25	3348.50	600

将表 9–36 中的数据代入公式：

$$b=\frac{n\sum xy-(\sum x)(\sum y)}{n\sum x^2-(\sum x)^2}=\frac{10\times 3348.50-45.3\times 600}{10\times 268.25-(45.3)^2}=\frac{6305}{630.41}\approx 10$$

$$a=\frac{\sum y}{n}-b\frac{\sum x}{n}=\frac{600}{10}-10\times\frac{45.3}{10}=14.7$$

可用科学计算器求解 a,b。请参阅书后的附录一。

将计算结果代入回归方程，得 $\hat{y}=14.7+10x$。式中 $a=14.7$，是回归直线在 y 轴上的截距；$b=10$，表示投资每增加一千万元就业人数将增加 10 人。现在我们将每个项目投资依次代入方程，即可求出每个项目投资后增加就业人数的估计值 $\hat{y}$，再逐项填入直线回归计算表内。比如序号中的第 5 项投资，计算它的估计值 $\hat{y}=a+bx=14.7+10\times 4.2=56.7$。利用回归直线还可预测其他投资额对就业的影响。比如，投资 0.4 千万元，增加的就业人数是 $\hat{y}=14.7+10\times 0.4=18.7$（人）左右；投资 1.2 亿元（12 千万元）增加的就业人数是 $\hat{y}=14.7+10\times 12=134.7$（人）左右。

计算每个项目投资后增加就业人数的估计值 $\hat{y}$ 可在以后计算回归标准误差时使用。

为了说明回归直线的状态，表示自变量 x 和因变量 y 之间的关系，我们根据表 9–36 的内容，绘制回归散点图如下。

自变量 x 的平均数为：$\bar{x}=\dfrac{\sum x}{n}=\dfrac{45.3}{10}\approx 4.5$

因变量 y 的平均数为：$\bar{y}=\dfrac{\sum y}{n}=\dfrac{600}{10}=60$

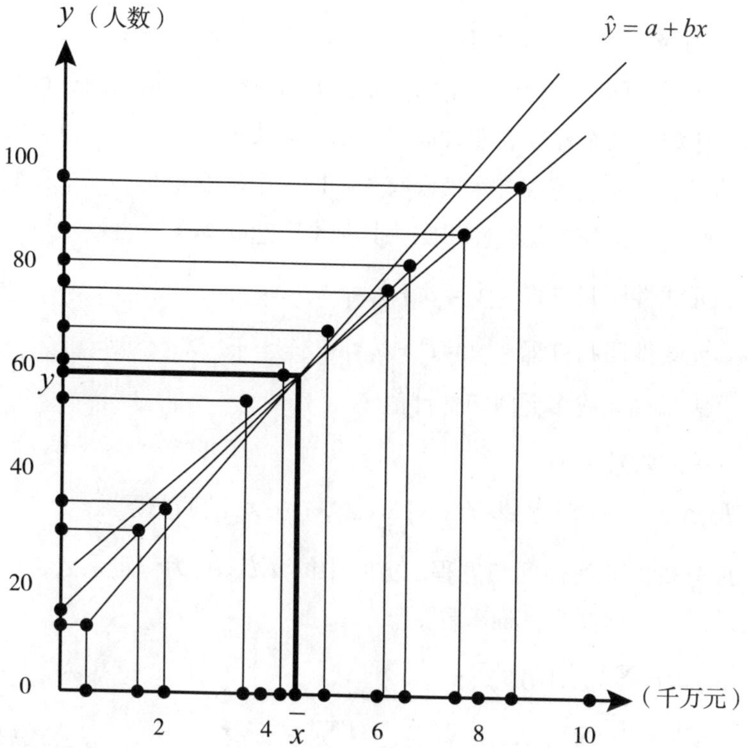

从散点图中就可以直观认定哪条是最优的直线。最优直线与散点距离比任何其他直线与散点的距离都小。此散点图是以自变量 x 和因变量 y 的算术平均数作为散点的分布中心。我们选择了均通过 $\bar{x}$ 和 $\bar{y}$ 的交会点或对应点的三条直线（当然还可以画出若干条直线），因为 $\bar{x}$ 和 $\bar{y}$ 的交会点是各散点的中心。

我们已经知道，回归方程在平面坐标中表现的这条直线为回归直线，当$b>0$时，$\hat{y}$随自变量x的增加而增加；当$b<0$时，$\bar{y}$随自变量x的增加而减小，两变量x和y为负相关；当$b=0$时，$\bar{y}$为常量，不随自变量x的变动而变动。这些关系为我们判断现象之间的相关关系、分析现象之间是否处于正常状态提供了衡量的标准。

如果对总体进一步分析下去，要把投资高新技术项目和投资劳动密集型项目分开，因为在同等投资额条件下前者增加的就业人数显然要比后者少一些。

（二）多元线性回归方程

多元线性回归方程即一个因变量需要若干个自变量共同进行估计和预测。比如，某个地区农业收成好，不仅取决于农业管理，也与水利工程、种子、土地整理或自然气候有关。即一个因变量与若干个自变量的数量影响关系称为多元线性回归。其基本表达式为：

二元线性回归方程：$\hat{y}=a+b_1x_1+b_2x_2$

多元线性回归方程：$\hat{y}=a+b_1x_1+\cdots\cdots+b_nx_n$

$\hat{y}$表示二元或多元回归估计值；

a表示常数项；

$b_1,b_2,\cdots\cdots b_n$分别表示y对$x_1,x_2,\cdots\cdots x_n$的回归系数。

现分析二元线性回归方程。方程中的a,b_1,b_2为待定系数，可以用下面的三元一次联立方程求解：

$$\begin{aligned} na+b_1\sum x_1+b_2\sum x_2&=\sum y \\ a\sum x_1+b_1\sum x_1^2+b_2\sum x_1x_2&=\sum x_1y \\ a\sum x_2+b_1\sum x_1x_2+b_2\sum x_2^2&=\sum x_2y \end{aligned} \quad \text{公式（9.41）}$$

求解公式如下：

$$a=\frac{\Delta_a}{\Delta} \qquad b_1=\frac{\Delta_{b_1}}{\Delta} \qquad b_2=\frac{\Delta_{b_2}}{\Delta} \quad \text{公式（9.42）}$$

$$\Delta=\begin{vmatrix} n & \sum x_1 & \sum x_2 \\ \sum x_1 & \sum x_1^2 & \sum x_1x_2 \\ \sum x_2 & \sum x_1x_2 & \sum x_2^2 \end{vmatrix}$$

$$\Delta=n\sum x_1^2\sum x_2^2+\sum x_1\sum x_1x_2\sum x_2+\sum x_2\sum x_1\sum x_1x_2$$
$$-(\sum x_2)^2\sum x_1^2-(\sum x_1x_2)^2 n-\sum x_2^2(\sum x_1)^2$$

$$\Delta_a=\begin{vmatrix} \sum y & \sum x_1 & \sum x_2 \\ \sum x_1 y & \sum x_1^2 & \sum x_1x_2 \\ \sum x_2 y & \sum x_1x_2 & \sum x_2^2 \end{vmatrix}$$

$$\Delta_a=\sum y\sum x_1^2\sum x_2^2+\sum x_1 y\sum x_1x_2\sum x_2+\sum x_2 y\sum x_1\sum x_1x_2$$
$$-\sum x_2\sum x_1^2\sum x_2 y-(\sum x_1x_2)^2\sum y-\sum x_2^2\sum x_1\sum x_1 y$$

$$\Delta_{b_1}=\begin{vmatrix} n & \sum y & \sum x_2 \\ \sum x_1 & \sum x_1 y & \sum x_1x_2 \\ \sum x_2 & \sum x_2 y & \sum x_2^2 \end{vmatrix}$$

$$\Delta_{b_1}=n\sum x_1 y\sum x_2^2+\sum x_1\sum x_2 y\sum x_2+\sum x_2\sum y\sum x_1x_2$$
$$-(\sum x_2)^2\sum x_1 y-\sum x_1x_2\sum x_2 yn-\sum x_2^2\sum y\sum x_1$$

$$\Delta_{b_2}=\begin{vmatrix} n & \sum x_1 & \sum y \\ \sum x_1 & \sum x_1^2 & \sum x_1 y \\ \sum x_2 & \sum x_1x_2 & \sum x_2 y \end{vmatrix}$$

$$\Delta_{b_2}=n\sum x_1^2\sum x_2 y+\sum x_1\sum x_1x_2\sum y+\sum x_2\sum x_1\sum x_1 y$$
$$-\sum y\sum x_1^2\sum x_2-\sum x_1 y\sum x_1x_2 n-\sum x_2 y(\sum x_1)^2$$

例 25：某地区对商品房的需求量 y ，主要取决于消费者的收入 x_1 和该商品房的价格 x_2 之间存在相关关系。采集了 10 组数据，制作表 9–37。

表 9–37 二元线性回归模型计算表

序号	需求量（个）y	月收入（元）x_1	商品价格（元）x_2	x_1^2	x_1x_2	x_1y	x_2^2	x_2y
1	100	2000	3000	4000000	6000000	200000	9000000	300000
2	80	1200	5000	1440000	6000000	96000	2500000	400000
3	80	2400	4000	5760000	9600000	192000	1600000	320000
4	70	1000	4000	1000000	4000,000	70000	1600000	280000
5	50	600	6000	360000	3600000	30000	3600000	300000
6	60	800	5000	640000	4000000	48000	2500000	300000
7	90	2600	3000	6760000	7800000	234000	9000000	270000
8	100	2000	2000	4000000	4000000	200000	4000000	200000
9	110	2800	2000	7840000	5600000	308000	4000000	220000
10	60	2400	6000	5760000	1440000	144000	36000000	360000
合计	800	17,800	40000	37560000	65000000	1522000	180000000	2950000

1. 将表中数据代入公式（9.41）：

$$10a + 17800b_1 + 40000b_2 = 800$$
$$17800a + 37560000b_1 + 65000000b_2 = 1522000$$
$$40000a + 65000000b_1 + 180000000b_2 = 2950000$$

详细计算过程如下：

$\Delta = 10 \times 37560000 \times 180000000 + 17800 \times 6500000 \times 40000 + 40000 \times 17800 \times 65000000 - 40000 \times 37560000 \times 4000 - 65000000 \times 65000000 \times 10 - 180000000 \times 17800 \times 17800 = 790.8 \times 10^{12}$

$\Delta_a = 800 \times 37560000 \times 180000000 + 1522000 \times 65000000 \times 40000 + 2950000 \times 17800 \times 65000000 - 40000 \times 37560000 \times 2950000 - 65000000 \times 65000000 \times 800 - 180000000 \times 17800 \times 1522000 = 90442 \times 10^{12}$

$\Delta_{b_1}=10\times522000\times180000000+17800\times2950000\times40000+40000\times800\times65000000-40000\times40000\times1522000-65000000\times2950000\times10-180000000\times800\times17800=4.1\times10^{12}$

$\Delta_{b_2}=10\times37560000\times2950000+17800\times65000000\times800+40000\times17800\times1522000-800\times37560000\times40000-1522000\times65000000\times10-2950000\times17800\times17800=-8.614\times10^{12}$

2. 将Δ，$\Delta_a,\Delta_{b_1},\Delta_{b_2}$代入公式（9.42）：

$$a=\frac{\Delta_a}{\Delta}=\frac{90422\times10^{12}}{790.8\times10^{12}}\approx114.34$$

$$b_1=\frac{\Delta_{b_1}}{\Delta}=\frac{4.1\times10^{12}}{790.8\times10^{12}}\approx0.00518$$

$$b_2=\frac{\Delta_{b_2}}{\Delta}=\frac{-8.614\times10^{12}}{790.8\times10^{12}}\approx-0.0108927$$

即二元回归方程为：$\hat{y}=114.34+0.005x_1-0.01x_2$。说明在观察值范围内，$x_2$不变时，商品房需求量随着消费者收入的增加而增加，呈现的是正值b_1，两者是正相关；当x_1不变时，商品房需求量随着价格的上涨而减少，呈现的是负值b_2，两者是负相关。

上面的计算过程很烦琐。用科学计算器计算，相当快捷，不易出错。就上面的案例，用科学计算器求解，参阅附录一。

四、相关分析与回归分析的异同点

相关分析与回归分析的关系已经介绍过，下面介绍它们的异同点。

它们的区别是：

一是前者的两个变量之间不涉及因果关系，后者增加了因果性，具有了预测功能。

二是前者的两个变量是对等的，后者是非对等的。

三是前者的两个变量是随机的，后者的自变量是给定的、可控的，因变量则是随机的、未知的。

四是前者的核心是测定两个变量之间相互关系的程度，后者的核心是测定自变量影响因变量并促使因变量变异的程度。

五是前者的相关系数是抽象的，数值在 $-1 \leqslant r \leqslant +1$ 之间。后者的回归系数不是抽象的，而是利用自变量的给定值估计和预测因变量的可能值。

它们的共同点是：

一是相关分析与回归分析都是对调研客体数量依存关系的分析，都是对变量关系的测定，两者只是对调研客体的两个统计阶段；

二是两者都是用系数表示测定的结果；

三是两者各自都只有一个测定的值，前者只有一个相关系数，后者只能作出一种估计；

四是两者都有各自的测定标准；

五是两者对调研客体的测定，都起到了在认识上由定性分析阶段进入定量分析阶段的重要作用。

在这里再顺便强调一下，两个不相关的变量虽然仍可以计算出相关系数和回归系数，但无任何意义。所以，事先必须对变量之间的关系作出定性分析，只有在具有显著性相关关系标准以上时，才可作相关分析和回归分析。

因果关系包含在相关关系中，这两种关系在社会现象中是普遍的、大量的，往往潜藏在错综复杂的社会事物中，只有通过调查研究才能厘清它们的关系，通过统计分析才能了解它们之间关系的紧密程度，也才能通过定量分析揭示出它们的本质特征和发展规律。

第七节　概率与指数简介

概率与指数都与调研活动和统计活动有直接的关系，因为调研活动常常涉及概率分析，统计活动中也常常涉及指数的计算。本书对概率和指数作以简略的介绍，就在于给读者一个印象、一个提示，帮助读者在实践工作中，凡碰到需要概率分析或指数统计时能够很好地运用。

一、概率简介

概率分析以概率论原理为基础展开的。它是随机的、偶然的，在相同条件下某一事物经过试验可能发生变故也可能不发生变故，试验的结果称为“随机事件”。随机事件发生的次数与试验事件所包含的能够引起随机事件机会的次数之比，或者说样本实际发生的随机事件与总体可能发生事件的机会次数之比，称为“概率”。比如在相同的时间内，同一条高速公路同一路段发生交通事故的次数占机动车通过的总台数的比率。

概率虽然是随机的、偶然的，我们不能准确地预测到某种事件在什么时候发生多少次，可是从总体上看某种事件总会发生，而且会重复地发生着。比如，在生产作业活动中，给高危生产领域预留出允许的事故率，就是从概率论原理“随机事件”发生的必然性考虑的。这种随机性的必然性和普遍性就是概率的规律性。

概率的规律性具有以下特点：

一是在相同条件下试验结果的某种事件总会反复出现或发生；

二是试验之前人们都会知道出现或发生几种事件的某一种，以及可能性的大小；

三是人们还知道试验的次数越多，涉及的范围越大，试验的结果就越接近实际；

四是每次试验时随机事件发生的机会都是相同的，并且知道这些随机事件发生的结果有多少种，即“等可能事件”。

概率统计，表现为一种随机的“现象量”，把随机的可能性大小确定为一个“量”进行的。因为随机事件出现的次数还不能统计，必须了解随机事件出现的可能性大小，以及出现次数与试验总次数的比例。比如，一个结果发生的概率与不发生的概率之和等于100%，即1，那么一个结果发生的概率就等于1减去不发生的概率。如果概率为2/5时，表示重复5次试验发生2次随机事件；概率为35%时，表示重复100次试验发生35次随机事件；概率为0时，表示重复试验多少次也不会发生随机事件；概率为1时，表示每重复1次试验就会发生1次随机事件。其实，概率为0和1的随机事件结果是不存在的，否则概率论原理就不存在了，概率统计也毫无意义了。所以，概率数值是介于0与1之间的一个数。

由于概率的大小和数值点的分布不确定，就决定了在概率统计时必须采用不同的公式。比如，两个随机事件不可能同时发生，就可以把各自发生的概率相加。如果想知道样本均值小于10或大于15的概率是多大时，只需把样本均值小于10的概率与均值大于15的概率相加就可以了。再比如，两个或两个以上同时发生的概率，要比其中任何一个随机事件单独发生的概率要小。知道这个规律后，我们在寻找某一事件与另一事件同时发生的概率时，就只需要把这两个概率相乘就可以了。因为两个或多个小数相乘的积，小于其中的任何一个小数。由此可知，概率的计算有两种，加法和乘法。

二、指数简介

指数是通过两个或两个以上数值的比较和换算形成的相对数，具有反映社会综合经济现象的功能。简单地说，凡是反映数量对比关系的相对数，都可称之为指数。指数用百分比或百分率表示。

（一）指数的作用

一是解决了不能直接加总或不能直接对比的复杂社会经济现象的数

量变化程度。它是用一个相对数、一个相对指标来说明所要比较的综合现象的总的变动程度。比如，当反映全部工业产品产量的变动情况时，因工业产品的种类较多，计量单位又不一样，就无法加总和对比，因而无法反映它们的变化程度，只好用指数法计算工业产品产量指数。再比如，要了解零售商品价格的变动情况，要用指数法编制零售价格总指数，要了解几种或全部产品单位成本的平均变动情况，也要首先计算成本总指数。

二是分析社会经济现象总变动中各种因素变动的影响。社会经济现象的数量变动是由构成它的诸要素综合影响造成的。比如，产量的变动，外在因素是由劳动消耗量和劳动生产率等变动影响的；商品零售额的变动，是受商品零售量和零售价格变动影响的等等。指数法的作用就是分析和测定复杂的社会经济现象在总的变动中，各种构成因素的变动对总变动的影响程度。再比如，平均社保资金的变动，既受经济发展水平和财政收入的影响，又受政府惠民政策的影响。此外，指数法还可以反映同一现象在不同地区的变动情况和计划的执行情况。比如，北京市的物价与上海市、沈阳市、海口市比较，就必须用指数法计算出综合价格指数，否则无法比较。

（二）指数的种类

指数按反映的类别、反映的范围、反映的方式、反映的性质和反映对象的构成要素的不同，大致分为以下五种：

1. 从反映的类别不同，分为广义指数和狭义指数。前者是用来反映同类现象在不同的空间、不同的时间或不同的条件下，数量变化的对比结果，以及实际发生的数值与计划数值对比形成的相对数，其中包括定基指数和环比指数，这是以时序划分计算的。定基指数是一个或几个数值与一个固定的基准数值之比形成的指数；环比指数是后一期的数值持续地与前一期数值之比形成的指数。后者是用来反映不能直接加总、直接对比的复杂社会现象中数量变化的相对指数，比如不同地区的综合情况对比、不同类别事物的对比形成的相对指数。

2. 按反映的范围不同，分为个体指数、总指数和类指数。其中个体指数是由单一的要素构成的对象。比如，某一种产品、某一种现象构成的对象计算的指数，要从广义指数来理解个体指数；总指数是由多种不同的产品、不同行业、不同事件构成的对象，综合加总后计算的指数，它包括平均指数和综合指数，要从狭义指数来理解；有的学者又分出类指数，这是介于个体指数和总指数之间的一种指数，它把总指数所反映的总体层层划分为几类或几组，按类或组的数值对比计算的指数。比如，总指数构成的对象是工业产品的价格，类指数构成的对象就是工业产品中的重工业或轻工业的产品价格。

3. 按反映的方式不同，总指数分为平均指数和综合指数。其中平均指数又分为加权算术平均指数和加权调和平均指数。指数反映的方式由数据特征、计算方式和调研要求决定的。它是在个体指数基础上计算出的一种总指数，反映复杂总体的变动趋势和程度，不同类别的经济现象在未计算指数时不能进行因数分析。简单平均指数要从单一个体指数来理解；加权平均指数应从加总的总指数来理解；综合指数反映若干个体的变异情况，比如计算若干种不同产品的综合价格指数时，就把不同时期、同质不同类的个体或不同地区的同类现象诸要素结合起来，换算成同质量的因素再计算而成。它把不同地区或同一地区不同行业的全部的或相对应的部分工业产品进行综合，以同一计量单位计算出它们的总指数，再进行对比或作因素分析，以此反映复杂总体的现象变动情况。

4. 从反映的性质不同，分为数量指标指数和质量指标指数。前者是根据数量计算的指数，比如，产品产量指数、人口指数、土地面积指数、收入指数、支出指数等；后者则是根据现象的性状计算的指数，比如，质量指数、发展指数、成本指数、价格指数、生产率指数等，它反映调研客体的好坏、优劣或倾向。

5. 从反映的时间状态，分为动态指数和静态指数。前者反映现象在不同时期的变动程度，比如，前边介绍的环比指数；后者反映现象在同一时期不同空间的变动程度，比如 2009 年甲地与乙地消费指数的比较。

总指数中的综合指数。它同时反映若干个体的变动情况。比如，计算若干种不同产品的综合价格指数。综合指数把不同时期、同质不同类的个体或不同地区的同类现象诸要素综合起来，换算成同度量因素计算而成的。它把不同地区或同一地区不同行业的全部的或对应的部分工业产品进行综合，以同一计算单位计算出它的总指数，再进行对比或作因素分析，以此反映复杂总体的现象变动情况。

（三）指数体系简介

指数体系是由若干个有内在联系的指数构成的整体。形成指数体系的若干个指数，是由现象之间客观存在的必然联系决定的，一种现象的变动会影响总体变动的结果。其实，指数之间的关系就是数量关系。这种关系表现为总指数等于各因素指数的乘积。

现象与客观存在的数量关系，有两种表现和两种特征，前者是动态的和静态的表现，后者是数量的和质量特征的表现。因为指数和指数体系，是由指标和指标体系演变而成的，它是指标和指标体系的深化和变形。所以，指标和指标体系的表现和特征，都能反映到指数和指数体系上来，有什么特征的指标就有呈现这种特征的指数，指标的计算规则和过程，往往也适用于指数的某种规则和过程。比如，定比和环比的规则和过程、个体权数的加总过程均适用于指标和指数，只不过体现指标的数值可以是绝对数，体现指数的数值都是相对数而已，指数将指标之间不能直接加总、不能直接对比的障碍解决了。

指数法在解决不能直接加总、不能直接对比的个体时，引进了同度量的因素，将实物形态的现象转化为价值形态，用价值的同一计量单位，就可以计算出各种不同个体在不同时期内的变动程度。转化的方式，就是将实物量乘以自身的价值或价格。比如，多种不同的商品量或实物量乘以各自不同的价格或价值就可以了。

对指数体系我们归纳出以下五种特征：

一是一方面反映现象总变动程度的指数，称之为总指数，在指数体系内只有一个；另一方面反映总指数内某一因素变动的指数，称之为因素指数。比如，财政总收入是指数体系的总指数，直接影响财政收入的社会商品流通总量、社会平均价格和税率就是它的因素指数。无论指数体系内各因素如何变动，最后的结果只有一个。

二是总指数的变动受指数体系内各因素变动的影响，一个总变动指数是若干个因素变动指数的乘积，总变动的差额等于各个因素变动差额之和。

三是指数体系也是指数对现象进行因素分析的依据，在指数间可以互相估计和预测，利用已知的指数值估计和预测未知的指数值。

四是指数体系中的各因素既有相对数也有绝对数，在进行相对数分析时可以不使用同度量因素，但进行绝对数分析时，必须引进同度量因素。指数体系中的绝对数因素不是指数，它仅仅是指数计算过程的一个成分而已。

五是指数体系最少由三个或三个以上的指数所构成。

（四）综合指数的编制过程

综合指数具有综合经济现象的功能，用指数可以分析市场的销售量、销售价格和销售额的综合变动关系。在这方面我们都知道，销售量乘以销售价格等于销售额这个原理，现在就此内容展开分析。

设 $\overline{K}$ 代表综合总指数；q 代表销售量，q_0 基期，q_1 报告期；

p 代表销售价格，p_0 基期，p_1 报告期。

计算销售额总指数：$\overline{K}_{qp}=\dfrac{\sum q_1p_1}{\sum q_0p_0}\times 100\%$　　公式（9.44）

$$\sum q_1p_1-\sum q_0p_0$$

例 26：某批发市场三种商品的销售量和销售价格如表 9–38 所示：

表 9–38

商品	计量单位	销售量 q		销售价格 p（万元）	
		基期	报告期	基期	报告期
甲	台	1,250	1,150	35	38
乙	吨	2,100	2,060	8	9.5
丙	箱	1,400	1,450	6	5.5

将表 9–38 中的数据代入销售总额公式（9.44）中：

$$\overline{K}_{qp}=\frac{\sum q_1p_1}{\sum q_0p_0}\times100\%=\frac{1150\times38+2060\times9.5+1450\times5.5}{1250\times35+2100\times8+1400\times6}\times100\%$$

$$=\frac{71245}{68950}\times100\%\approx103.33\%$$

$$\sum q_1p_1-\sum q_0p_0=71245-68950=2295\text{（万元）}$$

上述三种商品基期的销售额为 68950 万元，报告期销售额为 71245 万元。这说明销售额增长了 3.33%，增加额度为 2295 万元。销售总额的变动反映了销售量或销售价格的变动，那么销售量因素的变动如何呢？请看数量指标指数的销售量指数编制过程。

1. 数量指标指数的编制过程

数量指标指数，反映社会经济现象的规模和增长变动的程度。它的基本公式有两种：一种是以基期价格作为同度量因素；另一种是以报告期价格作为同度量因素。

（1）以基期价格作为同度量因素的公式：

$$\overline{K}_q=\frac{\sum p_0q_1}{\sum p_0q_0}\times100\% \qquad \text{公式（9.45）}$$

（2）以报告期价格作为同度量因素的公式：

$$\overline{K}_q=\frac{\sum p_1q_1}{\sum p_1q_0}\times100\% \qquad \text{公式（9.46）}$$

现在我们只介绍公式（9.45）。将表 9–38 中的数据代入销售量指数公式（9.45）中：

$$\overline{K}_q=\frac{\sum p_0q_1}{\sum p_0q_0}\times100\%=\frac{35\times1150+8\times2060+6\times1450}{35\times1250+8\times2100+6\times1400}\times100\%$$

$$=\frac{65430}{68950}\times100\%\approx94.89\%$$

$$\sum p_0q_1-\sum p_0q_0=65430-68950=-3520\text{（万元）}$$

计算结果表明，3 种商品的销售量报告期比基期综合下降了 5.11%（1–94.89%），销售量下降部分的销售额减少了 3520 万元。下面我们再分析质量指标指数的价格指数。

2. 质量指标指数的编制过程

质量指标指数反映社会经济现象的质量和发展水平的变动程度。它的基本公式也有两种：一种是以报告期销售量作为同度量因素；另一种是以基期销售量作为同度量因素。

（1）以报告期销售量作为同度量因素的公式：

$$\overline{K}_{\mathrm{p}}=\frac{\sum p_1q_1}{\sum p_0q_1}\times 100\% \qquad \text{公式（9.47）}$$

（2）以基期销售量作为同度量因素的公式：

$$\overline{K}_{\mathrm{p}}=\frac{\sum p_1q_0}{\sum p_0q_0}\times 100\% \qquad \text{公式（9.48）}$$

在这里我们只介绍公式（9.47）。将表 9–38 中的数据代入销售价格指数公式（9.47）：

$$\overline{K}_{\mathrm{p}}=\frac{\sum p_1q_1}{\sum p_0q_1}\times 100\%=\frac{38\times 1150+9.5\times 2060+5.5\times 1450}{35\times 1150+8\times 2060+6\times 1450}\times 100\%$$

$$=\frac{71245}{65430}\times 100\%\approx 108.89\%$$

$$\sum \mathrm{p}_1q_1-\sum p_0q_1=71245-65430=5815\text{（万元）}$$

计算结果表明，3 种商品综合价格报告期比基期上涨了 108.89%，综合价格的上涨使销售额增加了 5815 万元。

综合上述三种指数的变动程度可以看出，由于商品综合价格上涨增加的销售额和综合销售量的降低减少的销售额，两者冲减后正好使销售总额净增加 2295 万元。

编制综合指数时，数量指标指数一般将同度量因素固定在基期的质量指标上；质量指标指数一般将同度量因素固定在报告期的数量指标上。

所以，分析上述三种商品的销售形势时，我们在计算销售量指数时，将销售价格作为同度量因素固定在基期上，计算销售价格指数时，将销售量作为同度量因素固定在报告期上。同度量因素都是作为分母出现的，因为同度量因素固定在基期或报告期上虽然在理论上是允许的，但是两种公式计算的结果存在着一定的差异，究竟选择基期还是报告期，则要以调研课题的解答方向和调研任务的不同要求来灵活掌握。

3. 平均指数的编制过程

平均指数是以个体指数为基础计算的总指数，它是调研总体内利用若干个异质个体指数的加权平均，主要是数量指标和质量指标的个体指数。前边已经介绍过，指数是指标的变形，它具有指标的诸多特征。所以，平均指数也因数据资料的不同特征，分为加权算术平均指数和加权调和平均指数。

（1）加权算术平均指数的编制过程

它是以个体指数为变量值，以调研总体在一定时期内所包含的全部个体指标为权数，对个体指数加权平均计算的总指数。它适用于数量指标的计算，是综合指数的变形。

我们已经知道，综合数量指数的公式是 $\overline{K}_{\mathrm{q}}=\dfrac{\sum p_0q_1}{\sum p_0q_0}\times 100\%$，可是这个公式缺少个体加权的条件，不能平均，只有通过数量指标或质量指标的对比，换算成个体指数，以个体指数的权数进行加总，再综合予以平均。加权算术平均指数的公式为：

$$\overline{K}_{\mathrm{q}}=\frac{\sum K_q p_0 q_0}{\sum p_0 q_0}\times 100\% \qquad \text{公式(9.49)}$$

$\overline{K}_q$ 代表销售量总指数；

K_q 代表个体销售量指数。

现根据表 9-38 的内容，编制表 9-39。

表 9-39

商品	计量单位	销售量 q		个体指数 K_q	价格 p_0	销售额 p_0q_0	销售额乘以个体指数 $K_qp_0q_0$
		q_0	q_1				
甲	台	1,250	1,150	0.92	35	43,750	40,250
乙	吨	2,100	2,060	0.98	8	16,800	16,464
丙	箱	1,400	1,450	1.04	6	8,400	8,736
合计	—	—	—	—	—	68,950	65,450

将表中数据代入加权算术平均指数公式（9.49）中：

$$\overline{K}_q=\frac{\sum K_qp_0q_0}{\sum p_0q_0}\times 100\%=\frac{65450}{68950}\times 100\%\approx 94.92\%$$

$$\sum K_qp_0q_0-\sum p_0q_0=65450-68950=-3500\text{（万元）}$$

计算结果表明，三种商品综合销售量平均下降了 5.08%，由于销售量的下降销售额在理论上平均减少了 3500 万元。

（2）加权调和平均指数的编制过程

加权调和平均指数的编制也以个体指数为变量值，以调研总体在一定时期内包含的所有个体指标为权数，对个体指数加权调和平均计算的总指数。它适用于质量指标的计算，是综合指数的另一种变形。加权调和平均指数的公式为：

$$\overline{K}_p=\frac{\sum p_1q_1}{\sum \frac{1}{K_p}p_1q_1}\times 100\% \qquad \text{公式（9.50）}$$

根据表 9-39 的内容，编制表 9-40。

表 9-40

商品	计量单位	销售价格 p（万元）		个体指数 K_p	销售量 q_1	销售额 p_1q_1	销售额除以个体指数 $\frac{p_1q_1}{K_p}$
		基期 p_0	报告期 p_1				
甲	台	35	38	1.09	1,150	43,700	40,091.74
乙	吨	8	9.5	1.19	2,060	19,570	16,445.38
丙	箱	6	5.5	0.92	1,450	7,975	8,668.48
合计	—	—	—	—	—	71,245	65,205.60

将表中数据代入加权调和平均指数公式（9.50）中：

$$\overline{K}_{\mathrm{p}}=\frac{\sum p_1q_1}{\sum\frac{1}{K_p}p_1q_1}\times100\%=\frac{71245}{65205.6}\times100\%\approx109.26\%$$

$$\sum \mathrm{p}_1q_1-\frac{1}{K_p}p_1q_1=71245-65205.6=6039.4\text{（万元）}$$

计算结果表明，三种商品的销售价格报告期比基期上涨了 9.26%，由于销售价格的上涨使销售额在理论上增加了 6039.4 万元。

加权算术平均指数和加权调和平均指数都是绝对数，在实践中往往把权数以比重的形式固定下来，一个时期内不予变动，这种权数称之为固定权数。国家统计部门或经济研究机构为了跟踪生产与消费的波动状态，就经常把权数固定在一个经济周期内。因为社会商品多种多样，计量单位和价格也千差万别，只好对各种商品采取层层分类、层层计算、层层对比的方法，通过指数的对比可以发现生产、消费与可购买能力之间的矛盾，提出来供领导者决策。

固定权数的计算与前面两种加权平均指数类似。公式如下：

加权算术平均指数的固定权数：$\overline{K}=\frac{\sum KW}{\sum W}\times100\%$　公式（9.51）

加权调和平均指数的固定权数：$\overline{K}=\frac{\sum W}{\frac{1}{K}W}\times100\%$　公式（9.52）

W 代表固定权数，$\sum W=100$。

请读者关注以下几句话：在分析市场流通中的经济因素变动程度时，需要编制加权算术平均指数，因为它是数量指标指数，应将同度量因素固定在基期的销售量指标上，以此计算销售量的个体指数再加权。凡是加权算术平均指数的数量指标指数，只要有个体销售量指数和基期相对应的个体销售额权数就可以了，而无须其他数据；编制加权调和平均指数时，因为它是质量指标指数，应将同度量因素固定在报告期的销售价格指标上，以此计算销售价格的个体指数再加权。凡是加权调和平均指数的质量指标指数，只要有个体价格指数和报告期相对应的个体销售额权数就可以了，亦无须其他数据。

综合指数与平均指数之间，既有共同特征，也有一定的差别：两者都包含在总指数中，是两种形式的总指数，都反映复杂总体的变动和变动程度；不同的特征是，总指数的编制必须占有全部数据资料，而平均指数只要有个体指数的权数和相对应的销售额就可以了。再一个不同特征就是综合指数可以进行因素分析，而平均指数不能，不过两者在一定条件下可以互相变形。加权算术平均指数是数量指标指数的变形，加权调和平均指数是质量指标指数的变形。这种变形的条件是，必须掌握总体的全部数据资料时才有可能。平均指数作为综合指数的变形有广泛的应用价值。

第八节　数据的检验手段

统计的各种方法和各种数据，都有相互制约的作用，通过这种制约关系就可以进行相互检验。比如，离散趋势分析可以检验集中趋势的程度。标准差、异众比率、四分位差与平均数、众数、中位数都属于相对应的制约关系，利用标准差、异众比率和四分位差，就可以判断和说明平均数、众数和中位数代表性的大小。

检验的重要意义是检验社会现象各种数据的变异程度，主要是针对平均数代表性的大小、社会变异现象的动态平衡状况、统计结果的准确程度和统计误差的大小程度等。

对社会经济现象的数量统计和对其他领域数量变异的统计，绝大多数都存在着一定的误差。这个误差有多大？如果不通过检验就不清楚，不清楚就无法对其决策。比如，对调研总体某一参数的假设进行检验，用样本的统计值就能验证，这时样本就成为一种检验手段。假如样本的均值是 4.5 万辆汽车，实际也可能是 4 万辆或 5 万辆。那么，样本的数据与原来对总体某一参数的假设之间有无差异或差异有多大？如果有差异的话，这差异是怎么引起的，是由采样误差引起的还是由总体某一参数的假设错误引起的，就需要对假设进行检验。因为好多数据都有与它相对应的数据，都可以相互检验。比如，标准差与平均数相互对应。标准差越小，表明平均数的代表性就越大，变量的离散程度就越小；相反，标准差越大，表明平均数的代表性就越小，变量的离散程度就越大。这是用变异指标的标准差检验平均数。变异指标包括标准差、异众比率、四分位差、离散系数等，都可以检验变量的离散程度。变异指标越大，其变量的离散程度就越大，集中趋势就越差；变异指标越小，其变量的离散程度就越小，集中趋势就越明显。具体地说，四分位差越小，中位数的代表性就越大；反之，中位数的代表性就越大，这是用四分位差检验中位数。异众比率越小，各变量值相对于众数越集中，众数的代表性就越大；反之，众数的代表性就越小，这是用异众比率检验众数。数据的离差即变差现象是普遍的。它的出现除自变量的影响之外，还有其他未知社会因素的影响。比如，项目投资与增加就业人数的影响，还可能存在人力配置不科学、人才素质的高低、投资项目的技术水平、实施项目的时间错位等因素的影响，就客观形成了总变差中的回归变差和剩余变差的关系。回归变差与剩余变差之和等于总变差。总变差是实际值与平均值上下波动的总状态。所以，可以用剩余变差去检验回归变差。剩余变差越小则回归变差越大，说明所有观测值距回归直线的距离就越近，也说明自变量的项目投资估计因变量就业人数的误差也就越小；如果剩余变差越大，则回归变差就越小，说明所有观测值距回归直线的距离就越近，也说明自变量的项目投资估计因变量就业人数的误差也就越大。这是用剩余变差检验回归变差的代表性程度。

各种数据都有与它相对应、相制约、相依存的关系，都可以用这种关系的一个数据去检验另一个数据。数据的检验手段是调查研究活动操作手段的一部分。

第十章　访谈法

访谈法就是访谈主体与访谈客体面对面的直接对话,或者通过电话、计算机、视频等技术手段间接对话。不论采取哪种对话形式，都是运用活体语言双向交流。所以，访谈法是最复杂、难度最大的一种调研方式，是其他任何调研方式都不能替代的。访谈法之所以能成为决策咨询型调研赖以依存的最重要的方法，就是它能对事物追根究底，把问题了解得水落石出。访谈法符合中国的国情，在各种调研方式中它独具中国的浓厚特色。

第一节　访谈法的形式、特点和意义

一、访谈法的形式

访谈有多种形式：一个是走出去，一个是请进来。走出去是定向下基层，在一个地区或一个单位蹲下去，就一个调研课题约谈各种身份的人反复召开“调查会”。请进来则在调研主体的本部约谈。还有一种方式，就是随机访谈。随机访谈没有既定的访谈单位，是随机性的选择。这种访谈方式是从西方传过来的。一般情况下访谈主体带着问卷或提纲，在现场填答、按提纲询问访谈客体。这种访谈方式在中国并不普及，在特定情况下才会采用，只能作为决策咨询型调研的一种补充。

决策咨询型定向下基层单位访谈是通过层层的组织关系沟通的，基层单位有责任、有义务协助安排访谈活动，因为这是党政机关或企事业单位行政工作的一部分。漫游式社会访谈主要是了解民意、了解广大人民群众对当前的某个社会热点问题的看法，以便在调整或修正政策时作以参考。漫游式访谈应事先拟好题目，针对当前的某个社会热点问题从不同角度拟定几个答案，最多不要超过三五个，然后在车站、码头、机场、学校、商场、娱乐中心或闹市区随机询问不同的人群，要选择候车的、候机的、休息的、闲逛的人，不要访谈那些急行的、办事的、拎包的或带小扶老的。同时，还要考虑不同年龄段或不同文化程度的人，老年人、中年人、青年人甚至小朋友群体的中学生，既访谈男士又访谈女士，对于文化程度的选择只能通过观察他的举止行为来判断。对于“请进来”的方式访谈有以下几个原因：一是访谈主体人手少、忙不过来，拟定的课题还必须在一定的时间内完成；二是访谈课题内容的性质不宜公开，比如是非的问题或牵一发动全身的问题；三是访谈客体接待访谈主体有困难的地方。比如，当地无招待所或缺少其他必需的条件，访谈主体去了会给对方造成很大麻烦，或者访谈内容还需要录音录像或视频辅助等。凡“请进来”的群众要负责他们的路费、误工费和吃住等。随机访谈时，可以亮亮自己的身份，向对方介绍我是什么地方的或什么机关的，了解的这几个问题要干什么。对于一些社会敏感问题或矛盾比较突出的问题，有些群众不愿公开议论，访谈主体就不应公开自己的身份，应以一般群众身份参与到议论的人群中，当然不能以提问的方式或作任何形式的记录。改革开放以来，中国公民的言论涉及面已在很大程度上放宽了，他们可以无所顾忌地谈论一些国家大事，特别是涉及国计民生的切身利益的。各大、中、小城市的公共场所在茶余饭后时，经常有三三五五的人群，围绕国家大事或涉及切身利益的政策在议论，甚至争论，这是一种大好的趋势，访谈主体可以充分利用这些环境了解民意。

中国式的访谈与西方国家有很大的区别。西方的访谈模式是，带着问卷或提纲当面询问、当面填答。在为“访谈法”定性和分类时，还以是否运用了统一问卷为标准，划分为标准化访谈（结构性）和非标准化访谈（非结构性）两种形式，这实质是把访谈活动依附于问卷或提纲上了，对这种形式的访谈，只能冠名为“问卷访谈”。“问卷访谈”形式没有自己的独立性。同时，问卷法是运用书面语言进行单向交流，“问卷访谈”虽然也与访谈客体直接见面，但属于蜻蜓点水一阵风。而中国式的访谈与访谈客体深入对话交流，沉到水底查实情。细而观之，不如视而查之。问卷访谈方式有很大的局限性，由于受制于问卷或提纲，只能了解民意，了解一些浮浅的问题，不适用中国或特别不适用决策咨询型访谈的方式。行政决策型访谈的结构，是由约请不同层次的人构成的，与问卷形式无任何关系。

中国式的访谈方式，在人类认识史上是一个创举，填补了社会学的一项空白。与西方式访谈的本质区别是，它要求深入基层，深入群众，与群众打成一片，甘做群众的小学生，并以“调查会”形式作为访谈的主体，与问卷等其他任何形式的调查方式毫无关系，具有独立性和权威性。如果说访谈还有标准的话，那就是毛泽东在《兴国调查》和《反对本本主义》上主张的标准。中国式的访谈是“下马看花”，沉下去；西方式的访谈是“走马看花”，仍然浮在上面。中国式访谈虽然事先也需要拟定个访谈提纲，但不是问卷，更不是西方访谈意义的提纲。中国式的访谈提纲是整个访谈过程的指南，包括访谈准备、接触访谈客体的方式方法，规定访谈课题内容的几个方面，如询问和“深挖”情节的方式方法，预案可能出现的问题，结束访谈的方式和处理好几个什么样的问题，等等，而不是按提纲拟定的问题，对访谈客体逐条询问，逐条填答。访谈法与问卷法、访谈行为与问卷行为不能混同起来，虽然两者可以结合起来进行，但这种结合完全处于两个空间、两个范畴内。问卷访谈还必须保证回收率和给以现场指导。如果带着问卷访谈，就好像带着自己的“脚印尺寸”去买自己穿的鞋一样。

二、访谈法的特点

（一）针对性强。由于访谈主体直面访谈客体，能够紧紧围绕访谈主题，运用十四种询问方式（在本章第五节“询问技巧”中专门介绍），不断地问下去，可以全面地、深入地了解事物的全过程和深层次的矛盾。

（二）可控性强。由于访谈主体与访谈客体面对面交流，能够随时随地观察访谈客体的态度变化、体察心理活动，以便于灵活地改变访谈策略和方式方法。

三、访谈法的意义

中国式访谈有它的独特性。由于中国式的访谈一竿子插到底，短期内不离去或反复访谈同一个客体，必须把访谈课题指向的内容认清认透不可。不但要认清事物内容的起因、过程、性质，还要认清它的发展趋势，以便制定、调整或修正政策。这是任何调查方式不可比拟的。中国共产党从革命初期的土地革命战争、抗日战争和国内革命战争时期，通过访谈法明确了敌我友，不断地调整斗争的方向，从无到有、从小到大发展起来的。在改革开放以后，国家经济建设突飞猛进地发展，科技成果层出不穷，连续闯过几次国际金融危机，仍然屹立在经济高速发展的世界前列，就是因为我国有一支庞大的政策调研队伍，通过访谈调研活动为领导出主意、出好主意，不断地调整我国的经济政策而取得的明显效果。

四、访谈主体应给人以良好的印象

访谈主体给访谈客体的第一个印象非常重要。所以，访谈主体的形象就不可不强调了。访谈主体形象包括三个方面：一是着装。不是说穿着华丽名贵的服饰或土里土气的就是标准。总的来说，穿着要整洁大方。奇装异服、油头粉面，男性长发披肩，女性戴金挂银、上下闪光去访谈就不太合适，与政府公务员不相匹配，别人就可能有一定的负面看法。穿着要与选择的访谈客体的身份相差无几最好，容易接近访谈客体。二是举止。要落落大方、正派，不能盛气凌人，居高临下，要有温良恭俭让的举止，礼貌谦和。三是话语。说话谦虚、诚恳、坦率，不说空话、套话、大话。对不同的人要有不同的恰当称呼。见到知识分子不能称呼“师傅”，见到工人不要称呼“老师”，见到医务界人员要称呼“大夫”，见到主任医师要称呼“主任”，见到老年人可称“叔叔”“阿姨”，等等。称呼要与对方的职业、职位、年龄相当，就高不就低。

关于穿着和用语，针对不同的人有不同的做法。与工人等劳动者接近时，穿着要朴素一些，要用通俗的大众语言；与知识分子或干部接触时，穿着要注意整洁大方，尽量用专业性语言；与老年人接触时，穿着要传统些，尽量用传统性语言；与年轻人接触时，穿着要讲究一致，尽量用现代的一些时髦语言，让他们感到“够派”，不给他们一个落后时代的印象。

五、处理好两种供需矛盾

调研工作者面对两种供需矛盾，对下自己是需方，访谈客体是供方；对上自己是供方，首长是需方。这两种供需矛盾的焦点都集中在承上启下这个环节上，即集中在调研工作者的身上。怎样才能处理好这两种供需矛盾呢？一是下基层要扎得实、扎得深、扎得稳；二是还要有技巧。如果“老爷式”地下基层，居高临下、盛气凌人，基层干部和群众不会买账，也搞不好调研。只有与基层干部和群众打成一片，甘当他们的小学生，他们才能推心置腹地向你反映情况，向你提供优质的原材料；对上应该及时准确地反映客观情况，提供优质产品，圆满地完成调研任务。

如果“走马观花”式地深入基层，到达访谈目的地后游山玩水、吃吃喝喝，访谈活动变成了旅游，也只能起到“蜻蜓点水泛微波”的作用。了解了一些浮浅的情况就要“打马回朝”，草率地写就调研报告送上去糊弄首长，提供的是劣质调研产品。李瑞环批评这种现象时说：“目前弄虚作假的现象十分严重。假话、空话、套话随处可见，假情况、假数据、假政绩屡有发生，有些造假简直到了骇人听闻的地步。”他又说：“确实给我们了解和反映社情民意增加了很大困难，搞得不好就会失之于片面，落后于发展甚至上当受骗，把领导机关的认识、判断、决策和部署导向错误，引入歧途。”（《学哲学，用哲学》上册53页）这个供需矛盾就突出了。关于访谈的技巧包括组织“调查会”的技巧和“询问”的技巧，将在第三节、第四节、第五节和第六节作专门介绍。

第二节　访谈前的准备

访谈行动之前，有必要做一些准备，大致从以下几个方面着手：课题准备、理论准备、组织准备、物资准备、方案准备等。

一、课题准备

先分析课题的来源。如果课题是上级指派的还是本单位领导确定的，他们对这次访谈的目的有什么要求，一定要“吃透”。被派出下基层访谈的干部要吃透每一个细节，不清的地方再请示领导，一切都清楚了以后再开始做其他方面的准备。如果是自选课题，也要分析这个课题是热点问题，还是难点问题；是正面的经验，还是负面的教训；是解决面上的问题，还是解决个别问题；是了解前期政策执行情况，还是要制定新的政策；等等。只有明确了这些才能确定访谈的方向、地点和单位。

二、理论准备

理论准备从两个方面着手：一是涉及课题指向内容的业务知识；二是涉及课题指向内容的理论知识。任何调研工作者都不是万能的，而调研内容却包罗万象，就需要访谈前了解一下这方面的业务知识。比如，调查钢铁联合企业的综合经济效益，就必须知道它的生产过程，包括采矿、选矿、烧结、炼铁、炼钢、初扎和成材等不同的加工阶段；调查石油化工的技改水平，就必须了解它都使用哪些设备，是怎样过滤、脱水、发汗脱油、溶剂抽提、输送、储存、回收；等等。通过访谈了解了大量情况，收集了大量材料，就要进行分析，还必须了解产业结构理论，一、二部类的关系，钢铁行业如何给机械行业、建筑行业和军工等部门提供原材料，其自身需要的装备水平如何，吨钢材消耗能源多少、矿石的品位高低，哪些问题、哪些环节影响了成本的增加，产品结构是否适应市场的需求，高质量的特种钢材的比重有多大，等等。每个课题都需要业务知识和理论知识。可是，在访谈实践中，我们的一些同志有时却往往忽视了这一点，以前闹出笑话的事也时有发生。

三、物资准备

适当的物资准备是必需的。除了携带足够的笔纸以外，还应带上计算器，以便在听取数据情况时可以进行现场计算。在特定情况下还可能需要摄像、录音等，也要带上这些器材。按访谈的周期和访谈人数领取差旅费，落实交通、住宿就可以起程了，奔赴访谈目的地。

四、方案准备

方案就是访谈活动的“路线图”,作为行动的指南,它绝不是“问卷”和询问提纲性质的方案。方案包括起终时间、选择访谈人员、确定访谈目的地、明确访谈的具体内容、选择访谈方式、准备哪些硬件、材料在哪整理、怎样分析、出现意外情况怎么处理、怎样评估检验，如果两人以上访谈，还要确定撰写调研报告的主笔人。

起终时间就是一个访谈周期，按计划进度安排活动；选择访谈人员，要选择熟悉访谈内容业务知识的人员，一般情况下，由课题涉及行业的专职处室或科室选派人员，如果人员难选则应临时责成专人寻找相关资料或速成培训，一定不要迁就派人下去；根据访谈内容确定访谈的目的地，选择的访谈地区或单位应具有课题内容的代表性；在物资准备方面，如果确需摄像和录音而本单位又没有，尽快采购填平补齐或租借，也可与有摄像录音器材的相关单位联合访谈；访谈内容事先通过分析研究，明确中心内容是什么，关键环节在哪里，以便访谈时做到心中有数；选择访谈方式,是开“调查会”还是“单独约谈”,或者两种方式交替进行；约谈什么人都要有个计划。如果访谈课题属于公共关系方面的内容，可能要涉及某个单位的责任或利益，甚至牵一发动全身的敏感课题，则应暗中约会单独访谈；如果只了解几个肯定性的结果或数据，采用电话询问就行了。情况分析有两个方面：一是通过访谈发现实际情况与原来设计的差异较大。如果出现这种情况，下一步怎么办？二是“调查会”一旦出现“冷场”或“局面失控”怎么办？这几种情况都要事前作出预案。方案修正也是必需的，因为在实际访谈过程中各个环节经常出现某些变化，这是不可避免的，就需要对访谈方案进行调整和修正；访谈后期收集上来大量材料，要进行筛选、分类，去伪存真、去粗取精，以便进行分析研究。首先进行统计分析，根据访谈了解的事实和访谈的目的，进行数据计算和定量分析，为定性分析奠定基础；其次进行定性分析，得出结论、形成观点，还要撰写访谈报告，即调研报告；再次对调研报告及其所阐明的观点和对策建议进行评估，检验调研报告是否充分地、清晰地表达了课题的中心思想，检验访谈了解的主要情况，检验形成数据的计算公式是否正确，检验阐述的观点是否鲜明准确，检验对策建议是否可行；最后调研报告经修改后呈报给领导审批。

第三节 进入访谈现场的技巧

进入访谈现场是与陌生人和新的环境第一次接触，能否融洽、顺畅地进行访谈，关系到这次“调查会”的成败。因为只有把访谈主体与访谈客体的信任桥梁搭建起来，访谈才能达到彼岸。万事开头难。一年之计在于春，一天之际在于晨，要想把这个“春”和这个“晨”的宝贵时刻利用好，就非得运用点技巧不可。运用什么样的技巧？如何进入访谈现场？对于访谈主体来说是千金难买的一刻，一定要珍惜这一刻。

“调查会”成败的标志是什么呢？如果“调查会”开得轻松、融洽和顺畅，访谈客体能够毫无顾忌地围绕中心内容踊跃发言，这个“调查会”肯定会获得成功；如果“调查会”开得严肃、拘谨和沉闷，访谈客体顾虑重重或吞吞吐吐不敢发言，这个“调查会”也肯定难以获得成功。要处理好这个关键时刻，就要把握住进入访谈现场前后的这两个时段。

一、进入访谈现场前的准备

访谈地区和访谈单位已经确定，首先选择访谈客体的成员，应从不同层面、不同角度去选择。要有管理干部，也要有工人；有年长的，也应有年轻的；有男的，也有女的；有文化水平高的，也要有文化水平低的，甚至文盲。这些人当然都应与访谈主题的内容有一定的知情关系。“调查会”以两三个人或四五个人为宜，最多也不要超过七八个人，不能把不同工作性质、不同层次的人约请到一个“调查会”上。因为他们的关注点不同，看问题的角度也不会相同，容易“冷场”或“发生争执”。约谈客体之前要把时间、地点确定好。选择的访谈地点，交通要方便、场所周围要安静，最好不受外界的干扰，室内不应杂乱无章，要宽敞、明亮、卫生，坐行方便，卫生间不能离访谈现场过远。访谈主体要比访谈客体提前几分钟到场，并把开水或饮料准备好。一开始就给访谈客体一个舒适、轻松的印象，这是第一个开端。

访谈主体与访谈客体初次见面，原来彼此不认识，不免要有些拘束，会影响访谈效果。如何营造一个轻松自如的局面呢？就在于初次见面时的“寒暄”，这个环节是回避不了的。访谈主体首先应表现出一见如故的姿态，结合当时的情景或抓住某一特定的现象幽默地开个玩笑，显得活泼自然，以此消除对方的拘谨。毛泽东在这方面做得尤为突出，所以成为我们的典范。“寒暄”之后让座倒水，再转入访谈意境，进入主题。

二、进入访谈现场后的举动

大家落座后进入主题前，也可以利用三五分钟唠唠家常，以消除紧张情绪，针对不同的访谈客体选择不同的话题。比如，谈论一下当地的物价、治安、社保、子女入学、就业等，还可以围绕与本次访谈内容无关的热点问题扯一扯。热点话题容易引起访谈客体的兴趣，活跃一下气氛。一般情况下，面对的访谈客体如果是文化水平不高的中年人，从生活琐事引起话题；如果是文化水平较高的管理人员，应从国内外重大新闻引起话题；对于年龄较大的人员应从子女的学习、工作或孝敬老人等方面引起话题；对于年轻人应从体育、音乐、留学、就业等引起话题；等等。

正式开会前，访谈主体很随便地介绍这次访谈的背景，不要一本正经地宣布“现在开会”，要把来调查的内容、目的、要求和时间介绍给对方，一定要表现出那种自然的随意性。如果是党政机关的调查，要向对方讲清楚这次调查的目的：一不是为检查工作而来的；二不是为评比而来的；三不涉及任何单位或任何个人的关系。通过这次调查要制定一套适用于全国的或本地区的政策，也关系到每一个人的切身利益。这个过程能使访谈客体把思路集中在主题上，留有一个短暂的思想准备时间，同时也能消除访谈客体的疑虑感，让他知道在这个问题上无论怎么介绍也不会带给他任何麻烦和后遗症，还能拉近双方在意识融合方面的距离。

访谈主体与访谈客体相互交流时，千万不要给访谈客体留下一个“外行”的印象，也不要表现出权威性的姿态。最重要的是在访谈客体介绍情况时观察有无异常变化，以便掌握下一步行动。

第四节　处理“冷场”和“局面失控”的技巧

根据以往的经验和教训，调查会经常会出现“冷场”和“局面失控”现象。这两种现象对访谈的影响都是很严重的，直接关系到调研的成败。在访谈客体中，对待访谈活动和访谈内容持各种态度的人都有。有坚持正义的、坚持原则的，有实事求是、认真配合的，有与己无关高高挂起的，有与己有关热心配合的，有疑虑重重的、胆小怕事的，有浑水摸鱼的，有制造麻烦的，有为了维护小集团利益和本人利益弄虚作假的，也有对访谈反感而存在情绪的，等等，无奇不有。综合上述情况，就容易出现“冷场”和“局面失控”现象。调研工作者处于访谈的前沿阵地，与访谈客体面对面地交锋，与客观事实打“肉搏战”，就必须重视“冷场”和“局面失控”现象。处理这两种情况需要一定的技巧。

一、处理“冷场”的技巧

“冷场”的表现就是调研客体坐在那里一声不吭，不是吸烟就是喝水，你看看我，我看看他，再不就是低头想事。不论你怎么提醒，怎么引导就是不发言。如果你点名或请谁先发言时，他一笑了之或者说“我没有什么可说的”，就是说了几句也是浮皮潦草，说些不痛不痒的情况。凡遇到这种情况，访谈主体把话题转到大家感兴趣的社会热点问题上或开开玩笑，活跃一下气氛，待访谈客体情绪上来以后重新转入正题。否则就很难再进行下去，只好宣布休息或休会。遇到这种情况，访谈主体应首先作自我检讨，表示“你们可能未准备好，就把你们请来了。你们先休息休息，好好考虑考虑，一会儿再说”。在休息时间抓住这个机会进行沟通，在几个人中选择有代表性的在会下沟通，征求他的意见，为什么会出现这种情况，以便开会时纠正，并动员他先发言，也可以在休会内活跃一下气氛，以扭转呆板沉闷的局面。“冷场”也叫“闷场”，要想把“闷场”启动比初场时难度更大。如果将“闷场”启动了，同样能够获得预期的访谈效果。“闷场”如果未能启动，只好改日再开，请访谈客体回去准备。这叫“死场”。此期间不能间隔太长，最多也就二三日或三五日，否则访谈主体等不起或者防止访谈客体发生变化。休会期间要好好地深刻反省，分析原因，找到病根，以防止复会后再出现“冷场”现象。如果不能起死复生就意味着这次访谈彻底失败了，未能完成组织和领导交办的任务，贻误了时机，打乱了决策部署或领导的整体计划，只好再派其他人调查。

“冷场”的原因大致有四个方面：一是访谈客体不好意思开口，互相观望着，等待别人先谈看看反应如何，再决定自己怎么谈；二是有顾虑，担心一旦谈错了与面子过不去或者有什么不好的影响；三是事不关己，别人想怎么谈就怎么谈，反对我不来不好，不谈就是了；四是有情绪不配合。这个情绪可能与单位有关，也可能与社会哪个部门有关。找出这些原因后应采取两种措施：一是单独做思想工作，访谈主体与访谈客体的单位领导共同做工作或分头做工作；二是放弃原来的访谈客体另选对象，必要时另选单位。

二、处理“局面失控”的技巧

“局面失控”的表现是，访谈客体在介绍情况时自觉不自觉地“偏了题”，甚至“离了题”或“跑了题”，只谈自己感兴趣的或自己特别熟悉的情节，啰啰唆唆、漫无边际。还有可能出现访谈客体借机发泄不满的情绪，牢骚满腹在这里发泄出来，或出现明显的错误观点，甚至在访谈客体之间发生激烈的争执，难以进行下去。出现这种情况时，访谈主体一定要沉着冷静地对待，千万不要表现出惊慌失措的急躁情绪。如果是访谈客体自觉不自觉地“跑了题”或出现错误观点等情况，则随意地用话语给岔过去，再提醒或提出事关主题的问题请继续谈下去。岔话即打断发言人的话语时也不要太突然，事先以某种方式给个信号，再用一个不招人烦的用语岔话，不要直接打断任何人的发言，也不要直接肯定谁的发言内容或观点，更不要批评或明确指出谁的错误观点。对于借机发泄不满情绪或牢骚满腹的人，首先应表示出对他的同情，然后劝劝他再个别交谈，或承诺替他反映情况，请他围绕主题谈下去。如果再不行就宣布休会，下一次调查会不找他就是了。关于调查会上访谈客体之间的争执，看其争执的内容是不是围绕这次访谈的主题，如果是的话允许争执下去，静静地听，快速地记录就行了，因为这不是坏事。如果争执的内容偏离了主题，提醒争执的人回到主题上来，或者以开玩笑的方式扭转局面，点燃一个放松的火花，把大家的注意力和情绪引过来。“冷场”和“局面失控”是访谈调研的“大敌”。在身临访谈现场之前一定要做到心中有数，特别对于涉足调研工作不久的人，可能还不太容易理解访谈背后的复杂性。如果事前未考虑这种因素，一旦遇有这种情况时容易乱了分寸，措手不及，不知如何是好。有备而不慌，有预案而不乱。

三、调研工作者应具备打开访谈局面的能力

打开访谈局面的能力有三个方面。

一是熟悉涉及访谈主题内容的业务知识和相应的理论知识，具有一定的生活经验和社会交际经验。如果对自己访谈内容的业务知识不熟悉，访谈客体介绍的情况似懂非懂，就听不出对方介绍的内容是不是偏离了主题。这时你能做的就是记录，变成了录音机。过去，在本书作者的周围就出现过这样的事情。有的人下企业访谈调研，由于对企业管理知识一知半解，拿回来的情况和数据把“牛头当成马尾”，将企业的“销售额”当成“销售收入”来计算利润。结果访谈调研的结果不能汇总，只好放弃。销售额与销售收入的关系是企业管理常识性的知识，销售额等于销售收入加上发出商品。在销售额中还有一部分发出商品的货款未回来，

哪来的利润呢？一般情况下，企业对党政机关派人调研的态度是，凡不是为这个企业解决问题的调研活动，从内心都有些反感，特别发现来调查的人是个外行，就更不认真介绍情况了。他们认为这是“对牛弹琴”，所以胡乱地瞎说一顿打发你走。熟悉业务的访谈者，对方不敢乱说，就是乱说了你能听出来，可以马上纠正。

二是有控制局面的能力。控制什么？就是控制调查会的主题和反映主题的中心内容，说到底还是控制访谈客体，就是控制那么三五个人的说话范围。怎么控制？就应采取以下五种办法：一是凡遇有离题现象，则应岔话题、点迷津、指方向、归正题；二是凡遇有明显的错误观点，则应不反驳、不批评、岔话语、点迷津、指方向、归正题；三是凡遇有借机发泄者，则应接话题、表同情、诚规劝、转方向、讲道理；四是凡遇有争执不下者，如果争辩的是主题，则应静静听、快速记，如果争辩的偏离了主题，则应诚规劝、转方向、讲道理；五是凡遇有争执局面不可调和者，暂休息、急沟通、待再议，或休会、改它日、待再议，或弃此、改它处、待再议。上述的五种办法可以灵活地运用。特别是“岔话题”“岔话语”或“接话语”，要“岔”得自然，“接”得诚恳。

三是有引导局面向正确方向转化的能力。首先，应熟练地掌握访谈内容的业务知识和相应的理论知识，这是引导局面向正确方向转化的前提。否则，连自己也不知道什么是正确的方向，甚至听不出对方的介绍是否偏离了主题，怎么能扭转局面？其次，有能力灵活处理调查会上出现的突发情况。要有敏感性，当发现调查会出现偏离主题的苗头时，就应意识到，马上想办法采取措施以防未然。

第五节 询问技巧

询问技巧是访谈活动的重要手段之一，直接关系到访谈活动的成败。

一、询问种类

询问方式多种多样，归纳起来不外就是正问、反问、侧问、探问、试问、设问、故问、直问、假问、追问、激问、补问、倒问和插问十四个问。在什么情况下怎么问就有选择了。如果能把上述的“十四问”运用得恰如其分，就能把访谈调研搞活了。问什么？要问何事、何人、何地、何时、何因、何果，就是抓住关键情节问它因果关系。询问要“三不离”即：不离主题、不离中心内容、不离关键情节。询问时，尽量用对方听得懂或能接受的熟悉语言，自己不亮观点，只听、只记、只分析。访谈客体未介绍清楚的或自己未听清楚的不要放过，重新追问。

二、询问要做到“六个不”和“五个引导”

询问时，要仔细听，仔细记，边听边记边分析，要做到“六个不”和“五个引导”。“六个不”是：不要问错、不要听错、不要记错、不要理解错、不要诱导、不要偏见；“五个引导”是：冷场时引导、跑题时引导、非主题争执时引导、出现错误观点时引导、对会场不利时引导。追问不是逼问，引导不是诱导。追问时，语调要放慢、放软，声音要适当控制，不能显出慌乱急切；引导时，要随和但不能随从。“五个引导”就是方向盘，离题时、发泄时、争执时、说错时或对会场不利时，若不加以引导调查会就会泡汤。一个情节已经介绍清楚了，访谈客体还在喋喋不休地介绍这个情节时，也要引导到下一个情节去，就这样一步一步地将情节深化下去。只有这样做才能牢牢地把握住“调查会”的控制权，否则“大意失荆州”，也将失去预期的访谈效果。

三、“十四问”的技巧

“十四问”包括了“调查会”所有的提问方式。在什么情况下选择哪种询问是至关重要的，如果运用得好调查会就能活跃起来，访谈客体也能畅所欲言，会收到预想的效果。

（一）正问技巧

从正面询问访谈课题的内容和情节。这类课题大多数不涉及任何单位、任何组织或任何个人的利益，可以完全公开化。

（二）反问技巧

在这样几种情况下选用反问：一是从事物发展趋势上进行反问。比如“您认为如果这个事情要是向相反的方面发展会有什么结果？”二是在访谈客体介绍情况时进行反问。比如“他们怎么会作出这么个决策来呢？”三是访谈主体对某一事实已有了一定的了解，但多少还有些怀疑，为了求真和进一步验证事实时反问。比如“那个规定不是从2009年6月1日开始颁布的吗？”对方有两种可能的回答结果：“对，就是从6月1日开始颁布的！”或者“怎么是从6月1日开始颁布的呢！于9月15日才开始颁布”。又问：“为什么有人说6月1日呢？”对方肯定说出这个原因，这又引出与此有关的情节，加深对访谈内容的认识。反问的作用是，从反面折射出的问题可以更深刻，或者问出意想不到的新情况。

（三）侧问技巧

调研中有不便从正面去问，但又不能不问的情节。凡是这样的情节都是比较敏感的问题，如果从正面问担心访谈客体有顾虑，从侧面问就是有意淡化敏感问题的敏感程度。问后看对方的表情和态度，从回答的内容也可以分析出正面事物的客观性。这样，访谈客体可能有意或无意中就把正面问题说出来了。比如，调查某个行政区因筹建开发区非法占用可耕地情况时，不便正面直接问“有多少耕地被占用了？”应从侧面问“开发区七通一平搞完了没有？已经建了多少面积的办公楼和厂房？修了多少公里的路了？绿地有多大面积？还有多少面积没被利用呢？”

等等。这些问题了解清楚了，就把非法占用可耕地的面积问清了。

（四）探问技巧

探问是试探性的，对于暂时还不太了解的敏感性问题才进行探问。比如“开发区现在搞到什么程度了？”“有几家外资引进来了？”然后看回答情况，或逐步深入地问下去或转换话题继续问下去。

（五）试问技巧

试问也是探问性质的询问。不过，与探问要解决的问题不同。探问是对课题内容自身的初步了解，而试问是对访谈客体态度的初步了解，再根据访谈客体对这一课题内容的态度决定下一步问什么问题。如果访谈客体顾虑很大，则要考虑另选访谈对象，尽快结束与他的对话。如果访谈客体顾虑不大，就要抓住这个机会，进一步做思想工作，打消他的顾虑，继续问下去。

（六）设问技巧

设问即假设一种情况的问法。当然，问的事情要与课题内容有一定的内在联系。设问的目的，在于启发访谈客体的回忆和想象力，使他能进一步地系统地介绍客观情况。比如，“开发区要不放在那里行不行？”“开发区要是放在东山丘陵地带有多好哇？那里不仅是一片荒沙地，风景还优美。”

（七）故问技巧

故问是访谈主体明明知道这个情况的事实了，还要故意去问。其目的就是了解和试探访谈客体对这个问题的态度，带有测试民意的成分。故问的问题，一般都是在访谈结束前后，顺便了解一下群众的反应。这是利用一切可能的机会在相同的访谈时间内，争取了解更多的情况。当然，故问也不一定在访谈结束前后，在需要的时候也可随时故问一下。

（八）直问技巧

直问就是单刀直入，直截了当地询问课题内容和情节。这是在访谈客体无任何顾虑或课题内容不牵扯任何单位和个人的情况下的询问方式，与正问属于同一种性质的类型。两者的区别是，正问是在正常情况下从正面询问，直问是在有些特殊情况下从正面急切地询问。直问时不需要“寒暄”和“客气”。但凡直问时都有以下几种情况：一是双方已经很熟悉，互相之间也非常了解了；二是访谈内容不牵扯任何单位或任何个人的利益；三是访谈客体被通报批评或被审查时；四是知道访谈客体对访谈内容了如指掌。

（九）假问技巧

假问也是试探访谈客体态度的一种询问方式。一是试探访谈客体对访谈主体的态度；二是试探访谈客体对访谈内容的态度，看其能否认真配合这次访谈。凡假问的对象，访谈主体事先对其都有个初步的了解，认为这个人对访谈内容知情，同时也觉察到对这次访谈可能还有些看法，假问的内容与访谈内容可以不沾边，也可以有一定的联系。通过问话看他的态度变化，看他对访谈主体的印象。其实这是一种人与人之间的沟通，看情况再转入正题。

（十）追问技巧

访谈客体在介绍情况的关键环节时，他自己可能未意识到这个环节的关键性，轻言淡语地或即将转到其他话题上时，就要按原有的线索追问这个情节；还有的人尽管知情，但不善于言谈或不知道怎么说好也得追问；还有的人你不问他就不说，问他一句说一句，对这样的人也得追问。对于不善言谈或不好意思在生人面前发言的人，要鼓励他说：“别着急慢慢说。好好想想，喝口水，你已经说得很好了，再说下去吧！”凡追问就要盘根问底。俗话说：“打破砂锅问到底。”

（十一）激问技巧

在特定条件下采取激问的方式。访谈客体没有任何顾虑，而且对访谈内容颇感兴趣或者就是他自身的心愿，他以自己是个知情者为荣，关键环节上可以激问。比如，“那个情况您可能不太清楚？”“您怎能了解那个情况呢？”“您可要实事求是呀！”等。最后赞许他“还是您了解情况！”

（十二）补问技巧

对于访谈客体未说清或遗漏的情节，以及访谈主体未听清、未记清或漏问的事项都需要补问。

（十三）倒问技巧

倒问有两种情况，一是开始就问结果，再问起因和过程；二是类似补问的性质。访谈客体虽然在介绍情况时没有漏项，访谈主体也未出现未听清、未记清或漏问的情况，为了对某一重点环节加深认识，在结束访谈之前又加重询问已经介绍过的情节。

（十四）插问技巧

插问是在访谈客体介绍情况过程中，访谈主体对于情节的细微之处的询问。插问是随时发生的一种对话形式，询问的频率很高。所谓的活体语言互相交流，主要表现在插问方面。

第六节 记录的技巧

调查会必须有记录。记录也有技巧。记录要记两个方面：一是事物的内容；二是事物的性质。事物的内容要记重要情节，即“重点”；事物的性质，要记主要矛盾，即“要点”。不论做任何方面的文字记录都是记录内容与性质，即“重点”与“要点”。

一、记录重点的技巧

访谈客体介绍的情况不能全记，要记就记重点和要点。根据访谈客体的文化程度和表达能力，有的人介绍情况时能抓住重点和要点，废话很少，有的人不分前后想到哪说到哪，没有层次，没有系统性，他自己也不知道哪个情节是重点和要点。这时就在于访谈主体的鉴别能力了，只能从他纷乱无序的介绍中听出重点和要点的情节。面对这样的访谈客体，就要灵活地运用“十四问”的方法。因为他纷乱无序的介绍没有层次，没有系统性，只有当他介绍了很多情节时你才能从他纷乱无序的介绍中听出一点滋味来，才能归纳和概括出事物的一些内在联系，这时也才能开始作记录，属于当场补记。

什么是重点呢？重点就是事物发展过程的中心内容。比如，访谈调查某县新农村建设情况，访谈客体介绍了若干个乡镇在体制上作了哪些改革，在基本建设方面作了哪些改造。这“两个哪些”的具体内容就是重点，都应该记下。与这“两个哪些”具体内容无关的情节都不是重点，都不应该记。比如，访谈客体介绍某某乡有乡霸，在乡里如何横行霸道的情节就不要记了。再比如，介绍乡镇体制改革时，发生了一些矛盾，这些矛盾的起因和矛盾的性质也是重点，也应该记。可是矛盾的过程就不是主要的，也不应该记。在基本建设方面，投资多少，资金的来源管道和改造了多少个项目，也都是重点。因为这是体制改革后呈现的新气象，这里有经验也有教训。至于这些改造项目在建设过程中由哪个工程队干的，工程款分几期拨付的以及工期多长等都不是重点，不需要记。重点是内容突出的部分。介绍一个完整的内容要花费不少口舌，重点就是那么几句话。记重点要有连贯性，重点之间也要有内在联系，看到前一个重点内容就能想到下一个情节，连贯性形成系统才能分析。没有连贯性的记录等于没有记录一样，可能做了无效劳动。“重点”就是核心内容，只有核心内容才能反映主题。主题是揭示事物的本质的基础。

二、记录要点的技巧

要点是重点的结晶，是从重点提炼出来的，重点是形成要点的土壤和基础。

要点是事物发展过程中的主要矛盾和矛盾的主要方面。比如，乡镇体制改革时的矛盾是怎么引起的？改革影响了哪些人的利益？矛盾又是怎么解决的？这些内容都是重点。矛盾肯定发生了，凡是改革肯定会影响一些人的利益。矛盾也肯定解决了，否则也不会带来新气象。改革引发的矛盾大小，是个教训问题；圆满地解决了矛盾，是个经验问题。建设新农村带来了新气象，证明了我国政府决策的正确性。这就是访谈调查新农村建设的意义所在。这种认识和观点就是要点。那么引起矛盾的对方都是谁，解决矛盾时开了几次会，引起矛盾的那些人现在怎么样都不是要点，不要记了。不过，引起矛盾的那些人在思想上有哪些变化是可以记的，但不要详记，应把他们的思想变化归纳起来，选择一两个典型例子简练地概括出几句话则是必要的。新农村的变化和给他们带来的利益，使他们认识到农村体制改革后建设新农村过程中，虽然自己的小家利益受到了一些影响，可是农村整体面貌发生了翻天覆地的变化，社会进步了，又会给他们带来更大的利益。把这种典型的重要情节简略地记录下来，归纳概括以后虽然仅仅只有几句话，则使观点会更鲜明，主题会更深刻。

三、速记的技巧

凡记录都要求“快、准、全”。不快，跟不上说的不行；不准，记错了不行；不全，记不下一个完整的内容也不行。所以，用正常的书写速度很难达到“快、准、全”的要求。怎么办？只有靠速记的方法记录。现在多数人可能没学过“速写”，这不要紧。对于日常工作中经常碰到的一些固定名词，可以自己设计速写符号。比如，“社会主义”用“社～”、“减免农业税”用“农～”、“金融危机”用“金～”、“科学发展观”用“科～”、“和谐社会”用“和～”等，如果名词第一个字有重复的，比如，“新农村”与“新中国”，可以用“新 1”与“新 2”，“科学发展观”与“科学城”用“科 1”与“科 2”等来区别。当然第一个字后面还可以有无穷的变化。这种速记符号不容易忘也不容易混淆，久而久之形成了习惯，就有了自己的一套速记规则了。

据统计，一般在每一篇文章中和谈话中，名词量几乎占全文或发言总量的 1/3 以上。用这种速记方法可以减少大部分记录量，或者说记录速度加快 1/3 以上。记录时因为只选择重点和要点内容，又省略了很大一部分记录量，这样就不会有漏记现象的出现。

四、使用记录本与记录纸的技巧

一般情况下，都使用记录本，有时也可能使用记录纸。使用记录本和记录纸没什么区别。记录时，不要把记录的纸面写满，留有一半或 1/3 的空白纸在右侧。为什么要留有空白纸面呢？因为任何人在听别人讲什么内容时，都可能随时受到一些启发，有了一些新的认识，可以随时在留的空白纸面上记下来；或者一时未听清楚又不便打断别人的发言，还可能对别人介绍的某个情节产生一些疑点；等等。也需要随时在留的空白纸面上记下符号，再补记。这种情况的出现都是回避不了的，如果不把这些异常的情况随时记下来，事后就容易遗忘，还要苦思冥想或者完全忘掉了，是一件非常可惜的事。在记录纸面上留有空白就是记录这些异常情况的。

五、“四边”活动的技巧

如果光知道记录不知道分析，就把自己变成了录音机，是缺乏头脑的表现，也是对访谈活动的一种浪费。记录时，应采取边听、边记、边分析、边形成观点的方法，即“四边”活动法，这是十分重要的，也是积累“访谈财富”的过程。

听或记录别人发言时，有了一些新的认识，受到某种启发或形成新的观点是正常的。当然，光知道记录不知道分析就不会有新的认识，也不会受到某种启发或形成新的观点。为什么说光记录不分析是个浪费呢？因为人不论正在做什么，他的头脑始终在思考着，一刻也不会停止，甚至晚上睡觉还在梦中活动。如果在记录时不把思路转移到对记录内容的分析上，这不是浪费吗？我们干什么去了！又为什么说“四边”活动是积累“访谈财富”的过程呢？因为在访谈现场形成的新认识、新观点是鲜活的，受到的启发可以指导下一步的工作，阶段性的观点也是形成总观点的重要因素和坚实的基石。

访谈现场中利用“四边”活动受到的启发就是一个火花、一个亮点，虽然还不是整体性和全面性的认识，但是诸多的新认识、新观点积累起来，就会逐步地把我们带到更深刻的理性认识阶段，甚至某一阶段性的认识，还可能就起到了揭示出事物的整体性和全面性本质特征的作用。

六、运用访谈调查会的技巧

访谈调查会是毛泽东独创的，它已成为中国政府行政行为不可缺少的一部分，也是各种调研方式中最重要的一种。虽然在毛泽东之前也有过调查会形式的出现，但当时调查研究的深度和广度还很不够，具体做法也不十分明确，未能扎到最基层与广大群众打成一片，也不可能反复约谈，反复组织调查会。

记录技巧的重点、要点、速写、记录本或记录纸以及“四边”活动的技巧，都是调查会的内部活动，是调查会内部活动的方法和内容。而运用访谈调查会这种形式是它的外部活动的方法和内容，有两个方面：一个方面是如何组织调查会；另一个方面是如何运用好调查会的成果。前者已经阐述过了，后者就是处理好调查会与调查材料的关系。材料来源于调查会，但又必须脱离调查会。每次调查会后都应及时进行一次材料整理，每天的调查会也应进行一次材料整理。对材料应该“会会整理、天天整理”，不拖拉、不积压。这样做的好处是，当新问题、新情节还未淡忘时就进行了汇总和归类，又形成新的认识和新的观点，就为总体性综合分析提供了很多方便，节约了很多时间，少费了很多气力，同时也不易遗漏某些重要细节。调查会有时一天可能约谈若干次，如果不及时整理材料，到最后可能就是个包袱。会上记录时对“流水”情况的分析，形成了局部观点，会后对局部情况的分析，又形成了较大范畴的观点，每天对几次调查会情况的汇总和分析就会向更大范围和更深刻的领域延伸。就这样会会整理，会会分析，天天整理，天天分析，一直延续到调研活动的结束，那时便胸有成竹地带着这些材料和观点回本部撰写调研报告了。这样做的好处是：一是不在调研活动结束时留有后遗症；二是后一种认识或观点可以检查或修正前一种认识或观点，随着调研脚步的进程就可以不断地向客观靠近；三是由于认识和观点的脉络清晰，在认识链上形成的观点已经系统化了，调研报告的骨架自然就形成了；四是这种做法把涉及事物的内容和事物性质的材料，在过程中就作了去粗取精、由表及里的处理，从鲜活的材料里又能深刻地感受到鲜活的观点。一般优秀的调研工作者在调研活动即将结束时，还未回到本部就已经完成了材料的综合、汇总并形成了系统的观点，同时调研报告的轮廓在脑海里就已经形成了，“路子”也已经吹出来了。

有些调研工作者不注意边听、边记、边分析和边形成观点的“四边”方法，总想在访谈活动即将结束时把所有的材料带回本部整理和分析，把访谈活动与整理材料截然分开，不仅浪费了难得的宝贵机会、放慢了半拍的调研节奏，还会带来诸多的不便，不是好的调研习惯。

七、访谈过程应注意的几个问题

有的问题已在前边提到过，现归纳成几个观点在今后的调研实践中加以注意。

（一）与访谈客体和谐配合。访谈客体在介绍情况时，无论他说的是对的、错的、好的、坏的、真的、假的，都要认真地听，不打断、不制止、不批评、不肯定、不否定。不过，对于错的、坏的或假的发言不应时间过长，要采取适当的温和方式加以扭转。

（二）坚持原则。不能因为强调“调查会”的和谐气氛而对错的、坏的或假的话听之任之，应加以抵制，善意引导。会后找其单独沟通做思想工作，要以诚感人，以理服人，以法制人，以责束人，使之端正认识，转到正确的观点上来。尤其要坚持询问的客观原则。询问时，追问不逼问、引导不诱导。

（三）询问用语要符合访谈客体的身份。询问语言要针对不同的访谈客体灵活选择，使用能听得懂、容易接受的用语，还要体察访谈客体的心理活动。不论采取哪种询问方式，都要细微地观察访谈客体的态度变化和体察心理活动，由此判断对方发言的真实性或可靠性。

（四）存档备查的原则。调查会上说的关键内容（比如数据）只作参考。访谈活动即将结束时，根据访谈内容编制数据调查表，通过组织关系请访谈客体单位或访谈客体个人填写，提供数据的当事人或单位要盖章签字，以示对数字的真实性负责。当然，凡被约请参加调查会或单独约谈的个人，其自然情况如姓名、职务、年龄、性别、文化程度、联系办法都要做记录，存档备查。

（五）妥善处理访谈结束前后的事项。访谈即将结束时，如时间允许要把曾经约谈过的人重新召集在一起，作一个小结，并对大家积极配合调查表示感谢。对于有思想又积极配合调研的人，建立起日常联系的管道，使之定期或不定期地反映基层的一些社会情况。离开访谈目的地或被访单位之前要向访谈客体单位领导作一次汇报，将每个人的表现作一介绍，并通报这次调研的课题内容。如果课题内容与访谈客体单位领导有直接的或间接的责任关系，就不必用这种形式告别了。

第十一章　其他几种调研方法

不同的调研理论形式有不同的操作理论，不同的调研对象有不同的操作方法。调研的操作方法有多种，除访谈法以外，还有问卷法、抽样法、观察法、文献法等。这一章主要简介问卷法、抽样法、观察法和文献法。

第一节　问卷法

问卷是运用事先统一设计好的表格为中介，收集信息资料的一种书面调查形式。问卷法从西方国家传入我国已有几十年，广泛地应用于我国的民意调查活动中。本节主要介绍问卷的作用、特点、种类、结构、设计、发送和收回等内容。

一、问卷的作用

问卷是民意调查的主要手段之一，适用于大空间、大范围的调查，可以同时面对众多的调研客体。在这方面是任何调研方式都无法比拟的。

二、问卷的特点

简单易行，省时省力省钱，不受空间和地域的限制，很少受到人为的干扰，调研客体可以匿名填答，具有隐蔽性。同时，它还具有通俗性、简明性、针对性和准确性的特点。它是另一种形式的抽样调查，其核心的功能是民意测验和测验结果的数量分析。

三、问卷的种类

根据发送方式的不同，分为自填问卷、邮寄问卷、发送问卷、代填问卷、访问问卷等。自填问卷由调研客体自己填写；邮寄问卷通过信邮或报刊送达；发送问卷是专人亲自送达；代填问卷由持卷人询问调研客体，由持卷人代替调研客体填答；访问问卷不仅由持卷人亲自送达还带有访问的意思，除了替受卷人填答问卷以外，双方还有一定的信息交流。归纳起来，其实就是两种问卷：一是自填问卷，包括邮寄问卷和发送问卷；二是访问问卷和代填问卷。凡访问的对象几乎都是有一定代表性的人物，按问卷的要求当面提出问题、当面记录受卷人的回答内容，仍由持卷人代替填答。还有电话询问的访谈客体以及文盲一类的受卷群体均须代替填答。

四、问卷的结构

有开放式问卷、封闭式问卷和混合式问卷三种结构。开放式问卷不为回答者设定具体的答案，由回答者按题目自由发挥。比如，“您认为当前的国际金融危机对我国有哪些影响？”封闭式问卷限定回答者按问卷规定的要求填答。比如，您的文化程度：小学（ ）、初中（ ）、高中（ ）、大学（ ）、研究生（ ）（注：在与您文化程度相应的括号内画“√”，其他括号内画“×”）。混合式的问卷里既有发挥题又有封闭式答案。在混合式问卷里发挥题是对封闭式问卷答案的一种补充。开放式问卷的发挥题内容一般都是社会的热点问题。混合式问卷以封闭式答案为主，也可称为“半封闭式”问卷。开放式问卷的答题，虽然不能统计和编码，但通过归类概括后也还是可以统计和编码的。

由于调研课题的不同，问卷的结构也会有所不同。问卷的结构其实就是问卷的格式。格式和问答本身与用语同等重要，如果格式、问答和用语安排不恰当，会导致受卷人填答时遗漏答项或混淆问题的本意。问卷结构大致都包括以下几个部分：标题、封面信、指导语、问题、答案和编码。

（一）标题。标题是问卷的主题，决定问卷的全部回答内容。所有的询问和答案都必须围绕主题设定。如果问卷提出的问题和答案偏离了主题，问卷就失掉了它的真实意义。

（二）封面信。封面信写在信封的表面上，简要地说明这次调查的主题、目的、意义和要求，并介绍发卷人的姓名、身份、单位、地址、电话和邮编等。同时还应承诺给予保密，最后向受卷人表示感谢！并恳请受卷人对这次调查活动给予积极的配合。封面信应以二三百字为宜。

例如下面的一份问卷封面信。

关于 ×× 市待业人员情况的问卷调查

亲爱的先生、女士：

您好！自国际金融危机以来，一定程度地冲击了我国的经济，致使就业形势也受到了不同程度的影响。为了统筹安排我市下岗待业人员的工作，决定开展这次全市性的问卷调查活动。

请您认真阅读"问卷调查表"（封内），把您现在的状况、有什么想法、什么要求、什么建议如实地填写在表内相应的位置上，字要写得工整一些以便辨认。这次调查不记姓名，不会给您带来任何不利的影响，请放心。

请您将填写完的问卷调查表于 × 月 × 日前退还给我们。恳请您给予积极的配合！借此表示感谢！

×× 市社会劳动保障局

×××× 年 ×× 月 ×× 日

在"封面信"信封的右上角注明编码，右下角写上发卷人的地址、邮编、电话、日期和具体发卷人的名字。

（三）指导语。就是填答说明。解释问卷内的各种符号，如□、（ ）、______、√、×、A、B、C、D 或 1、2、3 等表示什么意思，编码和横短线是什么意思，等等。指导语还应对特殊群体，比如老少病残者或文盲等作出说明，请他们求人填写。"指导语"要简练、通俗、易懂。

（四）问题与答案。是问卷的核心和主体部分，有很多具体的要求。问卷的问题与答案，都直接地反映主题的具体内容，都应紧紧围绕主题拟定，答案的内容不能相互包容或毫无相关性。否则，就失去了它的分析价值。

1. *对问题与答案的要求*。提出的问题和拟定的答案反映主题的不同方面，应该是穷尽的；答案也必须有专一的针对性，必须是具体的，回答问题的标准只有一个。答案与答案之间的内容应具有互补性和排斥性。比如，“您认为某个政府公务员是廉政还是腐败？”廉政与腐败在整体构成上具有互补性，在意义上具有排斥性。廉政 ____，腐败 ____（注：请在填答栏目上画“√”，未填答栏目上画“×”）。

2. *对问卷用语的要求*。语言的运用，要求简明、通俗、易懂。要针对受卷对象的不同文化程度、不同的社会阶层选用相应的用语。要分清问卷调查的对象是科技人员还是农民？是教师还是工人？是律师还是小商小贩？明确了问卷调查的社会阶层，就要选择各自阶层的用语。

3. *对问卷客观性的要求*。有三点：一是不允许有诱导性的问答；二是不允许有含混不清的或模棱两可的问答；三是不允许有威胁性的问答。对敏感性问题要讲究问答艺术和技巧。

4. *对问卷填写时间的要求*。问卷填写时间不宜过长，因为每个人都有自己的事情要做，如果时间过长，问卷的受访人可能拒绝填写。一般情况下，填写时间应保持在10—15分钟之内为宜，最多也不要超过25分钟。

5. *对问卷的问题和答案格式的要求*。一般情况是，开放式问卷每道问答题下方留有一定的空白位置，便于受卷人自由发挥答题；封闭式问卷的问题和答案一般采用画叉、画挑、画圈，或用A、B、C、D…… 1、2、3、4、5……符号代替。有方格、有括号、有空格、有短线等，也有直接回答“是与不是”“对与不对”“同意与不同意”“拥护与反对”等。在选择答案时受卷人在方格内、在括号内、在空格内、在短线上填上符号，比如画叉、画挑、画圈，或填上英文字母或阿拉伯数字等。

问卷格式除上述介绍的以外，还应为计算机处理留有一定的空间和余地，可兼用盒式选择。在每个问卷、每个答案旁相对应地标上数字元号，每个数字码代表不同问题、不同答案的不同类别。

6. *对编码的要求*。将收回的问卷全部资料进行分组和汇总，再进行编码。给每一个问题和答案都要编上数码，以便于输入计算机处理。编码既可以在设计问题时进行，也可以在收回问卷以后根据资料情况再进行。前者叫“预编码”，后者叫“后编码”。一般情况下，凡封闭式问卷，因为设计时各种问题和答案已有了明确的类别，具备了编码条件，则进行编码；开放式问卷的问题，因为还不清楚填答者自由发挥的答题属于什么性质、哪一类，不便预先编码，只有收回问卷以后进行分类，确定了回答问题的性质，才能进行编码。

依据编码项数的多少和问卷容量的大小，确定编码位数。不超过10的则用一位数“9”；不超过100的则用两位数“99”；不超过1000的则用三位数“999”，以此类推。

编码的具体做法是，对每一份问卷的所有问答进行分类，逐项赋予代号或数字元号，制作“编码表”。然后将代号或数字元号填写在相应的编码表栏目内，进行数字登录，再将编码表中的代码或数字按顺序填入登录卡上，根据实际情况每一个代码或数字之间是否留有空格应灵活决定。对于繁杂众多的资料，还可参考“编码手册”，将资料输入计算机，也可利用卡片法或框图法。卡片法是将每一个问题和答案写在一个卡片上，为了便于归类和操作方便，一卡一题。按其不同的问题和答案，归类排序再过渡到问卷上，使之成为一个有内在联系的整体；框图法是根据资料内容特征和调研的目的，先编制成一个结构完整的问卷即框图，再逐项填入。填入前也要划分类别、排好顺序，然后才能逐项框入图内，这样就把资料中的信息转化为计算机能够识别的数字元号。经计算机处理后的结果，就成为可以阅读的文字内容了。

五、问卷设计

设计者应熟悉问卷主题涉及的专业知识或业务知识，了解社会领域的具体现状。然后才能从主题的各方面提出恰如其分的问题，选择准确的答案。

调研课题规定了问卷的主题。在提出问题之前，应将主题概念进行分解和界定，从主题的不同方面引申出问题来，有了问题就可以选择答案。比如，关于 ×× 市待业人员情况的问卷调查。待业人员的自然现状就是主题，将“待业人员”概念进行分解和界定，引申出他们的人数、年龄、性别、知识、技能、身体、待业时间等，就在这些方面提出问题、选择答案。

所有的答案，无非都是围绕事物的三个方面来选择：什么特征、什么态度、什么行为。

问题的提出和答案的选择有几个原则：一是在一个问卷内的答案不能重复或内容相近。比如，待业人员的“年龄 ____ 与 18—40 岁 ____55—60 岁 ____”不能放在一个问卷内，“技术人员 ____ 与工程师 ____”等也不能放在一个问卷内。二是询问必须适合受卷人的身份。比如，不能向牧区的牧民问粮食生产、向林区的工人问渔业、向工业园区的工人问理论成果等等。三是问题和答案也有难易之分，要先易后难。比如，待业人员的年龄和性别容易回答，可是知识技能和身体状况就比较难一些。四是问卷和答案还有强度和等级之分，要按顺序排列。比如，“你对反腐败斗争的决心如何？很大、大、还可以、不太大、不大、不很大”，凡此都要求对称。五是一个答案不允许有两个以上标准。比如，“某地区的社会治安如何？”不能选择这样的答案，即“犯案多 ____ 少 ____；抢劫多 ____ 少 ____；小偷小摸多 ____ 少 ____”三个标准，应选择其中一个或“治安好 ____ 坏 ____”均可。

设计开放式问卷相对容易一些，其实就是给受卷人出题。考虑开放式问卷的受卷人文化程度都比较高的特点，题意应具有思考性，使受卷人答题时能得到充分的发挥。设计封闭式问卷或半封闭式问卷就相对要复杂一些。封闭式问卷有两项式、多项式，还有强度等级式、矩阵式和后续派生式。以下介绍封闭式问卷的设计模式。

（一）两项式问卷的设计。只有两种回答方式：

例 1. 您认为国家针对金融危机采取扩大内需的措施能不能有效？请在您的答案短线上如有效画√；无效画 ×。

例 2. 实施科学种田您认为亩产千斤粮食的计划能否实现？请在您的答案括号里如能画√；不能画 ×。

（二）多项式问卷的设计。可供选择的答案有两个以上，受卷人只可填答其中的一个或若干个。

例 3. 本届大学毕业生就业选择（请您只选一项，在选择的职业项序号上画“O”）。

A. 参军；B. 村“官”；C. 经商；D. 务农；E. 自由撰稿人；F. 教师；G. 其他。

例 4. 某市基本建设改变了城市的环境，您认为最突出的变化表现在哪几项？（把您的选项用英文字母写在方框内）

□□□□□□□□□

A．道路扩宽了；　B．广场增多了；C．绿化面积大了；

D．人行道通畅了；E．不堵车了；　F．公厕现代化了；

G．棚户区没了；　H．烟囱少了；　I．湖河水净化了。

（三）强度或等级式问卷的设计。要求受卷者填答时按强度或等级列出先后顺序。

例 5. 我国政府在国事和外交方面有哪些重大问题？（请受卷人按权重程度用阿拉伯数字给下列问题编号，将数字写在每个问题前的方框内）

□就业；□ 社保；□ 祖国统一；□ 外贸；□ 环保；

□ 朝核问题；□ 与邻国划界；□ 打击传销；

□ 建设新农村。

例 6. 公安干警对各种犯罪活动都进行了有效的打击。（请受卷人按犯罪的危害程度用阿拉伯数字给下列犯罪现象编号，将数字写在每项后边的括号内）

传 销（ ）；小偷小摸（ ）；放火（ ）；撬门压锁（ ）；

耍流氓（ ）；欺行霸市（ ）；杀人（ ）；卖淫嫖娼（ ）。

（四）矩阵式问卷的设计。同一类的若干问题共享一组答案的选择式。

例 7. 您对北京的下列现象有何看法？（请在您认定的方框内画“√”）

	很好	好	无所谓	不好	很不好
公共交通	□	□	□	□	□
文明礼貌	□	□	□	□	□
公共卫生	□	□	□	□	□
社会治安	□	□	□	□	□

（五）后续派生式问卷的设计。在主体答案基础上派生出新的答案，作为主体答案的补充内容，使调查内容又深入一步。

例 8. 沈阳工业企业有世界一流的加工水平吗？

		加工了哪些产品 →	国内自用的项目 →	出口的国家
（1）有______	①	______	______	______
	②	______	______	______
	③	______	______	______

（2）没有______

上述介绍的问卷是惯用的几种形式，设计问卷时只要遵循问卷规则还可以设计出更多的形式，不必拘泥于上述几种形式。

问卷调查只能解决受卷人对调查问题的态度倾向，还不能系统地解决更深刻的问题，不能揭示事物的内在本质和发展规律，因而不能作为行政决策的依据，对行政决策仅具有参考的价值。

六、问卷的发送与回收

问卷的发送与回收这一环节非常重要。问卷能不能发送到受卷人的手里、继而又能不能收回来，这是关系到问卷调查能否取得成功的最后一搏。如果不能如数发送到受卷人的手里，自然就收不回来。同时受卷人是不是嫌麻烦不愿意填答或不能按时退还回来都很难说，如果回收率很低就失去了问卷调查的实际意义。

针对这种情况，发送问卷和收回问卷都应采取一整套监控措施。问卷以什么方式、在什么时间、各发出多少份，发给哪个阶层、发给谁都要有详细的记录。发出后还应跟踪抽样询问，了解受卷人的态度和填答形势，或在受卷人集中地区采取委托专人重点走访等办法。问卷的回收率应保持在60%以上，最低也不能低于50%。在回收的末期对于还未收回来的问卷，要查找原因，是发送环节脱钩了受卷人未收到问卷，还是受卷人未重视。如果是前者应尽快补发，如果是后者通过电话、计算机等各种方式与受卷人单位或个人联系咨询，尽量挽回收卷率低的不利局面。

第二节　抽样调查

抽样调查是从总体中抽取部分个体单位进行统计和分析，再依此推断总体的一种方法。

抽样调查过程涉及的一些概念，如总体、总体单位、总体参数值、样本、统计值和抽样误差等，在第九章已做过专门的介绍。本节只重点介绍抽样调查的具体实施办法。

一、抽样与抽样调查

抽样是通过一定的方式选择总体内能代表总体的那部分个体单位，调查时用其统计值去估计总体的参数值，从而代替了对总体全面的直接调查研究。比如，从50个社区的总体中，按一定的方式抽取8个作为统计和分析对象；从5000名产业工人的总体中，按一定的方式抽取250名作为统计和分析对象。这就是抽样。如果把某市的工业企业作为调研总体，那么每个工厂就是抽样单位；如果把计划生育情况作为调研总体，每个已婚育龄妇女就是抽样单位；如果把市民居住条件作为调研总体，每户家庭就是抽样单位。抽样的方法自20世纪初传入我国以来，在实践中应用得越来越普及，已成为国家行政统计调查不可缺少的一部分。

一个国家要励精图治，发展经济，就要随时掌握内部的各种变异状态，以便采取有效的措施调整已不适应国家发展的桎梏，就需要调查研究。可是，一个国家这么大、情况这么复杂，也不可能经常地在全国范围内全面开展调查研究活动，只能通过抽样调查的方式对某个地区、某个行业、某些单位的局部认识去推断全国的情况。抽样调查能解决的问题，何必要动员全国调研力量兴师动众呢！这就避免了耗费大量的人力、物力和财力。

“调查”是抽样的继续，是体现抽样目的的环节。抽样还未进入调查阶段，还是整个抽样调查过程的一个前期行为。两者不能混为一谈。调查阶段运用的是抽样的结晶即“样本”。“抽样”的目的，就是表达事件可能性大小的一个“量”，一切都围绕这个量展开的。经过统计和计算得出的统计值是个平均数，用这个平均数去比较总体的参数值，即总体的平均数，看其误差的大小，从而证实样本的代表性。任何调查研究的结果都不可能没有误差，抽样调查也一样。不过，抽样调查的误差可以事先计算出来，控制在人们能够接受的程度。控制误差有两个条件：一是确定样本的大小；二是确定人们能够接受的精准度。一般情况下在两个相同总体或同一个总体内，样本越大精准度越高，样本越小精准度越低，可以通过调整样本的规模来调整精准度。再一个办法就是，用调查总体过去的和现实的有关资料，或搜寻类似于调查总体的资料参照对比，从中找到一个参照系，标准就出来了。也可先做试验性的调查，在对调查的总体有个大概的了解以后就可以设定它的精准度。比如，把精准度设定在95%或97%以上，偏差不超过2%或3%。所以，它的误差范围是可以控制的。

抽样调查适用于以下几种情况：一是调查对象过宽、总体过大、个体单位过多；二是无能力调查总体但还必须调查的；三是有能力调查总体但没必要进行全面调查的；四是对普查结果的检验。

二、抽样调查的类型

因调研的目的不同、对象不同、范围不同和各种客观条件的不同，自然就形成了不同类型的抽样调查方法。各种不同的抽样调查方法，都具有各自的特点和功能，适应不同的范畴。

抽样调查的类型决定于抽样方式。抽样分为概率抽样即随机抽样和非概率抽样即主观抽样两种方式。随机抽样包括简单随机抽样、类型随机抽样或分层随机抽样、等距随机抽样或系统随机抽样、多段随机抽样和整群随机抽样；主观抽样包括判断抽样、偶遇抽样、滚雪球抽样和定额抽样等。

随机抽样的理论基础是概率论。这也是从西方传过来的。概率的特点就是它的随机性。它的具体表现是，假如某个事物若发生某种变化，我们称这种变化的现象为“事件”。在相同的条件下可能发生也可能不发生，这个事件我们又称之为“随机事件”。“随机事件”的发生和运动具有不定向性和多种可能性。比如：道路能否发生交通事故？试验之前对其结果的预测是已知的和可以确定的，交通事故肯定会发生，至于什么时候发生或发生的结果如何则是难以确定的。什么时候发生交通事故是个不确定性，发生事故的结果则是个多种可能性。

三、抽样程序

抽样过程分六个步骤，包括界定总体、编制“抽样框”、确定抽样方式、确定抽样单位、确定样本的大小和评估抽样结果。抽样按程序要一步一步地实施，这是一项有必要认真对待的工作。

（一）界定总体

任何一个调研总体涉及的内容都有它的范围和界限，如果不界定清晰，抽取出来的样本单位有可能出现两种情况：一是总体包含的变量应该抽取出来的未能都抽出来；二是不属于总体的变量被抽出来了。张冠李戴，缺乏代表性。比如，把某市的工业企业作为一个总体，就需要界定它的范围有多大，它的界限在哪里，如果总体不加以界定，鱼虾浑浊、良莠不齐，怎么能从中抽取出有代表性的样本呢？总体的范围有多大、界限在哪里是调研的目的决定的。如果调研的目的是了解全市的国有工业企业，那么私营的、合资的、股份制的工业企业就被界定出去了。如果是调查 GDP 值年 500 万元以上的全口径本地注册的工业企业，那么凡是达到这个生产能力的私营的、合资的、股份制的工业企业就都被界定进来了。再比如，要调查某县 18—60 岁劳动力的情况，就需要界定以下几方面的内容:在校生算不算？在国外留学的、从事劳务的算不算？病残者算不算？户籍在外地已在本地定居的算不算？从商的算不算？管理干部算不算？参军的算不算？女性算不算？在押的算不算？都需要界定清楚。否则，怎么抽样？我们在运用概念时要界定，在调查总体时抽取样本之前也需要对总体进行界定。

（二）编制抽样框

根据总体的不同特征，采取不同的方法编制抽样框。能够收集到总体内全部抽样名单的，对名单统一编号、归类排序，使之成为一个系统完整的花名册，即抽样框；对于不能收集到总体内全部抽样单位的，选择总体部分抽样单位编制抽样框。比如，调查某市工业企业情况，到工商注册部门了解这些企业的所在，市里负责工业口的部门也能掌握这些企业的大概情况，都可以获得这些企业的全部名单，则直接就能统一归类、排序和编号，编制抽样框。可是有的调查总体过大或过于分散，没办法获得总体内所有抽样单位名单，或者要花费很大气力和一番折腾才能弄到，那怎么办？针对这种情况就应层层建立抽样框。比如，对某县 18—60 岁劳动力情况的调查，先以乡镇作为抽样单位建立抽样框，再以村街作为抽样单位建立抽样框，最后在村街的抽样框中抽取个体劳动力。

抽样框多大比较合适呢？至今没有统一的标准，因总体特征不一样这个标准也不好统一。但有个总的原则，根据总体规模的大小和样本规模的大小而定。另外，总体各单位分布的广不广？分散不分散？总体各单位的差异大不大？一般情况下，抽样框规模应该是总体单位总数的 3%—20%，样本规模应该是抽样框规模的 1/5—1/3。

抽样框确定以后按号抽样，采取两种办法：一是每间隔多少个号码抽出一个；二是把每个号码做成签或阄，通过抽签或抓阄的办法抽取样本。

从整个抽样过程，我们发现抽样框出自总体又孕育着样本，它的范围小于总体大于样本。

（三）确定抽样方式

抽样方式不能由调研主体随意地主观决定，一定要考虑总体的具体特征。上述介绍的几种抽样方式，自法国数学家贝努里·拉普拉斯、阿道夫·凯特勒先后将概率论引入人口研究和“统计学”以来的200年间，经历了多少代人的努力结合实践的需要创立的。所以，抽样方式一定要适应于调研总体特征的需要。关于每一种抽样方式适应于哪一类调研总体的需要，将在本节第四部分“随机抽样”和第五部分“非随机抽样”作专门的介绍。

（四）确定抽样单位

抽样单位就是总体中每一个最基本的抽样对象。它可能是一个人、一个群体、一个组织、一个单位、一个地区，也可能是社会某一个角落的一个最小的群体细胞。它作为总体的一个完整的基本单元，体现着总体的某种特性。

（五）确定样本规模

样本规模直接关系到对总体代表性的程度，也决定抽样误差的大小。样本规模过大则浪费人力、物力、财力和时间，样本规模过小又很难保证样本的代表性。那么，样本的规模多大才算是适中呢？也没有统一的规定。前文说过，抽样框规模应该占总体规模的3%—20%，样本规模应占抽样框规模的1/5—1/3，这也是个大概的说法。在这个范围内，如果总体各单位差异不大而且又很集中，样本规模就应取下限；如果总体单位分布得广就应取中限；如果总体单位多而分布的又零散就应取上限。因为总体特征千差万别，样本规模只能根据具体情况而定。

（六）评估样本的适中性

评估样本分两个阶段：一是抽样后和调查前分别对样本的适中性进行评估；二是以调查后的结果对样本代表性的评估。

样本抽取出来之后，到底适中不适中，心中无底数。如果样本抽取出来的过多，加大了工作量，现有的人力、物力、财力能否承受？时间能否允许？如果样本抽取出来的过少，缺乏代表性，不仅不能产生预期的调研效果，还会影响行政决策。为了防止这两个极端情况的发生，就要对抽取出来的样本进行评估。怎么评估？一是复查抽样过程，对抽样框和抽样操作的各个环节进行复查，看样本有无重叠的、漏掉的或其他因素的干扰；二是收集总体原来的或现实的其他资料与样本对比分析；三是邀请了解总体的人士座谈，听听他们的意见；四是收集与总体相似的其他社会资料，参照对比；五是小范围内试验调查，看试验结果如何。样本经过评估后如有问题则可进行调整。

评估调查后的结果，即样本的统计值，除采取评估样本适中性的办法以外，还要以以前局部统计的常规值和日常人们经验公认的值进行对比，如果基本近似或差异不太大即为可靠，否则是失败的。

四、随机抽样

随机抽样即概率抽样。抽样对象大致有两种形态：离散型和连续型。当人们认定一个事件时，并不一定意味着他认定的这个事件肯定会发生，只是根据日常经验和某种理论去判断。随机抽样虽然具有不确定性，但它是遵循合理的规则来判断和预测整体性事件的变故。随机抽样在前边已经介绍过有五种方式。它们的共同点是，总体内所有的个体单位在相同的条件下，都有被抽取的同等机会，避免了人为的主观偏见造成的误差，具有一定的客观性。这样，随机抽样的结果既不能怨天也不能尤人。随机抽样虽然也不能说样本就完全能正确地反映总体或代表总体，但它可以确定抽样的误差，正确地显示出样本的统计值是否符合总体或在多大程度上符合总体，这些都是人们可以观察和监控的。

随机抽样是调研主体根据总体特征，主观选用抽样方式进行非主观的随机抽样。

（一）简单随机抽样

简单随机抽样是所有随机抽样的基础，其他的随机抽样方式都是在简单随机抽样的基础上演变而成的。简单随机抽样适合于总体各单位相对较少、差异不大、同质性高的总体，无须划类分组，无须按类排序。

简单随机抽样的要求是，给每一个总体单位编号，每个号占个位，不重叠，不遗漏。确定样本规模以后，通过抽签或抓阄的方式抽样。具体做法是，对能够收集到总体内全部抽样名单的，先编制抽样框；对于无法收集到总体内全部抽样单位名单的，选择总体内部分抽样单位，编制抽样框。然后给每一个抽样单位编上一个号码，建立随机数字表。根据总体内抽样单位的多少，确定随机数字的位数。从表中任何一栏、任何一行开始，向任何方向随机点定任何数字，直到点满样本数为止。点数字时千万不能点重了。例如：调查某市工业企业，就应把纳入调查范围的全部工业企业填写到花名册上，建立抽样框，再从中抽取样本。假如全市纳入调查的全部工业企业数是 550 家，编号从 001—550。再按 4% 的比例（抽样比例由调研主体根据总体特征自己确定）随机抽取 22 家作为样本。抽取的办法是，从表的任何一栏、任何一行开始，向任何方向随机点定号码，直到点满 22 家为止。如果不采用这种“点号”的办法也行，制成 550 个签或阄，通过抽签或抓阄的办法，抽出 22 个签或抓出 22 个阄，这 22 个签或阄所代表的工业企业就是“样本”。对于比较庞大复杂的总体，比如调查一个省或一个大的行政区综合经济状况时，只要把它们按地域或按行业分割成条条块块，再采用简单随机抽样方式也是一样的。

对于不能分割的较大调研总体可以采用随机数字表进行随机抽样。假如从一个有 3500 名职工的工业企业随机抽取 150 名进行调查。我们先将这个企业全员职工的名单列在花名册上，建立抽样框。再以总体人数确定随机数字表的位数，3500 人是四位数，就可以在随机数字表中任意相邻的四列数字中查找，凡表中上位数大于总体单位数 3500 的删掉，等于或小于 3500 的保留并记下号码，出现 0000 的不要，出现两个相同的四位数只取一个记录下来。一列一列数字往下查，一行一行数字往下查，直到查够 150 个为止。

（二）分层随机抽样

分层随机抽样也叫类型随机抽样。我们从随机抽样的名称来分析，对调研总体特征的认识就有个大致的轮廓了。“分层”是操作方法，“类型”是总体的特征。针对总体的这种“类型”特征，才采用了“分层”的方法。

凡分层随机抽样的调研总体，它的层次性和结构性都具有很明显的特征，层次界限明显，类别差异较大。首先按一定的标准划分成若干个类型；其次按相同或不同的比例，确定抽样样本的数量。在分类时划为一类抽样单位的同质性要明显，划为不同类别的抽样单位之间，异质性要明显。例如，调查工业企业时，按类划分为纺织、化工、机械、电子、电力、仪表、冶金等，也可按条条块块划分为不同的行政区。至于按行业划分还是按行政区划分，由调研的目的决定。调研要求是了解行业情况时，就必须按行业划分；调研要求是了解行政区的工业情况时，就必须按行政区划分。

调研总体具有纵向结构特征的就必须分层抽样。比如，抽样调查北京市育龄已婚女青年情况，必须采取分层抽样的方式，先编制全市各行政区的抽样框，以各行政区的抽样框为基础再编制各社区的抽样框，以各社区抽样框为基础抽取样本。简略地说，就是先“抽”行政区，继而“抽”社区，最后“抽”人这个样本。层层抽下去，直到最后。

调研总体的特征千差万别，采取哪种抽样方法没有固定要求，只要适应总体特征的抽样方法就是成功的。如果调研总体内各抽样单位分布均匀，比例适当，按同等比例抽取样本即可。比如，调研总体是学校，每个班的学生数差异不大，就可以用相同的比例标准从每个班抽取样本。如果调研总体内各抽样单位分布不均，就不能采取同比例的办法。再比如，调研总体是工业企业，每个地区、每个行业的企业数都不一样，就要分别对待。企业数多的行业或地区，抽样比例就要定得高一些，企业数少的行业或地区抽样比例就要定得低一些，以求各地区、各行业被抽取的样本有代表性。

（三）等距随机抽样

等距随机抽样也叫系统随机抽样。总体内各单位具有系统化的同质性特征，才能采用等距随机抽样的方式。等距随机抽样就是每隔一定的数目或每隔一定的距离抽出一个样本单位，利用这种抽样方式的总体内各单位无须划类排序、以类分组，只要把总体内各单位在原有基础上编号排序就可以了。不管采取哪种方式，其目的都是把纳入样本的各单位串在一条抽样链上。

具体的做法是，把总体各单位编号排序以后，设定间距，抽取间距两端的号码。间距的距离通过计算得出，计算方法是总体各单位总数除以抽取样本数。比如，总体内各单位总数是 2000 人，按 5% 抽取样本即 100 人，再用 2000 ÷ 100 = 20，即每隔 20 个号抽取一个。这种方式类似于简单随机抽样。等距随机抽样与简单随机抽样的区别是：前者的总体外在特征相对明显，后者的总体外在特征相对模糊；前者的内在个体有的存在着等级差异，后者的内在个体基本无等级差异。这里所说的“等级差异”是指必须纳入调查统计范畴内或能影响样本代表性的等级差异。比如，调查全市工业企业遵纪守法、照章纳税情况就不存在等级差异，要调查向国家的纳税贡献就存在着纳税额多少的等级差异；要调查产业工人钻研技术情况、思想情况或身体状况也不存在等级差异，要调查他们的工资收入就存在等级差异了。

适应等距随机抽样的总体，有时虽然也需要分组分类，那是同质性的分类，而不是异质性的划类。如果不具有同质性分类的条件还必须分类的总体，就不适应等距随机抽样或系统随机抽样的方式，而必须采取分层随机抽样或类型随机抽样的方式。

凡采用等距随机抽样方式对总体进行分类编号和排序的，还必须注意一个环节，就是每个等级抽出的样本只代表这个等级的平均水平，只有把各个等级平均水平汇总后再平均才能代表样本的总水平，并依此推断总体参数值。编号就要排序，排序就要分组，分组就是差异。每组随机抽取的样本数要分配均匀，这种均匀体现了等距特点。还应注意的一个环节就是，等距随机抽样可能出现极差。比如，总体为 1200 名技术工人，拟抽取 80 名样本进行技术等级调查。在总体的这 1200 名工人中，技术等级分为高级的、中级的和初级的。我们以每个车间为抽样间距，全厂共 8 个车间，每个车间 150 名，按高级、中级和初级技术等级排序，样本规模 80 名每个车间抽取 10 名。在等距随机抽样时如果 8 个车间一旦都抽中前几名或都抽中后几名，就都成为技术等级最高的或技术等级最低的样本了，这种情况若出现的话样本就失去了代表性。怎么解决这个问题呢？就是在每个车间的 150 名技术工人中再搞一次等距随机抽样，间距为 150 ÷ 10 = 15，即每间隔 15 个人抽取一个样本。

（四）多段随机抽样

如果总体内各单位很多而分布又广，很难列出总体包含的全部成员名单，就不能从总体中直接抽取样本。比如，总体是全县剩余劳动力，很难把全县剩余劳动力的名字列出，无法采用简单随机抽样、等距随机抽样等方式，只好采用多段随机抽样方式。多段随机抽样的做法是：先从总体中随机抽取若干个组，再从已抽取出来的组中继续抽取，一直抽下去。就是分阶段地层层建立抽样框，层层抽取样本。在不同阶段内，抽样单位和抽样框是不相同的，抽样方式也可能不同。因为大的总体各单位可能具有不同的特征，就需要运用不同的抽样方式。多段随机抽样的模式是：比如调查某县剩余劳动力状况，那么全县劳动力是个总体，拟决定样本规模为 12000 人。现在就可以把抽样过程分为三个阶段：先建立全县一段的抽样框。假如，全县有六十六个乡镇，用简单随机抽样方式从中抽取八个乡镇，每个乡镇 1500 人；再建立乡镇一段的抽样框，在八个乡镇中从每个乡镇再用简单随机抽样方式从中抽出六个村，在四十八个村中每个村 250 人；最后建立村一段的抽样框，在全村劳动力中用简单随机抽样方式抽取 250 名劳动力，再调查在这 250 名劳动力中剩余劳动力所占的比重。

上述的三个阶段抽样模式是在正常情况下的一种理论模式。因为全县各乡镇的人口数肯定还有一些差异，所以在实际操作时还要考虑这种因素。一般情况下按各乡镇的人口比例相应地安排样本比例。同时各乡镇的人口分布也可能不同，有的乡镇人口相对集中，有的乡镇人口相对分散。对于这种情况也可以选用不同的抽样方式，选择的抽样方式要适应针对的乡镇特征。

（五）整群随机抽样

整群随机抽样就是从总体内一群一群地随机抽取样本，最后被抽取的群体内所有基本单元集合在一起，共同成为调查样本。整群随机抽样适用于单位分布广，数量多的总体。这种总体特征为地理因素、行业因素所决定。比如对内蒙古、新疆、青海等牧区的调查，这些地区地域广袤，牧民分散。采用上述的简单随机抽样、类型（分层）随机抽样、等距（系统）随机抽样或多段随机抽样等四种随机抽样方式都难以实施，就需要整群随机抽样调查。对于流动作业的行业调查，如地质勘探队、筑路队等，以及带有共性的不同行业的调查，如计划生育、消费结构等的调查，只能采用整群随机抽样调查的方式。具体的做法是：

先将总体内各单位按标准划分为若干个具有同一特征的群体，以这些群体作为抽样单位。再在这些群体中随机整群地抽取，依此类推下去。最后将若干个群体内的基本单元集合在一起，就是我们调查的样本。

例如，调查内蒙古自治区牧民受教育程度。因为内蒙古地广人稀而且分布又很零散，只能按地域将其划分为东蒙、中蒙和西蒙三个群体，在这三个地域性群体中再随机抽取若干个“旗”，变为行政区“旗”的群体，直至抽到牧民群点。这一过程都是整群整群地随机抽取，最后将东蒙、中蒙和西蒙牧民群体的牧民集合到一起作为样本。

再比如，调查某市的国家公务员、教育工作者、医务工作者或产业工人的收入，也必须采用整群随机抽样的方式，把该市的各级政府机关、一座座学校、一座座医院、一座座工厂当作群体，全市的所有政府机关、学校、医院和工厂都是各自的抽样框，从各自的抽样框中随机整群地抽取样本，即整个政府机关、整座学校、整座医院或整座工厂随机抽取出来，再在被随机抽取出来的政府机关、学校、医院和工厂中继续随机整个的、整座的抽取，直到我们认为达到调查样本数量要求时为止。最后把被随机抽取出来的政府机关、学校、医院和工厂中的职工名单集合在一起，就是我们要调查的样本。

从表面看，整群随机抽样与分层（类型）随机抽样和多段随机抽样并无什么区别。可是，认真研究它们的抽样过程不难看出，尽管有一些相似之处但还不是相同之法。相似之处是，抽样初期都要对总体内各单位的类别规定一个统一的标准，又都采取了分步骤的随机抽样方式。但它们适应的总体特征是不同的。整群随机抽样与分层（类型）随机抽样和多段随机抽样的区别：一是前者的方式适应的总体其内部的层次界限不十分明显，群体方位的差异较大，而后者的方式适应的总体其内部的层次界限分明，类别差异明显；二是前者的方式适应的总体其群体内异质性较强、群体之间的同质性较强，而后者的方式适应的总体其内部各层次内的同质性较强、层与层和类与类之间的异质性较强；三是前者只能在最后才面对最基本的样本单位，而后者可以在每一层、每个步骤、每个环节都能够随机抽取最基本的样本单位。

五、非随机抽样

非随机抽样是主观抽样，靠人的主观判断或经验决定的，也是中国最古老的传统做法。主观抽样有三种起因：一是抽样的总体过小，不像“大海捞针”那么迷茫。主观抽样就是出现了偏差也偏不到哪去。二是主观抽样的行为人对他针对的总体太了解了，心中有自己的底数。三是对总体无法采用随机抽样的方式。比如，对人流、车流，对市场流通的商品，对调研主体难以涉足的地方或领域等，都只好采用主观抽样的方式。主观抽样按传统做法有以下四种共认的方式：偶遇抽样、定额抽样、判断抽样、滚雪球抽样。

（一）偶遇抽样

偶遇抽样完全利用社会自然状态寻找调查的空间。调查人流时，寻找相应的场所观察记录，或询问一两个简短的问题。

比如在车站、码头、机场、商场门口、学校门口、图书馆门口或其他公共场所调查，也可从报纸杂志、电视新闻、走亲访友获得信息等，这些活动都属于偶遇抽样。这种抽样方式获得的信息只能作为一种参考，因为它是浮浅的、不系统的。不过，对于人流和车流的多次观察和记录，也可以从中得出规律性的认识。政府或投资商在涉足基本建设的交通项目时，一般都会采用这种方式调查。政府投资拟改善交通状况，投资商投资拟产生更大的经济效益。偶遇抽样对公共事业的建设和管理起到了应有的作用。

（二）定额抽样

凡定额抽样都是针对总体所包含的个体单元即一个一个的部门、一个一个的单位或一个一个的群体而言的。为了使群体对各个部门、各个单位或各个群体能有充分的代表性，则采取了不漏一个部门、一个单位或一个群体的方式，按相同的或不相同的比例分配样本数额来抽取样本。比如，免除农业税以后，要了解农村有哪些变化。采取定额抽样时，在国内的东西南北不同地区选择了20个县作为定额抽样的对象。在这20个县中规模大小不同、农业发展水平不同，甚至还有农业比重高低的不同。在分配乡镇一级抽样定额时就要加以区别了。一般情况下，乡镇一级抽样定额的比例在大型县、中型县和小型县应渐次相应减少。对农业比重相对较低的县还应该多分配一些抽样数额。正因为农业比重低，如果抽样数额分配少了，抽出的样本恐怕不能充分反映免税政策惠及的效果，还可能是完全的非农业乡镇，扑了个空。

定额抽样虽然是人为地主观拟断，但只要正确地把握，其针对性比随机抽样具有很多的优势。中华人民共和国成立以来，无论在政治生活还是物质生活方面，在涉及分配性质的事务中都是采用了定额分配的办法。定额分配与定额抽样同属一个性质，在我国的社会管理和经济建设方面都起到了重要的作用。

（三）判断抽样

判断抽样必须有经验积累。调研主体根据以往的经验和理论指导，从事物的发展规律上判断抽样。如果对调研总体没有前期的一定了解，就无法判断。判断抽样成功与否，就在于调研主体的分析和判断能力。

比如，调研主体要了解矿区生产的安全措施，他肯定在矿区集中的地区选择管理落后的矿井抽样。这是调研主体通过日常经验积累的认识，才知道哪些地区的矿区集中，哪些矿井的管理落后作出的这种选择性的判断。

再比如，在国际金融危机的冲击下，我国经济发展也受到了制约，发展速度由原来的12%下调到8%。症结何在？就要求采用判断抽样方式调查。从经验认定和理论分析判断“症结”在外贸企业产品出口量下降这个环节，遂在外贸企业抽样。

行政决策型调研，主要是采用“判断抽样”的方式选择调研对象的。

（四）滚雪球抽样

对调研总体各单位的全部状况不了解，只了解一小部分，但这个总体还必须进行调研。怎么办？只好先从已经知道的部分情况着手，用我们常说的话就是寻找切入点或寻找打开局面的缺口。从我们已经知道的样本处了解到总体的一些其他成员，再以“其他成员”为样本了解总体的更多成员，依此类推像滚雪球似的越滚越大，直至把总体各单位应该抽样的都抽出来为止。

滚雪球抽样更适合于公共关系类的事件性总体。

六、抽样调查要注意的四个问题

1. 在抽样过程中，相同条件下尽量简化手续、简化环节，尽量扩大抽样范围。

2. 必要时五种抽样方式可兼用。

3. 要明确总体内各单位分布广与分布零散的特征不是一个概念。分布广不一定零散，分布零散不一定广。在适应抽样方式上也要有所区别。如果总体各单位处于分散状态，应采用整群抽样方式；如果总体各单位处于连续状态，应采用等距抽样、多段抽样或系统抽样方式；如果总体各单位处于结构性的上下隶属关系或包容关系，应采用分层抽样或等级抽样方式。

4. 分层抽样和类型抽样虽然是作为同一种抽样方式介绍的，但两者也有一定的区别。分层是上下之间的隶属关系和包容与被包容的关系；类型是左右之间相关关系的平衡关系。

第三节　观察法和文献法

观察法和文献法，是社会调查的另外两种方式。前者是直接面对调研客体，用感官去观察和体验社会；而后者则是直接面对承载着前期的信息物。

一、观察法

调研主体运用观察法时，必须亲临调研现场，直接观察调研现场的现象，把观察到的情况记录下来。记录的方法有很多，用笔纸记录，边看边记或事后补记，也可用录音录像记录下来。

观察法的调研课题一旦被确定下来，就要选择观察对象、观察地点、观察范围，就要确定观察方式和观察时间。观察对象是哪些人、哪种事物或哪种现象；观察地点是机关门口、学校门口、医院门口、道路两侧，是车站、码头、机场、商场还是娱乐中心；观察范围是行走的男人、女人、老人、小孩还是通行的车辆，是观察人流和车流，还是观察人的表情或车的牌号；观察方式是笔纸记录还是录音或摄像记录；观察时间是每次观察多少分钟，从什么时间开始到什么时间结束，一共要观察多少次；等等。这些都要首先明确下来。

观察法的对象既然是人物、事物或社会现象，那么观察的目的，就是要了解被观察的人的活动规律、事物变化的规律和社会现象的本质特征。比如，观察车站、码头或机场，乘车、乘船或乘飞机的人数，可以决定增加或减少车次和航班；观察某段道路的通车次数，可以决定是否扩宽道路或修建立交桥；观察公园里或其他公共场所三三五五的人群在干什么，通过观察了解到他们不是在非法交易或有其他危害社会的行为，而是在议论政府的惠民政策等。社会上公共场所到处是人流，他们的行动规律、事物的变化或现象的显露，如果不通过观察就不会了解。

观察法对观察的对象，必须进行多次的反复的观察才能了解到人的活动规律、事物的变化规律或现象的本质特征。

观察活动也必须在法律允许和观察对象能够接受的条件下才可以实施。

观察活动有两个观察管道：一是在公共场所对社会进行实地观察；二是在“私家”场所对个案进行实地观察。开展观察活动时，特别要注意他人的工作、学习和生活。在“私”家场所的观察活动，事前要取得“私”家场所的部门或单位的同意，不给其增加麻烦或带来任何后遗症。

观察法更适合于新闻调查、案件调查等。观察法不适合于作为行政决策型调研的主要形式，它只能作为行政决策型调研的一种补充。行政决策型调研的观察不是这种观察方法，而是深入基层，深入群众，与群众打成一片，在自身实践中去观察、去体验、去领悟，从而认识事物的本质特征和事物的发展规律。

二、文献法

文献法调查，就是通过文献了解社会。任何文献都是特定社会现象的记载。文献包括一切原始资料，有古籍、档案、报刊、年鉴、案卷、辞典、笔记、日记、信函、统计资料、图形、图片、照片等，以及一切手迹和印刷品，也包括录音、录像、光盘等。

本书作者认为，历史遗留物和历史见证人也属于文献范畴。

对于历史的或现实的文献，也应有一定的真假鉴别，要筛选，去粗取精，去伪存真，由表及里地去分析。因为任何文献的记载，都有一定的历史局限性，都不会完整地记录当时社会的一切情况。所以，我们只能通过文献去分析、判断才能得出客观结果。

文献的出处有图书馆、资料室、档案室、展览馆、纪念馆或一切有储存文献的场所。

文献调查不要单纯地理解为就是坐在屋子里、办公桌旁翻阅资料、查文献。为什么这么说呢？因为文献不可能都集中在一个地方，需要的文献一部分在此处，另一部分或几部分还可能在他处；遗留物还可能分散在荒山野岭；历史见证人属于活体文献，也需要走访。

文献调查适用于考古和理论研究。

决策咨询型调研者也需要查找文献，作为决策咨询型调研的一种补充。比如，调研课题一经确定，调研人员要了解课题指向内容涉及的一些业务知识，需要查阅文献；还需要熟悉一下课题涉及的理论知识，也需要查阅文献。

第四节　随机抽样在我国调研活动中的位置

西方的随机抽样调查，尽管在某种程度上可以替代普查，节约大量人力、物力、财力和时间，但调查对象多为个人或对某种产品的质量抽查，了解的内容也多为民意、民利、民俗等，对于政府制定公共事业政策起到了一定参考的作用，为制定经济政策也具有一定的间接参考价值。但随机抽样的结果直接作为决策的依据还显得很不够。因为决策咨询型调研活动的对象不是个人的态度，而是法人单位、是经济实体发生的具体现象；是针对社会某一现象直接地深入若干个“典型部门”或“典型单位”，将其内在的各种关系以及外在的各种联系，在过程中发生的社会矛盾搞清楚才能罢手。这些典型部门和典型单位内在联系的诸多阻碍有多少是外在因素造成的，外在关系的诸多阻碍都来源于社会的哪些方面，重点是调查生产关系不适应生产力发展的桎梏。通过调查了解了阻碍这些典型部门和典型单位正常生产经营活动的“症结”，再去推断社会更大范围的现象，就可以决策了。这种调查方式则是中国模式的抽样调查。不过，这不是随机抽样而是主观判断抽样，也就是毛泽东一再强调的“解剖麻雀”的方式，解剖了这些典型部门和典型单位也就是解剖了整个社会。

随机抽样的方式，对现实来说固然可以在某种程度上替代更大范围的调研活动，不过，这种理论产生的初期也是在没有社会行政组织保障条件下的不得已而为之，而决策咨询型调研活动多数都是在行政隶属关系的保障下开展的活动。随机抽样作为统计部门或其他相应部门例行了解一些社会表面上的情况还是必要的。所以，作为决策咨询直接需要的调研活动很少采用随机抽样的方式。

附　录

附录一　用科学计算器求解的几个案例

由第九章第六节回归分析求解回归方程的待定参数 a,b（一元线性回归方程：$\hat{y}=a+bx$）以及 a,b_1,b_2（二元线性回归方程：$\hat{y}=a+b_1x_1+b_2x_2$）的过程看出，计算很烦琐，费时又费力，还容易出错。而用科学计算器求解，既省时省力，又不易出错。现举几个案例，用科学计算器求解。本书作者所用计算器为“CASIO *fx*—991ES 科学计算器”。

1. 将例 24 的数据，在直角坐标系上描出十个点（散点图）

必然有一条直线，使这十个点与其距离的平均值最小。假设该直线为 $\hat{y}=a+bx$。下面依据所给 10 组数据，用计算器求解待定参数 a 和 b。

（1）开机，按 ON 键。

（2）按 MODE 键，出现有 8 个选项的窗口。

（3）按数字键 3（STAT），出现有 8 个选项的窗口。

（4）按数字键 2（A+BX），出现输入数据窗口。左边标有 x 的这一列，可以输入 x 的数据；右边标有 y 的这一列，可以输入 y 的数据。开始时，长条形蓝色游标处在 1 行 x 列。

将10组数据按从小到大的顺序排列：

x列：0.6, 1.5, 2.0, 3.5, 4.2, 5.0, 6.0, 6.5, 7.5, 8.5

y列：13, 30, 35, 55, 61, 68, 76, 80, 86, 96

下面开始输入数据操作。

（5）输入0.6。按三个数字键，0键，·键，6键；此时，窗口左下角出现数字0.6，接着按等号键（=）。此时，左下角的0.6消失，而在1行x列处的蓝色游标被数字0.6所取代，游标下移到2行x列。到此，数字0.6输入完毕。

（6）输入1.5。按三个数字键，1键，·键，5键；按等号键。按照这样的方法，把x的10个数据依次输入。最后一个数字8.5出现在10行x列，游标出现在它的下方。

（7）将游标移到1行y列，按转向圆盘上的指向右方的箭头，游标移入y列11行。再按圆盘上的指向上方的箭头，直到游标到达1行y列为止。

（8）输入y的10个数据。依照上面输入数据的方法将13、30…96依次输入，直到96出现在10行y列为止。到此，输入数据，全部完成。

下面进行显示计算结果的操作。

（9）按AC键，显示出空白窗口，左上角有一蓝色闪烁着的游标，右下角是0。

（10）按SHIFT键，1键。显示有7个选项的窗口。

（11）按7键（Reg）。显示有5个选项的窗口。

（12）按1键（A）。显示出空白窗口，左上角有一个A，其后有一个闪烁游标。右下角是0。

（13）按=键（等号键）。窗口左上角是A，下方是14.69353278。

（14）再进行一次（10）和（11）的操作，然后按2键（B）。窗口左上角有一个B，其后有一闪烁游标，下方是A的结果14.69353278。

（15）按=键（等号键）。窗口左上角是B，下方是10.00142764。

至此，回归方程中的两个参数的值均已得到。A＝14.69353278；B＝10.00142764。即 $a=14.69$；$b=10.00$，回归方程为：$\hat{y}=14.69+10.00x$。

从以上操作可看出，只要准确无误地输入数据，就会很快得出回归方程的两个参数。

实际上，可以进一步得到所需要的其他数据。比如：

n、$\bar{x}$、$\bar{y}$、$\min x$、$\max x$、$\min y$、$\max y$、$\sum x$、$\sum y$、$\sum x^2$、$\sum xy$、r、$\hat{y}$

这些数据在作直线回归计算表，以及用公式（9.41）和（9.42）进行计算时是必须的。

[1] 求 n

按 SHIFT 键，1 键，5 键，1 键，＝键。 $n=10$

[2] 求 $\bar{x}$

按 SHIFT 键，1 键，5 键，2 键，＝键。 $\bar{x}=4.53$

[3] 求 $\bar{y}$

按 SHIFT 键，1 键，5 键，5 键，＝键。 $\bar{y}=60$

[4] 求 $\min x$

按 SHIFT 键，1 键，6 键，1 键，＝键。 $\min x=0.6$

[5] 求 $\max x$

按 SHIFT 键，1 键，6 键，2 键，＝键。 $\max x=8.5$

[6] 求 $\min y$

按 SHIFT 键，1 键，6 键，3 键，＝键。 $\min y=13$

[7] 求 $\max y$

按 SHIFT 键，1 键，6 键，4 键，＝键。 $\max y=96$

[8] 求 $\sum x$

按 SHIFT 键，1 键，4 键，2 键，＝键。 $\sum x=45.3$

[9] 求 $\sum y$

按 SHIFT 键，1 键，4 键，4 键，＝键。 $\sum y=600$

[10] 求 $\sum x^2$

按 SHIFT 键，1 键，4 键，1 键，＝键。 $\sum x^2 = 268.25$

[11] 求 $\sum xy$

按 SHIFT 键，1 键，4 键，5 键，＝键。 $\sum xy = 3348.50$

[12] 求 γ

按 SHIFT 键，1 键，7 键，3 键，＝键。 $\gamma = 0.9886131086$

[13] 求 $\hat{y}$（估计值）。当回归方程确定后，就可以任意选取自变量 x 的值，代入方程，计算出 $\hat{y}$ 的值。称作估计值。下面选取自变量的值为：0 、0.6、4.5、8.5、9.5。求估计值。

有两种方法：

① 代入方程计算法：分别将上面所给的 5 个数值代入 $\hat{y} = 14.70 + 10x$ 中，通过计算，得出：$\hat{y}_0 = 14.70$ 、$\hat{y}_{0.6} = 20.70$ 、$\hat{y}_{4.5} = 60$ 、$\hat{y}_{8.5} = 99.70$ 、$\hat{y}_{9.5} = 109.70$ 。

② 用计算器计算法：仅举三例。

a. 求 $\hat{y}_0$ ：按 AC 键，0 键，SHIFT 键，1 键，7 键，5 键，＝键。$\hat{y}_0 = 14.70$

b. 求 $\hat{y}_{4.5}$ ：按 AC 键，4 键，·键，5 键，SHIFT 键，1 键，7 键，5 键，＝键。$\hat{y}_{4.5} = 60$

c. 求 $\hat{y}_{9.5}$ ：按 AC 键，9 键，·键，5 键，FHIFT 键，1 键，7 键，5 键，＝键。$\hat{y}_{9.5} = 109.70$

2. 二元线性回归方程中三个参数的确定

以表 9 –37 中所给出的 y、x_1、x_2 的 10 组数据为依据，经过计算，制出二元线性回归模型计算表。假设回归方程为：$\bar{y} = a + b_1x_1 + b_2x_2$ ，待定的三个参数为 a,b_1,b_2 。它们是由（9.43 公式）三元一次联立方程组唯一确定的，问题变成求解三元一次方程组。这是一个很烦琐的计算过程。但若用计算器来计算，就非常容易了。将表 9–37 中的数据代入（9 .43 公式）得：

$$10a + 4450b_1 + 40b_2 = 400$$
$$4450a + 2347500b_1 + 16250b_2 = 190250$$
$$40a + 16250b_1 + 180b_2 = 1475$$

（1）按 ON 键，开机后，连续按 MODE 键， 5 键， 2 键。出现输入数据窗口：

	a	b	c	d
1				
2				
3				

这是一个 3 行 4 列的表格，可填写 12 个数据。其中 d 列隐于幕后，按转向圆盘上的指向右方的箭头，可以显现出来。下面将方程组的 12 个系数，依序输入。

（2）在 1 行 a 列输入 10，按 1 键，0 键，＝键。

在 1 行 b 列输入 4450，按 4 键，4 键，5 键，0 键，＝键。

在 1 行 c 列输入 40，按 4 键，0 键，＝键。此时，d 列显现出来。

在 1 行 d 列输入 400，按 4 键，0 键，0 键，＝键。到此，联立方程的第一个方程的四个系数 10，4450，40，400 均已输入计算器内。游标自动转到 2 行 a 列。下面将联立方程的第二个方程的四个系数 4450，2347500，16250，190250 输入。

（3）在 2 行 a 列输入 4450，按 4 键，4 键，5 键，0 键，＝键。

在 2 行 b 列输入 2347500，按 2 键，3 键，4 键，7 键，5 键，0 键，0 键，＝键。

在 2 行 c 列输入 16250，按 1 键，6 键，2 键，5 键，0 键，＝键。

在 2 行 d 列输入 190250，按 1 键，9 键，0 键，2 键，5 键，0 键，＝键。至此，第二个方程的四个系数输入完毕。依照上述方法将第三个方程的四个系数 40，16250，180，1475 输入计算器内。下面进行显现计算结果的操作。

（4）按＝键。窗口左上角显示 x＝，右下角显示数字：57.17121902，表明三元联立方程的第一个未知数 $a = 57.17$。

（5）按＝键。窗口左上角显示 y＝，右下角显示数字：0.01036924633（或 $\frac{41}{3954}$，按 S ↔ D 键，转换成 0.01036924633），表明第二个未知数 $b_1 = 0.01$。

（6）按＝键。窗口显示 z = –5.446383409，表明第三个未知数 $b_2 = -5.45$。

所以，二元线性回归方程应为：$\hat{y} = 57.17 + 0.01x_1 - 5.45x_2$。

附录二 随机数字表

编号	1	2	3	4	5	6	7	8	9	10	11	12	13	14	15	16	17	18	19	20	21	22	23	24	25
1	03	47	43	73	86	36	96	47	36	61	46	98	63	71	62	33	26	16	80	45	60	11	14	10	95
2	97	74	24	67	62	42	81	14	57	20	42	53	32	37	32	27	07	36	07	51	24	51	79	89	73
3	16	76	62	27	66	56	50	26	71	07	32	09	79	78	53	13	55	38	58	59	88	97	54	14	10
4	12	56	85	99	26	96	96	68	27	31	05	03	72	93	15	57	12	10	14	21	88	26	49	81	76
5	55	59	56	35	64	38	54	82	46	22	31	62	43	09	90	06	18	44	32	53	23	83	01	30	30
6	16	22	77	94	39	49	54	43	54	82	17	37	93	23	78	87	35	20	96	43	84	26	34	91	64
7	84	42	17	53	31	57	24	55	06	88	77	04	74	47	67	21	76	33	50	25	83	92	12	06	76
8	63	01	63	78	59	16	95	55	67	19	98	10	50	71	75	12	86	73	58	07	44	39	52	38	79
9	33	21	12	34	29	78	64	56	07	82	52	42	07	44	38	15	51	00	13	42	09	66	02	79	54
10	57	60	86	32	44	09	47	27	96	54	49	17	46	09	62	90	52	84	77	27	08	02	73	43	28
11	18	18	07	92	46	44	17	16	58	09	79	83	86	19	62	06	76	50	03	10	55	23	64	05	05
12	26	62	38	97	75	84	16	07	44	99	83	11	46	32	24	20	14	85	88	45	10	93	72	88	71
13	23	42	40	64	74	82	97	77	77	81	07	45	32	14	08	32	98	94	07	72	93	858	79	10	75
14	52	36	28	19	95	50	92	2611		97	00	56	76	31	38	80	22	02	53	53	86	60	42	04	53
15	37	85	94	35	12	83	39	50	08	30	42	34	07	96	88	54	42	06	87	98	35	85	29	48	39
16	70	29	17	12	13	40	33	20	38	26	13	89	51	03	74	17	76	37	13	04	07	74	21	19	30
17	56	62	18	37	35	96	83	50	87	75	97	12	25	93	47	70	33	24	03	54	97	77	46	44	80
18	99	49	57	22	77	88	42	95	45	72	16	64	36	16	00	04	43	18	66	79	94	77	24	21	90
19	16	08	15	04	72	33	27	14	34	09	45	59	34	68	49	12	72	07	34	45	99	27	72	95	14
20	31	16	93	32	43	50	27	89	87	19	20	15	37	00	49	52	85	66	60	44	38	68	88	11	80
21	68	34	30	13	70	55	74	30	77	40	44	22	73	84	26	04	33	46	09	52	68	07	97	06	57
22	74	57	26	65	76	59	29	97	68	60	71	91	38	67	54	13	58	18	24	76	15	54	55	95	52
23	27	42	37	86	53	48	55	90	65	72	96	57	69	36	10	96	46	92	42	45	97	60	49	04	91
24	00	39	68	29	61	66	37	32	20	30	77	84	57	03	29	10	45	65	04	26	11	04	96	67	24
25	29	94	98	94	24	68	49	69	10	82	53	75	91	93	30	34	25	20	57	27	40	48	73	51	92
26	16	90	82	66	59	83	62	64	11	12	67	19	00	71	74	60	47	21	29	68	02	02	37	03	31
27	11	27	94	75	06	06	09	19	74	66	02	94	37	34	02	76	70	90	30	86	38	45	94	30	38
28	35	24	10	16	20	33	32	51	26	38	79	78	45	04	91	16	92	53	56	16	02	75	50	95	98

续表

29	38	23	16	86	38	42	38	97	01	50	87	75	66	81	41	40	01	74	91	62	48	51	84	08	32
30	31	96	25	91	47	96	44	33	49	13	34	86	82	53	91	00	52	43	48	85	27	55	26	89	62
31	60	67	40	67	14	64	05	71	95	86	11	05	65	09	68	76	83	20	37	90	57	16	00	11	66
32	14	90	84	45	11	75	73	88	05	90	52	27	41	14	86	22	98	12	22	08	07	52	74	95	80
33	68	05	51	18	00	33	96	02	75	19	07	60	62	93	55	59	33	22	43	90	49	37	38	44	59
34	20	46	78	73	90	97	51	40	14	02	04	02	33	31	08	39	54	16	49	36	47	05	93	13	30
35	64	19	58	97	79	15	06	15	93	20	01	90	10	75	06	40	78	73	89	62	02	67	74	17	33
36	05	26	93	70	60	22	35	85	15	13	92	03	51	59	77	59	56	78	06	83	52	91	05	70	74
37	07	97	10	88	23	09	98	42	99	64	61	71	62	99	15	06	51	29	16	93	58	05	77	09	51
38	68	71	86	85	85	54	87	66	43	54	73	32	08	11	12	44	95	92	63	16	29	56	24	29	48
39	26	99	61	65	53	58	37	78	80	70	42	10	50	67	42	32	17	55	85	74	94	44	67	16	94
40	14	65	52	68	75	87	59	36	22	41	26	78	63	06	55	13	08	27	01	50	15	29	39	39	43
41	17	53	77	58	71	71	41	61	50	72	12	41	94	96	26	44	95	27	36	99	02	96	74	30	83
42	90	26	59	21	19	23	52	23	33	12	96	93	02	18	39	07	02	18	36	07	25	99	32	70	23
43	41	23	52	55	99	31	04	49	69	96	10	47	48	45	88	13	41	43	89	20	97	17	14	49	17
44	60	20	50	81	69	31	99	73	68	68	35	81	33	03	76	24	30	12	48	60	18	99	10	72	34
45	91	25	38	05	90	94	58	28	41	36	45	37	59	03	09	90	35	57	29	12	82	62	54	65	60
46	34	50	57	74	37	98	80	33	00	91	09	77	93	19	82	74	94	80	04	04	45	07	31	66	49
47	85	22	04	39	43	73	81	53	94	79	33	62	46	86	28	08	31	54	46	31	53	94	13	38	47
48	09	79	13	77	48	73	82	97	22	21	05	03	27	24	83	72	89	44	05	60	35	80	39	94	88
49	88	75	80	18	14	22	95	75	42	49	39	32	82	22	49	02	48	07	70	37	16	04	61	67	87
50	90	96	23	70	00	39	00	03	06	90	55	85	78	39	36	94	37	30	69	32	90	89	00	76	33

编号	1	2	3	4	5	6	7	8	9	10	11	12	13	14	15	16	17	18	19	20	21	22	23	24	25
1	53	74	23	99	67	61	32	28	69	84	94	62	67	86	24	98	33	41	19	95	47	53	53	38	09
2	63	38	06	86	54	99	00	65	26	94	02	82	90	23	07	79	62	67	80	60	75	91	12	81	19
3	35	30	58	21	46	06	72	17	10	94	25	21	31	75	96	49	28	24	00	49	55	65	79	78	07
4	63	43	36	82	69	65	51	18	37	88	61	38	44	12	45	32	92	85	88	65	54	34	81	85	35
5	98	25	37	55	26	01	91	82	81	46	74	71	12	94	97	24	02	71	37	07	03	92	18	66	75
6	02	63	21	17	69	71	50	80	89	56	38	15	70	11	48	43	40	45	86	98	00	83	26	91	03
7	64	55	22	21	82	48	22	28	06	00	61	54	13	43	91	82	78	12	23	29	06	66	24	12	27
8	85	07	26	13	89	01	10	07	82	04	59	63	69	36	03	69	11	15	83	80	13	29	54	19	28
9	58	54	16	24	15	51	54	44	82	00	62	61	65	04	69	38	18	65	18	97	85	72	13	49	21
10	34	85	27	84	87	61	48	64	56	26	90	18	48	13	26	37	70	15	42	57	65	65	80	39	07
11	03	92	18	27	46	57	99	16	96	56	30	33	72	85	22	84	64	38	56	98	99	01	3098	98	64
12	62	95	30	27	59	37	75	41	66	48	86	97	80	61	45	23	53	04	01	63	45	76	08	64	27
13	08	45	93	15	22	60	21	75	46	91	98	77	27	85	42	28	88	61	08	84	69	62	03	42	73
14	07	08	55	18	40	45	44	75	13	90	24	94	96	61	02	57	55	66	83	15	73	42	37	11	61
15	01	85	89	95	66	51	10	19	34	88	15	84	97	19	75	12	76	39	43	78	64	63	91	08	25
16	72	48	71	14	35	19	11	58	49	26	50	11	17	17	76	86	31	57	20	18	95	60	78	46	75
17	88	78	28	16	84	13	52	53	94	53	75	45	69	30	96	73	89	65	70	31	99	17	43	48	76
18	45	17	75	65	57	28	40	19	72	12	25	12	74	75	67	60	40	60	81	19	24	62	01	61	16
19	96	76	28	12	54	22	01	11	94	25	71	96	16	16	88	68	64	36	74	45	19	59	60	88	92
20	43	31	67	72	30	24	02	94	08	63	38	32	36	66	02	69	36	38	25	39	48	03	45	15	22
21	50	44	66	44	21	66	06	58	05	62	63	15	54	35	02	42	35	48	96	32	14	52	41	52	48
22	22	66	22	15	86	26	63	75	41	99	58	42	36	72	24	58	37	52	18	51	03	37	18	39	11
23	96	24	40	14	51	23	22	30	88	57	95	67	47	29	83	94	69	40	06	07	18	16	36	78	86
24	31	73	91	61	19	60	20	72	93	48	98	67	07	23	69	65	95	39	69	58	56	80	30	19	44
25	78	60	73	99	84	43	89	94	36	45	56	69	47	07	41	90	22	91	07	12	78	35	34	08	72
26	84	37	90	61	56	70	10	23	98	05	85	11	34	76	60	76	48	45	34	60	01	64	18	39	96
27	36	67	10	08	23	98	73	35	08	86	99	23	76	29	81	33	34	91	58	93	63	14	52	32	52
28	07	28	59	07	48	89	64	58	89	75	83	85	62	27	89	30	14	78	56	27	86	63	59	80	02
29	10	15	83	87	60	79	24	31	66	56	21	48	24	06	93	91	98	94	05	49	01	47	59	38	00
30	55	19	68	97	65	03	73	52	16	56	00	53	55	90	27	33	42	29	38	87	22	13	88	83	34
31	53	81	29	13	39	35	01	20	71	34	62	33	74	82	14	53	73	19	09	03	56	54	29	56	93
32	51	86	32	68	92	33	98	74	66	99	40	14	71	94	58	45	94	19	38	81	14	44	99	81	07
33	35	91	70	29	13	80	03	54	07	27	96	94	78	32	66	50	95	52	74	33	13	80	55	62	54

续表

34	37	71	67	95	13		20	02	44	95	94		64	85	04	05	72		01	32	90	76	14		53	89	74	60	41
35	93	66	13	83	27		92	79	64	64	72		28	54	96	53	84		48	14	52	98	94		56	07	93	89	30
36	02	96	08	45	65		13	05	00	41	84		93	07	54	72	59		21	45	57	09	77		19	48	56	27	44
37	49	83	43	48	35		82	88	33	69	96		72	36	04	19	76		47	45	15	18	60		82	11	08	95	97
38	84	60	71	62	46		40	80	81	30	37		34	39	23	05	38		25	15	35	71	30		88	12	57	21	77
39	18	17	30	88	71		44	91	14	88	47		89	23	30	63	15		56	34	20	47	89		99	82	93	24	98
40	79	69	10	61	78		71	32	76	95	62		87	00	22	58	40		92	54	01	75	25		43	11	71	99	31
41	75	93	36	57	83		56	20	14	82	11		74	21	97	90	65		96	42	68	63	86		74	54	13	26	94
42	38	30	92	29	03		06	28	81	39	38		62	25	06	84	63		61	29	08	93	67		04	32	92	08	09
43	21	31	38	86	24		37	79	81	53	74		73	24	16	10	33		52	83	90	94	76		70	47	14	54	36
44	21	31	38	86	24		37	79	81	53	74		73	24	16	10	33		52	83	90	94	76		70	47	14	54	36
45	29	01	23	87	88		58	02	39	37	67		42	10	14	20	92		16	55	23	42	45		54	96	09	11	06
46	95	33	95	22	00		18	74	72	00	18		38	79	58	69	32		81	76	80	26	92		82	80	84	25	39
47	90	48	60	79	80		24	36	59	87	38		82	07	53	89	35		96	35	23	79	18		05	98	90	07	35
48	46	40	62	98	82		54	97	20	56	95		15	74	80	08	32		16	46	70	50	80		67	72	16	42	79
49	20	31	89	03	43		38	46	82	68	72		32	14	82	99	70		80	60	47	18	97		63	49	30	21	30
50	71	59	73	05	60		08	22	23	71	77		91	01	93	20	49		32	96	59	26	94		66	39	67	98	60

编号	1	2	3	4	5	6	7	8	9	10	11	12	13	14	15	16	17	18	19	20	21	22	23	24	25
1	22	17	68	65	84	68	95	23	92	35	87	02	22	57	51	61	09	43	95	06	58	24	82	03	47
2	19	36	27	59	46	13	79	93	37	55	39	77	32	77	09	85	52	05	30	62	47	83	51	62	74
3	16	77	23	02	77	09	61	87	25	21	28	06	24	25	93	16	71	13	59	78	23	05	47	47	25
4	78	43	76	71	61	20	44	90	32	64	97	67	63	99	61	46	38	03	93	22	69	81	21	99	21
5	03	28	28	26	08	73	37	32	04	05	69	30	16	09	05	88	69	58	28	99	35	07	44	75	47
6	93	22	53	64	39	07	10	63	76	35	87	03	04	79	88	08	13	13	85	51	55	34	57	72	69
7	78	76	58	54	74	92	38	70	96	92	52	06	79	79	45	82	63	18	27	44	69	66	92	19	09
8	23	68	35	26	00	99	53	93	61	28	52	70	05	48	34	56	65	05	61	86	90	92	10	70	80
9	15	39	25	70	99	93	86	52	77	65	15	33	59	05	28	22	87	26	07	47	86	96	98	29	03
10	53	71	96	30	24	18	46	23	34	27	85	13	99	24	44	49	18	09	79	49	74	16	32	23	02
11	57	35	27	33	72	24	53	63	94	09	41	10	76	47	91	44	04	95	49	66	39	60	04	59	81
12	48	50	86	54	43	22	06	34	72	52	82	21	15	65	20	33	29	94	71	11	15	91	29	12	03
13	61	96	48	95	03	07	16	39	33	66	98	56	10	56	79	77	21	30	27	12	90	49	22	23	62
14	36	93	89	41	26	29	70	83	63	51	99	74	20	52	36	87	09	41	15	09	98	60	16	03	03
15	18	87	00	42	31	57	90	12	02	07	23	47	37	17	31	54	08	01	88	63	39	41	88	92	10
16	88	56	53	27	59	33	35	72	67	47	77	34	55	45	70	08	18	27	38	90	16	95	86	70	75
17	09	72	95	84	29	49	41	31	06	70	42	38	06	45	18	64	84	73	31	65	52	53	37	97	15
18	12	96	88	17	31	65	19	69	02	83	60	75	86	90	68	24	64	19	35	51	56	61	87	39	12
19	85	94	57	24	16	92	09	84	38	76	22	00	27	69	85	29	81	94	78	70	21	94	47	90	12
20	38	64	43	59	93	98	77	87	68	07	91	51	67	62	44	40	98	05	93	78	23	32	65	41	18
21	53	44	09	42	72	00	41	86	79	79	68	47	22	00	20	35	55	31	51	51	00	83	63	22	55
22	40	76	66	26	84	57	99	99	90	37	36	63	32	08	58	37	40	13	68	97	20	69	22	40	98
23	02	17	79	18	05	12	59	52	57	02	22	07	90	47	03	28	14	11	30	79	20	69	22	40	98
24	95	17	82	06	53	31	51	10	96	46	92	06	88	07	77	56	11	50	81	69	40	23	72	51	39
25	35	76	22	42	92	96	11	83	44	80	34	68	35	48	77	33	12	10	90	60	73	96	53	97	86
26	26	29	13	56	41	85	47	04	66	08	34	72	57	59	13	82	43	80	45	15	38	26	61	70	04
27	7780	80	20	75	82	72	82	32	99	90	63	95	73	76	63	89	73	44	99	05	48	67	26	43	18
28	46	40	66	44	52	91	36	74	43	53	30	82	13	54	00	78	45	63	98	35	55	03	36	67	68
29	37	56	08	18	09	77	53	84	46	47	31	91	18	95	58	24	16	74	11	53	44	10	13	85	57
30	61	65	61	68	65	37	27	47	39	19	84	83	70	07	48	53	21	40	06	71	95	06	79	88	54
31	93	43	69	64	07	34	18	04	52	35	56	27	09	24	86	61	85	53	83	45	19	90	70	99	00
32	21	96	60	12	99	11	20	99	45	18	48	13	93	55	34	18	37	79	49	90	65	97	38	20	46
33	95	20	47	97	97	27	37	83	28	71	00	06	41	41	74	45	89	09	39	84	51	67	11	52	49
34	97	86	21	78	73	10	65	81	92	59	58	76	17	14	97	04	76	62	16	17	17	95	70	45	80

续表

35	69	92	06	34	13	59	71	74	17	32	27	55	10	24	19	23	71	72	13	74	63	52	52	01	41
36	04	31	17	21	56	33	73	99	19	87	26	72	39	27	67	53	77	57	68	93	60	61	97	22	61
37	61	06	98	03	91	87	14	77	43	96	43	00	65	98	50	45	60	33	01	07	98	99	46	50	47
38	85	93	85	86	88	72	87	08	62	40	16	06	10	89	20	23	21	34	74	97	76	38	03	29	63
39	21	74	32	47	45	73	96	07	94	52	09	65	90	77	47	25	76	16	19	33	53	05	70	53	30
40	15	69	53	82	80	79	96	23	53	10	65	39	07	16	29	45	33	02	43	07	02	87	40	41	45
41	02	89	08	04	49	20	21	14	68	86	87	63	93	95	17	11	29	01	92	80	35	14	97	35	33
42	87	18	15	89	79	85	43	01	72	73	08	61	74	51	69	89	74	39	82	15	94	51	33	41	67
43	98	83	71	94	22	59	97	50	99	52	08	52	85	08	40	87	80	61	65	31	91	51	80	32	44
44	10	08	58	21	66	72	68	49	29	31	89	85	84	46	06	59	73	19	85	23	65	09	29	75	63
45	47	90	56	10	08	88	02	84	27	83	42	29	72	23	19	66	56	45	65	79	20	71	53	20	25
46	22	85	61	60	90	49	64	92	85	44	16	40	12	89	88	50	14	49	81	06	01	82	77	45	12
47	67	80	43	79	33	12	83	11	41	16	25	58	19	68	70	77	02	54	00	52	53	43	37	15	26
48	27	62	50	95	72	79	44	61	40	15	14	53	40	65	39	27	31	58	50	28	11	39	03	34	25
49	33	78	80	87	15	38	30	05	38	21	14	47	47	07	26	54	96	87	53	32	40	36	40	96	76
50	13	13	92	66	99	47	24	49	57	74	32	25	43	62	17	10	97	11	69	84	99	63	22	32	98

编号	1	2	3	4	5		6	7	8	9	10		11	12	13	14	15		16	17	18	19	20		21	22	23	24	25
1	10	27	53	96	23		71	50	54	36	23		54	31	04	82	83		04	14	12	15	09		26	78	25	47	47
2	28	41	50	61	88		64	85	27	20	18		83	36	36	05	56		39	71	65	09	62		94	76	62	11	89
3	34	21	42	57	02		59	19	18	97	48		80	30	03	30	98		05	24	67	70	07		84	97	50	87	46
4	61	81	77	23	23		82	82	11	54	08		53	28	70	58	96		44	07	39	55	43		42	34	43	39	28
5	61	15	18	13	54		16	86	20	26	88		90	74	80	55	09		14	53	90	51	17		52	01	63	01	59
6	91	76	21	64	64		44	91	13	32	97		75	31	62	66	54		84	80	32	75	77		56	08	25	70	29
7	00	97	79	08	06		37	30	28	59	85		53	56	68	53	40		01	74	39	59	73		30	19	99	85	48
8	36	46	18	34	94		75	20	80	27	77		78	91	69	16	00		08	43	18	73	68		67	69	61	34	25
9	88	98	99	60	50		65	95	79	42	94		93	62	40	89	96		43	56	47	71	66		46	76	29	67	02
10	04	37	59	87	21		05	02	03	24	17		47	97	81	56	51		92	34	86	01	82		55	51	33	12	91
11	63	62	06	34	41		94	21	78	55	09		72	76	45	16	94		29	95	81	83	83		79	88	01	97	30
12	78	47	23	53	90		34	41	82	45	71		09	23	70	70	07		12	38	92	79	43		14	85	11	4723	
13	87	68	62	15	43		53	14	36	59	25		54	47	33	70	15		59	24	48	40	35		50	03	42	99	36
14	47	60	92	10	77		88	59	53	11	52		66	25	69	07	04		48	68	64	71	06		61	65	70	22	12
15	56	88	87	59	41		65	28	04	67	53		95	79	88	37	31		50	41	06	94	76		81	83	17	16	33
16	02	57	45	86	67		73	43	07	34	48		44	26	87	93	29		77	09	61	67	84		06	69	44	77	75
17	31	54	14	43	17		48	62	11	90	60		68	12	93	64	28		46	24	79	16	76		14	60	25	51	01
18	28	50	16	43	36		28	97	85	53	99		67	22	52	76	23		24	70	36	54	54		59	28	61	71	96
19	63	29	62	66	50		02	63	45	52	38		67	63	47	54	75		83	24	78	43	20		92	63	13	47	48
20	45	65	58	26	51		76	96	59	38	72		86	57	45	71	46		44	67	76	14	55		44	88	01	62	12
21	39	65	36	63	70		70	45	85	50	51		74	13	39	35	22		30	53	36	02	95		49	34	88	73	61
22	73	71	98	16	04		29	18	94	51	23		76	51	94	84	86		79	93	96	38	63		08	58	25	58	94
23	72	20	56	20	11		72	65	71	08	86		79	57	95	13	91		97	48	72	66	48		09	71	17	24	89
24	75	17	26	99	76		89	37	20	70	01		77	31	61	95	46		26	97	05	73	51		53	33	18	72	87
25	37	48	60	82	29		81	30	15	39	14		48	38	75	93	29		06	87	37	78	48		45	46	00	84	47
26	68	08	02	80	72		83	71	46	30	49		89	17	95	88	29		02	39	56	03	46		97	74	06	56	17
27	14	23	98	61	67		70	52	85	01	50		01	84	02	78	43		10	62	98	19	41		18	83	99	47	99
28	49	08	96	21	44		25	27	99	41	28		07	41	08	34	66		19	42	74	39	91		41	96	53	78	72
29	78	37	06	08	43		63	61	62	42	29		39	68	95	10	96		09	24	23	00	62		56	12	80	73	16
30	37	21	34	17	68		68	96	83	23	56		32	84	60	15	31		44	73	67	34	77		91	15	79	74	58
31	14	29	09	34	04		87	83	07	55	07		76	58	30	83	64		87	29	25	58	84		86	50	60	00	25
32	58	43	28	06	36		49	52	83	51	14		47	56	91	29	34		05	87	31	06	95		12	45	47	09	09
33	10	43	67	29	70		80	62	80	03	42		40	80	21	38	84		90	56	35	03	09		38	78	94	49	81
34	44	38	88	39	54		86	97	37	44	22		00	95	01	31	76		17	16	29	56	63		38	78	94	49	81

续表

35	90	69	59	19	51	85	39	52	85	13	07	28	37	07	61	11	16	36	27	03	78	86	72	04	95
36	41	47	10	25	62	97	05	31	03	61	20	26	36	31	62	68	69	86	95	44	84	95	48	46	45
37	91	94	14	63	19	75	89	11	47	11	31	56	34	19	09	79	57	92	36	59	14	93	87	81	40
38	80	06	54	18	66	09	18	94	06	19	98	40	07	17	81	22	45	44	84	11	24	62	20	42	31
39	67	72	77	63	48	84	08	31	55	58	24	33	45	77	58	80	45	67	93	82	75	70	16	08	24
40	59	40	24	13	27	79	26	88	86	30	01	31	60	10	39	53	58	47	70	93	85	81	56	39	38
41	05	90	35	89	95	01	61	16	96	94	50	78	13	69	36	37	68	53	37	31	71	26	35	03	71
42	44	43	80	69	98	46	68	05	14	82	90	78	50	05	62	77	79	13	57	44	59	60	10	39	66
43	61	81	31	96	82	00	57	25	60	59	46	72	60	18	77	55	66	12	62	11	08	99	55	64	57
44	42	88	07	10	05	24	98	65	63	21	47	21	61	88	32	27	80	30	21	60	10	92	35	36	12
45	77	94	30	05	39	28	10	99	00	27	12	73	73	99	12	49	99	57	94	82	96	88	57	17	91
46	78	83	19	76	16	94	11	68	84	26	23	54	20	86	85	23	86	66	99	07	36	37	34	92	09
47	87	76	59	61	81	43	63	64	61	61	65	76	36	95	90	18	48	27	45	68	27	23	65	30	72
48	91	43	05	96	47	55	78	99	95	24	37	55	85	78	78	01	48	41	19	10	35	19	54	07	73
49	84	97	77	72	73	09	62	06	65	72	87	12	49	03	60	41	15	20	76	27	50	47	02	29	16
50	87	41	60	76	83	44	88	96	07	80	83	05	83	88	96	73	70	66	81	90	30	56	10	48	59

编号	1	2	3	4	5	6	7	8	9	10	11	12	13	14	15	16	17	18	19	20	21	22	23	24	25
1	28	89	65	87	08	13	50	63	04	23	25	47	57	91	13	52	62	24	19	94	91	67	48	57	10
2	30	29	43	65	42	78	66	28	55	80	47	46	41	90	08	55	98	78	10	70	49	92	05	12	07
3	95	74	62	60	53	51	57	32	22	27	12	72	72	27	77	44	67	32	23	13	67	95	07	76	30
4	01	85	54	96	72	66	86	65	64	60	56	59	75	36	75	46	44	33	63	71	54	50	06	44	75
5	10	91	46	96	86	19	83	52	47	53	65	00	51	93	51	30	80	05	19	29	56	23	27	19	03
6	05	33	18	08	51	51	78	57	26	17	34	87	96	23	95	89	99	93	39	79	11	28	94	15	52
7	04	43	13	37	00	79	68	96	26	60	70	39	83	66	56	62	83	55	86	57	77	55	33	62	02
8	05	85	40	25	24	73	52	93	70	50	48	21	47	74	63	17	27	27	51	26	35	96	29	00	45
9	84	90	90	65	77	63	99	25	69	02	09	04	03	35	78	19	79	95	07	21	02	84	48	51	97
10	28	55	53	09	48	86	28	30	02	35	71	30	32	06	47	93	74	21	86	33	49	90	21	69	74
11	89	83	40	69	80	97	96	47	59	97	56	33	24	87	36	17	18	16	90	46	75	27	28	52	13
12	73	20	96	05	68	93	41	69	96	07	97	50	81	79	59	42	37	13	81	83	92	42	85	04	31
13	10	89	07	76	21	40	24	74	36	42	40	33	04	46	24	35	63	02	31	61	34	59	43	36	96
14	91	50	27	78	37	06	06	16	25	98	17	78	80	36	85	26	41	77	63	37	71	63	94	94	33
15	03	45	44	66	88	97	81	26	03	89	39	46	67	21	17	98	10	39	33	15	61	63	00	25	92
16	89	41	58	91	63	65	99	59	97	84	90	14	79	61	55	56	16	88	87	60	32	15	99	67	43
17	13	43	00	97	26	16	91	21	32	41	60	22	66	72	17	31	85	33	69	07	68	49	20	43	29
18	71	71	00	51	72	62	03	89	26	32	35	27	99	18	25	78	12	03	09	79	50	93	19	35	56
19	19	28	15	00	41	92	27	73	40	38	37	11	05	75	16	98	81	99	37	29	92	20	32	39	67
20	56	38	30	92	30	45	51	94	69	04	00	84	14	36	37	95	66	39	01	09	21	68	40	95	79
21	39	27	52	39	11	00	81	06	28	48	12	08	05	75	26	03	35	63	05	77	13	81	20	67	58
22	73	13	28	58	01	05	06	42	24	07	60	60	29	99	93	72	93	78	04	36	05	76	01	54	03
23	81	60	84	51	57	12	68	46	55	89	60	09	71	87	89	70	81	10	95	91	83	79	68	20	66
24	05	62	98	07	85	07	79	26	69	61	67	85	72	37	41	85	79	76	48	23	61	58	87	08	05
25	62	97	16	29	18	52	16	16	23	56	62	95	80	97	63	32	25	34	03	36	48	84	60	37	65
26	31	13	63	21	08	16	01	92	58	21	48	79	74	73	72	08	64	80	91	38	07	28	66	61	59
27	97	38	35	34	19	89	84	05	34	47	88	09	31	54	88	97	96	86	01	69	46	13	95	65	96
28	32	11	78	33	82	51	99	98	44	39	12	75	10	60	36	80	66	39	94	97	42	36	31	16	59
29	81	99	13	37	05	08	12	60	39	23	61	73	84	89	18	26	02	04	37	95	96	18	69	06	30
30	45	74	00	03	05	69	99	47	26	52	48	06	30	00	18	03	30	28	55	59	66	10	71	44	05
31	11	84	13	69	01	88	91	28	79	50	71	42	14	96	55	98	59	96	01	36	88	77	90	45	59
32	14	66	12	87	22	59	45	27	08	51	85	64	23	85	41	64	72	08	59	44	67	98	36	65	56
33	40	25	67	87	82	84	27	17	30	37	48	69	49	02	58	98	02	50	58	11	95	39	06	35	63
34	44	48	97	49	43	65	45	53	41	07	14	83	46	74	11	76	66	63	60	08	90	54	33	65	84

续表

35	41	94	54	06	57		48	28	01	83	84		09	11	21	91	73		97	28	44	74	06		22	30	95	69	72
36	07	12	15	58	84		93	18	31	83	45		54	52	62	29	91		53	58	54	66	05		47	19	63	92	75
37	64	27	90	43	52		18	26	32	96	83		50	58	45	27	57		14	96	39	64	85		73	87	96	76	23
38	80	71	86	41	03		45	62	63	40	88		35	69	34	10	94		32	22	52	04	74		69	63	21	83	41
39	27	06	08	09	92		26	22	59	28	27		38	58	22	14	79		24	32	12	38	42		33	56	90	92	57
40	54	68	97	20	54		33	26	74	03	30		74	22	19	13	48		30	28	01	92	49		58	61	52	27	03
41	02	92	65	68	99		05	53	15	26	70		04	69	22	64	07		04	73	25	74	82		78	35	22	21	88
42	83	52	57	78	62		98	61	70	48	22		68	50	64	55	75		42	70	32	09	60		58	70	61	43	97
43	82	82	76	31	33		85	13	41	38	10		16	47	61	43	77		83	27	19	70	41		34	78	77	60	25
44	38	61	34	09	49		04	41	66	09	76		20	50	73	40	95		24	77	95	73	20		47	42	80	61	03
45	01	01	11	88	38		03	10	16	82	24		39	58	20	12	39		82	77	02	18	88		33	11	49	15	16
46	21	66	14	38	28		54	08	18	07	04		92	17	63	36	75		33	15	11	11	78		97	30	53	62	38
47	32	29	30	69	59		68	50	33	31	47		15	64	88	75	27		04	51	41	61	96		86	62	93	66	71
48	04	59	21	65	47		39	90	89	86	77		46	86	86	88	86		50	09	13	24	91		54	80	67	78	66
49	38	64	50	07	36		56	50	45	94	25		48	28	48	30	51		60	73	73	03	87		68	47	37	10	84
50	48	33	50	83	53		59	77	64	59	90		58	92	62	50	18		93	09	45	89	06		13	26	98	86	29

编号	1	2	3	4	5		6	7	8	9	10		11	12	13	14	15		16	17	18	19	20		21	22	23	24	25
1	25	19	64	82	84		62	74	29	92	24		61	03	91	22	48		64	94	63	15	07		66	85	12	00	27
2	23	02	41	46	04		44	31	52	43	07		44	06	03	09	34		19	83	94	62	94		48	28	01	51	92
3	55	85	66	96	28		28	30	62	58	83		65	68	62	42	45		13	08	60	46	28		95	68	45	52	43
4	68	45	19	69	59		35	14	82	56	80		22	06	52	26	39		59	78	98	76	14		36	09	03	01	86
5	69	31	46	29	85		18	88	26	95	54		01	02	14	03	05		48	00	26	43	85		33	93	81	45	95
6	37	31	61	28	98		94	61	47	03	10		67	80	84	41	26		88	84	59	69	14		77	32	82	81	89
7	66	42	19	24	94		13	13	38	69	96		76	69	76	24	13		43	83	10	13	24		18	32	84	85	04
8	33	65	78	12	35		91	59	11	38	44		23	31	48	75	74		05	30	08	46	32		90	04	93	56	16
9	76	32	06	19	35		22	95	30	19	29		57	74	43	20	90		20	25	36	70	69		38	32	11	01	01
10	43	33	42	02	59		20	39	84	95	61		58	22	04	02	99		99	78	78	83	82		43	67	16	38	95
11	28	31	93	43	94		87	73	19	38	47		54	36	90	98	10		83	43	32	26	26		22	00	90	59	22
12	97	19	21	63	34		69	33	17	03	02		11	15	50	46	08		42	69	60	17	42		14	68	61	14	48
13	82	80	37	14	20		56	39	59	89	63		33	90	38	44	50		78	22	87	10	83		06	58	87	39	67
14	03	68	03	13	60		64	13	09	37	11		86	02	57	41	99		31	66	60	65	64		03	03	02	58	97
15	65	16	58	11	01		98	78	80	63	23		07	37	66	20	56		20	96	06	79	80		33	39	40	49	42
16	24	65	58	57	04		18	62	85	28	24		26	45	17	82	76		39	65	01	73	91		50	37	49	38	73
17	02	72	64	07	75		85	66	48	38	73		75	10	96	59	31		48	78	58	08	88		72	08	54	57	17
18	79	16	78	63	99		43	61	00	66	42		76	26	71	14	33		33	86	76	71	66		37	85	05	56	07
19	04	75	14	93	39		68	52	16	83	34		64	09	44	62	58		48	32	72	26	95		32	67	35	49	71
20	40	64	64	57	60		97	00	12	91	33		22	14	73	01	11		83	97	68	95	65		67	77	80	98	87
21	06	27	07	34	26		01	52	48	69	57		19	17	53	55	96		02	41	03	89	33		86	85	73	02	32
22	62	40	03	87	10		96	88	22	46	94		35	56	60	94	20		60	73	04	84	98		96	45	18	47	07
23	00	98	48	18	97		91	51	63	27	95		74	25	84	03	07		88	29	04	79	84		03	71	13	78	26
24	50	64	19	18	91		98	55	83	46	09		49	66	41	12	45		41	49	30	83	43		53	75	35	13	39
25	38	54	52	25	78		01	98	00	89	85		86	12	22	89	25		10	10	71	19	45		88	84	77	00	07
26	46	86	80	97	78		65	12	64	64	70		58	41	05	49	08		68	68	88	54	00		81	61	61	80	41
27	90	72	92	93	10		09	12	81	93	63		69	30	02	04	26		92	36	48	69	45		91	99	08	07	65
28	66	21	41	77	60		99	35	72	61	22		52	40	74	67	29		97	50	71	39	79		57	82	14	88	06
29	87	05	46	52	76		89	96	34	22	37		27	11	57	04	19		54	93	08	35	69		07	51	19	92	66
30	46	90	61	03	06		89	85	33	22	80		34	89	12	29	37		44	71	38	40	37		15	49	55	51	08
31	11	88	53	06	09		81	83	33	98	29		91	27	59	43	09		70	72	51	49	73		35	97	25	83	41
32	11	05	92	06	97		68	82	34	08	83		25	40	58	40	64		56	42	78	54	06		60	96	96	12	82
33	33	94	24	20	28		62	42	07	12	63		34	39	02	92	31		80	61	68	44	19		09	92	14	73	40
34	24	89	74	75	61		61	02	73	36	85		67	28	50	49	85		37	79	95	02	66		73	19	76	28	13

续表

35	15	19	74	67	23	61	38	93	73	68	76	23	15	58	20	35	36	82	82	59	01	33	48	17	66
36	05	64	12	70	88	80	58	35	06	88	73	48	27	39	43	43	40	13	35	45	55	10	54	38	50
37	57	49	36	44	06	74	93	55	39	26	27	70	98	76	68	78	36	26	24	06	43	24	56	40	80
38	77	82	96	96	97	60	42	17	18	48	16	34	92	19	52	98	84	48	42	92	83	19	06	77	78
39	24	10	70	06	51	59	62	37	95	42	53	67	14	95	29	84	65	43	07	30	77	54	00	15	42
40	50	00	07	78	23	49	54	36	85	14	18	50	54	18	82	23	79	80	71	37	60	62	95	40	30
41	44	37	76	21	96	37	03	08	98	64	90	85	59	43	64	17	79	96	52	35	21	05	22	59	30
42	90	57	55	17	47	53	26	79	20	38	69	90	58	64	03	33	48	32	91	54	68	44	99	24	25
43	50	74	64	67	42	95	28	12	73	23	32	54	98	64	94	82	17	18	17	14	55	10	61	64	29
44	44	04	70	22	02	84	31	64	64	08	52	55	04	24	29	91	95	43	81	14	66	13	18	47	44
45	32	74	61	64	73	21	46	51	44	77	72	48	92	00	05	83	59	89	65	06	53	76	70	58	78
46	75	73	51	70	49	12	53	67	51	54	38	10	11	67	73	22	32	61	43	75	31	61	22	21	11
47	76	18	36	16	34	16	28	25	82	98	64	26	70	54	87	49	48	55	11	39	94	25	20	80	85
48	00	17	37	71	81	64	21	91	15	82	81	04	14	52	11	39	07	30	60	77	39	18	27	85	68
49	54	95	57	55	04	12	77	40	70	14	79	86	61	57	50	52	49	41	73	46	05	63	34	92	33
50	69	99	95	54	63	44	37	33	53	17	38	06	58	37	93	47	10	62	31	28	63	59	40	40	32

出版后记

本人曾多年从事党政机关的调研工作，不敢说有多少经验体会，但总是有一些情感和想法，退休后在儿子刘剑非的催促下，遂萌发了撰写一部具有中国特色的调研专著的念头，用了 3 年的业余时间，终于成就了本书。

本书即将付梓了，回想 20 世纪 80 年代沈阳市被国务院确定为全国综合经济体制改革试点城市以后，时任中共沈阳市委常委兼秘书长的刘尊田同志，与先后出任沈阳市、辽宁省两级体改委主任的张堤同志，在省市委领导下曾分头带领一班人马深入基层调研，提供了一系列行之有效的改革思路和改革方案，其中率先在全国试行了股份制、租赁制、破产法和划小核算单位等改革模式，均获得了成功。随后，又建立了全国第一家"信托投资公司""自由市场""劳动力市场""科技市场"等。以上举措，即被国务院作为改革样板，推向全国。我有幸参与了当时的这些调研活动，并受到了一定的锻炼，积累了一些经验，又在以后的调研实践中作了一些理论上的思考，便成为本书的思想基础和理论基础。

在写作过程中，我的夫人罹患重病不幸去世，我自己所患的神经性皮炎和湿疹综合征也交织发作，搅得昼夜不安，四处寻医问药直至住院治疗。同时，还有一些不可推卸的社会活动，均使得我的写作处于一种写写停停的状态，一直无法稳定下来。所以，本书大部分是在"游离"的途中写就的，经常写在汽车上、写在火车上、写在轮船上、写在飞机上、写在宾馆里，也写在医院里。有时随意想到一个问题，受到某种启发或思路来潮时，即刻记在身边一切可以记的废纸上，待回到住处再进行整理和归纳，这已成为一种习惯。

在写作本书的过程中，王文学兄为第九章“统计分析”审稿把关，并提出了很好的建议。中国言实出版社的领导拱桥同志和侯景华同志，为本书的出版付出了辛勤的劳动，姜营小姐为本书打字牺牲了大量的休息时间，在此，一并向他（她）们表示衷心的感谢！

谨以本书献给曾在病痛中挣扎但最终仍未能挽回生命的我的夫人刘秀兰！在我风雨飘摇的日子里，她始终伴随着我不离不舍。她，在我的心中是伟大的！她的离世留给了我无限的遗憾和思念。祝她在天之灵安息吧！

由于个人的知识水准有限，书中难免存在不足甚至错误，恳请各位专家学者、调研工作者以及广大的读者批评指正。

本书出版时，我的下一本书《如何撰写调研报告》即将脱稿，届时再献给热衷于调研工作的读者朋友们！

刘宝珊

二〇一〇年一月六日

北京